MÁS

ESPAÑOL INTERMEDIO

Ana María Pérez-Gironés
Wesleyan University

Virginia Adán-Lifant
University of California, Merced

Donna Rogers
Brescia University College

Cristina Santos
Brock University

McGraw-Hill
Ryerson

MÁS

ESPAÑOL INTERMEDIO
Canadian Edition

Director of Product Management: *Rhondda McNabb*
Group Product Manager: *Kim Brewster*
Product Manager: *Karen Fozard*
Marketing Manager: *Margaret Janzen*
Product Developer: *Tanjah Karvonen*
Supervising Editor: *Cathy Biribauer*
Senior Product Team Associate: *Marina Seguin*
Photo/Permissions Researcher: *Monika Schurmann*
Copy Editor: *Max Ehrsam*
Proofreader: *Lynne Lemley*
Plant Production Coordinator: *Michelle Saddler*
Manufacturing Production Coordinator: *Emily Hickey*
Cover and Inside Design: *Sarah Orr/ArtPlus Design & Communications*
Composition: *Aptara® Inc.*
Cover Image: *Image © rey.torres (RM)*
Printer: *Quad/Graphics*

Statistics Canada information is used with the permission of Statistics Canada. Users are forbidden to copy this material and/or redisseminate the data, in an original or modified form, for commercial purposes, without the expressed permission of Statistics Canada. Information on the availability of the wide range of data from Statistics Canada can be obtained from Statistics Canada's Regional Offices, its website at www.statcan.gc.ca and its toll-free access number 1-800-263-1136.

The Internet addresses listed in the text were accurate at the time of publication. The inclusion of a website does not indicate an endorsement by the authors or McGraw-Hill Ryerson, and McGraw-Hill Ryerson does not guarantee the accuracy of information presented at these sites.

ISBN-13: 978-0-07-087825-9
ISBN-10: 0-07-087825-0

1 2 3 4 5 6 7 8 9 0 QVS 1 9 8 7 6 5 4

Printed and bound in the United States of America

Care has been taken to trace ownership of copyright material contained in this text; however, the publisher will welcome any information that enables it to rectify any reference or credit for subsequent editions.

Library and Archives Canada Cataloguing in Publication Data
Pérez-Gironés, Ana María, author
    Más : español intermedio / Ana María Pérez-Gironés, Virginia Adán-Lifante,
    Donna Rogers, Cristina Santos. — Canadian edition.
    Includes index.
    1. Spanish language—Textbooks for foreign speakers—English. 2. Spanish language—Readers. I. Adán-Lifante, Virginia, author II. Rogers, Donna Mary, 1956-, author III. Santos, Cristina, 1972-, author IV. Title.
    V. Title: Español intermedio.
    PC4129.E5P573 2014   468.2'421   C2013-902625-8

MÁS

ESPAÑOL INTERMEDIO

Contenido

UNIDAD 3   Nuestra sociedad

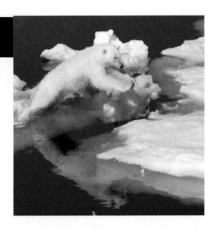

I. INTRODUCTION TO THE PROGRAM *MÁS* CANADIAN EDITION

MÁS Canadian Edition is a complete program for intermediate Spanish that pays attention to the four basic linguistic skills: speaking, listening, reading, and writing. It is also a communication-oriented program that stresses the importance of culture and open-ended conversation while offering a review and an expansion of language structures appropriate for intermediate speakers of Spanish. The strong cultural component is present in every section of the chapter and lends itself to a discussion at a level appropriate for Canadian university students.

Features that Distinguish *MÁS* Canadian Edition

- **Clear learning objectives and outcomes** Each chapter and unit of *MÁS* articulate clear, concise learning objectives and outcomes matched to the linguistic and cultural content, created expressly for contemporary university students in Canada.
- **Age- and education-appropriate themes** Topics in *MÁS* represent the reality of traditional university-age students as well as that of the increasing population of non-traditional students found in Canadian university classrooms.
- **A solid grammar component** *MÁS*'s grammar presentations clearly move beyond the more fragmented explanations typical of first-year instruction. While still stressing the cyclical nature of learning a language, second-year students can be guided to see linguistic patterns that are not as obvious during the first year of instruction. Therefore, the grammar presentations in *MÁS* tend to outline major points together. For instance, all object pronouns are presented in Chapter **2,** and the grammar section in Chapter **3** is devoted entirely to the review and expansion of the preterite and imperfect tenses. Furthermore, we expect students to find *MÁS* useful as a grammar reference, should they go on to more advanced content courses.
- **In-depth cultural content** In accordance with current second-language pedagogies and their strong emphasis on the integration of connections and comparisons with culture and communication, *MÁS* presents information that exposes students to a diversified view of Spanish-speaking cultures, including those of Canada. It aims to establish comparisons with the students' own cultures and to assist students in understanding how cultural bias can shape critical perspectives. There has been a consistent effort to present cultural content beyond the usual unrelated folkloric tidbits, to integrate cultural issues into activities and discussions.
- **Abundance of authentic readings** This text offers guided readings to help students' comprehension of reading materials published for native speakers. Except for some of the **Cultura** sections, all readings in *MÁS,* from Canada and around the Spanish-speaking world, are authentic and include newspaper and magazine selections, essays by important writers or political figures, literary prose and poetry, and popular culture (film and music).
- **Activities that lead to in-depth conversations** *MÁS* offers a wealth of thought-provoking activities to promote open-ended conversation and uses authentic visual components. To facilitate conversations and promote speaking in second-year courses, *MÁS* contains many discussion opportunities throughout the chapter. Activities designated as **Tertulias** recur at specific points in each chapter and provide one or more topics to link the theme with the cultural content. The word **tertulia** reflects the importance of a free-form discussion of ideas rather than mere chitchat. *MÁS* recognizes how difficult it can be to come up with engaging discussion topics, and therefore offers many ideas that fit easily into the chapter theme.

Beyond the **Tertulias,** there are plenty of engaging pair and group activities such as surveys, interviews, guided conversations, and situations that easily lend themselves to open-ended communication.

- **Chapters that progress and evolve around a topic** With careful attention to the theme treatment, each chapter covers various aspects of a given topic, creating a variety of interconnected subtopics to explore and resulting in content- and theme-based language learning. Presenting different viewpoints and issues for discussion ensures that the overarching theme is not exhausted and that there is a good discussion topic for every group of students. (See section on Content-Based Instruction.)
- **Presentation of historical information:** *Pasado, presente, futuro* The theme of **Unidad 4** focuses explicitly on the history of Latin America and Spain, including the pre-Columbian period. We hope students will develop and deepen their own understanding of why twenty-one countries, while richly diverse, have so much in common.
- **Abundant information on Hispanics in Canada throughout the book** This textbook stresses how Hispanics in Canada are connected to a larger community of Spanish-speaking people. The expectation is to prompt students to reflect on the unique circumstances that Spanish-speaking communities encounter here in Canada, where English and French are the dominant languages. Information about Hispanics in the United States is also included to a lesser extent and is used at times as a point of comparison with Canada.
- **Writing assignments that are meaningful and sufficiently guided** *MÁS* presents writing as a process. Each chapter reinforces the need for students to think about their intended readership, the various styles of writing they may bring to the process, the elaboration of provisional and final drafts, the importance of the order in which ideas are expressed, and other writing techniques. The *Cuaderno de práctica* offers complementary advice to help the students prepare their writing assignments. (See Section IV, "Overview of the *Cuaderno de práctica*".)
- **Opportunities to review and self-test for acquisition** At the end of each unit, *MÁS* provides a concise overview of its linguistic and cultural content, with opportunities for students to review vocabulary, structures, and concepts. Students can use the unit self-test in the *Cuaderno de práctica* for their own review, to check their comprehension and mastery of the unit content, and to identify areas where they may still need additional work.

II. *MÁS* CANADIAN EDITION: IN STEP WITH INTERNATIONAL LANGUAGE LEARNING STANDARDS

MÁS Canadian Edition shares a vision of language learning articulated by international bodies such as the Common European Framework of Reference for Languages: Learning, Teaching, Assessment (CEFR), the American Council on the Teaching of Foreign Languages (ACTFL), and the American Association of Teachers of Spanish and Portuguese (AATSP). The acquisition of linguistic structures should occur within appropriate cultural contexts, connecting learners of Spanish in Canada with the millions of Spanish speakers around the world.

In *MÁS,* the treatment of culture is constantly linked to communication and comparisons; many of the activities, readings, and **Tertulias** require the students to compare language structures and cultural practices or situations, both their own and the ones that are the object of their study. Moreover, the text assists students in connecting the book's themes to other areas of study, such as art, history, economics, or government. Finally, whereas many of the activities and **Tertulias** already suggest the need to step out from the students' own community to gain information about the world, there is a specific activity in each chapter, called **Proyectos fuera de clase,** which is designed to ensure that Canadian students establish a clear connection, either personal or via the Internet, with the Spanish-speaking world. This connection may be within their own local communities or with another country or region of the world.

Content-Based Learning and Intercultural Competence

All language textbooks nowadays contain cultural information. In fact, no one would think today of using a book without specific cultural content. Nevertheless, culture is often treated as an addendum to a chapter and is seldom integrated actively into the other aspects of the language-learning classroom experience. In *MÁS,* instructors can use culture sections not only to share information with students but also to help them use that information as a basis for discussion and guided practice in grammar-based activities. Our content-based language learning approach is informed by the work of Stephen Krashen, among others, who, in 1982, proposed that learning a language is more productive when the focus is on meaning and not just on form. Although content-based learning is a very general term that encompasses different types of teaching and courses, the common idea is that a language can be acquired through the process of learning new information that is not only about the language itself. We believe that in an Intermediate Spanish course, explicit cultural information connecting Canada and the Spanish-speaking world, together with authentic readings and videos, provide an ideal content that can be utilized for vocabulary, grammar practice, and most certainly, as the basis for the open-ended discussions that are essential at this level. This idea blends perfectly well with our other tenet, namely that intercultural competence must be on a par with the other language skills. Materials and activities that promote this competence should permeate all areas of textbooks and courses.

Moreover, we are confident that university students can handle university-level topics in the target language if sufficiently guided, and therefore, cultural sections can be effectively designed to open connections between the study of Spanish and other disciplines.

Selected Bibliography on Content-Based Learning

Allen, W., K. Anderson, and L. Narvaez. "Foreign Languages across the Curriculum: The Applied Foreign Language Component." *Foreign Language Annals* 25 (1992): 11–19.

Brinton, D. M., M. A. Snow, and M. B. Wesche. *Content-Based Second Language Instruction.* Rowley, MA: Newbury House, 1989.

Hoechrl-Alden, G. "Turning Professional: Content-Based Communication and the Evolution of a Cross-Cultural Language Curriculum." *Foreign Language Annals* 33, 6 (2000): 614–621.

Kramsch, C. *Context and Culture and Language Teaching.* Oxford, UK: Oxford University Press, 1993.

Krueger, M. and F. Ryan, eds. *Language and Content: Discipline and Content-Based Approaches to Language Study.* Lexington, MA: D.C. Heath, 1993.

Met, M. "Learning Language through Content; Learning Content through Language." *Foreign Language Annals* 24 (1991): 281–295.

Neuner, G., L. Parmenter, H. Starkey, and G. Zarate. *Intercultural Competence.* Ed. M. Byram. Strasbourg: Language Policy Division, Council of Europe, 2003.

Stryker, S. B., and B. L. Leaver, eds. *Content-Based Instruction for the Foreign Language Classroom: Models and Methods.* Washington, DC: Georgetown University Press, 1997.

III. OVERVIEW OF *MÁS* CANADIAN EDITION

MÁS Canadian Edition is designed for a two-term intermediate (second-year) Spanish language program, or an equivalent one-term intensive course with an integrated-skills approach to language learning. The textbook is divided into four units, with a total of ten chapters. This organizational structure provides opportunities for revisiting topics and, therefore, creating natural contexts for recycling vocabulary and other content. However, chapters are fully independent so as to allow flexibility in coverage. Each chapter includes the following main parts.

Chapter opener The first page of each chapter introduces the theme using visually based materials (realia and photographs) and a **refrán** (a common saying or expression in Spanish) or a famous quotation. It also provides specific learning objectives for the vocabulary, grammar, and cultural content of the chapter. Chapters are grouped in four **Unidades**. These units provide thematic cohesion, but they are broad enough that instructors need not emphasize the connection among chapters if they prefer not to.

De entrada Divided into a reading section and a video section, **De entrada** sets the chapter theme and provides additional vocabulary for recognition. The readings in this section are deliberately brief and include pre- and post-reading questions. The **Cortometraje** section also offers pre-viewing questions (**Antes de mirar**) and a quick post-viewing control activity.

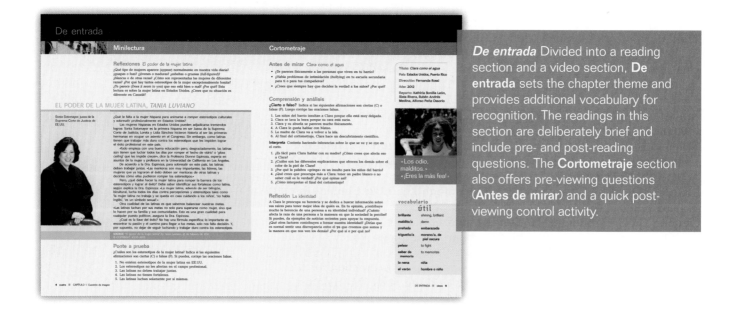

Los rasgos físicos (physical features)

DE REPASO
el estereotipo
alto/a ≠ bajo/a
extrovertido/a ≠ introvertido/a
grande ≠ pequeño/a
guapo/a ≠ feo/a
inteligente ≠ tonto/a
moreno/a ≠ rubio/a
obeso/a (gordo/a) ≠ delgado/a

los anteojos	glasses
la apariencia	appearance
la barba	beard
el bigote	mustache
las canas	gray hair
la cicatriz	scar
la imagen	image
el lunar	mole
los ojos (azules, verdes, color miel, color café)	(blue, green, honey-coloured, brown) eyes
las pecas	freckles
el pelo	hair

Palabras This vocabulary section is always introduced by **De repaso**, a brief list of words that students have learned at the elementary level or in previous chapters. The core thematic vocabulary is generally introduced via bilingual lists, often with visuals. Special care has been taken to include Canadian concepts and terminology, where appropriate. The activities that follow progress from simply activating the core vocabulary list to having students expand the list by making connections with familiar words, and finally to using the words and expressions in conversation.

Estructuras The grammar structures (two to four per chapter) have been chosen to encompass all the main structures typical of intermediate-level Spanish. All grammar explanations are in English, while instructions for practice activities are given in Spanish: the instructor will note that in the first five chapters the *tú* and *Uds.* forms are used in the instructions while in Chapters 6-10 the *tú* and *vosotros* forms have been applied; this has been done so that students are aware of and able to practise both usages. Special care has been devoted to offering explanations that clearly move beyond first-year basics, without being overwhelming. Each grammar point is followed by three to five activities that progress from controlled (form-focused) to open-ended (content-focused).

1 El presente de indicativo
REGULAR VERBS

Spanish verbs that follow a predictable pattern are regular verbs. Subject pronouns can be used to indicate who is performing the action. Unlike English, however, the subject or subject pronoun is not necessarily expressed. The conjugations usually make the subject clear. These are the regular conjugation patterns for present-tense verbs.

«Tan solo en dos de sus películas el protagonismo lo **tiene** el hombre, pero aun así, siempre en torno a la figura de alguna mujer importante en sus vidas, o si no, los **viste** de mujer …»*.

Pronombres de sujeto	-ar: cantar (to sing)	-er: correr (to run)	-ir: decidir (to decide)
yo	canto	corro	decido
tú	cantas	corres	decides
usted (Ud.), él/ella	canta	corre	decide
nosotros/as	cantamos	corremos	decidimos
vosotros/as	cantáis	corréis	decidís
ustedes (Uds.), ellos/ellas	cantan	corren	deciden

The subject pronouns will not be included in all charts, but the verb charts follow this pattern.

Singular	Plural
yo	nosotros/as
tú	vosotros/as
Ud., él/ella	Uds., ellos/ellas

La Generación del Milenio por Soledad Gallego-Díaz

Uno de los primeros éxitos de la banda británica The Who se llamaba *My Generation* y su frase más coreada* decía: «Espero morir antes de llegar a viejo». Roger Daltrey y sus amigos pertenecían a la llamada Generación Baby Boom (nacidos después de 1946) y su canción fue uno de los mayores éxitos de 1965. Antes que ellos estaba la Generación Silenciosa (que sufrió en la infancia la Gran Depresión y que luchó en la Segunda Guerra Mundial) y detrás de ellos llegó la famosa Generación X (1965–1980), que creció bajo el constante bombardeo del consumo, conoció la llegada de Internet, el fin de la Unión Soviética y la aparición del SIDA[b], y quedó caracterizada, al menos en muchos libros y enciclopedias, como un grupo algo apático y poco conflictivo.

La generación actual —la que nació después de 1980— empezó identificándose como Generación Y (por eso de que va después de la X), pero, poco a poco, va siendo conocida como la Generación del Milenio. *Millennials Rising: the next great generation* fue un libro de éxito publicado en 2000 por los sociólogos norteamericanos Howe y Strauss, y cada día parece que ese concepto, la primera generación que alcanza la mayoría de edad en el nuevo milenio, se ha hecho definitivo. Es una generación caracterizada, por encima de todo, por su uso, desde la más tierna[c] infancia, de nuevas y poderosas tecnologías y, según un amplio sondeo[d] realizado en Estados Unidos por el Pew Research Center, tiene una «pinta»* estupenda, y Howe y Strauss no se equivocaban al anunciar «una gran generación».

Pew les preguntó qué es lo que, según ellos mismos, caracteriza a su generación. El uso de nuevas tecnologías, la música y el hecho de que somos más liberales y tolerantes fueron, por este orden, las respuestas más frecuentes. La Generación X se autodefinió en su día también como «tecnológica», aunque en mucho menor grado, y consideró que era más bien conservadora y que todavía se interesaba algo por los valores éticos del trabajo de sus predecesores. La Generación del Milenio no reclama superioridad moral respecto a las anteriores y es la primera que no cita la ética del trabajo como algo importante. Al mismo tiempo, es la generación que menos importancia le da a la raza y que mejor se relaciona con diferentes grupos étnicos, quizá porque es también la más diversa racialmente. Es la menos religiosa (en el sentido de que pertenece menos a religiones organizadas), la más optimista y la más educada.

*popular, famous; repeated [b]AIDS [c]young [d]poll **looks*

Cultura There are two **Cultura** sections in each chapter, one after the **Palabras** section and the other after the **Estructuras** section. These notes provide relevant cultural information about Canada and the Spanish-speaking world that can be connected to other fields of knowledge, such as sociology, economics, history, popular culture and so on. The **Cultura** sections are usually followed by a **Tertulia** activity that promotes cross-cultural comparisons. They are also accompanied by comprehension questions in the *Annotated Instructor's Edition* (*AIE*).

Lectura

La figura de la mujer en el cine de Almodóvar

Reflexiones

La lectura de este capítulo es parte de un artículo sobre la representación de la mujer en las películas del famoso director de cine español, Pedro Almodóvar. El artículo hace referencia a la película *Todo sobre mi madre*, que ganó el Oscar a la mejor película extranjera en 1999.

ACTIVIDAD 1 Definiciones

Paso 1 ¿Qué palabra del **Vocabulario útil** corresponde a cada definición?

1. Es una pintura o foto de una persona.
2. Es el grupo más grande.
3. Es la persona que interviene en la acción de una obra de teatro o una película.
4. Esto es el producto que se usa en la filmación.
5. Es el verbo que describe el trabajo que hace el actor.

Paso 2 Ahora te toca a ti dar una definición de las siguientes palabras.

1. cine   2. retratar   3. el papel   4. la película

Estrategia: La estructura de la oración en español

La estructura de la oración en español es más flexible que la del inglés. Mira los siguientes ejemplos.

Es posesiva, celosa y se ha vuelto loca de amor.

She is possessive, jealous, and is mad with love.

El sujeto **(ella**, en este caso) con frecuencia no es explícito porque los

vocabulario útil

la cinta — film
la mayoría — majority

Lectura Readings in ***MÁS*** include articles and literary texts. The **Lectura** section includes a reading strategy, pre-reading and post-reading activities for comprehension, passive vocabulary enrichment, and discussions.

Redacción In the first seven chapters, the **Redacción** section offers writing strategies and topics to assist students in a variety of writing tasks that they need in their daily life, such as a personal note, curriculum vitae, letter, and opinion pieces. The **Redacción** sections of **the last two chapters** help students develop the process of writing a research paper, guiding them through the major steps of the process.

The **Redacción** section is linked to a section with the same title in the *Cuaderno de práctica*, where students receive extra guidance in developing the writing assignment.

Redacción

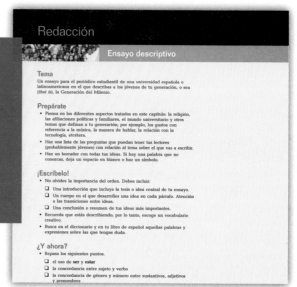

Ensayo descriptivo

Tema

Un ensayo para el periódico estudiantil de una universidad española o latinoamericana en el que describas a los jóvenes de tu generación, o sea (*that is*), la Generación del Milenio.

Prepárate

- Piensa en los diferentes aspectos tratados en este capítulo: la religión, las afiliaciones políticas y familiares, el mundo universitario y otros temas que definan a tu generación; por ejemplo, los gustos con referencia a la música, la manera de hablar, la relación con la tecnología, etcétera.
- Haz una lista de las preguntas que puedan tener tus lectores (probablemente jóvenes) con relación al tema sobre el que vas a escribir.
- Haz un borrador con todas tus ideas. Si hay una palabra que no conozcas, deja un espacio en blanco o haz un símbolo.

¡Escríbelo!

- No olvides la importancia del orden. Debes incluir:
  - ❑ Una introducción que incluya la tesis o idea central de tu ensayo.
  - ❑ Un cuerpo en el que desarrolles una idea en cada párrafo. Atención a las transiciones entre ideas.
  - ❑ Una conclusión o resumen de tus ideas más importantes.
- Recuerda que estás describiendo; por lo tanto, escoge un vocabulario creativo.
- Busca en el diccionario y en tu libro de español aquellas palabras y expresiones sobre las que tengas duda.

¿Y ahora?

- Repasa los siguientes puntos.
  - ❑ el uso de **ser** y **estar**
  - ❑ la concordancia entre sujeto y verbo
  - ❑ la concordancia de género y número entre sustantivos, adjetivos y pronombres

---

Reflexiones

Gramática en contexto: Los hispanos en Canadá

Los siguientes datos están basados en la información del Censo de Canadá del año 2006. Complétalos con las palabras correctas. Conjuga los verbos en el presente de indicativo. Cuando haya dos opciones, escoge la opción correcta. Si son verbos, escoge el verbo correcto. Cuando no haya opciones, escribe la palabra comparativa para completar la idea.

En este capítulo _____¹ (estar/ser: nosotros) estudiando la población hispana en Canadá. ¿ _____² (saber: tú) que en este país _____³ (vivir) más _____⁴ (de/que) 345.000* hispanohablantes, según el censo del año 2006? Esta cifra _____⁵ (incluir) a hispanohablantes de varios países: _____⁶ (haber/ser) hispanocanadienses de España, México, Centroamérica y de los países en el Caribe y de América del Sur donde se _____⁷ (hablar) español. El grupo de hispanohablantes _____⁸ grande de Canadá _____⁹ (estar/ser) el que se identifica como «español», pero _____¹⁰ (estar/ser) probable que este término describa a hispanohablantes que no _____¹¹ (ser/estar) de España.

También _____¹² (haber/ser) hispanocanadienses que se identifican como «hispanos» o «hispanoamericanos», sin especificar un país de origen: unos 27.370 de ellos, según el censo de 2006.

*number

Proyectos fuera de clase

Investiga el Censo de Canadá más reciente en el Internet para aprender más sobre la presencia hispana en tu ciudad, provincia o territorio, o en una ciudad, provincia o territorio que te interese. Luego prepara un pequeño informe para compartir con tus compañeros en clase. ¿Qué regiones de las que investigaron tienen el mayor número de hispanos? ¿y el menor número?

Reflexiones This end-of-chapter section opens with **Gramática en contexto,** a cloze activity that combines practice for all of the grammar points treated in the chapter and often introduces another cultural topic. The **Proyecto fuera de clase** offers ideas for an out-of-class research or interview-based project. A final **Tertulia** presents a series of talking points that promote sophisticated conversations among students based on some aspect of life related to the theme of the chapter.

The following are recurrent features throughout the book.

Notas lingüísticas These grammatical notes present information already familiar to students and/or offer an advanced linguistic commentary for recognition only.

NOTA LINGÜÍSTICA   Los pronombres de sujeto

- **Usted and ustedes** are often abbreviated as **Ud.** and **Uds.**, respectively. The abbreviated forms will be used in this text.

- **Vosotros/as** is the informal plural *you* (**tú + otros = vosotros**) and is used primarily in Spain. **Uds.** is used in Spain for the formal plural *you* (**Ud. + otros = Uds.**). In Latin America, they do not distinguish between the formal and informal plural *you* and **Uds.** is the only form used to express the plural *you*. In *Más*, we have decided to use **Uds.** as the plural of **tú** in the activity instructions in Chapters 1-5 as representative of the Latin American usage; nevertheless, the **vosotros** forms are then implemented in Chapters 6-10 activity instructions

representing the *Real Academia Española*'s rules of standardized Spanish and also to provide every opportunity to practise all forms.

- **Vos** is used in most of Central America, Argentina, and Uruguay, although it is also found elsewhere in Spanish America. **Vos** is used instead of **tú**, although in some of these countries both forms may appear. **Vos** has its own verbal forms only for the present indicative, subjunctive, and commands, e.g.: **tú hablas/vos hablás, tú comes/vos comés, tú vives/vos vivís; tú hables/vos hablés, tú comas/vos comás, tú vivas/vos vivás; ¡habla!** (tú)/**¡hablá!** (vos), **¡come!** (tú)/**¡comé!** (vos), **¡vive!** (tú)/**¡viví!** (vos). The **vos** forms will not be practised in the *Más* textbook or workbook.

RECORDATORIO

ir a + *infinitive* is also used to express actions that take place in the near future.

| **Voy a visitar** el Perú el próximo verano. | *I'm going to visit Peru next summer.* |

OTHER IRREGULAR VERBS

Some verbs do not fit into a specific category. Note that **ir** and **ser** have the first-person **-oy** ending, but then are irregular in all other forms. **Saber** and **ver** are irregular only in the **yo** form.

ir *(to go)*		**saber** *(to know)*	
voy	vamos	sé	sabemos
vas	vais	sabes	sabéis
va	van	sabe	saben
ser *(to be)*		**ver** *(to see)*	
soy	somos	veo	vemos
eres	sois	ves	veis
es	son	ve	ven

Uses of the present tense

The present indicative in Spanish is used in the following contexts.

- An action that takes place at the moment of speaking

  Oigo la música de los vecinos.   *I hear the neighbours' music.*

- Generalizations and habitual actions

  Casi todos los días **estudio** en la biblioteca.   *I study in the library almost every day.*

- An action predicted or planned for the near future

  Mañana **trabajo** en la oficina central.   *Tomorrow, I'm working at head office.*

¡OJO! The present progressive is often used in this context in English but never in Spanish. (See **Nota lingüística** in this section.)

COMPREHENSIVE LEARNING AND TEACHING PACKAGE

McGraw Hill Education connect McGraw-Hill Connect™ is a web-based assignment and assessment platform that gives students the means to better connect with their coursework, with their instructors, and with the important concepts that they will need to know for success now and in the future.

With Connect, instructors can deliver assignments, quizzes and tests online. Instructors can edit existing questions and author entirely new problems. Track individual student performance—by question, assignment or in relation to the class overall – with detailed grade reports. Integrate grade reports easily with Learning Management Systems (LMS) such as WebCT and Blackboard.

By choosing Connect, instructors are providing their students with a powerful tool for improving academic performance and truly mastering course material. Connect allows students to practise important skills at their own pace and on their own schedule. Importantly, students' assessment results and instructors' feedback are all saved online—so students can continually review their progress and plot their course to success.

Connect also provides 24/7 online access to an eBook—an online edition of the text—to aid them in successfully completing their work, wherever and whenever they choose.

Instructor Resources

- Instructor's Manual
- Computerized Test Bank
- Microsoft® PowerPoint® Presentations
- Workbook with Answer Key
- Audio Program
- Video Program
- Image Bank

Student Resources

- Verb Charts
- Grammar Tutorials
- Lab Audio
- Videos
- Practice Quizzes

LEARNSMART

LEARNSMART® No two students are alike. Why should their learning paths be? LearnSmart uses revolutionary adaptive technology to build a learning experience unique to each student's individual needs. It starts by identifying the topics a student knows and does not know. As the student progresses, LearnSmart adapts and adjusts the content based on his or her individual strengths, weaknesses and confidence, ensuring that every minute spent studying with LearnSmart is the most efficient and productive study time possible.

SMARTBOOK

SMARTBOOK™ As the first and only adaptive reading experience, SmartBook is changing the way students read and learn. SmartBook creates a personalized reading experience by highlighting the most important concepts a student needs to learn at that moment in time. As a student engages with SmartBook, the reading experience continuously adapts by highlighting content based on what each student knows and doesn't know. This ensures that he or she is focused on the content needed to close specific knowledge gaps, while it simultaneously promotes long-term learning.

SUPERIOR LEARNING SOLUTIONS AND SUPPORT

The McGraw-Hill Ryerson team is ready to help you assess and integrate any of our products, technology, and services into your course for optimal teaching and learning performance. Whether it's helping your students improve their grades, or putting your entire course online, the McGraw-Hill Ryerson team is here to help you do it. Contact your Learning Solutions Consultant today to learn how to maximize all of McGraw-Hill Ryerson's resources!

For more information on the latest technology and Learning Solutions offered by McGraw-Hill Ryerson and its partners, please visit us online: **www.mcgrawhill.ca/he/solutions**.

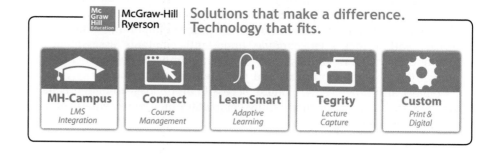

Acknowledgements

The authors would like to thank the Faculty of Graduate Studies at Brock University for their financial support with the Graduate Research Fellowship Award to our research assistant, Ashley Jellicoe. We are also extremely appreciative of Ashley's dedication and attention to detail that made our work as authors go smoothly.

We also wish to express our appreciation to our academic homes—Dalhousie University (Department of Spanish and Latin American Studies/Dean's Office, Arts and Social Sciences), and Brock University (Department of Modern Languages, Literatures and Cultures) for valuing and supporting our work in myriad ways.

Many thanks to Karen for believing in our vision for an intermediate Spanish textbook geared specifically to Canadian university students, and for making the team such a well-oiled machine.

Tanjah, our development editor, deserves our thanks as well for her editorial advice and support with our innovations in the text, but most of all for her patience and good humour throughout the project.

And last but certainly not least, to our families, thank you for the gift of time: your generous contribution of all those evenings and weekends and vacation days when we worked on *MÁS*.

Donna M. Rogers, Brescia University College
Cristina Santos, Brock University

The authors and the publisher would also like to thank the many reviewers across the country whose valuable suggestions and thoughtful commentary contributed to the Canadian edition.

Luis Abanto	*University of Ottawa*
Carmela Bruni-Bossio	*University of Alberta*
Maria Carbonetti	*University of British Columbia*
Alicia Flores de Ulysses	*University of Victoria*
Ana García-Allén	*Western University*
Maria Jose Gimenez Mico	*Dalhousie University*
Patrick Karsenti	*Kwantlen Polytechnic University*
Maritza Mark	*Grant MacEwan University*
Isabel Mayo-Harp	*Simon Fraser University*
Denise Mohan	*University of Guelph*
Tracy Crowe Morey	*Brock University*
María-Jesus Plaza	*Mount Royal University*
Caterina Reitano	*University of Manitoba*
Cristina Ruiz Serrano	*Grant MacEwan University*
Clare Westcott Smallwood	*Red Deer College*
Stephanie Spacciante	*University of British Columbia*
Adriana Spahr	*Grant MacEwan University*
Luis Torres	*University of Calgary*
Raquel Trillia	*University of Lethbridge*

La identidad

UNIDAD 1
¿Quiénes somos?

En esta unidad, vamos a explorar algunos conceptos de nuestra identidad y sociedad, estudiando y repasando:

- la descripción
- las comparaciones
- los gustos y las preferencias
- algunos tiempos verbales: el presente, el pretérito y el imperfecto

- algunos puntos gramaticales contrastivos: **ser/estar, por/ para**, pretérito/imperfecto
- el vocabulario activo de la religión, la política, la familia, la vida universitaria, el trabajo

« La cara es el
espejo del alma. »*

*Literally: *The face is the mirror of the soul.*

1

Cuestión de imagen

EN ESTE CAPÍTULO

PASOS Y REPASOS: OBJETIVOS

En este capítulo vamos a:
- describir a las personas
- conocer a los compañeros/las compañeras de clase
- repasar los usos del tiempo presente
- repasar los usos de *ser, estar, haber, hacer* y *tener*
- hacer comparaciones

- leer y reflexionar sobre la imagen de la persona, la identidad y la diversidad

Cultura: Palabras cariñosas basadas en la apariencia física, Los hispanos: Multiplicidad étnica y racial

Lectura: «La figura de la mujer en el cine de Almodóvar»

Minilectura

Reflexiones El poder de la mujer latina

¿Qué tipo de mujeres aparece (*appear*) normalmente en nuestra vida diaria? ¿guapas o feas? ¿jóvenes o maduras? ¿esbeltas o gruesas (*full-figured*)? ¿blancas o de otras razas? ¿Cómo son representadas las mujeres de diferentes razas? ¿Por qué hay tantos estereotipos de la mujer excepcionalmente bonita? ¿Te parece (*Does it seem to you*) que eso está bien o mal? ¿Por qué? Esta lectura es sobre la mujer latina en Estados Unidos. ¿Crees que su situación es diferente en Canadá?

EL PODER DE LA MUJER LATINA, *TANIA LUVIANO*

Sonia Sotomayor, jueza de la Suprema Corte de Justicia de EE.UU.

¿Qué le falta a la mujer hispana para animarse a romper estereotipos culturales y sobresalir profesionalmente en Estados Unidos?

Las mujeres hispanas en Estados Unidos pueden adjudicarse tremendos logros: Sonia Sotomayor es la primera hispana en ser Jueza de la Suprema Corte de Justicia; Loreta y Lidia Sánchez hicieron historia al ser las primeras hermanas en ocupar un asiento en el Congreso. Sin embargo, como latinas tienen que trabajar más duro contra los estereotipos que les impiden lograr el éxito profesional en este país.

«Todo empieza con una buena educación pero, desgraciadamente, las latinas aún tienen que luchar todos los días por romper el 'techo de vidrio' o '*glass ceiling*' que les impide crecer», dice la Profesora Dionne Espinoza, experta en asuntos de la mujer y profesora en la Universidad de California en Los Ángeles.

De acuerdo a la Dra. Espinoza, para sobresalir en este país, las latinas deben trabajar juntas. «Las mentoras son muy importantes; las líderes, las mujeres que ya lograron el éxito deben ser mentoras de otras latinas y decirles cómo ellas pudieron romper los estereotipos.»

Pero, ¿qué debe hacer la mujer latina para romper la barrera de los estereotipos y lograr el éxito? Debe saber identificar sus fortalezas como latina, según explica la Dra. Espinoza: «La mujer latina, además de ser bilingüe, bicultural, lucha todos los días contra percepciones y estereotipos tales como 'la mujer latina no trabaja y se queda en casa cuidando a los niños', 'no habla inglés', 'es un símbolo sexual'.»

Otra cualidad de las latinas es que sabemos balancear nuestras metas. «Las latinas luchan por sus metas no solo para superarse como mujer, sino que lo hacen por su familia y sus comunidades. Esto es una gran cualidad para cualquier puesto político», asegura la Dra. Espinoza.

¿Cual es la llave del éxito? No hay una fórmula específica; lo importante es encontrar tu pasión y el camino para llegar a tus metas, solo nos falta decisión. Y, por supuesto, no dejar de seguir luchando y trabajar duro contra los estereotipos.

SOURCE: "El poder de la mujer latina" by Tania Luviano, 21 de febrero de 2011. © COPYRIGHT 2000–2013.

Ponte a prueba

¿Cuáles son los estereotipos de la mujer latina? Indica si las siguientes afirmaciones son ciertas (C) o falsas (F). Si puedes, corrige las oraciones falsas.

1. No existen estereotipos de la mujer latina en EE.UU.
2. Los estereotipos no les afectan en el campo profesional.
3. Las latinas no deben trabajar juntas.
4. Las latinas no tienen fortalezas.
5. Las latinas luchan solamente por sí mismas.

Antes de mirar *Clara como el agua*

- ¿Te pareces físicamente a las personas que viven en tu barrio?
- ¿Había problemas de intimidación (*bullying*) en tu escuela secundaria para ti o para tus compañeros?
- ¿Crees que siempre hay que decirles la verdad a los niños? ¿Por qué?

Comprensión y análisis

¿Cierto o falso? Indica si las siguientes afirmaciones son ciertas (C) o falsas (F). Luego corrige las oraciones falsas.

1. Los niños del barrio insultan a Clara porque ella está muy delgada.
2. Clara se lava la boca porque su cara está sucia.
3. Clara y su abuela se parecen mucho físicamente.
4. A Clara le gusta hablar con Mateo.
5. La madre de Clara va a volver a la isla.
6. Al final del cortometraje, Clara hace un descubrimiento científico.

Interpreta Contesta haciendo inferencias sobre lo que se ve y se oye en el corto.

1. ¿Es fácil para Clara hablar con su madre? ¿Cómo crees que afecta eso a Clara?
2. ¿Cuáles son las diferentes explicaciones que ofrecen los demás sobre el color de la piel de Clara?
3. ¿Por qué la palabra «gringa» es un insulto para los niños del barrio?
4. ¿Qué crees que preocupa más a Clara: tener un padre blanco o no saber cuál es la verdad? ¿Por qué opinas así?
5. ¿Cómo interpretas el final del cortometraje?

Reflexión La identidad

A Clara le preocupa su herencia y se dedica a buscar información sobre sus raíces para tener mejor idea de quién es. En tu opinión, ¿contribuye mucho la herencia de una persona a su identidad individual? ¿Cuánto afecta la raza de una persona a la maneara en que la sociedad la percibe? Si puedes, da ejemplos de noticias recientes para apoyar tu respuesta. ¿Qué otros factores contribuyen a formar nuestra identidad? ¿Dirías que es normal sentir una discrepancia entre el **yo** que creemos que somos y la manera en que nos ven los demás? ¿Por qué sí o por qué no?

Título: *Clara como el agua*

País: Estados Unidos, Puerto Rico

Dirección: Fernanda Rossi

Año: 2012

Reparto: Kathiria Bonilla León, Sixta Rivera, Rubén Andrés Medina, Alfonso Peña Ossorio

«Los odio, malditos.» «¡Eres la más fea!»

vocabulario
útil

brillante	shining, brilliant
maldito/a	damn
preñada	**embarazada**
trigueño/a	**moreno/a**, de piel oscura
pelear	to fight
saber de memoria	to memorize
la nena	niña
el varón	hombre o niño

Los rasgos físicos (*physical features*)

DE REPASO

el estereotipo

alto/a ≠ bajo/a

extrovertido/a ≠ introvertido/a

grande ≠ pequeño/a

guapo/a ≠ feo/a

inteligente ≠ tonto/a

moreno/a ≠ rubio/a

obeso/a (gordo/a) ≠ delgado/a

los anteojos	glasses
la apariencia	appearance
la barba	beard
el bigote	mustache
las canas	gray hair
la cicatriz	scar
la imagen	image
el lunar	mole
los ojos (azules, verdes, color miel, color café)	(blue, green, honey-coloured, brown) eyes
las pecas	freckles
el pelo	hair
castaño	light brown, chestnut
gris/blanco	gray/white
lacio/liso	straight
ondulado	wavy
rizado	curly
rubio	blond
el rostro (la cara)	face
la sonrisa	smile
llevar lentes de contacto	to wear contact lenses
ser/estar calvo/a	to be bald
ser pelirrojo/a	to be a redhead

La personalidad

el carácter/la forma de ser/ la personalidad	personality
tener...	to have a...
complejo de superioridad/ inferioridad	superiority/inferiority complex
buen/mal carácter	nice/unfriendly personality
sentido del humor	sense of humor
ser...	to be...
antipático/a	unfriendly/unlikeable
callado/a	quiet
cariñoso/a	affectionate
chistoso/a	funny
conservador(a)	conservative
egoísta	selfish
frío/a	cold
hablador(a)	talkative
mentiroso/a	a liar
progresista	liberal, progressive
terco/a	stubborn
tacaño/a	stingy
sensato/a (insensato/a)	sensible (foolish)
sensible (insensible)	sensitive (insensitive)
simpático/a	nice, friendly, likeable
tímido/a	shy

Cognados: **generoso/a, irresponsable, responsable, serio/a**

¡OJO!   **carácter** = **personalidad**; *character (in fiction)* = **personaje**

Los insultos

pesado/a	dull, bothersome, annoying (*literally:* heavy)
tonto/a	dumb, silly

Cognados: **estúpido/a, idiota, imbécil**

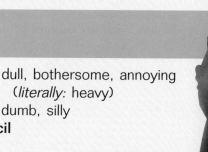

ACTIVIDAD 1 ▸ Rasgos físicos

Paso 1 Dibuja seis rasgos físicos en el rostro de la derecha.

Paso 2 Trabajen en parejas (*pairs*). Túrnense para explicar los rasgos del rostro que dibujaron mientras el compañero/la compañera los dibuja en la cara de la izquierda. ¿Se parece el dibujo de tu compañero/a al que tú pintaste?

ACTIVIDAD 2 ▸ Sinónimos y antónimos

Organiza las palabras del vocabulario para formar una lista de sinónimos o antónimos.

> *Ejemplo:* **Antónimos:** conservador(a) ≠ progresista
> **Sinónimos:** que tiene buen carácter = simpático/a

ACTIVIDAD 3 ▸ Tu personalidad

Paso 1 ¿Cómo eres tú? Haz una lista de seis o siete características de tu personalidad que te describan bien. ¡Sé (*Be*) honesto/a!

Paso 2 Trabajando en parejas, comparen sus personalidades. ¿Qué tienen en común? ¿En qué son muy diferentes?

ACTIVIDAD 4 ▸ La persona ideal

Haz una lista de los rasgos físicos y la personalidad que más te atraen en una persona, o sea, describe a tu amigo/a o a tu pareja (*partner*) ideal. ¿Son rasgos que tú también tienes? ¿Tiene características que te complementan? Luego, habla con un compañero/una compañera para comparar las cualidades y los rasgos físicos que les atraen o no les gustan de otras personas.

> *Ejemplo:* Me atraen los hombres morenos, como mi novio. Políticamente, me gustan las personas progresistas porque yo soy muy liberal y es bueno tener opiniones similares en la política. Me gustan las personas cariñosas. Para que una persona sea mi amigo o amiga, debe ser generosa y sincera.

ACTIVIDAD 5 ▷ Expertos en imagen

En grupos pequeños, piensen en la persona ideal, real o ficticia, para representar a su universidad. ¿Qué características físicas tiene? ¿Qué debe pensar el/la estudiante de escuela secundaria que vea esa imagen? ¿Qué nombre publicitario se le puede dar? Si quieren, pueden usar las siguientes imágenes como punto de partida (*point of departure*).

Palabras cariñosas basadas en la apariencia física

En español hay muchas expresiones cariñosas que pueden variar de un país a otro, por ejemplo: **amor, cariño, querido/a, tesoro**[a] y **mi vida.**[b] Además, en diferentes países de habla española se usan, de manera cariñosa, ciertos adjetivos relacionados con el aspecto físico que, a pesar de[c] ser ofensivos en otras culturas, no lo son en estos países. De hecho, estas palabras se usan aunque no correspondan con la apariencia física de una persona.

gordo/a (España): con esposos, novios, hijos
flaco/a[d] (Argentina, Uruguay): con esposos, novios, hijos, amigos
viejo/a (Argentina, Chile, Uruguay): con padres, esposos
negro/a, negrito/a (Venezuela, Puerto Rico, República Dominicana, Panamá): con esposos, novios, hijos, amigos

¡OJO! Estas palabras pueden ser ofensivas cuando se usan en otros contextos.

[a]*treasure* [b]*my life* [c]*even though* [d]*skinny*

Tertulia* Palabras cariñosas y apodos (*nicknames*)

- ¿Qué palabras cariñosas se usan en sus familias? ¿Cuáles son sus favoritas? ¿Cuáles detestan más?
- ¿Tienen Uds. apodos basados en su aspecto físico? ¿Les molestan? ¿Por qué?
- En algunos países la tendencia a usar palabras cariñosas es más generalizada que en otros. En países como Puerto Rico o Venezuela se puede oír la expresión «mi amor» con mucha frecuencia, dirigida incluso a personas a quienes ses conoce poco (especialmente a mujeres y niños).

  ¿Se usan mucho las palabras cariñosas en su familia o cultura? ¿Les gusta esta costumbre? ¿Por qué?

«Te quiero, gorda.»

*The **Tertulia** activities provide questions for exploring the reading topics and the chapter theme in small groups or as a class.

Estructuras

1 El presente de indicativo

REGULAR VERBS

Spanish verbs that follow a predictable pattern are regular verbs. Subject pronouns can be used to indicate who is performing the action. Unlike English, however, the subject or subject pronoun is not necessarily expressed. The conjugations usually make the subject clear. These are the regular conjugation patterns for present-tense verbs.

> «Tan solo en dos de sus películas el protagonismo lo **tiene** el hombre, pero aun así, siempre en torno a la figura de alguna mujer importante en sus vidas, o si no, los **viste** de mujer …»*.

Pronombres de sujeto	-ar: cantar (to sing)	-er: correr (to run)	-ir: decidir (to decide)
yo	canto	corro	decido
tú	cantas	corres	decides
usted (Ud.), él/ella	canta	corre	decide
nosotros/as	cantamos	corremos	decidimos
vosotros/as	cantáis	corréis	decidís
ustedes (Uds.), ellos/ellas	cantan	corren	deciden

The subject pronouns will not be included in all charts, but the verb charts follow this pattern.

Singular	Plural
yo	nosotros/as
tú	vosotros/as
Ud., él/ella	Uds., ellos/ellas

Source: *«Las mujeres en el cine de Almodóvar»
http://pdf.rincondelvago.com/mujeres-en-el-cine-de-almodovar.html

- **Usted and ustedes** are often abbreviated as **Ud.** and **Uds.**, respectively. The abbreviated forms will be used in this text.

- **Vosotros/as** is the informal plural *you* (**tú + otros = vosotros**) and is used primarily in Spain. **Uds.** is used in Spain for the formal plural *you* (**Ud. + otros = Uds.**). In Latin America, they do not distinguish between the formal and informal plural *you* and **Uds.** is the only form used to express the plural *you*. In *Más*, we have decided to use **Uds.** as the plural of **tú** in the activity instructions in Chapters 1-5 as representative of the Latin American usage; nevertheless, the **vosotros** forms are then implemented in Chapters 6-10 activity instructions

representing the *Real Academia Española*'s rules of standardized Spanish and also to provide every opportunity to practise all forms.

- **Vos** is used in most of Central America, Argentina, and Uruguay, athough it is also found elsewhere in Spanish America. **Vos** is used instead of **tú**, although in some of these countries both forms may appear. **Vos** has its own verbal forms only for the present indicative, subjunctive, and commands, e.g.: **tú hablas/vos hablás, tú comes/vos comés, tú vives/vos vivís; tú hables/vos hablés, tú comas/vos comás, tú vivas/vos vivás; ¡habla!** (tú)/**¡hablá!** (vos), **¡come!** (tú)/**¡comé!** (vos), **¡vive!** (tú)/**¡viví!** (vos). The **vos** forms will not be practised in the *Más* textbook or workbook.

STEM-CHANGING VERBS

In stem-changing verb conjugations, the stressed vowel of the stem becomes a diphthong, for example, **pienso** (stressed). When the stress moves to the ending, the stem does not change: **pensamos** (unstressed). Note the stem-changing pattern in the following verbs.

e → ie

-ar: pensar *(to think)*		-er: querer *(to want; to love)*		-ir: preferir *(to prefer)*	
pienso	pensamos	quiero	queremos	prefiero	preferimos
piensas	pensáis	quieres	queréis	prefieres	preferís
piensa	piensan	quiere	quieren	prefiere	prefieren
Otros verbos					
cerrar	to close	defender	to defend	advertir	to warn
comenzar	to begin	encender	to turn on	divertir(se)	to have fun
despertar(se)	to wake up	entender	to understand	mentir	to lie
empezar	to begin	perder	to lose	sentir(se)	to feel

o → ue

-ar: encontrar *(to find)*		-er: poder *(to be able to)*		-ir: morir *(to die)*	
encuentro	encontramos	puedo	podemos	muero	morimos
encuentras	encontráis	puedes	podéis	mueres	morís
encuentra	encuentran	puede	pueden	muere	mueren
Otros verbos					
contar	to count; to tell	devolver	to return (something)	dormir	to sleep
jugar (a)*	to play				
mostrar	to show	resolver	to solve		
probar	to try; to taste	soler	to tend to; to be accustomed to		
recordar	to remember				
soñar (con)	to dream (about)	volver	to return		

*Jugar, even though it does not have an -o stem, follows the o → ue stem-changing pattern. Therefore, it is listed with the -o verbs here. Jugar is the only u → ue stem-changing verb in Spanish.

e → i	
-ir: pedir *(to ask for, to request)*	
pido	pedimos
pides	pedís
pide	piden
-ir: reír *(to laugh)*	
río	reímos
ríes	reís
ríe	ríen
Otros verbos -ir	

repetir	*to repeat*	servir	*to serve*
seguir	*to follow*	sonreír	*to smile*

Sonia Rodríguez **sigue** su carrera como bailarina con el Ballet Nacional de Canadá.

IRREGULAR VERBS

Based on the **yo** form

Several common verbs are irregular in the first-person singular (**yo**) form.

-oy: estar* *(to be)*		**-zco: conocer** *(to know; to be familiar with)*	
est**oy**	estamos	cono**zco**	conocemos
estás	estáis	conoces	conocéis
está	están	conoce	conocen
Otros verbos			
dar (doy)	*to give*	aparecer (aparezco)	*to appear*
		reducir (reduzco)	*to reduce*

-go: hacer *(to do; to make)*		**-go** + stem change: **tener** *(to have)*	
ha**go**	hacemos	ten**go**	tenemos
haces	hacéis	tie**n**es	tenéis
hace	hacen	tie**n**e	tie**n**en
Otros verbos			
poner (pongo)	*to place; to put*	decir (digo) (i)	*to tell; to say*
salir (salgo)	*to leave*	oír (oigo) (y)	*to hear*
traer (traigo)	*to take; to bring*	venir (vengo) (ie)	*to come*
caer (caigo)	*to fall*		

---

*Note the stressed syllables with written accents on some forms of **estar**.

RECORDATORIO

Ir a + *infinitive* is also used to express actions that take place in the near future.

Voy a visitar el Perú el próximo verano.   *I'm going to visit Peru next summer.*

OTHER IRREGULAR VERBS

Some verbs do not fit into a specific category. Note that **ir** and **ser** have the first-person **-oy** ending, but then are irregular in all other forms. **Saber** and **ver** are irregular only in the **yo** form.

ir *(to go)*		saber *(to know)*	
voy	vamos	sé	sabemos
vas	vais	sabes	sabéis
va	van	sabe	saben
ser *(to be)*		**ver** *(to see)*	
soy	somos	veo	vemos
eres	sois	ves	veis
es	son	ve	ven

Uses of the present tense

The present indicative in Spanish is used in the following contexts.

- An action that takes place at the moment of speaking

  Oigo la música de los vecinos.   *I hear the neighbours' music.*

- Generalizations and habitual actions

  Casi todos los días **estudio** en la biblioteca.   *I study in the library almost every day.*

- An action predicted or planned for the near future

  Mañana trabajo en la oficina central.   *Tomorrow, I'm working at head office.*

¡OJO!   The present progressive is often used in this context in English but never in Spanish. (See **Nota lingüística** in this section.)

- Historical present: past actions narrated in the present

  Cristóbal Colón **llega** a la isla que él llama Española pero **tarda** años en darse cuenta de que no es la costa asiática.   *Christopher Columbus arrives at the island that he calls Hispaniola, but it takes him years to realize that it is not the coast of Asia.*

- In questions, to ask for further instructions, where English prefers *should* or *shall*

  ¿**Abro** la ventana?   *Should (shall) I open the window?*

- Occasionally as a substitute for a command

  Si tienes problemas, me **avisas.**   *If you have any problems, tell me.*

- Spanish also uses **por poco** + present tense for events that nearly happened in the past, but didn't

  Por poco **me caigo.**   *I almost fell down.*

- Hypothetical situations that are likely to occur, following **si** (*if*) *

| La fiesta **va a ser** un desastre si **llueve** esta noche. | *The party is going to be a disaster if it rains tonight.* |

NOTA LINGÜÍSTICA   Los tiempos progresivos

Progressive tenses are formed with the conjugated form of **estar**, in any of its tenses, followed by the present participle (**-ndo** ending) of another verb.

-ar → -ando	-er → -iendo	-ir → -iendo
bailar → bail**ando**	comer → com**iendo**	vivir → viv**iendo**

- Here are the irregular forms of **-ir** stem-changing verbs (e→i; o→u).

sentir → sintiendo	pedir → pidiendo	dormir → durmiendo
decir → diciendo	repetir → repitiendo	morir → muriendo
venir → viniendo		

- The present participle ending in **-iendo** becomes **-yendo** in verbs whose stems end with a vowel.

| caer → ca**yendo** | destruir → destru**yendo** | ir → **y**endo |
| leer → le**yendo** | oír → o**yendo** | |

- The progressive tenses are used in Spanish to express an action in progress.

| —¿Qué **estás haciendo**? | —*What are you doing (right now)?* |
| —**Estoy estudiando** para el examen de mañana. | —*I'm studying for tomorrow's exam.* |

¡OJO! Unlike in English, in Spanish the progressive is never used to express the future. The simple present or **ir a** + *infinitive* is used in Spanish.

| —¿Qué **haces/vas a hacer** mañana por la noche? | —*What are you doing tomorrow night?* |
| —**Voy a cenar** con mis padres. | —*I'm having dinner with my parents.* |

---

* You will learn more about **si** clauses in **Capítulo 9**.

—¿Qué estáis haciendo?
—**Estamos estudiando** para un examen.

ACTIVIDAD 1 ▶ Hablando de novelas

Para contar una novela o película en español, normalmente se usa el presente, igual que en inglés. Completa el siguiente párrafo con el presente de los verbos que están entre paréntesis. ¿Conoces la novela? ¡Es una de las novelas más famosas del mundo!

Es la historia de un hombre que se _____[1] (volver) loco. La gente _____[2] (decir) que su problema es que constantemente _____[3] (leer) novelas de caballería[a]. Un día, el hombre _____[4] (salir) de su casa para luchar contra los problemas e injusticias del mundo. Lo primero que _____[5] (hacer) es buscar un ayudante. Su ayudante es un poco más joven y mucho más práctico, pero su trabajo _____[6] (requerir) que haga las cosas locas que le _____[7] (pedir) su amo[b]. Los dos _____[8] (sobrevivir) las muchas aventuras que les _____[9] (ocurrir) en España. Una de las aventuras más famosas es aquélla en la que el protagonista _____[10] (pelear) contra unos gigantes[c] imaginarios, que en realidad son molinos de viento[d]. La novela _____[11] (terminar) cuando el protagonista _____[12] (morir).

[a]*chivalry* [b]*boss* [c]*giants* [d]*molinos... windmills*

ACTIVIDAD 2 ▶ Una semana normal

Entrevista a un compañero/una compañera sobre sus actividades típicas. Puedes usar la siguiente lista de algunas de las actividades más comunes entre los estudiantes, pero piensa en otras más. ¿Qué actividades hacen ambos/as (*both*) y qué actividades hace solo uno/a de Uds.? ¿Dónde y cuándo hacen esas actividades?

almorzar	**hacer la tarea**	**salir con**
cenar	**ir a clases (al cine/**	**textear**
cocinar	**a la biblioteca/al trabajo)**	**trabajar**
desayunar	**jugar al (deporte)**	**usar el correo**
dormir poco	**lavar la ropa**	**electrónico**
estudiar	**leer**	**¿?**

ACTIVIDAD 3 ▶ Situaciones

Entrevista a dos o tres compañeros/as sobre lo que hacen en las siguientes situaciones. Inventa tú la última situación antes de hacer la entrevista. ¿Qué haces si...

1. sospechas (*suspect*) que un compañero/una compañera de clase te copia en el examen?

2. conoces a alguien en una fiesta y esa persona te gusta mucho?

3. hay una nueva moda que todo el mundo sigue pero que a ti no te gusta?

4. mañana tienes un examen muy importante pero esta noche hay un concierto muy bueno?

5. crees que la mujer/el hombre que sale con tu mejor amigo/a es muy antipático/a y no es una buena pareja para tu amigo/a?

6. ¿?

Ana **es** baja y morena; **es** muy simpática.

ACTIVIDAD 4 ¿Se conocen ya? (*Do you know each other already?*)

Seguramente en la clase hay estudiantes que no conoces bien todavía. Inicia una pequeña conversación con alguno de ellos sobre los siguientes temas (*topics*).

¡OJO! Recuerda usar la forma plural del verbo **gustar** con cosas en plural.

> **Me gusta la música cubana.**
> **Me gustan las películas españolas.**

1. nombre, edad
2. lugar donde vive y razones por las que (*reasons why*) vive allí
3. actividades que suele hacer los fines de semana
4. el tipo de música/películas/libros que le gustan
5. cómo se siente en la universidad; si está contento/a en la universidad y por qué
6. qué clases está tomando este semestre y cuál es su clase favorita hasta ahora (*so far*)
7. sus actividades extracurriculares de este semestre
8. ¿?

ACTIVIDAD 5 ¿Se conocen ya?

Repite la actividad anterior pero dirigiéndote a dos (o más) de tus compañeros de clase.

2 Cómo se expresa *to be*

To be has more than one equivalent verb in Spanish, depending on the contexts: **ser, estar, haber, hacer,** and **tener.**

SER AND ESTAR

Ser

- **Description:** Physical characteristics or personality traits considered normal or typical, including size, shape, colour, and personality

Ana **es** baja y morena; **es** muy simpática.	*Ana is short and dark-skinned; she's very nice.*

The following are some adjectives that are used with **ser.**

(in)capaz	*(un)able, (in)capable*	cuidadoso/a	*careful*
confuso/a	*confusing*	culpable	*guilty*
consciente	*aware*	delgado/a	*slim*
constante	*steadfast*	desgraciado/a	*unhappy*
corriente	*common, ordinary*	(in)fiel	*(dis)loyal*
(des)cortés	*(dis)courteous*	inteligente	*intelligent*

«La mujer latina **es** luchona como ninguna otra y sumamente persistente...».*

---

* «El poder de la mujer latina», *Terra*, 21 febrero 2011. En la foto, las Madres de la Plaza de Mayo, Buenos Aires. En su protesta cada jueves, llevan lienzos blancos para recordarle al gobierno de sus esposos e hijos desparecidos en la Guerra Sucia de 1976–80. En el Capítulo 10 hay más información sobre esa época en la Argentina.

- **Description:** Nationality, origin, religion, gender, profession, etc.

  Julia **es** cubana. **Es** de Santiago. **Es** profesora.   *Julia is Cuban. She's from Santiago. She's a teacher.*

- **Identification:** Noun phrases (noun = noun)

  —¿Cuál **es** la oficina de Susi?   *—Which one is Susi's office?*
  —Esta **es**.   *—This is it.*

- **Identification:** Material something is made of (**ser** + **de**)

  La mesa **es** de madera.   *The table is (made of) wood.*

- **Time and date**

  Hoy **es** el 1 de septiembre.   *Today is September 1.*
  Son las 3:00 de la tarde.   *It's 3:00 P.M.*

- **Time and location of events**

  El concierto **es** en el Teatro Cervantes.   *The concert is in the Cervantes Theatre.*
  La clase **es** a las 8:00.   *The class is at 8:00.*

- **Possession**

  Esos libros **son** míos. Este **es** de Joaquín.   *Those books are mine. This one is Joaquín's.*

- **Purpose or destination: ser** + **para**

  El regalo **es para** ti.   *The gift is for you.*
  El lápiz **es para** escribir.   *The pencil is for writing.*

- **Passive voice: ser** + *past participle**

  El fenómeno **fue estudiado** por científicos europeos.   *The phenomenon was studied by European scientists.*

- **Impersonal expressions**

  Es fascinante aprender otros idiomas.   *It's fascinating to learn other languages.*

Estar

- **Description:** emotional, mental, and health conditions

  Ana **está** enferma.   *Ana is sick.*

  Los estudiantes **están** nerviosos.   *The students are nervous.*

---

*The passive voice is studied in **Capítulo 8.**

¿Cómo **son** estas personas?
¿Cómo **están**?

Some adjectives only follow **estar.**

abrumado/a	*overwhelmed*	equivocado/a	*wrong*
agradecido/a	*grateful, thankful*	estropeado/a	*broken down, not functioning*
avergonzado/a	*ashamed*	inquieto/a	*anxious, restless*
cansado/a	*tired*	muerto/a	*dead*
confundido/a	*confused*	ocupado/a	*occupied, busy*
contento/a	*happy*	satisfecho/a	*satisfied*
deprimido/a	*depressed*	seguro/a	*certain*
embarazada	*pregnant*	sorprendido/a	*surprised*
enojado/a	*angry*	vivo/a	*alive*

- **Description:** Variation from normal characteristics or traits

  Notice how the two people in the following conversation have opposite assumptions about Ana's usual state of being. They use **ser** to express their perceived norm and **estar** to express a deviation from that norm.

—Ana **está** un poco delgada, ¿no?	—*Ana is a little thin, isn't she?*
—Para mí **está** igual. Ella siempre **fue** delgadita.	—*She looks the same to me. She was always slender.*
—¡Qué va! De joven **era** gordita.	—*Not at all! As a young girl, she was a little chubby.*

- **Location and position** of people and things

¿Dónde **está** Marisol? ¿**Está** en su oficina?	*Where is Marisol? Is she in her office?*

- **Expressions: estar** + *preposition*

estar a dieta	*to be on a diet*
estar a favor/en contra de	*to be in favour of/against*
estar de acuerdo/en desacuerdo con	*to agree/disagree with*
estar de buen/mal humor	*to be in a good/bad mood*
estar de moda	*to be fashionable*
estar de pie/rodillas	*to be standing up/to be kneeling*
estar de viaje/vacaciones	*to be on a trip/vacation*
estar de vuelta/regreso	*to be back*
estar en huelga	*to be on strike*
estar para + *infinitive*	*to be ready/about to + infinitive*

Hace mal tiempo.

- **Resulting states: estar** + *past participle**

La ventana **está abierta**.
The window is open.
(Alguien abrió la ventana.)

Los estudiantes **están sentados**.
The students are seated (sitting down).
(Los estudiantes se sentaron.)

- **Progressive tenses: estar** + *present participle*

Julia **está trabajando** en la biblioteca ahora.
Julia is working in the library now.

Adjectives that change meaning with **ser** and **estar**

Some adjectives change meaning depending on which verb is used: **ser** or **estar**.

	Ser	Estar
aburrido/a	*to be boring*	*to be bored*
bueno/a	*to be (a) good (person)*	*to be tasty*
malo/a	*to be (a) bad (person)*	*to taste bad*
cómodo/a	*to be (a) comfortable (object)*	*to feel comfortable*
listo/a	*to be smart*	*to be ready*

EXPRESSIONS WITH **HABER**, **HACER**, AND **TENER** MEANING *TO BE*

Some expressions in English requiring *to be* are expressed in Spanish with verbs that are not **ser** or **estar**.

Haber

Haber is used to express the existence of something. In the present tense, the irregular form **hay** is used to express *there is/there are*. When **haber** is used in this way, in all tenses, only the third person singular is used, that is, it does not change to agree in number.

hay	*there is/there are*	habrá	*there will be*
había	*there was/there were*	habría	*there would be*
hubo	*there was/there were*	ha habido	*there has/there have been*

These forms are always followed by a number or an indefinite article, never by a definite article.

Hay un niño jugando en el patio
There is a child playing on the patio.

Hay muchas/unas/veinte personas en la plaza.
There are many/some/twenty people in the square.

---

*The past participle is presented in **Capítulo 4**.

Hacer

Many weather conditions are expressed with **hacer** in Spanish.

Hace...	It is...
mucho calor/frío.	*very hot/cold.*
mucho sol/viento.	*very sunny/windy.*

Tener

Many physical and emotional states that are expressed with *to be* and sometimes *to feel* in English, are expressed with **tener** in Spanish. To emphasize these states, use **mucho/a.**

tener (mucho) calor/frío	*to be/to feel (very) hot/cold*
tener (mucho) cuidado	*to be (very) careful*
tener (muchas) ganas (de)	*to be (really) in the mood (for)/to feel like*
tener (mucha) hambre	*to be/to feel (very) hungry*
tener (mucho) miedo (de)/ terror (a)	*to be/to feel (very) afraid (of)*
tener (mucha) prisa	*to be in a (real) hurry*
tener razón	*to be right*
tener (mucha) sed	*to be/to feel (very) thirsty*
tener (mucho) sueño	*to be/to feel (very) sleepy*
tener (mucha) vergüenza	*to be/to feel (very) ashamed/bashful*
tener _____ años (de edad)	*to be _____ years old*

Tiene cincuenta años.

Tiene sed.

ACTIVIDAD 1 ¿Qué tienes?

Paso 1 Usa el verbo **tener** para expresar cómo te sientes en las siguientes situaciones.

Ejemplo: La temperatura está a 0° C (cero grados centígrados) y no llevo abrigo ni chaqueta. → Tengo frío.

1. La clase de español empieza en dos minutos y todavía estoy estacionando (*parking*) mi coche.

2. Son las 12:00 de la noche y no comí nada en todo el día.

3. Comí muchas papas fritas sin beber nada.

4. Hice algo estúpido delante de unas personas que no conozco.

5. No dormí nada anoche ni la noche anterior.

Paso 2 Inventa un contexto para explicar las siguientes ideas.

Ejemplo: tener mucha hambre → Tengo mucha hambre porque no desayuné y ahora tengo ganas de comer algo.

1. tener sed

2. tener mucho miedo

3. tener calor

4. tener ganas de _____

5. tener prisa

Entonces, estoy embarazado...

ACTIVIDAD 2 ▸ ¡Así no se dice, Jim!

Jim comete (*makes*) los errores típicos de un estudiante de español. Ayúdalo a expresarse. Indica la expresión correcta.

1. Estoy embarazado./Tengo vergüenza.
2. Estoy/Tengo frío.
3. Estoy confuso/confundido.
4. La clase de español es/está en el edificio de Estudios Internacionales.
5. Estoy bien/bueno.
6. Soy/Tengo 18 años.

ACTIVIDAD 3 ▸ Contextos

Inventa contextos que expliquen cada una de las siguientes oraciones.

Ejemplo: Hace calor. → La mujer tiene calor, por eso se abanica.

1. Esta clase es aburrida.
2. Los niños están aburridos.
3. No estoy lista todavía (*yet*).
4. La ciudad está callada a esta hora.
5. Esto es confuso.
6. Estoy confundido/a.
7. José está muy guapo hoy.
8. Tengo calor.

Hace calor.

Las meninas (1656), Diego Velázquez

ACTIVIDAD 4 ▸ Las meninas

Paso 1 Completa el párrafo con la forma correcta de **ser, estar, hacer, tener** y **haber** en el presente de indicativo.

Este _____[1] el famoso cuadro[a] *Las meninas* del pintor Diego Velázquez. Velázquez _____[2] de Sevilla, España. *Las meninas,* que data de 1656, _____[3] un cuadro muy complicado: la escena que vemos no _____[4] en realidad la que el pintor _____[5] pintando en el lienzo[b] dentro del cuadro. En la escena _____[6] varias personas: la princesa, sus damas de honor y las enanas[c] que le hacen compañía, dos adultos más y el propio Velázquez. También _____[7] un perro. Además, _____[8] los reyes, quienes _____[9] reflejados en un espejo al final de la sala.

Es imposible saber si _____[10] frío o calor en la sala, pero parece que las personas _____[11] bien y no _____[12] frío ni calor.

[a]*painting* [b]*canvas* [c]*dwarfs*

¿Dónde _____[13] nosotros, los espectadores, con respecto al pintor? ¿Y los reyes? ¿Por qué _____[14] los reyes allá? Y la princesa, ¿cuánto tiempo hace que posa[d] para el pintor?

¿Crees que la princesa _____[15] ganas de posar? ¿O crees que _____[16] vergüenza de salir en[e] el cuadro? ¿Cómo te imaginas que _____[17] esta niña?

[d]hace... *has she been posing* [e]de... *of appearing in*

Paso 2 En parejas, contesten las preguntas de los dos últimos párrafos del **Paso 1**.

ACTIVIDAD 5 Veinte preguntas

Un compañero/Una compañera piensa en una persona y el resto del grupo intenta adivinar quién es esa persona, haciéndole preguntas que solo pueden contestarse con **sí** o **no**.

Ejemplo: —¿Es mujer?
—Sí.
—¿Es de Canadá?
—No.
—¿Está viva?
—Sí.
—¿Tiene más de 50 años?

③ Comparaciones

There are two types of comparisons: equality (**igualdad**), when two things are the same, and inequality (**desigualdad**), when one thing is more or less than another. Adjectives, nouns, adverbs, and actions can be compared.

«...en el cine de Almodóvar... la mujer aparece como sujeto... **tanto** en el sentido visual **como** interpretativo...»[*]

[*]«Las mujeres en el cine de Almodóvar», *http://pdf.rincondelvago.com/ mujeres-en-el-cine-de-almodovar.html*

COMPARISONS OF EQUALITY

- **...tan** + *adjective* + **como...**

  Note that the adjective agrees with the subject (the first noun).

  Miguel es **tan** alto **como** su padre.
  Las niñas son **tan** simpáticas **como** su madre.

  Miguel is as tall as his father.
  The girls are as nice as their mother.

- **...tan** + *adverb* + **como...**

  Este jefe nos trata **tan** mal **como** el último

  This boss treats us as badly as the last one.

- **...tanto/a(s)** + *noun* + **como...**

  Note that **tanto** agrees with the noun compared.

  Pedro tiene **tanta** plata **como** Luis.
  Tenemos **tantos** exámenes **como** el año pasado.

  Pedro has as much money as Luis.
  We have as many exams as last year.

- **...*verb* + **tanto como...**

  Coman **tanto como** quieran.

  Eat as much as you want.

COMPARISONS OF INEQUALITY

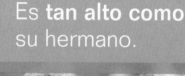

Es **tan alto como** su hermano.

- **...más/menos** + *adjective* + **que...**

  Miguel es **más** alto **que** su padre.
  Las niñas son **menos** extrovertidas **que** su madre.

  Miguel is taller than his father.
  The girls are less outgoing than their mother.

Some adjectives have special comparative forms.	
más grande/viejo (edad) → **mayor** Mi hermana es dos años **mayor que** tú.	*My sister is two years older than you.*
más pequeño/joven → **menor** Eduardo es cinco años **menor que** tú.	*Eduardo is five years younger than you.*
más bueno → **mejor** Este libro es **mejor que** el anterior.	*This book is better than the last one.*
más malo → **peor** Esta novela es **peor que** la anterior.	*This novel is worse than the last one.*

- **...más/menos** + *adverb* + **que...**

  Llegamos **más** tarde **que** el profesor.

  We arrived later than the professor.

  Bien and **mal** also have special comparative forms: **mejor** and **peor**.

  La economía está **peor** este año **que** el año pasado.
  El tiempo está mucho **mejor** hoy **que** ayer.

  The economy is worse this year than last year.
  The weather is much better today than yesterday.

- **...más/menos** + *noun* + **que...**

  Tenemos **menos** trabajo **que** el profesor.

  We have less work than the professor.

- **...*verb* + **más/menos que...**

  Tengo que estudiar **más que** el semestre pasado.

  I have to study more than last term.

La economía está **peor** este año **que** el año pasado.

COMPARISONS WITH *DE*

- Comparisons of a specific number or quantity

  ...más/menos de + *number* + *noun*

  This phrase is used to compare amounts of things measured in numbers.

Tengo **menos de** diez dólares para salir esta noche.	*I have less than $10 to go out tonight.*

- Comparisons of nonspecific quantities

  Note that the definite article agrees with the noun compared. Use **del que** with masculine singular nouns.

  ...más/menos + *noun* + **de** + *definite article* + **que** + *verb*

  This phrase is used to compare amounts not measured in numbers.

Hoy hay **más** contaminación **de la que** había hace cien años.	*Nowadays there is more pollution than there was a hundred years ago.*

SUPERLATIVES

A superlative (**el superlativo**) is an expression that indicates something as the maximum within a category or group.

el/la/los/las + *noun* + **más/menos** + *adjective* (+ **de...**)

Tomás es **el** niño **más** alto **de** su clase.	*Tomás is the tallest child in his class.*
Las galletas de mi abuelo son **las más** ricas **del** mundo.	*My grandpa's cookies are the best in the world.*

The irregular comparative forms can be used to express the superlative.

el/la/los/las + **mayor/menor/mejor/peor** (+ **de...**)

Yo soy **la mayor de** mis hermanos.	*I am the oldest of my siblings.*
Los mellizos son **los menores.**	*The twins are the youngest.*
Mi abuela hace **los mejores** tamales **de** Montreal.	*My grandma makes the best tamales in Montreal.*

Los mejores tamales de Montreal

There is also a form in Spanish called the *absolute superlative* (**el superlativo absoluto**), which ends in *-ísimo/a*. It intensifies the meaning of the base word but is not used for comparisons.

Son **inteligentísimos.**   *They are extremely intelligent.*

Carolina está **contentísma.**   *Carolina is very, very happy.*

ACTIVIDAD 1 ¿Qué sabes de tu profesor(a) de español?

Paso 1 Completa las siguientes oraciones con las palabras correctas para formar comparaciones sobre tu profesor(a) de español.

Ejemplo: Mi profesor(a) de español pasa (más/menos) (de/que) tres horas al día viendo la tele. → Mi profesor(a) de español pasa **menos de** tres horas al día viendo la tele.

Mi profesor(a) de español...

1. gana (más/menos) (de/que) 200.000 dólares al año por enseñar español.

2. no gana (tan/tanto) dinero (como/que) un jugador profesional de hockey.

3. es (tanto/tanta/tan) alto/a (como/que) (*nombre de una persona de la clase*).

4. habla español (mejor/peor/tan bien) (como/que) sus padres.

5. tiene (más/menos/tantos/tan) estudiantes (como/que) mi profesor(a) de (*otra clase*).

6. (no) es la persona (mayor/menor) de su departamento.

Paso 2 Ahora pregúntale a tu profesor(a) si tus respuestas del **Paso 1** son correctas.

Ejemplo: ¿Es verdad que Ud. pasa **menos de** tres horas al día viendo la tele?

ACTIVIDAD 2 Preferencias

Entrevista a un compañero/una compañera sobre sus preferencias y luego compáralas con las tuyas. Usa los superlativos. Inventa la última pregunta.

Ejemplo: un(a) buen(a) cantante (*singer*)
—Para ti, ¿quién es el mejor cantante o la mejor cantante?
—Para mí, la mejor cantante es Feist.

1. una ciudad bonita en tu país

2. un grupo de música que detestas

3. una canción especial para ti

4. una comida típica de tu provincia, territorio o país

5. la estación del año que te gusta más

6. una película horrible de este año

7. ¿?

ACTIVIDAD 3 ▶ Comparaciones variadas

Compara las siguientes cosas y personas. Es posible que haya más de una comparación.

Ejemplos: México, D.F. y Winnipeg →
México, D.F. es una ciudad más grande que Winnipeg.
En México, D.F. hace menos frío que en Winnipeg.
Winnipeg está más hacia el norte que México, D.F.
Winnipeg es una ciudad tan interesante como México, D.F.

1. Vancouver y la ciudad de Quebec
2. la televisión canadiense y la televisión americana
3. tu mejor amigo/a y tú
4. tus maestros/maestras de la escuela secundaria y tus profesores/profesoras de ahora
5. Justin Bieber y Michael Bublé

ACTIVIDAD 4 ▶ Mi familia

En parejas, hablen de sus respectivas familias, comparando a sus miembros. Pueden hablar sobre su apariencia física, su personalidad, su trabajo, los deportes que hacen y con qué frecuencia los practican, etcétera.

Ejemplo: —Mi madre es mucho más baja que mi padre. Yo soy tan baja como mi madre.
—¿Quién en tu familia es tan alto como tu padre?
—Nadie. Mi padre es el más alto de toda la familia.

ACTIVIDAD 5 ▶ Las comparaciones son odiosas, pero...

En parejas o grupos pequeños, comparen su universidad con otras universidades de su región o ciudad. A continuación les ofrecemos algunos detalles en los que pueden pensar.

Ejemplos: el costo de la matrícula → El costo de la matrícula de mi universidad es mayor/superior que el del *Community College* de mi ciudad.
Mi universidad cuesta tanto como _____.

1. el costo de la matrícula
2. el número de estudiantes
3. el tamaño (*size*): más grande/pequeña
4. los equipos (*teams*) deportivos
5. la preparación de los estudiantes y los profesores
6. la diversidad de los estudiantes
7. ¿?

Feist, **la mejor** cantante

Los hispanos: Multiplicidad étnica y racial

«Hispano/a» no se refiere a una raza, sino a un origen geográfico y cultural: una persona es hispana porque su familia es originaria de[a] un país donde se habla español. En estos países viven personas de todas las razas y sus posibles mezclas[b]: indios o indígenas, blancos (primero los españoles, después personas de toda Europa), negros (que llegaron a través del comercio de esclavos), mestizos (personas de sangre[c] indígena y blanca), mulatos (personas de sangre negra y blanca), judíos, árabes, asiáticos, etcétera. Esto se debe a que Latinoamérica, como los países anglosajones de Norteamérica (Canadá y Estados Unidos), ha aceptado y sigue aceptando inmigrantes de todo el mundo. Pero, a diferencia de Canadá y Estados Unidos, la población original indígena es mayor: en algunos países, como Guatemala y Bolivia, puede llegar a más del 50 por ciento.

Los términos «hispano» y «latino» se usan mucho menos en Latinoamérica y España que en Estados Unidos. Por lo general, la gente se identifica por su país de origen: colombiano, ecuatoriano, español, etcétera. El término «hispano/a» se reserva para hablar de la comunidad de hispanohablantes en ocasiones especiales. «Latino/a» se refiere no solo a los hispanos, sino también a las personas de Brasil y de los países europeos donde se hablan lenguas que vienen del latín: Francia, Italia y Portugal.

En español, «latinoamericano» e «hispanoamericano» solo se refieren a personas y cosas de la América latina y de la América hispana, respectivamente, nunca a los hispanos que viven en Canadá o en Estados Unidos. «Español(a)» solo se refiere a las personas de España o a las cosas relacionadas con la lengua española. Para referirse a una persona *Canadian Hispanic* o *Latino* se puede decir que es «canadiense de origen hispano o latino» o «hispanocanadiense».

[a]*es... is originally from* [b]*mixtures* [c]*blood*

- ¿Conoces a algunas personas hispanas? ¿a muchas o pocas? ¿Cómo explicas esta situación personal?
- ¿De dónde son las personas que conoces? Puedes contestar de dos maneras.

    Mi amigo/a _____ es de España.

    Mi amigo/a _____ es español(a).

- ¿Cuál es el origen étnico de tus amigos hispanos?

canadiense

estadounidense

portugués/portuguesa   español(a)

mexicano/a   cubano/a   dominicano/a   puertorriqueño/a

guatemalteco/a   costarricense
salvadoreño/a   panameño/a
hondureño/a   venezolano/a
nicaragüense   colombiano/a

ecuatoriano/a

brasileño/a

peruano/a

boliviano/a

paraguayo/a

chileno/a   uruguayo/a
    argentino/a

La figura de la mujer en el cine de Almodóvar

Reflexiones

La lectura de este capítulo es parte de un artículo sobre la representación de la mujer en las películas del famoso director de cine español, Pedro Almodóvar. El artículo hace referencia a la película *Todo sobre mi madre*, que ganó el Óscar a la mejor película extranjera en 1999.

ACTIVIDAD 1 ⟩ Definiciones

Paso 1 ¿Qué palabra del **Vocabulario útil** corresponde a cada definición?

1. Es una pintura o foto de una persona.

2. Es el grupo más grande.

3. Es la persona que interviene en la acción de una obra de teatro o una película.

4. Esto es el producto que se usa en la filmación.

5. Es el verbo que describe el trabajo que hace el actor.

Paso 2 Ahora te toca a ti dar una definición de las siguientes palabras.

1. cine   2. retratar   3. el papel   4. la película

Estrategia: La estructura de la oración en español

La estructura de la oración en español es más flexible que la del inglés. Mira los siguientes ejemplos.

> Es posesiva, celosa y se ha vuelto loca de amor.

> *She is possessive, jealous, and is mad with love.*

El sujeto (**ella,** en este caso) con frecuencia no es explícito porque los verbos tienen terminaciones marcadas según las diferentes personas.

> Varias han sido las películas.

> *The films have been varied.*

El sujeto es explícito, pero está después del verbo.

> Una pregunta como «¿Quién le dio el libro a Marta?» puede tener varias respuestas afirmativas.

> Yo se lo di./Yo se lo di a ella./Se lo di yo./A ella se lo di yo.

Esta flexibilidad puede confundir a los lectores que no tienen suficiente conocimiento del español. Un consejo básico, pero fundamental: si te pierdes mientras lees, identifica cada parte esencial de la oración: sujeto, verbo y objetos. Es posible que tengas que volver a la oración anterior, especialmente si hay pronombres o sujetos no explícitos.

Para practicar, identifica las partes principales de la siguiente oración (sujeto, verbo y complementos):

> A este personaje se le puede enmarcar en dos categorías.*

vocabulario útil	
la cinta	film
la mayoría	majority
el papel	role
la película	movie
el personaje	character
el retrato	portrait
interpretar	to interpret; to play a role

---

*A este personaje (*objeto*) se (*sujeto*) le (*objeto*) puede enmarcar (*verbo*) en dos categorías.

LA FIGURA DE LA MUJER EN EL CINE DE ALMODÓVAR,
MARÍA MAR SOLINO PAZO

La mujer refleja en el cine de Almodóvar el corazón del mundo, las emociones y los sentimientos, el origen de la vida y del amor o, como se dice en *Todo sobre mi madre,* «ser madre es una putada». Estos estereotipos que hemos presentado son los que traspasa (*transfers*) Almodóvar al espectador a través de sus películas. No obstante, estas mujeres almodovarianas necesitan que la sociedad acepte como normales todas sus conductas e identidades sexuales. Ser normal en términos sexuales, lingüísticos, raciales, físicos, etc., equivale a no verse disminuido por ser gay, por no hablar una determinada lengua, por no ser de una raza determinada o por tener una discapacidad física (*physical disability*).

Penélope Cruz, la musa de Pedro Almodóvar

Las mujeres de Almodóvar son fuertes, luchadoras, autosuficientes, pero sufren mucho y tienen como denominador común que están solas, aunque son plenamente dueñas de su propia soledad. La mujer es el sujeto del cine de Pedro Almodóvar y llena toda la película, tanto en el sentido visual como en el interpretativo, convirtiéndose en la protagonista absoluta, sin depender de ninguna manera del personaje masculino. Son mujeres con coraje que luchan contra las adversidades de la vida y la psicología de la mujer es el eje principal del relato de la producción cinematográfica de Almodóvar. Las mujeres de Almodóvar sienten la opresión de sus circunstancias y este sentimiento de opresión se traduce en un deseo de cambio, huida y mejora de sus situaciones.

Según Marisa Paredes, mujer que ha militado en el movimiento feminista que asegura que ahora mismo no es necesario pertenecer a ningún movimiento para que las cosas funcionen, el machismo está desapareciendo del cine: «Hasta hace una década los hombres desconocían el mundo femenino, entonces la mujer era el elemento distorsionador de la historia que contaban. No había personajes femeninos con alma, la chica no tenía psicología. Las nuevas generaciones ven las cosas de otra manera y es importante la incorporación de la mujer a la dirección: ellas cuentan desde el conocimiento de sí mismas». La actriz sigue creyendo en la lucha y la reivindicación para conseguir cambios. Cree que Almodóvar ha ayudado mucho a la mujer al poner siempre el acento en los personajes femeninos.

El amor por las mujeres a Almodóvar le ha llevado a emplear en su producción filmográfica mucho los estereotipos femeninos, siendo algunos de éstos:

La mujer enamorada: en *La flor de mi secreto* (1995) el personaje protagonista Leo Macías (encarnado por Marisa Paredes) es una mujer que vive por y para su marido. Él es militar (Imanol Arias), «experto en conflictos internacionales», en la boca de la propia Leo (como el conflicto de Bosnia) y está mucho tiempo fuera de casa. Ella es una escritora de novela rosa que escribe bajo el pseudónimo de Amanda Gris. Es una mujer depresiva por falta de hombre, débil porque necesita siempre tener una presencia masculina cerca de ella y no entiende por qué no puede tener al hombre que quiere a su lado y una vida en familia, que es todo lo que una mujer —según Leo— desea en la vida para ser feliz. Además, necesita el apoyo constante de los demás, es una mujer dependiente de los demás, la vida se le complica con pequeñeces (a tal grado que es su mejor amiga quien le quita las botas que le oprimen —aunque lo que realmente la oprime es la relación con su marido— pues ella sostiene que no puede). Su mejor amiga, Betty, amante de su esposo y psicóloga, está representada por Carmen Elías. Las novelas que escribe Leo comienzan a fracasar en el momento en que fracasa también completamente su matrimonio y pierde ya a su marido Paco. Fracasa para su editora, porque comienza a escribir otro género: «novela negra». La falta del hombre no le permite ser feliz en ningún aspecto hasta que conoce otro tipo de hombre, Ángel (Juan Echanove).

has been active

distorting

recognition

to be unsuccessful

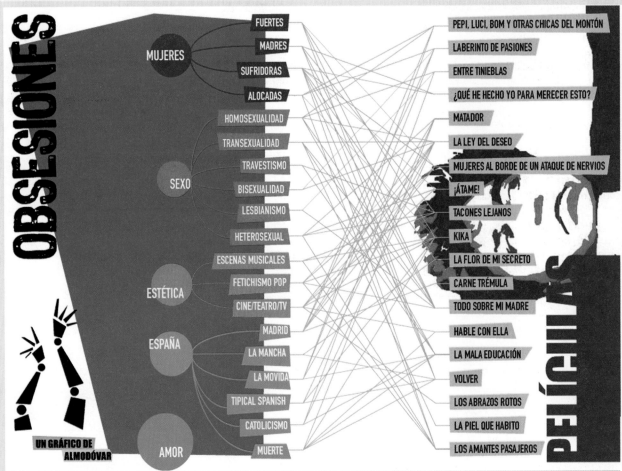

INFORMACIÓN: Gonzalo Izquierdo, Valeria Rappa

INFOGRAFÍA: Matías Cortina

La ama de casa: desesperada, histérica, harta de hacer cada día lo mismo y un tanto esperpéntica, es la que representa Carmen Maura en *¿Qué he hecho yo para merecer esto?* (1984) Gloria, una ama de casa, una mujer de su casa, comparte el poco espacio de su casa con su suegra, su marido y sus hijos. Casada con un machista, celoso, gruñón, con un hijo traficante de drogas y adicta a los tranquilizantes, cuya única amiga es una vecina prostituta. Esta película es un canto de liberación del ama de casa.

fed up
grotesque
deserve

grumpy

Las prostitutas: en muchas películas han salido prostitutas y una de ellas ha sido el personaje que encarna magníficamente Verónica Forqué en *¿Qué he hecho yo para merecer esto?* (Cristal). Pedro Almodóvar presenta a la prostituta como aquella mujer que ejerce su profesión de forma natural y no reniega de ello. En esta película se presenta a Cristal dentro de un ámbito doméstico; a pesar de su trabajo, está en casa. Otra de las prostitutas del cine almodovariano es Agrado o La Agrado, interpretado por Antonia San Juan en *Todo sobre mi madre* (1999). A este personaje se le puede enmarcar en dos categorías, ya que además de ser prostituta es transexual. En este caso presenta la profesión de una manera más dura, pero apoyado en el humor suaviza las situaciones de tensión. Almodóvar presenta los típicos estereotipos para presentar estos personajes en sus filmes: el descaro, la ropa de colores chillones, desconjuntada, hortera y de tallas más pequeñas de lo normal. Cuando aparecen en su «lugar de trabajo», están relacionadas siempre con el estereotipo de la droga y el maltrato físico. No queremos dejar de mencionar el comienzo de la película *Carne trémula* (1997) donde una prostituta (Isabel Plaza, interpretado por Penélope Cruz) da a luz en un autobús (nace Víctor Plaza, uno de los protagonistas, encarnado por Liberto Rabal). Aquí se conjugan dos estereotipos almodovarianos: la prostitución y la maternidad. También aparece la prostituta ninfómana reflejada en Sexilia (Cecilia Roth en *Laberinto de pasiones,* 1982)

confines, space

sauciness
gaudy, loud   tacky

Los transexuales: muchos de los personajes de la filmografía del director manchego tienen esta característica. Todos son hombres que se han cambiado de sexo para ser mujeres o que se visten de mujer en algunas ocasiones. En *Tacones lejanos* (1991), Miguel Bosé se viste de mujer para interpretar a su cantante preferida en un club, Femme Letal. Sin embargo, en su vida normal, realiza el trabajo de juez (el Juez Domínguez) y mantiene completamente en secreto su afición por el travestismo. Otro personaje que se traviste es Gael García Bernal (Juan o Angel) en *La mala educación* (2004). Emplea los estereotipos del afán por el sexo, las drogas y las enfermedades contagiadas sexualmente.

Las madres (o la maternidad): este papel es uno de los más importantes para Pedro Almodóvar. Él ha estado muy unido a su madre y este vínculo aparece en casi todas sus películas. El denominador común de las madres de Almodóvar es una madre volcada en sus hijos, un estereotipo bastante claro sobre la mujer: la madre cuida de sus hijos a toda costa. Se puede ver en toda la filmografía, así en *¿Qué he hecho yo para merecer esto?* (1984) tenemos dos tipos de madres: la suegra, que cuida de su hijo pero a la nuera le hace la vida nada fácil (interpretada por Chus Lampreave, que también hace de madre anciana y sabia que aconseja a su hija en *La flor de mi secreto*). Las madres más atípicas del cine de Almodóvar son Bécky del Páramo, representada por Marisa Paredes en *Tacones lejanos* (1991), y que interpreta a una famosa cantante que deja de lado a su hija, no como se supone que tiene que hacer una madre. Aquí podemos observar otro estereotipo, la mujer que para triunfar tiene que dejar de lado su lado familiar. La otra madre atípica es Gloria (Carmen Maura) en *¿Qué he hecho yo para merecer esto?*, que regala a su hijo a un dentista, porque no tiene dinero suficiente para mantener a la familia. También podemos encontrarnos con madres destrozadas por la pérdida de un hijo, como Manuela (Cecilia Roth) en *Todo sobre mi madre* (1999). La maternidad viste, por tanto, de forma muy diferente en las películas de Almodóvar.

from La Mancha

Gael García Bernal, actor en el cine de Almodóvar

committed to

Comprensión

ACTIVIDAD 2   ¿Está claro?

¿Cierto o falso? Justifica tu respuesta identificando la parte del artículo a la que corresponde. Si la declaración es falsa, corrígela.

1. La mujer en el cine de Almodóvar aparece como objeto.
2. El machismo no es un factor en la representación de la mujer en el cine.
3. La actriz Marisa Paredes piensa que Almodóvar, al utilizar los estereotipos femeninos en sus películas, no está ayudando al movimiento feminista.
4. El estereotipo de la mujer enamorada en las películas de Almodóvar es una representación positiva.
5. El ama de casa es independiente y feliz en sí misma.
6. Almodóvar siempre sitúa al personaje de la prostituta dentro de un mundo corrupto.
7. Almodóvar utiliza el estereotipo del transexual para criticar los prejuicios contra los mismos.
8. En las películas de Almodóvar se presenta el personaje de la madre como la mujer perfecta que sacrifica todo por sus hijos.

ACTIVIDAD 3   ¿Qué piensas ahora?

Busca en el texto oraciones en las que el sujeto no esté explícito o no esté antes del verbo. Si el sujeto no está explícito indica cuál es el sujeto al que se refiere el verbo y cómo lo sabes.

Ejemplo: ...ha utilizado mucho los estereotipos femeninos... →
El sujeto es Pedro Almodóvar.
Es posesiva, celosa... → El sujeto es **ella** (Marisa Paredes).

Redacción

Descripción personal

Tema

Una carta de presentación para una familia latinoamericana con quien vas a pasar el verano.

Prepárate

- Piensa en lo que tu lector(a) puede desear saber y haz una lista de estas cosas. También considera cómo quieres tú mostrarte. Describe tanto lo físico como lo referente a tu personalidad. Repasa el vocabulario de este capítulo para recordar todas las palabras y expresiones descriptivas.

- Haz un borrador (*draft*) en español con todas las ideas que tengas. Si no sabes algunas palabras, deja un espacio en blanco o haz un símbolo.

¡Escríbelo!

- Ordena las ideas de tu borrador usando un párrafo diferente para cada idea importante. Por ejemplo, para esta composición puedes describirte físicamente en un párrafo y en el siguiente describir tu personalidad. Piensa en cómo puedes conectar o contrastar estos párrafos.

- Asegúrate de que tu composición tenga los elementos importantes de la estructura de una carta: saludo, motivo por el que escribes, cuerpo, despedida. Cada opción requiere convenciones diferentes.

- Busca en el diccionario y/o en tu libro de texto las palabras y expresiones sobre las que tengas duda.

¿Y ahora?

- Repasa los siguientes puntos.

  - ❏ el uso de los verbos que expresan *to be*
  - ❏ la concordancia entre sujeto y verbo
  - ❏ la concordancia de género y número entre sustantivos, adjetivos y pronombres
  - ❏ la ortografía (*spelling*) y los acentos
  - ❏ el vocabulario: Asegúrate de no repetir ideas o palabras; busca sinónimos cuando sea necesario.
  - ❏ el orden y el contenido: Asegúrate de que tu composición esté estructurada en párrafos con ideas diferentes que apoyen el tema que has elegido. ¡Atención a las transiciones entre ideas!

- Finalmente, prepara tu versión para entregar.

No te olvides de mirar el Apéndice I, **¡No te equivoques!,** para evitar errores típicos de los estudiantes de español. Para esta actividad de escritura, se recomienda que prestes atención a **Cómo se expresa *to know*.**

Consulta el *Cuaderno de práctica* para encontrar más ideas y sugerencias para redactar tu composición.

Gramática en contexto:
Los hispanos en Canadá

Los siguientes datos están basados en la información del Censo de Canadá del año 2006. Complétalos con las palabras correctas. Conjuga los verbos en el presente de indicativo. Cuando haya dos opciones, escoge la opción correcta. Si son verbos, escoge el verbo correcto. Cuando no haya opciones, escribe la palabra comparativa para completar la idea.

En este capítulo _____[1] (estar/ser: nosotros) estudiando la población hispana en Canadá. ¿ _____[2] (saber: tú) que en este país _____[3] (vivir) más _____[4] (de/que) 345.000* hispanohablantes, según el censo del año 2006? Esta cifra[a] _____[5] (incluir) a hispanohablantes de varios países: _____[6] (haber/ser) hispanocanadienses de España, México, Centroamérica y de los países en el Caribe y de América del Sur donde se _____[7] (hablar) español. El grupo de hispanohablantes _____[8] grande de Canadá _____[9] (estar/ser) el que se identifica como «español», pero _____[10] (estar/ser) probable que este término describa a hispanohablantes que no _____[11] (ser/estar) de España.

También (haber/ser) _____[12] hispanocanadienses que se identifican como «hispanos» o «hispanoamericanos», sin especificar un país de origen: unos 27.370 de ellos, según el censo de 2006.

[a]number

Proyectos fuera de clase

Investiga el Censo de Canadá más reciente en el Internet para aprender más sobre la presencia hispana en tu ciudad, provincia o territorio, o en una ciudad, provincia o territorio que te interese. Luego prepara un pequeño informe para compartir con tus compañeros en clase. ¿Qué regiones de las que investigaron tienen el mayor número de hispanos? ¿y el menor número?

Tertulia final La comunidad hispana

Como ya sabes, la comunidad hispana en Canadá no es homogénea. Por el contrario, los hispanos forman una comunidad variadísima compuesta por grupos de distintos países y, por tanto (*therefore*), rasgos culturales diversos. Considerar que todos los grupos hispanos son idénticos es como pensar que todos los hablantes nativos del inglés, como los canadienses, ingleses, estadounidenses, australianos, jamaiquinos, etcétera, son culturalmente iguales.

---

*En español, los decimales aparecen después de una coma y los millares (*thousands*) van separados por un punto, justo al contrario que en inglés.

Comenten las diferencias que conocen entre los grupos que constituyen la comunidad hispana en Canadá.

Porcentaje de distribución de la población hispana por origen: 2006*

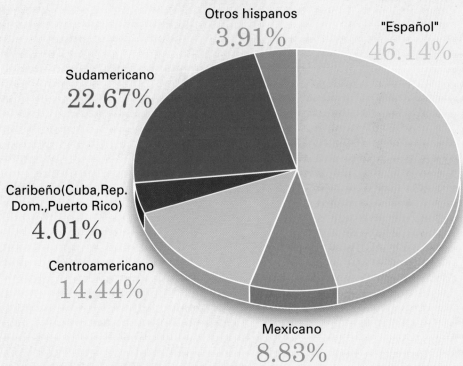

Porcentaje de distribución de la población hispana por origen: 2006

Otros hispanos
3.91%

"Español"
46.14%

Sudamericano
22.67%

Caribeño(Cuba,Rep. Dom.,Puerto Rico)
4.01%

Centroamericano
14.44%

Mexicano
8.83%

Pasos y repasos: resultados

En este capítulo hemos repasado (*we have reviewed*) y profundizado (*studied in depth*) cómo:

❑ describirnos a nosotros mismos/nosotras mismas y a los otros/las otras

❑ expresarnos en el tiempo presente

❑ usar correctamente los verbos *ser* y *estar*

❑ hacer comparaciones entre cosas, personas y acciones

❑ expresar opiniones y valoraciones sobre la imagen y la identidad

---

*Las cifras preliminares del censo de 2011 indican que la población hispanohablante de Canadá ha aumentado en un 32 % desde 2006, a 439.000.

«Dime con quién andas
y te diré quién eres.»*

*You shall be known by the company you keep.

2

«Yo soy yo y mis circunstancias»*

Esta es una cita del filósofo José Ortega y Gasset (España, 1883–1955).

Minilectura

Reflexiones Los «indignados» se hacen oír en Europa y América

Se conocen por muchos nombres: los «indignados», el 99%, los del movimiento *Occupy*... En Túnez, Egipto, Madrid, Nueva York, México, Vancouver y muchas otras ciudades, se mobilizan para ocupar parques y plazas, a demostrar su rechazo del *status quo* social y económico de nuestro mundo globalizado.

LOS «INDIGNADOS» SE HACEN OÍR EN EUROPA Y AMÉRICA

demand	«Indignados» del mundo han salido a las calles en cientos de ciudades para exigir un cambio global, lanzar una crítica al poder político y protestar contra las consecuencias del funcionamiento de los mercados y la banca, contra los
job insecurity	recortes o contra la precariedad en el empleo.
día	Los indignados españoles se han echado masivamente a la calle en la jornada mundial de la indignación, promovida por todo el mundo.
	Las protestas más importantes tuvieron lugar en Madrid, en la plaza de Cibeles y la Puerta del Sol y en Barcelona, unas 60.000 personas participaron en la manifestación que partió de la Plaza Cataluña.
banners and slogans	En sus manos, pancartas y lemas de todo tipo: contra los bancos, los políticos y los mercados financieros, en defensa de los derechos sociales, contra los recortes en sanidad y educación, exigiendo un empleo digno... Las
slogans	consignas no son nuevas, pero hoy la voz ha sido mundial.

SOURCE: www.elmundo.es/elmundo/2011/10/14/internacional/1318610830.html

Ponte a prueba

Completa las siguientes ideas con información del texto usando tus propias palabras siempre que puedas.

1. Algunos lugares donde hubo protestas son...
2. En España ocurrieron protestas importantes en...
3. Los indignados criticaron...
4. Los indignados exigieron...

Indignados en la Puerta del Sol, Madrid

Antes de mirar Niña que espera

- ¿Crees en el destino o crees que las cosas pasan al azar (*by chance*)?
- ¿Crees en el amor a primera vista (*first sight*)? ¿Por qué sí o por qué no?
- ¿Alguna vez te ha pasado algo que no hayas podido (*weren't able to*) explicar con la razón?

«¿Me ayudas a buscar a mi mamá?»

Título: *«Niña que espera»*

País: México

Dirección: Esteban Reyes

Año: 2007

Reparto: Julio Casado, Ximena Rubio, María Fernanda Urdapilleta

Comprensión y análisis

¿Cierto o falso? Indica si las siguientes ideas son ciertas (C) o falsas (F). Luego corrige las oraciones falsas.

1. El oso de peluche (*teddy bear*) es un elemento importante en la historia.
2. El hombre y la mujer se enamoran a primera vista.
3. La mujer y el hombre adoptan a la niña.
4. La niña le quita la cartera al hombre.
5. La niña se cae por la escalera mecánica.

Interpreta Contesta las siguientes preguntas.

1. ¿Cómo se llama la niña? ¿Qué significado tendrá su nombre en el contexto del corto?
2. ¿Por qué pone la niña el peluche al final de la escalera mecánica?
3. ¿Cómo crees que la niña elige a esos padres? Piensa en qué tienen en común.
4. ¿Cuándo ocurre la escena final del corto? ¿Y la serie de fotos? ¿Qué relación tienen estas escenas con la historia del aeropuerto?
5. El corto está lleno de imágenes de corredores. ¿Te parece un símbolo interesante? ¿Por qué?

Reflexión El destino

Con frecuencia se oyen comentarios sobre las cosas que nos ocurren porque ese es nuestro destino. ¿Crees tú en el destino? Justifica tu respuesta, dando algún ejemplo personal o de otra persona que ilustre tu creencia.

vocabulario
útil

el boleto	ticket
el delito	crime
el/la juez	judge
el pase de abordar	boarding pass
la vigilancia	security
el vuelo	flight
detener	to put in custody
levantar un acta	to file charges
vocear	to call on the loudspeaker
¡ándale!	c'mon! (*Méx.*)

Palabras

DE REPASO

el colegio

la concentración/la
especialidad

el/la progresista

el/la cristiano/a
(el cristianismo)

la derecha ≠ la izquierda

la escuela primaria/secundaria

la generación

el grupo (de teatro/música)

votar

Las religiones

el/la ateo/a	atheist
el bautismo	baptism
las creencias (religiosas)	(religious) beliefs
la fe	faith
el islam	Islam
el judaísmo	Judaism
el/la judío/a	Jew
el musulmán/la musulmana	Muslim
la oración	prayer
el rito	ritual
el/la testigo de Jehová	Jehovah's Witness

Cognados: **el/la agnóstico/a, el/la baptista, el/la budista, el budismo, el/la católico/a, el catolicismo, el/la metodista, el mormón/la mormona, el/la protestante, el servicio (religioso), el sikhismo**

rezar	to pray

La afiliación política

Parliament Hill Ottawa

el centro	centre
las elecciones	elections
el gobierno provincial/federal	provincial/federal government
el partido	party
el/la primer(a) ministro/a (de una provincia)	prime minister, premier (of a province)
la provincia	province

Cognados: **el/la comunista, el/la conservador/a, el/la liberal, el/la socialista**

apoyar	to support
democrático/a	democratic

El parentesco (Los parientes)

el/la ahijado/a	godson/goddaughter
el/la bisabuelo/a	great grandfather/great grandmother
la familia política	in-laws
el/la cuñado/a (hermano/a polítco/a)	brother-in-law/sister-in-law
la nuera (hija política)/ el yerno (hijo político)	daughter-in-law/son-in-law
el/la suegro/a (padre/madre político/a)	father-in-law/mother-in-law
el/la hermanastro/a	stepbrother/stepsister
el/la hijastro/a	stepson/stepdaughter
la madrastra/el padrastro	stepmother/stepfather
la madrina/el padrino	godmother/godfather
el marido/la mujer	husband/wife
el medio hermano/la media hermana	half-brother/half-sister

Otras relaciones sociales

la amistad	friendship
el/la compañero/a de casa/cuarto	house/roommate
de clase/estudios	classmate/study partner
de colegio/universidad	(high school/university) classmate
de trabajo	work associate
sentimental	(life) partner
el equipo	team

Cognados: **la asociación (de estudiantes latinos/de mujeres de negocios)**

casarse con	to marry; to get married to
comprometerse con	to get engaged to
divorciarse de	to get divorced from
formar parte de	to be/to form part of
enamorarse de	to fall in love with
pertenecer (zc) a	to belong to
separarse de	to separate from

los apuntes/las notas	(class) notes
el bachillerato	high school (studies)
la beca	grant, fellowship, scholarship
la calificación/la nota	grade
la concentración secundaria	minor
el curso académico	academic year
la facultad	department or faculty
la fecha límite/el plazo	deadline
el horario	schedule
el informe escrito	paper
el promedio	average, GPA
la licenciatura	B.A. degree equivalent
el requisito	prerequisite, requirement
aprobar (ue)	to pass
dejar/añadir una asignatura	to drop/add a class
especializarse en	to major in
estar en primer año	to be in first year
faltar a clase	to miss class
matricularse	to register; to enroll
suspender/reprobar (ue)	to fail

Las carreras y la especialización universitaria

las ciencias políticas	political science
la contabilidad	accounting
el derecho	law
la enfermería	nursing
la informática	computer science
los estudios ambientales	environmental studies
las letras	letters (literature, language studies)
la física	physics
la química	chemistry

Cognados: **la arquitectura, la biología, las ciencias naturales, las ciencias sociales, la historia, la literatura, las matemáticas, la psicología**

ADMINISTRACIÓN DE EMPRESAS

QUÍMICA

PEDAGOGÍA

ACTIVIDAD 1 Asociaciones

Paso 1 ¿Qué palabras del vocabulario asocias con las siguientes fotos?

1.

2.

3. (church image)

4.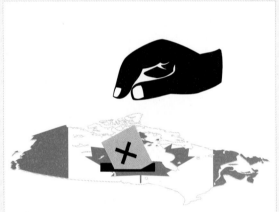

5.

6.

Paso 2 Ahora, en grupos pequeños, túrnense para dar una palabra de la lista de vocabulario relacionada con la política o la religión, mientras el resto del grupo trata de nombrar un símbolo o una persona representativa de esa palabra. ¡Sean creativos!

ACTIVIDAD 2 Tu árbol genealógico

En parejas, túrnense para describir a sus respectivas familias (de preferencia, a un mínimo de ocho miembros de cada familia) mientras la otra persona hace un árbol genealógico. Después, muéstrense el árbol que dibujaron para asegurarse de que la información esté correcta.

ACTIVIDAD 3 *Tamalada*

Mira esta pintura de la artista chicana Carmen Lomas Garza. La escena muestra un día especial en que la familia se reúne para hacer y comer tamales juntos. ¿Quiénes son los miembros de esta familia? Imagina cuál es la relación entre cada una de las personas de este cuadro.

Tamalada (*1988*), *Carmen Lomas Garza*

ACTIVIDAD 4 En la universidad

Paso 1 ¿Qué carrera asocias con los siguientes libros o temas?

1. Apple, Linux

2. biosferas protegidas

3. clásicos grecolatinos

4. grandes autores españoles del Siglo de Oro

5. elementos orgánicos e inorgánicos

6. libertad y democracia en Latinoamérica

Paso 2 ¿Qué palabras de la vida estudiantil asocias con las siguientes ideas?

1. una hoja de papel con la fecha del día y el título de la lección de ese día

2. medicina, matemáticas, ingeniería, derecho, ciencias políticas, literatura inglesa, etcétera

3. A, B, C, etcétera

4. 2014–2015

5. Lunes: 9–10 español, 10–11 historia, 2–3 práctica de química

6. *Nellie McClung High School*

ACTIVIDAD 5 La vida universitaria

Entrevista a un compañero/una compañera sobre los siguientes temas relacionados con la universidad. ¿Qué tienen Uds. en común? ¿En qué son muy diferentes?

La Semana Multicultural en la Universidad York, Toronto

> *Ejemplo:* ¿Tienes algún tipo de beca?

- becas
- carrera/concentración
- horario
- asociaciones/equipos a los que pertenece
- actividades extra-curriculares

ACTIVIDAD 6 Conexiones multiculturales...

Con un/a compañero/a de clase, comenta la imagen de la foto. Toma los apuntes necesarios para después poder reportar tus comentarios a la clase. Las siguientes preguntas pueden servirte de guía para tus comentarios.

- En la foto ¿qué celebran estos jóvenes? ¿Estás de acuerdo con el mensaje?
- ¿Qué significa el término *multiculturalismo* para ti?
- ¿De qué organizaciones o grupos comunitarios o culturales formas parte? Descríbelos. ¿Cuál es tu participación en estos grupos?

La Generación del Milenio *por Soledad Gallego-Díaz*

Uno de los primeros éxitos de la banda británica The Who se llamaba *My Generation* y su frase más coreada[a] decía: «Espero morir antes de llegar a viejo». Roger Daltrey y sus amigos pertenecían a la llamada Generación Baby Boom (nacidos después de 1946) y su canción fue uno de los mayores éxitos de 1965. Antes que ellos estaba la Generación Silenciosa (que sufrió en la infancia la Gran Depresión y que luchó en la Segunda Guerra Mundial) y detrás de ellos llegó la famosa Generación X (1965–1980), que creció bajo el constante bombardeo del consumo, conoció la llegada de Internet, el fin de la Unión Soviética y la aparición del SIDA[b], y quedó caracterizada, al menos en muchos libros y enciclopedias, como un grupo algo apático y poco conflictivo.

La generación actual —la que nació después de 1980— empezó identificándose como Generación Y (por eso de que va después de la X), pero, poco a poco, va siendo conocida como la Generación del Milenio. *Millennials Rising: the next great generation* fue un libro de éxito publicado en 2000 por los sociólogos norteamericanos Howe y Strauss, y cada día parece que ese concepto, la primera generación que alcanza la mayoría de edad en el nuevo milenio, se ha hecho definitivo. Es una generación caracterizada, por encima de todo, por su uso, desde la más tierna[c] infancia, de nuevas y poderosas tecnologías y, según un amplio sondeo[d] realizado en Estados Unidos por el Pew Research Center, tiene una «pinta»[e] estupenda, y Howe y Strauss no se equivocaban al anunciar «una gran generación».

Pew les preguntó qué es lo que, según ellos mismos, caracteriza a su generación. El uso de nuevas tecnologías, la música y el hecho de que somos más liberales y tolerantes fueron, por este orden, las respuestas más frecuentes. La Generación X se autodefinió en su día también como «tecnológica», aunque en mucho menor grado, y consideró que era más bien conservadora y que todavía se interesaba algo por los valores éticos del trabajo de sus predecesores. La Generación del Milenio no reclama superioridad moral respecto a las anteriores y es la primera que no cita la ética del trabajo como algo importante. Al mismo tiempo, es la generación que menos importancia le da a la raza y que mejor se relaciona con diferentes grupos étnicos, quizá porque es también la más diversa racialmente. Es la menos religiosa (en el sentido de que pertenece menos a religiones organizadas), la más optimista y la más educada.

[a]*popular; famous; repeated* [b]*AIDS* [c]*young* [d]*poll* [e]*"looks"*

Los jóvenes del milenio son menos escépticos sobre el poder del gobierno que sus padres y abuelos, apoyaron a Obama y aun ahora, cuando la mitad siente que el presidente no ha hecho lo prometido, son mayoría los que siguen pensando que no es culpa tanto de Obama como de sus oponentes políticos y de los grupos de intereses. En esta generación hay más jóvenes que nunca que se declaran políticamente liberales (un término más relacionado en Estados Unidos con el centro izquierda que con el liberalismo europeo). Además, nunca ha habido tantos jóvenes tolerantes con la homosexualidad ni tantos convencidos de la igualdad de géneros. Pese[f] al desempleo que les afecta —el mayor en décadas— son los más confiados en que lograrán vivir razonablemente.

Socialmente consideran que su rasgo más marcado es su disposición al cambio y su elevada pertenencia a redes sociales[g]. (Dos tercios afirman haber creado un perfil en alguna de esas redes.) Ese es, sin duda, el más significativo, pero existen otros rasgos igualmente llamativos. Por ejemplo, solo seis de cada diez fueron educados en un hogar con padre y madre y, aunque chicos y chicas siguen colocando formalmente la familia como objetivo principal, se calcula que más de un tercio de las jóvenes de 18 a 29 años tendrán hijos sin estar casadas. Cuatro de cada diez jóvenes del Milenio se han hecho al menos un tatuaje[h] (el 70% en zonas escondidas) y uno de cada cuatro un *piercing* que no está en el lóbulo de la oreja[i].

[f]*despite, in spite of* [g]redes... *social networks* [h]*tattoo* [i]*lóbulo... ear lobe*

SOURCE: http://elpais.com/diario/2010/04/04/domingo/1270351836_850215.html

Tertulia La Generación del Milenio

¿En qué consiste la Generación del Milenio? ¿Cómo ha influído la historia en el desarrollo de las distintas generaciones mencionadas en la lectura?

«Es la generación que menos importancia le da a la raza.»*

---

* «La Generación del Milenio», *El País*

Estructuras

RECORDATORIO

a personal

The preposition **a** always precedes direct objects that are people or animals that are treated like a person, such as a pet.

Quiero mucho **a** mi hermanastro.	*I love my step-brother.*
Extraño **a** mi familia.	*I miss my family.*
¿Ves **a** mi perro en el patio?	*Do you see my dog on the patio?*

4 Los pronombres de objeto directo e indirecto

Many verbs require noun phrases to complete their meanings. These noun phrases, or clauses that function like nouns, are called objects. There are two types of objects: direct (OD) and indirect (OI).

¿<u>Me</u> prestas <u>tus apuntes de la clase de hoy</u>?
  OI   OD

Will you lend <u>me</u> <u>your notes from today's class</u>?
           OI   OD

DIRECT OBJECT PRONOUNS

Los pronombres de objeto directo			
me	me	**nos**	us
te	you (*fam. sing.*, **tú**)	**os**	you (*fam. pl.*, **vosotros**)
lo	you (*form. sing. m*, **Ud.**), him, it	**los**	you (*form. pl. m*, **Uds.**), them
la	you (*form. sing. f*, **Ud.**), her, it	**las**	you (*form. pl. f*, **Uds.**), them

- In order to avoid repetition, direct object pronouns replace object nouns.

  —Tienes que ver <u>la última</u> <u>**película** de Almodóvar.</u>
  —Ya **la** vi. Es buenísima, ¿verdad?

  —*You have to see Almodóvar's last movie.*
  —*I already saw it. It's excellent, isn't it?*

- **Lo** is also used to replace a direct object that is an idea or an action.

  —Leonardo se convirtió en testigo de Jehová.
  —Ya **lo** sé. Me **lo** dijo su hermana.

  —*Leonardo became a Jehovah's Witness.*
  —*I already know (it). His sister told (it) (to) me.*

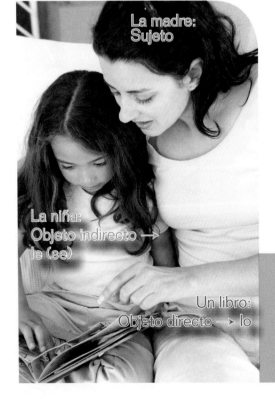

La madre: Sujeto

La niña: Objeto indirecto → le (se)

Un libro: Objeto directo → lo

La madre le lee un libro a la niña. (La madre se lo lee.)

INDIRECT OBJECT PRONOUNS

Los pronombres de objeto indirecto			
me	to/for me	**nos**	to/for us
te	to/for you (*fam. sing.*, **tú**)	**os**	to/for you (*fam. pl.*, **vosotros**)
le	to/for you (*form. sing. m/f*, **Ud.**), him/her, it	**les**	to/for you (*form. pl. m/f*, **Uds.**), them

Indirect objects indicate someone (or something) that is affected by the action.

¡OJO! Direct and indirect objects are only different in the third-person forms: **lo/la** and **los/las** vs. **le** and **les**.

- Indirect objects are always represented by a pronoun. The phrase **a** + *noun* is used whenever it is necessary to specify the person to whom the object refers.

El profesor **nos** dio el nuevo horario.	*The professor gave us the new schedule.*
El profesor **les** dio el nuevo horario.	*The professor gave you/them the new schedule.*
El profesor **les** dio el nuevo horario **a Uds.**	*The professor gave you (formal, plural) the new schedule.*
El profesor **les** dio el nuevo horario **a los asistentes.**	*The professor gave the new schedule to his assistants.*

In the first sentence, the only possible meaning of the indirect object pronoun is *us*. In the second sentence, **les** has more than one possible meaning. Unless the meaning was previously established, the **a** + *noun* phrase is needed to clarify.

- The following verbs normally require indirect objects. Note that many of them are verbs of information and communication.

agradecer (zc)	*to thank*	pedir (i, i)	*to ask (for)*
dar (*irreg.*)	*to give*	preguntar	*to ask (a question)*
decir (*irreg.*)	*to say; to tell*	prestar	*to lend*
explicar (qu)	*to explain*	prohibir (prohíbo)	*to prohibit*
exigir (j)	*to demand*	recomendar (ie)	*to recommend*
regalar	*to give (a gift)*	sugerir (ie, i)	*to suggest*

DOUBLE OBJECT PRONOUNS

Sequence

- When the direct object and indirect object pronouns appear together in a sentence, the indirect object always precedes the direct object.

¿<u>Me</u> comprasteis <u>las entradas para el teatro</u>? → ¿<u>Me las</u> comprasteis?
  OI   OD   OI OD
Did you buy me the theatre tickets? → Did you buy them for me?

- When both object pronouns are in the third person, the indirect object pronoun (**le/les**) becomes **se.**

  <u>Les</u> compré <u>regalos</u> a las niñas.   *I bought presents for the girls.*
  OI   OD

  <u>Se</u> <u>los</u> compré.   *I bought them for them.*
  OI OD

Placement

- **Before the verb**

  Conjugated verbs: The pronouns are placed together before conjugated verbs.

  ¿Las llaves? **Te las** doy mañana.   *The keys? I'll give them to you tomorrow.*

  Present participles: If there is a conjugated verb (normally **estar**) followed by a present participle, the pronouns can go before the conjugated verb OR after and attached to the present participle.

  Se lo estoy buscando./Estoy   *I am looking for it for him.*
  busc**á**ndo**selo**.

  ¡OJO! When you attach one or more pronouns to the present participle, you must add a written accent to mark the original stressed syllable.

  Negative commands*: The pronouns are placed together before negative commands.

  No **se las** prestéis otra vez.   *Don't lend them to him again.*

- **After and attached to the verb**

  Affirmative commands: The pronouns must be placed at the end of, and attached to, affirmative commands.

  Explíca**melo** en español.   *Explain it to me in Spanish.*

  Infinitives: If there is a conjugated verb followed by an infinitive, the pronouns can go before the conjugated verb OR after and attached to the infinitive.

  ¿Podéis comprár**noslo**?/¿**Nos lo**   *Can you (pl.) buy it for us?*
  podéis comprar?

  If the infinitive is not part of a verb phrase, the pronouns must be attached to the end of the infinitive.

  No tengo dinero para comprár**telo**.   *I don't have any money to buy it for you.*

  ¡OJO! When you attach two pronouns to the infinitive, you must add a written accent to mark the original stressed syllable.

ACTIVIDAD 1   ¿Objeto directo u objeto indirecto?

Paso 1 Identifica los objetos directo e indirecto en cada una de las siguientes oraciones e indica el pronombre de objeto directo que sería apropiado en cada caso.

  Ejemplo: La fundación Guggenheim <u>te</u> dio <u>la beca</u>.
                                        OI   OD → **la**

---

*Command forms will be covered in detail in Chapter 4.

1. La Asociación de Estudiantes le entregó unas flores a la presidenta.

2. Mi grupo de teatro le agradeció sus aplausos al público.

3. Le pedimos un autógrafo al líder progresista que nos visitó.

4. Mi amigo judío me dijo todo lo que necesitaba saber sobre el Hanukkah.

5. Nuestros bisabuelos nos regalaron un cuadro cuando nos casamos.

Paso 2 Ahora vuelve a escribir las oraciones del **Paso 1** usando los pronombres de objeto directo e indirecto, prestando atención al orden de los pronombres y los verbos.

—¿**Me la** compras?

> *Ejemplo:* La fundación Guggenheim <u>te</u> dio <u>la beca</u>.
> → La fundación Guggenheim **te la** dio.

ACTIVIDAD 2 Una fiesta para la nueva licenciada

La familia de Marina está organizándole una fiesta por terminar su licenciatura. Completa el diálogo entre los padres y Lydia, la hermana de Marina, incorporando los pronombres de objeto directo e indirecto. (Los objetos están subrayados para que no tengas dificultad en identificarlos.)

MAMÁ: Tenemos que mandar <u>las invitaciones</u> inmediatamente.

LYDIA: No te preocupes, mamá, yo ya _____¹ mandé.

MAMÁ: Hay que preguntarle <u>a Juan</u> si <u>su conjunto de marimba</u> está disponible para ese día.

PAPÁ: No te preocupes: esta mañana _____²
vi (a Juan) y _____³ _____⁴
pregunté (a Juan si su conjunto…).

MAMÁ: ¿Y qué _____⁵ (a ti) respondió?

PAPÁ: _____⁶ dijo (a mí) que sí.

MAMÁ: ¡Qué bien! Ahora tenemos que comprar <u>las flores</u>.

LYDIA: <u>La madre de Jennifer</u>, mi compañera de clase, tiene una floristería. Si quieres, yo puedo _____⁷
(encargar) (las flores) (a la madre).

MAMÁ: Estupendo. _____⁸ (decir) (a la madre de Jennifer) que nos gustaría comprar rosas y lilas.

(lista:)
- ✔ mandar las invitaciones
- ✔ preguntarle a Juan si está disponible su conjunto de marimba
- ☐ comprar las flores

ACTIVIDAD 3 Faltan los pronombres

Completa el siguiente diálogo con los pronombres y las conjugaciones necesarios. **¡OJO!** A veces se necesita el pronombre de objeto directo, otras el de objeto indirecto y a veces los dos: presta atención al contexto para completar el significado de cada verbo. Las frases **a** + *pronombre* aparecen cuando son necesarias para comprender la oración.

> *Ejemplo:* Cuando a Carmen <u>le</u> regalan un CD
> nuevo siempre <u>me lo</u> presta (a mí).

CARMEN: A mí _____¹ acaban de regalar el último CD de Shakira.

PEDRO: ¡Qué suerte! ¿ _____² puedes prestar a mí? _____³ quiero escuchar.

CARMEN: _____⁴ presté ayer a Susana, pero _____⁵ va a devolver hoy mismo. Entonces _____⁶ presto a ti. Y yo quiero que tú _____⁷ prestes a mí el CD de Don Omar.

PEDRO: Cómo no. Si _____⁸ quieres _____⁹ regalo, porque casi nunca _____¹⁰ escucho.

ACTIVIDAD 4 ▸ Adivina, adivinanza

Prepara varias oraciones sobre un objeto o concepto sin mencionar su nombre. Tus compañeros tendrán que adivinar lo que es. Debe haber al menos un pronombre en cada oración. La última oración debe ser la más fácil.

> ***Ejemplo:*** la tarea → Nos **la** dan con demasiada frecuencia.
> Casi nunca me gusta hacer**la**.
> Si no **la** haces, hay problemas.
> Nadie **la** puede hacer por ti.
> Tienes que entregár**sela** a los profesores antes de una fecha límite.

⑤ Los reflexivos

Reflexive verbs are those in which the subject is also the recipient of the action it performs.

Compare these two sentences. Notice that the pronoun in the second sentence, which is a direct (not a reflexive) object, is not the same as the subject.

(Yo) **Me despierto** a las 7.
¿Mis hijos? (Yo) **Los levanto** a las 8 de la mañana.

I wake (myself) up at 7.
My kids? I wake them up at 8 A.M.

«La Generación X se autodefinió en su día también como 'tecnológica'...»*

_____

* «La Generación del Milenio», *El País*

THE PRONOUNS

- In Spanish reflexive verbs are marked by the use of reflexive pronouns (**pronombres reflexivos**), which are similar to the pronouns for the direct and indirect objects.

Los pronombres reflexivos			
me	*myself*	nos	*ourselves*
te	*yourself*	os	*yourselves*
se	*himself/herself/yourself*	se	*themselves/yourselves*

- Reflexive pronouns follow the same rules of placement as the direct and indirect object pronouns.

Me despierto a las 6:00.	*I wake up at 6:00.*
Todavía están vistiéndo**se**./ Todavía **se** están vistiendo.	*They're still getting dressed.*
¿Quieres sentar**te** aquí?/ ¿**Te** quieres sentar aquí?	*Do you want to sit here?*
¡Acuésta**te**!	*Go to bed!*
No **te** acuestes todavía.	*Don't go to bed yet.*
¿Las manos? Ya **me las** lavé.*	*My hands? I already washed them.*

Me despierto a las 7.

VERBS THAT DO NOT CHANGE MEANING

Many verbs can be used reflexively or non-reflexively. The shift in meaning is simply that the action is being done to *oneself;* the verb does not change meaning.

Daily routine verbs

Many reflexive verbs are related to daily routines and are easily identified in English as reflexive verbs.

acostar(se) (ue)	*to go (put oneself) to bed*	maquillar(se)	*to put on makeup*
afeitar(se)	*to shave (oneself)*	peinar(se)	*to comb (one's hair)*
despertar(se) (ie)	*to wake up (oneself)*	vestir(se) (i, i)	*to get (oneself) dressed*
duchar(se)	*to shower (oneself)*		
levantar(se)	*to get (oneself) up*		

Otros verbos reflexivos

Many verbs that are reflexive in Spanish do not have reflexive meanings in English, because the *-self* pronoun is not required in English.

callar(se)	*to be quiet*	reunir(se)	*to get together;*
calmar(se)	*to calm (oneself) down*	(me reúno)	*to meet*
		sentar(se) (ie)	*to sit (oneself down)*
divertir(se) (ie, i)	*to have fun*		
enamorar(se) de	*to fall in love with*	sentir(se) (ie, i)	*to feel*
preparar(se)	*to prepare (oneself)*		
quitar(se)	*to take off; to remove (from oneself)*		

---

*¡**OJO**! With reflexive verbs, use definite articles for body parts: **Me lavo las manos**. (*I wash my hands.*)/**Ella se afeita las piernas**. (*She shaves her legs.*)

RECORDATORIO

Los pronombres recíprocos

Los pronombres **nos**, **os** y **se** también sirven para referirse a una situación de reciprocidad: es decir, el uno al otro (*to each other*).

Los buenos compañeros **se ayudan.**	*Good friends help each other.*
Mi mejor amiga y yo **nos visitamos** mucho.	*My best friend and I visit each other a lot.*
¿**Os escribís** tus amigos y tú por correo electrónico?	*Do you and your friends write each other e-mails?*

—Hola, **me llamo** Roberto.
—Hola, Roberto. **Te pareces** a mi sobrino.

VERBS THAT CHANGE MEANING

The following verbs change meanings in the reflexive. Again, these verbs are not necessarily reflexive in English.

acordar (ue)	*to agree*	acordarse (de)	*to remember*
beber	*to drink*	beberse	*to drink up*
comer	*to eat*	comerse	*to eat up*
despedir (i)	*to fire*	despedirse	*to say goodbye*
dormir (ue, u)	*to sleep*	dormirse	*to fall asleep*
hacer (*irreg.*)	*to make; to do*	hacerse	*to become*
ir (*irreg.*)	*to go*	irse	*to leave*
llamar	*to call*	llamarse	*to be named*
parecer (zc)	*to seem*	parecerse	*to look like*
poner (*irreg.*)	*to put; to place*	ponerse	*to put on; to turn; to become*
volver (ue)	*to return*	volverse	*to become*

VERBS OF *BECOMING*

The following reflexive verbs express *to get/to become + adjective* and have no reflexive meaning in English.

Me enfadé mucho cuando me insultó.	*I got/became very mad when he insulted me.*
aburrir → aburrirse	*to get/to become bored*
alegrar → alegrarse	*to get/to become happy*
enfadar → enfadarse	*to get/to become angry*
enfermar → enfermarse	*to get/to become sick*
enfurecer → enfurecerse (zc)	*to get/to become furious*
enojar → enojarse	*to get/to become angry*
emborrachar → emborracharse	*to get/to become drunk*

When *to become* expresses a change—be it physical, emotional, financial, or other—the following expressions are used. How the change comes about determines which verb you should use.

- **hacerse:*** gradual change, over a period of time, normally accomplished by a conscious effort and implying a goal met; can be followed by a noun or an adjective

Los Martínez **se hicieron** ricos en este país.	*The Martínez family became rich in this country.*
Su hijo **se hizo** médico.	*Their son became a doctor.*

- **volverse:** physical or emotional change; often a sudden, dramatic, irreversible change; can be followed by a noun or adjective

Cuando murió su hijo, **se volvió** loca.	*When her son died, she went (became) crazy.*
Esto **se ha vuelto** un problema.	*This has become a problem.*

- **ponerse:** physical or emotional change; often sudden, must be followed by an adjective

Me puse furioso con mis amigos.	*I became (got) furious with my friends.*

- **convertirse (ie, i) en:**† gradual change, showing conversion (religion, for example) or metamorphosis, followed by a noun

La oruga **se convirtió en** mariposa.	*The caterpillar became a butterfly.*

«**Nos ponemos** tristes con las telenovelas.»

---

*To express a gradual change that did not necessarily come about from a conscious effort, the phrase **llegar a ser** is used.

La cinta rosa **llegó a ser** símbolo de la caridad del cáncer del seno.

The pink ribbon became a symbol of the breast cancer charity.

†Note that **convertir(se) a** means *to convert to.*

Muhamad Alí **se convirtió al** islam.

Muhammad Ali converted to Islam.

Completa el siguiente párrafo con los verbos que están entre paréntesis. Usa el presente de indicativo o el infinitivo, según el caso. **¡OJO!** Algunos verbos deben ser reflexivos y otros no. Incluye los pronombres reflexivos si son necesarios.

Hoy _____[1] (reunir: nosotros) todos los miembros de la Asociación de Estudiantes Hispanos. Queremos _____[2] (acordar) la lista de eventos para el próximo semestre. Es seguro que Tomás no va a votar porque siempre _____[3] (dormir) en medio de la reunión; por eso _____[4] (sentar) atrás.[a] Yo estoy en el comité de relaciones públicas y después de la reunión tengo que _____[5] (ir) para hablar con la gente del periódico. Como soy tímido, siempre _____[6] (poner) un poco nervioso en estas situaciones. Belén está en el comité de los afiches[b] y los _____[7] (poner) por todo el campus cada vez que hay un evento.

[a]*in the back* [b]*posters*

ACTIVIDAD 2 ▶ Asociaciones

Indica el verbo reflexivo que corresponde a cada una de las siguientes ideas y luego inventa una oración con ese verbo.

Ejemplo: una fiesta → divertirse: Yo siempre me divierto en una fiesta.

1. _____ el silencio
2. _____ una cita romántica
3. _____ una clase de matemáticas
4. _____ alguien usa tu champú sin tu permiso
5. _____ un resfriado (*cold*)
6. _____ el nombre y apellido
7. _____ el despertador

a. llamarse
b. callarse
c. enfermarse
d. despertarse
e. enojarse
f. aburrirse
g. enamorarse

ACTIVIDAD 3 ▶ Encuesta

Usa los siguientes verbos para entrevistar a dos compañeros de clase. Puedes usar otros verbos si quieres.

Ejemplo: llamarse → —¿Por qué te llamas Martín?
—Me llamo Martín porque así se llamaba mi abuelo.

aburrirse	**enamorarse**	**llamarse**	**sentirse** + *adjetivo*
emborracharse	**levantarse**	**parecerse**	

6 *Gustar* y otros verbos similares

Gustar, *to like,* is the most common of a group of verbs in Spanish that require an indirect object. The literal equivalent in English is *to be pleasing.* The subject in the English sentence (usually a person) is expressed as an indirect object in the Spanish sentence, and the direct object of *to like* becomes the subject of **gustar.**

(a + OI)	**OI**	**gustar**	**(subject)**	→	**subject**	**to like**	**OD**
(A mí)	Me	gustan	las artes.	→	*I*	*like*	*the arts.*
					(literally: The arts are pleasing to me.)		

| **Les gusta** la química. | *They like chemistry. (Chemistry is pleasing to them.)* |
| **Me gustas** (tú) mucho. | *I like you very much. (You are very pleasing to me.)* |

- The subject is often not explicit in this structure, especially if it has been established.

| —¿Te gustan **estas botas?** | —*Do you like these boots?* |
| —¡Me encantan! | —*I love them!* |

- To clarify or emphasize the indirect object pronoun, use the prepositional **a** phrase: **a mí, a ti, a Pedro,** and so on.

| **A mí me** gusta la música clásica, pero **a mi compañero de casa** no **le** gusta nada. | *I like classical music, but my roommate doesn't like it at all.* |

- The order of the elements in a sentence is variable. The emphasis in each case is different.

| Me gusta el chocolate.
A mí me gusta el chocolate.
El chocolate me gusta.
El chocolate me gusta a mí. } | *I like chocolate.* |

- Information questions with **gustar**

To ask *Who likes . . . ?* use **¿A quién le gusta(n)...?**

| —**¿A quién** le gusta el chocolate? | —*Who likes chocolate?* |
| —**A mí.**/A mí no. | —*I do./I don't.* |

> **¡OJO!** The answer is an indirect object, never the subject (**yo, él,** and so on).

To ask what someone likes, use **¿Qué te/le(s) gusta...?**

| —¿Qué te gusta? | —*What do you like?* |
| —El chocolate. | —*Chocolate.* |

The answer (the thing liked) is a subject, not an object, in the response.

OTHER VERBS LIKE *GUSTAR*

| **caer bien/mal** | *to like/to dislike (someone)* |
| Tu cuñado **me cae** muy bien. | *I like your brother-in-law. (I think he is nice.)* |

| **convenir** | *to be suitable; to be a good idea* |
| Ese plan no **os conviene.** | *That plan is not suitable/ a good idea for you.* |

| **doler*** | *to hurt* |
| **Me duele** la cabeza. | *My head hurts. (I have a headache.)* |

| **encantar/fascinar** | *to love (things)* |
| **Me encanta/me fascina** el café colombiano. | *I love Colombian coffee.* |

| **hacer falta** | *to need* |
| **Te hace falta** un abrigo para el invierno. | *You need a winter coat.* |

***¡OJO!** As with reflexive verbs, use definite articles for body parts with gustar-type verbs: **Me duele <u>la</u> cabeza.** (*My head hurts.*)/**Te duelen <u>los</u> pies.** (*Your feet hurt.*) Remember that parts of the body are used in the singular when each person has only one: <u>*Les*</u> **duele** *el estómago.*

Me **encanta** la música de Drake.

Me **fascina** el café colombiano.

importar   *to matter*

     Eso no **me importa** nada.   *That doesn't matter to me at all.*

interesar   *to interest*

     Nos interesa mucho la historia   *We are very interested in Caribbean*
       del Caribe.   *history.*

molestar   *to bother*

     Me molesta que lleguen tarde.   *It bothers me that they arrive late.*

parecer   *to seem*

     Me parece que eso no es verdad.   *It seems to me that that is not true.*

preocupar   *to worry*

     Nos preocupan tus notas.   *Your grades worry us.*

quedar   *to have left*

     Me quedan solo 5 euros.   *I only have 5 euros left.*

tocar   *to be one's turn*

     ¿A quién **le toca** ahora?   *Whose turn is it now?*

ACTIVIDAD 1 ▶ Asociaciones

Paso 1 ¿Qué se te ocurre (*What comes to mind*) cuando piensas en los siguientes verbos? Inventa oraciones relacionadas con tus circunstancias.

> *Ejemplo:* hacer falta   → Me hacen falta unos zapatos para correr.
>   caer bien/mal → El novio de mi mejor amiga me cae muy mal.

1. hacer falta
2. caer bien/mal
3. encantar/fascinar
4. convenir
5. doler

6. importar/interesar
7. molestar/preocupar
8. parecer
9. quedar

Paso 2 En parejas, comparen sus oraciones. ¿Coincidieron en algo?

ACTIVIDAD 2 ▶ Oraciones incompletas

Completa las siguientes oraciones con las palabras que faltan. **¡OJO!** Puede ser una de las siguientes cosas.

- la **a** personal
- el objeto indirecto
- uno de estos verbos: **doler, hacer falta, fascinar, gustar, parecer**

> *Ejemplo:* <u>A</u> mí no <u>me</u> toca organizar la reunión de nuestra asociación.

1. Me _____ mil dólares para pagar la matrícula.

2. _____ Luis y a Carlos _____ encanta la poesía.

3. Nos _____ mucho _____ nosotros el tema de la política.

4. ¿No te _____ los pies cuando bailas mucho? A mí sí.

5. _____ Carla le _____ mal que no asistas a la reunión.

6. A mi equipo de *lacrosse* _____ toca jugar mañana.

7. Al representante del partido socialista le _____ hablar con los jóvenes.

8. A los miembros del club de ecología no _____ conviene reunirse hoy.

9. Me alegro de que a ti _____ caigan bien mis hermanos.

10. _____ mi profesor de informática le _____ el nuevo programa.

ACTIVIDAD 3 Minidiálogos

Paso 1 Empareja cada una de las preguntas o declaraciones con la respuesta correspondiente.

1. _____ ¿Te gusta la paella?

   a. A mí también, pero su hermana no me cae nada bien.

2. _____ Silvia me cae muy bien. ¿A ti?

   b. Me encantaría ir, pero no puedo porque solo me quedan veinte dólares para todo el fin de semana. ¿Por qué no vamos mejor al cine?

3. _____ ¿Quién ganó ayer el partido de fútbol?

   c. ¡Me fascina!

4. _____ Oye, ¿te hace falta la computadora esta noche?

   d. Ni lo sé, ni me importa.

5. _____ ¿Por qué no vamos al nuevo restaurante español esta noche?

   e. No, no la necesito hasta mañana por la tarde, así que puedes usarla cuando quieras.

Paso 2 Ahora, en parejas, inventen respuestas a las siguientes preguntas.

1. El dentista te pregunta: «¿Por qué necesita Ud. verme con urgencia?»

2. Una amiga te pregunta: «¿Por qué no te compraste el vestido azul que te gustaba tanto?»

3. Tu hermano te pregunta: «¿Por qué bebes tantos refrescos dietéticos? No son buenos para ti, ¿sabes?»

4. Un amigo te pregunta: «¿Por qué no viniste con nosotros a ver la película brasileña doblada (*subtitled*)?»

5. Tu compañero/a sentimental te pregunta: «¿Te gusto?»

ACTIVIDAD 4 Reacciones

En parejas, túrnense para dar su reacción a cada uno de los siguientes temas usando uno de los verbos como **gustar**. La otra persona debe añadir si su reacción es similar o no usando frases con **a mí también/tampoco**.

Ejemplo: las ciencias políticas   →
    —Las ciencias políticas me fascinan.
    —A mí también.

1. las ciencias sociales/las humanidades

2. la religión/la política

3. la música clásica/el reguetón

4. la situación económica de tu familia/del país

5. los deportes universitarios/los deportes profesionales

6. ahorrar dinero/ir de compras

7. ¿?

odiar = *to hate*
Odio las   *I hate spinach.*
espinacas.

¡OJO! No es como **gustar.**

7 *Por y para*

Para means *for* in the general sense of purpose, destination, recipient, or *in order to*. It is also used to express the concepts of deadlines and due dates, and opinions and value judgements. Consider the following examples:

Esta tarea es **para** pasado mañana. (deadline)
Estudiamos mucho **para** sacar buenas notas. (purpose)
Tania sale mañana **para** Calgary. (destination)
Germán ha hecho un pastel **para** su novia. (recipient)
Para ser junio, hace bastante fresco. ¿No te parece?
   (comparison, *considering*)
Para Rafael, el tenis es el mejor deporte del mundo. (opinion, viewpoint)

Por means *for* in the general sense of motive, underlying reason, *because of, in exchange for, for the sake of* or *on behalf of*. It is also used to express approximation in space and time, duration (sometimes omitted), *by (means of), around, about, along* or *through*. It is used when expressing love/respect/affection/interest/distaste/hatred for someone or something. Consider the following examples:

Pepa le dio las gracias a Leonardo **por** su ayuda. (in exchange for or
   because of)
Hicieron ejercicio (**por**) dos horas. (duration)
Nos vamos a ver el martes **por** la mañana. (approximation - time)
Se cancelaron las clases **por** la nieve. (because of)
Eso te pasa **por** ser egoísta. (because of)
Elena pagó cien dólares **por** los zapatos nuevos. (for, in exchange for)
Todo esto lo hemos hecho **por** ti. (for your sake, on your behalf)
No encuentro mis llaves, pero tienen que estar **por** aquí.
   (approximation - space)
Marta y Lily piensan ir a Toronto pasando **por** Montreal primero.
   (through, via)
¿Les gusta pasear **por** la playa? (along)
Nos lo anunciaron **por** correo electrónico. (via, by means of)
Las películas de Almodóvar son distribuidas **por** El Deseo S.A.
   (by - agent in a passive sentence)
Luis siempre ha sentido un gran respeto **por** sus padres. (for, toward)

Sometimes the distinction is very subtle and theoretical, and either **por** or **para** may be used correctly.

Lo hizo **para** mí. (**para** = *for, destined for*. Lo could be a cake or a
sweater...)
Lo hizo **por** mí. (**por** = *for the sake of, on behalf of, motivated by*)

At other times there is a clear difference in meaning, although either is correct. Contrast:

Compré el libro **para** mi abuela. (the book is to be given to her)
Compré el libro **por** mi abuela; es para mi papá. (I did it on her
behalf—she couldn't get to the store)

Iñaki trabaja **para** el gobierno de la provincia. (the province employs him)
Alfonso trabajó **por** Felipe anoche, porque estaba enfermo. (in his
place, instead of him)

Quedamos en terminar el proyecto **para** octubre. (deadline: *by October*)
Quedamos en terminar el proyecto **por** octubre. (sometime around then)

Pensamos ir **para** el parque. (*toward* a destination)
Pensamos ir **por** el parque. (*through* a space)

Trabajaron duro **para** terminar a tiempo. (purpose: *in order to*)
No trabajaron ayer **por** el calor. (due to, because of)

¿**Para** qué compraste esto? (purpose: *What did you buy it for?*)
¿**Por** qué compraste eso? (reason: *Why did you buy it?*)

¡OJO! Certain verbs already contain the idea of *for*, such as **pagar** *to pay for* and **buscar** *to look for*, and Spanish does not use **para** or **por** to express that *for*. If you encounter **por** used with these verbs, it is for one of the uses described above.

Pagué las copas. *I paid for the drinks.*
Van a pagarnos 50 euros **por** estos libros. *They're going to pay us €50 for/in exchange for these books.*

Yolanda busca un apartamento con buenas vistas. *Yolanda is looking for an apartment with nice views.*

La solución la buscamos **por** interés. *We looked for the solution out of/ because of interest.*

Expressions with **por** and **para**

Por is used in a number of expressions. Some common ones are:

por fin	*finally*	por lo menos	*at least*
por eso	*therefore*	por ahora	*for now*
por (lo) tanto	*therefore*	por desgracia	*unfortunately*
por supuesto	*of course*	por lo visto	*apparently*
		por ejemplo	*for example*

Other expressions with **por** and **para** are:

tener/tomar por *to take as/for*
quedar por *to remain undone, yet to be done*
preguntar por *to ask about, ask after*
estar por + infinitive *to be about to, to be on the point of (Spanish America)*
estar para + infinitive *to be about to, to be on the point of (Spain)*
para siempre *forever*

Me toman **por** idiota.
Todavía nos quedan dos cuartos **por** limpiar.
Han preguntado **por** ti.
El tren está **por** salir.

El tren está **para** salir.

Te voy a querer **para** siempre.

ACTIVIDAD 1 Escoge **por** o **para** en cada caso y explica el uso.

1. **Para/Por ser** una niña tan pequeña, es muy fuerte.
2. Tenemos que terminar el proyecto **para/por** el viernes.
3. No he llamado a la puerta **para/por** no despertar al niño.
4. Nos van a dar treinta pesos **para/por** estos libros.
5. Hemos hecho estos tamales **para/por** nuestra madre.
6. Estuvieron borrachos **para/por** dos días.
7. A Mario le gustaba caminar **para/por** el parque.
8. Gracias **para/por** el favor.
9. Este informe es **para/por** el viernes.
10. Carlota trabaja **para/por** el consejo de educación.
11. La novela *Surfacing* fue escrita **para/por** Margaret Atwood.
12. **Para/por** ser extranjero, hablas español muy bien.
13. **Para/por** Inma, es esencial pasar los domingos con la familia.

La identificación religiosa de los hispanos

Serpientes y escaleras (1998), por el mexicano-americano Jamex de la Torre. La cruz cristiana con la serpiente evoca a Quetzalcóatl, dios de los antiguos mexicanos, representado por la serpiente emplumada (*with feathers*). ¿Dónde están las plumas en esta escultura?

El mundo hispano es mayoritariamente católico. El porcentaje de católicos oscila entre el 75 por ciento (Guatemala) y el 96 por ciento (Honduras y Venezuela). Por esta razón, la religión católica tiene un papel importantísimo en las tradiciones culturales de cada país: muchas fiestas nacionales están relacionadas con la religión.

En gran parte de los países latinoamericanos, el catolicismo, traído al Nuevo Mundo por los españoles, se vio influenciado por las tradiciones de otras religiones locales —como las tradiciones indígenas— o de religiones importadas, como las de los esclavos africanos. Un ejemplo es la santería, una mezcla de catolicismo con ritos de la religión politeísta de los yorubas africanos, que se practica por todo el Caribe. Otro ejemplo es el famoso Día de los Muertos en México, que combina una celebración católica con una festividad de tradición indígena.

En la actualidad, la presencia de otros grupos religiosos se hace cada día más palpable en casi todos los países. Algunas denominaciones protestantes, como los evangelistas, tienen cada vez más seguidores en —por ejemplo— Guatemala y Panamá. España ya cuenta con[a] más del 1 por ciento de los musulmanes del mundo, como consecuencia de la emigración de países del norte de África, especialmente Marruecos, mientras que en otros países hay pequeñas pero vibrantes comunidades judías, como es el caso de la Argentina y de México. Estas comunidades no católicas, aunque de bajo porcentaje, reflejan una realidad diversa y cambiante en la población hispana.

Finalmente, es importante mencionar otro dato.[b] Muchos países, como España y la Argentina, tienen un alto porcentaje (más del 30 por ciento) de personas no religiosas. Estas personas con frecuencia siguen las tradiciones católicas por razones familiares y culturales, pero no se consideran creyentes[c] y no practican la religión. Esto muestra que en casi todos los países la separación de la religión y del estado es un hecho.[d] Puede haber alguna manifestación de las creencias religiosas en la política; por ejemplo, en el debate sobre el aborto. Pero la religión en la vida pública latinoamericana no es necesariamente más fuerte que en Canadá.

[a]*cuenta... has* [b]*fact* [c]*believers* [d]*fact*

Tertulia Practicar la religión

- ¿Qué religiones predominan en Canadá? ¿Tiene la religión una presencia importante en la vida de los canadienses? ¿Cómo se explica eso?

- Imaginen cómo ha de ser (*how it must be*) compartida la religión de la inmensa mayoría de las personas del país. ¿Creen que habría (*there would be*) mucha presión religiosa o poca? ¿En qué aspectos de la vida?

Los dos reyes y los dos laberintos

Estrategia: La parábola

El cuento de Borges «Los dos reyes y los dos laberintos» es una parábola. Normalmente asociamos las parábolas con los textos religiosos; por lo tanto, las parábolas más conocidas en el mundo occidental se encuentran en la Biblia. Algunas características de las parábolas son:

- suelen ser textos breves
- pretenden (*they intend*) ofrecer una lección moral, pero de una manera indirecta
- en ellas predomina la narración sobre la descripción, ya que no quieren distraer al lector o receptor con detalles innecesarios.

Mientras lees «Los dos reyes y los dos laberintos» fíjate en el uso que el autor hace de los tiempos del pasado. ¿Qué tiempo predomina: el pretérito o el imperfecto? ¿Con qué religión podríamos asociar esta parábola?

LOS DOS REYES Y LOS DOS LABERINTOS, *JORGE LUIS BORGES*

Cuentan los hombres dignos de fe (pero Alá sabe más) que en los primeros días hubo un rey de las islas de Babilonia que congregó a sus arquitectos y magos y les mandó construir un laberinto tan perplejo y sutil que los varones más prudentes no se aventuraban a entrar, y los que entraban se perdían. Esa obra era un escándalo, porque la confusión y la maravilla son operaciones propias de Dios y no de los hombres. Con el andar del tiempo vino a su corte un rey de los árabes, y el rey de Babilonia (para hacer burla de la simplicidad de su huésped) lo hizo penetrar en su laberinto, donde vagó afrentado y confundido hasta la declinación de la tarde. Entonces imploró socorro divino y dio con la puerta. Sus labios no profirieron queja ninguna, pero le dijo al rey de Babilonia que él en Arabia tenía un laberinto mejor y que, si Dios era servido, se lo daría a conocer algún día. Luego regresó a Arabia, juntó sus capitanes y sus alcaides y estragó los reinos de Babilonia con tan venturosa fortuna que derribó sus castillos, rompió sus gentes e hizo cautivo al mismo rey. Lo amarró encima de un camello veloz y lo llevó al desierto. Cabalgaron tres días, y le dijo: «Oh, rey del tiempo y substancia y cifra del siglo!, en Babilonia me quisiste perder en un laberinto hecho de bronce con muchas escaleras, puertas y muros; ahora el Poderoso ha tenido a bien que te muestre el mío, donde no hay escaleras que subir, ni puertas que forzar, ni fatigosas galerías que recorrer, ni muros que te veden el paso».

Luego le desató las ligaduras y lo abandonó en mitad del desierto, donde murió de hambre y de sed. La Gloria sea con Aquél que no muere.

trustworthy

wizards perplexing subtle
did not dare

With the passing of time court

wandered affronted
confused sunset assistance
found lips did not utter complaint
God willing
he would show it to him
governors destruyó *kingdoms with*
such luck destruyó *castles captive*
tied up fast They rode
número *century*

Almighty has wished
(lit.: has decided as good)
close
untied ropes

Comprensión

Paso 1 Completa el párrafo incorporando las palabras o expresiones adecuadas del banco de palabras, para que tenga sentido según la lectura.

árabe	complejo	desierto	natural
artificial	cuento	laberinto	reyes

Este _____ narra la historia de dos _____, uno de Babilonia y otro _____. Los dos tenían un _____, pero eran muy diferentes. El del rey babilonio era _____ pero de una manera _____. En cambio, el del rey árabe era _____, pero imposible, porque era un _____.

Paso 2 Empareja cada una de las ideas con cada uno de los dos reyes.

_____ amante de lo complicado

_____ un hombre simple y religioso

a. Rey árabe _____ muere al final del cuento

_____ es ostentoso

_____ tiene el mejor laberinto

b. Rey de Babilonia _____ destruye un reino

_____ consigue salir del laberinto

_____ actúa como si fuera Dios

ACTIVIDAD 2 ▶ ¿Qué piensas ahora?

Paso 1 Como se explica en la sección de **Estrategia,** es común encontrar parábolas en textos religiosos. Haz una lista de palabras y frases del cuento que hagan referencia a la religión. ¿Con qué religión se puede asociar «Los dos reyes y los dos laberintos»?

Paso 2 Otra de las características de las parábolas es que ofrecen una enseñanza moral de una manera indirecta. Discute con un compañero/una compañera qué enseñanzas morales puede aprender el lector de «Los dos reyes y los dos laberintos». ¿Creen que hay más de una?

ACTIVIDAD 3 ▶ Más parábolas

En grupos, piensen en alguna parábola que todos conozcan y escríbanla entre todos para luego leérsela a la clase. Si no conocen ninguna, invéntenla imitando el estilo de Borges en «Los dos reyes y los dos laberintos». Recuerden que las parábolas, más que describir, narran.

Tertulia Lo natural frente a (*versus*) lo humano

Una de las conclusiones que podemos sacar de este cuento es que algunas cosas naturales son inimitables por el hombre.

- Discute con tus compañeros en qué aspectos piensas tú que el ser humano no puede competir con la naturaleza.

- Uno de los campos en los que la ciencia está avanzando hoy en día es en la clonación de animales. ¿Están Uds. de acuerdo con este tipo de tecnología? ¿Creen Uds. que un día se llegará a clonar a los seres humanos?

Tema

Un ensayo para el periódico estudiantil de una universidad española o latinoamericana en el que describas a los jóvenes de tu generación, o sea (*that is*), la Generación del Milenio.

Prepárate

- Piensa en los diferentes aspectos tratados en este capítulo: la religión, las afiliaciones políticas y familiares, el mundo universitario y otros temas que definan a tu generación; por ejemplo, los gustos con referencia a la música, la manera de hablar, la relación con la tecnología, etcétera.
- Haz una lista de las preguntas que puedan tener tus lectores (probablemente jóvenes) con relación al tema sobre el que vas a escribir.
- Haz un borrador con todas tus ideas. Si hay una palabra que no conozcas, deja un espacio en blanco o haz un símbolo.

¡Escríbelo!

- No olvides la importancia del orden. Debes incluir:
  - ❑ Una introducción que incluya la tesis o idea central de tu ensayo.
  - ❑ Un cuerpo en el que desarrolles una idea en cada párrafo. Atención a las transiciones entre ideas.
  - ❑ Una conclusión o resumen de tus ideas más importantes.
- Recuerda que estás describiendo; por lo tanto, escoge un vocabulario creativo.
- Busca en el diccionario y en tu libro de español aquellas palabras y expresiones sobre las que tengas duda.

¿Y ahora?

- Repasa los siguientes puntos.
  - ❑ el uso de **ser** y **estar**
  - ❑ la concordancia entre sujeto y verbo
  - ❑ la concordancia de género y número entre sustantivos, adjetivos y pronombres
  - ❑ la ortografía y los acentos
  - ❑ el uso de un vocabulario variado y correcto: evita las repeticiones
  - ❑ el orden y el contenido: párrafos claros, principio y final, transiciones entre párrafos
- Finalmente, prepara tu versión para entregar.

No te olvides de mirar el Apéndice I, **¡No te equivoques!,** para evitar errores típicos de los estudiantes de español. Para esta actividad de escritura, se recomienda que prestes atención a **Maneras de expresar** *but*.

Consulta el *Cuaderno de práctica* para encontrar más ideas y sugerencias para redactar tu composición.

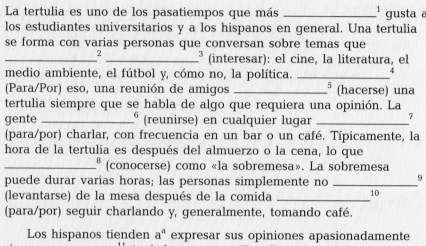

Gramática en contexto: La tertulia

Este libro de texto incluye actividades llamadas tertulias. El siguiente párrafo describe lo que es una tertulia y otros aspectos relacionados con ella. Complétalo con la forma correcta del presente de indicativo de los verbos que están entre paréntesis. Cuando no haya un verbo entre paréntesis, escribe el pronombre necesario (de objeto directo, indirecto o reflexivo), o escoge entre **para** y **por**.

La tertulia es uno de los pasatiempos que más _____[1] gusta a los estudiantes universitarios y a los hispanos en general. Una tertulia se forma con varias personas que conversan sobre temas que _____[2] _____[3] (interesar): el cine, la literatura, el medio ambiente, el fútbol y, cómo no, la política. _____[4] (Para/Por) eso, una reunión de amigos _____[5] (hacerse) una tertulia siempre que se habla de algo que requiera una opinión. La gente _____[6] (reunirse) en cualquier lugar _____[7] (para/por) charlar, con frecuencia en un bar o un café. Típicamente, la hora de la tertulia es después del almuerzo o la cena, lo que _____[8] (conocerse) como «la sobremesa». La sobremesa puede durar varias horas; las personas simplemente no _____[9] (levantarse) de la mesa después de la comida _____[10] (para/por) seguir charlando y, generalmente, tomando café.

Los hispanos tienden a[a] expresar sus opiniones apasionadamente sin _____[11] (enfadarse) entre ellos. Entre los hispanos, es más aceptable que una persona _____[12] diga a otra que no tiene razón, sin que esa persona _____[13] considere un insulto, especialmente si son buenos amigos.

Hay lugares famosos _____[14] (para/por) sus tertulias. A veces _____[15] conocemos a través de la literatura y de la historia intelectual. Un ejemplo es el famoso Café Gijón de Madrid, donde _____[16] reunían escritores, políticos y artistas, incluso algunos toreros,[b] en las décadas de los años 20 y 30 del siglo XX.

¿Existen las tertulias en Canadá? Si ocurren, ¿dónde suelen ocurrir? ¿De qué se habla principalmente?

[a]tienden... *tend to* [b]*bullfighters*

Proyecto fuera de clase

¿Cuáles son algunas de las asociaciones (religiosas, políticas, deportivas, profesionales, etcétera) de los estudiantes en tu universidad? Escoge una de ellas y entrevista a uno o varios de sus miembros para saber algo de la historia y objetivos de la asociación.

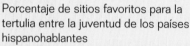

Porcentaje de sitios favoritos para la tertulia entre la juventud de los países hispanohablantes

las plazas públicas **7%**

otros sitios **3%**

en casa **19%**

los cafés **46%**

los bares **25%**

Tertulia final Mi generación

Con frecuencia se habla de una generación como una época, como un período histórico. Por ejemplo, la generación de los que nacieron después de la Segunda Guerra Mundial se llama los «*baby boomers*» y tiene características especiales. ¿Qué se dice de la generación milenaria? ¿Qué piensas de tu generación en contraste con otras generaciones? ¿Qué piensan tus padres, abuelos o hijos de tu generación?

Pasos y repasos: resultados

En este capítulo hemos repasado y profundizado cómo:

- ❑ describir nuestro entorno social, político y familiar
- ❑ perfeccionar el uso de los pronombres de objeto directo e indirecto
- ❑ usar los verbos reflexivos y los pronombres reflexivos
- ❑ hablar de lo que nos gusta, enoja, aburre, etcétera
- ❑ diferenciar entre **por** y **para** y utilizarlos correctamente
- ❑ expresar opiniones y valoraciones sobre la religión, la política, la vida universitaria y la familia

«No es más rico el
que más tiene, sino el
que menos necesita.»

3

Con el sudor de tu frente...*

PASOS Y REPASOS: OBJETIVOS

En este capítulo vamos a:
- hablar sobre el trabajo, los oficios y las profesiones
- explorar la búsqueda de trabajo
- repasar las formas de dos tiempos pasados: el pretérito y el imperfecto
- repasar la narración y la descripción en el pasado

Cultura: «Guerra a la obesidad», Una entrevista con Carmen Boullosa

Lectura: «Primer empleo: Los empresarios prefieren una actitud de aprendizaje»

With the sweat of your brow...

Minilectura

Reflexiones Las cuatro paradojas de la juventud mexicana

A pesar de que los jóvenes de hoy son la generación más preparada de la historia, estos enfrentan varios problemas: desempleo, falta de experiencia, accidentes y migración. Sencillamente, no se explican por qué no tienen mejores oportunidades que sus padres.

LAS CUATRO PARADOJAS DE LA JUVENTUD MEXICANA, *CINTHYA SÁNCHEZ*

Tienen más estudios que los que tuvieron sus padres, pero triplican la tasa de desempleo. Se relacionan mejor con la tecnología que los adultos; sin embargo, les siguen cerrando las puertas laborales porque no tienen experiencia. Son el sector poblacional que menos se enferma, pero que requiere más atención en prevención ya que se enfrenta a más situaciones de alto riesgo, como accidentes de tráfico, violencia, uso de drogas, tabaco y alcohol, infecciones de transmisión sexual, trastornos alimenticios y embarazos no deseados. La última paradoja recae en la migración, pues los jóvenes son el grupo poblacional que mejor se ajusta a los cambios, pero que menos oportunidad tiene para efectuar la migración exitosa.

SOURCE: Adapted from www.eluniversal.com.mx/primera/27470.html

Cortometraje

Antes de mirar Salomón

- ¿Cómo te imaginas la vida en un pequeño pueblo español?
- ¿Qué juegos o deportes asocias con las personas mayores?
- ¿Piensas que es común que las personas de diferente edad u origen compartan aficiones?

Título: «Salomón»

País: España

Dirección: Ignacio Lasierra

Año: 2008

Reparto: Txema Blasco, Juan Manuel Chiapella, Baba Guegue, Emilio Bualé, Mbengue Gaye, Rufino Ródenas

«Ese es el problema, que ya sólo somos dos.»
«¿Nos has apuntado?»
«Sí, a los tres. A él le he puesto (*I have named him*) Salomón.»

Comprensión y análisis

¿Cierto o falso? Indica si las siguientes ideas son ciertas (C) o falsas (F). Luego corrige las oraciones falsas.

1. A Eusebio siempre le ha gustado la presencia de los inmigrantes en su pueblo.
2. Bassir utiliza una máquina en su trabajo.
3. Eusebio y Joaquín descubren a Bassir jugando con sus compañeros africanos en la huerta.
4. A Bassir le encanta el nombre de Salomón.
5. Al final, Bassir no puede jugar en el torneo porque ha vuelto a África.

Reflexión La realidad

Muchas veces las experiencias que tenemos con lugares o con personas nos hacen cambiar la opinión que teníamos sobre ellos antes de conocerlos mejor. ¿Has tenido una experiencia así? ¿Te pasó con alguien de otro país u otro grupo social o étnico muy diferente al tuyo? ¿Cómo afectó esa experiencia tu manera de pensar acerca de ese país o grupo?

vocabulario útil

el/la chaval(a)	muchacho/a
la huerta	orchard, vegetable garden
el mote	nickname
la petanca	game of bocce
el torneo	la competición
amargado/a	triste, sin ilusiones
cabezón/ cabezona	pig-headed
dejar a alguien en paz	to leave someone alone

Palabras

Oficios y profesiones

DE REPASO

la carrera

la compañía

parcial

el empleo/el trabajo

la entrevista (entrevistar[se])

el estrés

la experiencia (laboral)

el jefe/la jefa

las referencias

la responsabilidad
(responsable)

el trabajo de tiempo completo

el salario/el sueldo

el/la supervisor(a)

Los oficios

el/la agricultor(a), el/la granjero/a	farmer
el/la albañil	construction worker
el/la basurero/a	garbage collector
el/la cocinero/a	cook
el/la electricista	electrician
el/la fontanero/a	plumber
el/la jardinero/a	gardener
el/la pintor(a)	painter

Cognado: **el/la mecánico/a**

Las profesiones

el/la abogado/a	lawyer
el/la asistente de vuelo	flight attendant
el/la bibliotecario/a	librarian
el/la consultor(a)	consultant
el/la ingeniero/a	engineer
el/la maestro/a	teacher
el/la trabajador(a) social	social worker
el/la vendedor(a)	salesperson

Cognados: **el/la arquitecto/a, el/la piloto, el/la profesor(a) universitario/a, el/la programador(a) (técnico/a en programación)**

La búsqueda de trabajo

los anuncios/avisos clasificados	classified ads
la carta de interés/ de recomendación	cover letter letter of recommendation
el currículum (vitæ)	résumé, CV
el curso de perfeccionamiento/ capacitación	training course
la formación	education, training
la solicitud	application
formarse	to educate; to train oneself

El trabajo

el (período de) aprendizaje	learning/training (period), apprenticeship
el ascenso	promotion

el aumento (de sueldo)	(salary) increase, raise
la baja, la licencia (por maternidad/paternidad/ enfermedad)	(maternity/paternity/sick) leave
la capacidad de (adaptarse/ aprender/trabajar en equipo)	ability/capacity (to adapt/to learn/to work as a team)
el contrato	contract
el desempleo, el paro	unemployment
el despido	lay-off, dismissal (from job)
los días feriados	holidays
el/la empleado/a	employee
el/la empleador(a)	employer
la empresa	corporation
el éxito	success
la firma	signature
el fracaso	failure
el/la gerente	manager, director
la granja	farm
la huelga	strike
la guardería infantil	daycare centre
los impuestos	taxes
la jubilación	retirement
la manifestación	demonstration
la mano de obra	workforce, labour force
el mercado	market
la meta	goal
la práctica laboral	internship
el puesto	position
la renuncia	resignation
el seguro (de vida/médico/dental)	(life/medical/dental) insurance
el sindicato	labour union
el/la socio/a	partner

Cognados: **los beneficios, el objetivo**
Repaso: **la rutina**

ascender (ie)	to promote
aumentar	to increase
contratar	to contract
despedir (i, i)	to lay off, to fire
emplear	to employ
estar (*irreg.*) desempleado/a	to be unemployed
firmar	to sign
jubilarse	to retire
renunciar	to resign

ACTIVIDAD 1 ⟩ Asociaciones

¿Qué asocias con las siguientes descripciones?

1. una compañía internacional famosa en todo el mundo

2. un trabajo con muchas responsabilidades

3. un trabajo de tiempo parcial

4. un empleo que causa poco estrés

5. un tipo de experiencia laboral útil para ser líder de un país

6. un buen salario para una persona que acaba de terminar sus estudios universitarios

7. un número apropiado de semanas de vacaciones al año

ACTIVIDAD 2 ⟩ Más asociaciones

¿Qué palabras del vocabulario asocias con las siguientes imágenes?

1.

2.

4.

3.

Manifestación (*1934*), *Antonio Berni, Argentina*

Reivindicaciones laborales

Paso 1 Imagina que los empleados de una empresa están hartos (*fed up*) de sus condiciones de trabajo. Por eso, su sindicato decide hacer una manifestación. Con dos o tres compañeros/compañeras, inventa un contexto para esta situación. ¿Qué tipo de empresa es y cuáles son los problemas laborales de los trabajadores?

Paso 2 Ahora haz con el grupo una pancarta (*sign or banner*) para la manifestación que exprese sus reivindicaciones, por ejemplo, sus derechos como trabajadores y/o aspectos que piden que se mejoren en su situación laboral.

> *Ejemplos:* ¡Renuncia, gerente, no te quiere la gente!
> ¡Más sueldo, menos horas!

Encuesta: Los/Las estudiantes de la clase y los trabajos

Hazles preguntas a tres estudiantes de tu clase para averiguar (*find out*) la siguiente información. Después compara los resultados de tu encuesta con los de otros/as estudiantes.

1. los tipos de trabajo que han tenido (*have had*) hasta ahora

2. el tipo de trabajo que aspiran tener después de graduarse de la universidad

3. lo que hicieron en el pasado para buscar empleo. ¿Qué (no) funcionó?

ACTIVIDAD 5 ▸ Tu último trabajo

Paso 1 En grupos de tres o cuatro estudiantes, túrnense para describir el último trabajo que tuvieron o todavía tienen. Mencionen el sueldo (¡aproximado!), los beneficios, el horario, etcétera. Hablen también de lo que más les gusta de este trabajo y de lo que menos les gusta.

Paso 2 Después de haber escuchado a todos los miembros del grupo, determinen quién tiene o tuvo el mejor/peor trabajo y por qué. ¿Y cuál fue el trabajo más común o más raro?

ACTIVIDAD 6 ▸ El trabajo ideal

Paso 1 ¿Buscas un trabajo para el verano? ¿de tiempo parcial? ¿para después de graduarte? Haz una lluvia de ideas (*brainstorm*) sobre tu trabajo ideal, apuntando tantos detalles como puedas.

Paso 2 Ahora escribe el anuncio que te gustaría ver en el periódico o en el Internet sobre ese puesto. Los siguientes anuncios pueden servirte de modelo.

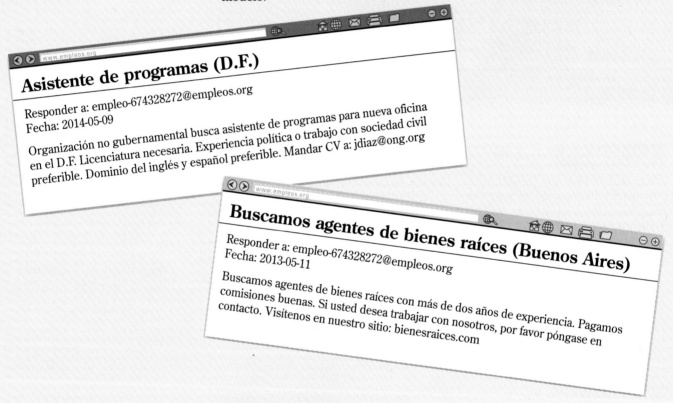

www.empleos.org

Asistente de programas (D.F.)

Responder a: empleo-674328272@empleos.org
Fecha: 2014-05-09

Organización no gubernamental busca asistente de programas para nueva oficina en el D.F. Licenciatura necesaria. Experiencia política o trabajo con sociedad civil preferible. Dominio del inglés y español preferible. Mandar CV a: jdiaz@ong.org

www.empleos.org

Buscamos agentes de bienes raíces (Buenos Aires)

Responder a: empleo-674328272@empleos.org
Fecha: 2013-05-11

Buscamos agentes de bienes raíces con más de dos años de experiencia. Pagamos comisiones buenas. Si usted desea trabajar con nosotros, por favor póngase en contacto. Visítenos en nuestro sitio: bienesraices.com

ACTIVIDAD 7 ▸ Entrevista de trabajo

Con un compañero/una compañera representa una entrevista de trabajo usando como base los anuncios de la **Actividad 6** (incluyendo tu anuncio ideal). A continuación hay algunas pautas (*guidelines*) para organizar la entrevista.

Entrevistador(a)
- Preguntas sobre la preparación académica y experiencia laboral previa
- Preguntas sobre actitudes y metas personales

Entrevistado/a
- Respuestas positivas
- Preguntas sobre las condiciones de trabajo y los beneficios

Guerra a la obesidad *por Carmen Boullosa*

De pronto, el presidente que teníamos declaraba una guerra contra lo que cada día crece corrompiendo a la juventud, destruyendo a las familias mexicanas, mermando[a] la salud de los ciudadanos y cobrando cien mil muertes anuales: la obesidad.

Ese presidente era de voluntad clara y firme, y sabía actuar. Por la Guerra, declaró ilegal la venta, la producción y el consumo de refrescos embotellados[b] y comida chatarra.[c] Adiós papas fritas, cocacolitas,[d] gansitos[e] y demás.

Como primer medida, bastaron[f] los famosos sellos de clausura[g] que el presidente mismo, los gobernadores, alcaldes,[h] regidores[i] y delegados pegotearon[j] en puertas de fábricas y comercios. Los sellos de clausura eran preciosos. Se había gastado una fortuna en el diseño creado express por un equipo de talentosos artistas mexicanos. Los sellos tenían un bono[k] extra: lucían[l] en tercera dimensión,[m] de usarse los lentes apropiados.

Así, las fábricas de los productos novoilegales[n] eran clausuradas, pero sus administraciones se las agenciaban[ñ] para relocalizarlas, tornadas en laboratorios clandestinos. Los más de los empresarios se negaban a cambiar de rubro[o] y pasaban a ser catalogados como capos;[p] sin abandonar la lista de Forbes, escondían (aún más) sus domicilios.

El precio de la coca (cola) y otros ascendía como otra vez hizo la Virgen, yéndose a los cielos.

No crean que eso de llamarla "Guerra" fuera un decir hueco.[q] El presidente ponía manos al cinto y aventaba[r] al ejército a las calles. Guerra era guerra y no cualquier cosa, sería una acción bélica[s] con tanques y aviones y, donde no entraran las llantas,[t] con caballos o lanchas, e incluso un submarino. Por los cuatro costados, hacia todos los rincones, Guerra contra la Obesidad. El ejército, la policía federal y las locales recibían un presupuesto[u] diez veces superior al año anterior y rediseñaban sus estructuras.

El slogan, preciso: "Por el bien de México".

Se decretaba cárcel para quien se metiera por la boca algo ilegal. Las cárceles se sobrepoblaban, e inmediato se privatizaban.

Empezaban los enfrentamientos armados en las calles, los granadazos,[v] las bazucadas,[w] los descabezados, desmembrados, encajuelados[x] y encobijados, los cuerpos colgando de puentes y hasta de astas de la bandera[y] (se murmuraba que el águila se había escapado de varias de éstas, echándose a volar; unos pasaban por testigos presenciales; otros decían que el rumor sólo comprobaba la pérdida de la razón colectiva). Los periodistas caían asesinados.

"Por el bien de México" las fuerzas armadas se conglomeraban en un solo cuerpo: Ejércitos contra el Obeso. Se recibía apoyo internacional, organizativo, financiero, e incluso voluntarios (los finlandeses sobresalían por su empeño, el sol mexicano los llenaba de dichas[z]).

[a]*diminishing* [b]*bottled* [c]*junk* [d]*Coca-Colas* [e]*Mexican snack cake similar to a Twinkie* [f]*were enough* [g]*sellos... closure notices* [h]*mayors* [i]*councilors* [j]*adhered* [k]*bonus* [l]*lucir = to shine* [m]*tercera... 3D* [n]*newly illegalized* [ñ]*would take care of* [o]*name* [q]*bosses* [r]*decir... empty threat* [s]*to throw (Mex.)* [t]*acción... action of war* [u]*tires* [v]*budget* [w]*grenade launches* [x]*bazooka shots* [y]*boxed up covered up* [z]*astas... poles flying the (Mexican) flag* [aa]*happiness*

El país vecino del norte se sentía contagiado del delirio antiobesos. El coloso[aa] del norte también declaraba la ilegalidad de las bebidas dichas y la comida chatarra, y también la guerra, con una salvedad:[bb] su Guerra sería metáfora. Los productos, aunque clandestinos, se seguirían vendiendo sin que al mercadeo[cc] lo acompañaran ríos de sangre. Encarecidos,[dd] los alimentos chatarra perderían la supervisión en su manufactura, de por sí ya laxa;[ee] los capos los fueron enriqueciendo con basura, incluyendo cosas que la decencia me impide mencionar.

Bajo la espesa[ff] cortina de sangre de esta Guerra, la trata de mano de obra ilegal (cada vez más necesaria al norte, urgida[gg] de personas sin papeles para la nueva industria criminal) se volvería más cruenta.[hh] Las mafias secuestraban. La policía le entraba al negocio de personas.

Al sur del Río Bravo, los obesos no disminuían de número, sino lo contrario. Al norte, se quedaban en el mismo número. Al sur, a los cien mil fallecimientos anuales ya contabilizados,[ii] se agregaban los caídos en el combate, a quienes criminalizaba, acusándolos de obesos o traficantes.

La sed se volvía un asunto viral, pues el problema del agua potable se recrudecía.[jj] Los miembros de los Ejércitos contra el Obeso comenzaban a dar muestras de obesidad. Los sedientos atacaban a los obesos soldados, y...

¿Verdad que absurdo y ridículo? Y que conste que la obesidad sí mata, como no lo hacen las hoy drogas ilegales.

[bb]*Colossus* [cc]*con... with an exception* [dd]*marketing* [ee]*Made more expensive* [ff]*lax* [gg]*thick* [hh]*pressed, filled* [ii]*inhuman; crude; bloody* [jj]*taken into account* [kk]*recrudecerse = to get worse*

Tertulia Guerra a la obesidad

- ¿Dé que se trata este ensayo? ¿Es sobre la obesidad?
- ¿Cómo construye Boullosa su argumento? ¿Es efectivo? ¿Por qué sí o por qué no?
- ¿Crees que el comentario social que se está haciendo en este ensayo es aplicable a la sociedad canadiense?

8 El pretérito de indicativo

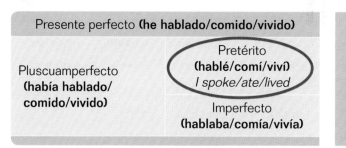

Presente perfecto (he hablado/comido/vivido)		
Pluscuamperfecto **(había hablado/ comido/vivido)**	Pretérito **(hablé/comí/viví)** *I spoke/ate/lived* Imperfecto **(hablaba/comía/vivía)**	Presente

EL PASADO DE INDICATIVO

In Spanish there are four tenses (**tiempos**) in the indicative mood (**modo indicativo**) that deal with the different aspects of the past. They also exist in English.

You will be studying the uses of these four tenses in the next two chapters.

FORMS OF THE PRETERITE

Regular verbs

-ar: cantar		**-er:** correr		**-ir:** decidir	
cant**é**	cant**amos**	corr**í**	corr**imos**	decid**í**	decid**imos**
cant**aste**	cant**asteis**	corr**iste**	corr**isteis**	decid**iste**	decid**isteis**
cant**ó**	cant**aron**	corr**ió**	corr**ieron**	decid**ió**	decid**ieron**

¡OJO! The **nosotros** endings for the regular **-ar** and **-ir** verbs are identical to the endings of the present tense.

- Verbs with infinitives ending in **-car, -gar,** and **-zar** undergo a spelling change in the **yo** forms.

sacar *(to take out)*		**pagar** *(to pay for)*		**empezar** *(to begin)*	
sa**qué**	sacamos	pa**gué**	pagamos	empe**cé**	empezamos
sacaste	sacasteis	pagaste	pagasteis	empezaste	empezasteis
sacó	sacaron	pagó	pagaron	empezó	empezaron

- Verbs like **construir, caer,** and **leer** change the **i** to **y** in the third-person forms.

leer *(to read)*		**caer** *(to fall)*		**construir** *(to build)*	
leí	leímos	caí	caímos	construí	construimos
leíste	leísteis	caíste	caísteis	construiste	construisteis
le**y**ó	le**y**eron	ca**y**ó	ca**y**eron	constru**y**ó	constru**y**eron

*«Las cuatro paradojas de la juventud mexicana», *El Universal*

«Tienen más estudios que los que **tuvieron** sus padres, pero triplican la tasa de desempleo.»*

Los trabajadores **pidieron** un trato justo.

• -ir stem-changing verbs and irregular verbs

All stem-changing **-ir** verbs in the present tense also have a stem change in the preterite in the third-person forms.

e → ie, i		e → i, i		o → ue, u	
preferir		**pedir**		**morir**	
preferí	preferimos	pedí	pedimos	morí	morimos
preferiste	preferisteis	pediste	pedisteis	moriste	moristeis
prefirió	prefirieron	pidió	pidieron	murió	murieron
Otros verbos					
divertir(se)	sentir	reír	seguir	dormir	
invertir	mentir	sugerir	repetir	servir	

Irregular verbs

dar		querer		venir	
di	dimos	quise	quisimos	vine	vinimos
diste	disteis	quisiste	quisisteis	viniste	vinisteis
dio	dieron	quiso	quisieron	vino	vinieron

ir/ser*	
fui	fuimos
fuiste	fuisteis
fue	fueron

andar		estar		tener	
anduve	anduvimos	estuve	estuvimos	tuve	tuvimos
anduviste	anduvisteis	estuviste	estuvisteis	tuviste	tuvisteis
anduvo	anduvieron	estuvo	estuvieron	tuvo	tuvieron

producir (conducir, traducir, reducir)		decir		traer	
produje	produjimos	dije	dijimos	traje	trajimos
produjiste	produjisteis	dijiste	dijisteis	trajiste	trajisteis
produjo	produjimos	dijo	dijeron	trajo	trajeron

poder		poner		saber	
pude	pudimos	puse	pusimos	supe	supimos
pudiste	pudisteis	pusiste	pusisteis	supiste	supisteis
pudo	pudieron	puso	pusieron	supo	supieron

¡OJO! There is no written accent on any of the irregular forms of the preterite.

---

*Remember that the preterite forms of **ir** and **ser** are identical. Their meaning is distinguished from the context in which they are used.

USES OF THE PRETERITE

The preterite is often the equivalent of the simple past in English.

Ayer **fue** nuestro aniversario de boda.	*Yesterday was our wedding anniversary.*

These are the contexts that require the preterite in Spanish.

- A complete action that took place in the past. Often the duration of the action is specified, or the number of times it occurred.

Trabajé ocho años en esa empresa.	*I worked at that company for eight years.*
Se amaron hasta la muerte.	*They loved each other until they died.*
Tuvimos diez horas para descansar.	*We had ten hours to rest.*
¡Os **llamé** cinco veces el martes!	*I called you five times on Tuesday!*

- The beginning or end of an action

Empecé a trabajar a las 6:00 y **terminé** a las 12:00.	*I started working at 6:00 and finished at 12:00.*
La reunión **tuvo lugar** (empezó) a las 11:00.	*The meeting took place (began) at 11:00.*

Se amaron hasta la muerte.

NOTA LINGÜÍSTICA   **Cómo se expresa *ago***

Hace + tiempo + **que** + verbo en el pretérito

Hace tres años que **contrataron** a David.	*They hired David three years ago.*

Verbo en el pretérito + **hace** + tiempo

Contrataron a David hace tres años.	*They hired David three years ago.*

ACTIVIDAD 1   José Martí, el padre de la independencia cubana

Paso 1 A continuación aparecen algunos momentos importantes de la vida del gran intelectual cubano José Martí. Los verbos están en el presente histórico. Cámbialos al pretérito.

- 1853 **Nace** en La Habana, hijo de los españoles Mariano Martí Navarro y Leonor Pérez Cabrera.
- 1869 **Publica** sus primeros escritos políticos. Lo **detienen** e **ingresa** en la cárcel.
- 1871 Martí **sale** deportado para España por haber escrito artículos políticos en defensa de la independencia de Cuba.
- 1874 **Obtiene** el título de Licenciado en Derecho.
- 1875 **Viaja** a México.
- 1877 **Se casa** con Carmen Zayas.
- 1878 **Regresa** a Cuba.
- 1879 **Es** deportado a España otra vez y **se va** clandestinamente a Nueva York.
- 1880 **Se reúne** en Nueva York con su esposa e hijos.
- 1891 **Se separa** de su esposa. **Se pone** muy enfermo.
- 1895 **Muere** en combate durante la batalla por la independencia de Cuba.

Paso 2 Ahora, en parejas, siguiendo el modelo de la biografía de Martí, dile a tu compañero/a cinco fechas importantes en tu vida, explicando su importancia.

Ejemplo: 1992, porque yo nací ese año.

ACTIVIDAD 2 Otra versión de Caperucita Roja (*Little Red Riding Hood*)

Vuelve a contar el siguiente cuento de Caperucita Roja en el pasado usando el pretérito para los verbos que están en negrita (*bold*).

Un día la madre de Caperucita Roja **hace** magdalenas[a] y **envía** a su hija a llevarlas a casa de la abuelita. Caperucita **sale** de la casa y **empieza** a caminar por el bosque[b] para llegar a la casa de la abuelita. Poco después de salir de la casa **se encuentra** con el Lobo, que **se presenta** y le **dice:** «¿Hacemos una carrera[c]? A ver[d] quién llega antes a la casa de tu abuelita.» Caperucita **acepta** la apuesta[e] encantada. **Vuelve** a su casa y **saca** su moto de motocross, **se pone** el casco[f] y **vuela** a través del bosque. Cuando el pobre Lobo **llega** a la casa de la abuelita, diez minutos más tarde que Caperucita, la niña le **da** un gran vaso de agua y un par de magdalenas de su mamá y la abuela le **hace** dos huevos fritos.

[a]*muffins* [b]*forest* [c]*race* [d]*A… Let's see* [e]*bet* [f]*helmet*

ACTIVIDAD 3 ¿Quién soy?

Piensa en una persona real o un personaje ficticio. El resto de la clase va a tratar de adivinar a quién representas haciéndote solo preguntas en el pretérito.

Ejemplo: —¿Cuándo naciste?
—Nací en…

ACTIVIDAD 4 Entrevista

Usando los verbos de la lista, entrevista a un compañero/una compañera sobre el trabajo que tuvo el verano pasado (si no tuvo trabajo, debe inventarlo).

Ejemplo: ¿Qué tipo de trabajo hiciste el verano pasado? ¿Dónde trabajaste?

aprender	**empezar**	**renunciar**
ayudar	**pagar**	**tomar vacaciones**
divertirse	**ponerse (ropa, uniforme)**	**trabajar**

9 El imperfecto de indicativo

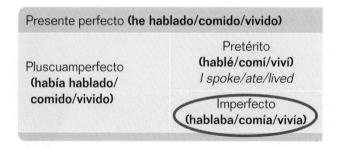

Presente perfecto **(he hablado/comido/vivido)**

Pluscuamperfecto **(había hablado/ comido/vivido)**	Pretérito **(hablé/comí/viví)** *I spoke/ate/lived*	Presente
	Imperfecto **(hablaba/comía/vivía)**	

FORMS

Verbos regulares

cantar		correr		decidir	
cantaba	cantábamos	corría	corríamos	decidía	decidíamos
cantabas	cantabais	corrías	corríais	decidías	decidíais
cantaba	cantaban	corría	corrían	decidía	decidían

Verbos irregulares

ir		ser		ver	
iba	íbamos	era	éramos	veía	veíamos
ibas	ibais	eras	erais	veías	veíais
iba	iban	era	eran	veía	veían

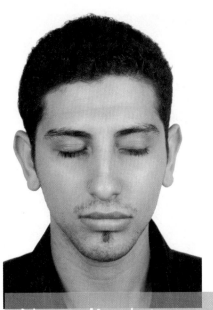

No **podía** abrir los ojos…

USES

The imperfect has several equivalents in English.

Ella **dormía** mientras yo trabajaba.

- → **simple past** *She slept while I worked.*
- → **used to** *She used to sleep while I worked.*
- → **would** *She would sleep while I worked.*
- → **past progressive** *She was sleeping while I worked.*

¡OJO! There are two meanings for *would* in English, for which two different forms are used in Spanish. When *would* expresses a condition, use the conditional tense.

Yo no **haría** eso si fuera tú.   *I wouldn't do that if I were you.*

For habitual actions in the past, use the imperfect.

Ella **dormía** mientras yo trabajaba.   *She would sleep while I worked.*

These are the contexts that require the imperfect in Spanish.

- **Usual or habitual actions in the past** (in contrast with the present or a specific point in the past)

  Todos los veranos Magda **iba** a la Columbia Británica a plantar árboles.   *Every summer, Magda would go to British Columbia to plant trees.*

- **Descriptions in the past**

  Yo **era** una niña tímida y me **encantaba** leer.   *I was a shy child and I loved to read.*

Cuando llamaste, yo **estaba** escribiendo el informe.

Eran las 11:00 de la noche cuando nos llamaron. — *It was 11:00 P.M. when they called.*

Cuando **tenía** 60 años mi papá **seguía** trabajando, aunque **tenía** el derecho de jubilarse. — *When he was 60 years old my dad continued working, although he had the right to retire.*

- **Description of an action in the past** as it was happening, possibly in contrast with another action that occurs suddenly (preterite)

Hacía mucho frío, así que encendimos la calefacción. — *It was very cold, and that's why we turned on the heat.*

The imperfect progressive is used to give a stronger sense of development of the action.

Cuando llamaste yo **estaba** escribiendo el informe. — *When you called, I was writing the report.*

ACTIVIDAD 1 **¿Quién dijo que todo tiempo pasado fue mejor?**

Completa cada una de las siguientes explicaciones conjugando los verbos en el imperfecto de indicativo. Después, emparéjalas con una de las viñetas cómicas.

1. Los padres no _____ (ser) tan permisivos como los padres de hoy en día, pero los jóvenes _____ (encontrar) la manera de hacer las mismas cosas que hacen hoy.

2. No _____ (haber) la opción de la cirugía plástica, y por eso la gente _____ (envejecer) normalmente.

3. No _____ (ser) extraño confundir el miedo con el respeto.

4. El decoro a veces _____ (venir) acompañado de represión sexual y comportamiento (*behaviour*) sexista.

5. El excesivo respeto _____ (poder) causar que los hijos hicieran (*did*) cosas que realmente no (querer) hacer.

6. La sociedad solo _____ (aceptar) públicamente a las personas heterosexuales.

7. Cuando no _____ (haber) divorcio, los matrimonios _____ (tener) que vivir juntos aunque no se quisieran.

8. Se _____ (apreciar) otras cosas, como la familia y las conexiones sociales.

ACTIVIDAD 2 ▸ La tamalada de mi familia

Paso 1 Lee la descripción que Carmen Lomas Garza dio de su pintura *Tamalada* **(Capítulo 2, Actividad 3, Palabras)**. Los verbos están en el boldface presente. Cambia la descripción al pasado. Los verbos en negrita (*bold face*) son verbos que se pueden cambiar. **¡OJO!** El imperfecto aparece con frecuencia en la forma progresiva; por ejemplo, **estaba ayudando.**

Esta es una escena de la cocina de mis padres. Todos **están haciendo** tamales. Mi abuelo **tiene** puestos rancheros azules y camisa azul. Yo **estoy** al lado de él, con mi hermana Margie. **Estamos ayudando** a remojar[a] las hojas secas del maíz.[b] Mi mamá **está poniendo** la masa[c] de maíz sobre las hojas, y mis tíos **están incorporando** la carne a la masa. Mi abuelita **está ordenando** los tamales que ya **están** enrollados, cubiertos y listos para cocinar. En algunas familias solo las mujeres **preparan** tamales, pero en mi familia todos **ayudan.**

[a]*to soak* [b]*hojas... dry corn husks* [c]*dough*

Paso 2 Ahora añade a la historia tres o cuatro oraciones de tu imaginación.

ACTIVIDAD 3 ▸ Antes y ahora

En parejas, comparen los siguientes momentos del pasado con la actualidad. ¿Que tenían tú y tu compañero/a de común durante su niñez (*childhood*) y adolescencia? ¿Se parece más la vida de Uds. ahora o se parecía más antes?

1. cómo celebrabas tu cumpleaños cuando eras pequeño/a

2. un domingo típico de tus años en la escuela secundaria

3. tu rutina diaria del último año en la secundaria

4. el día de fiesta más importante para tu familia y cómo se celebraba durante tu niñez

Lee el siguiente pasaje de la Cenicienta (*Cinderella*) en que el imperfecto establece el ambiente de la historia y el pretérito marca el comienzo de la acción. Luego, en grupos pequeños, inventen el principio de un cuento hasta el punto en que empieza la acción (como en el ejemplo de la Cenicienta). **¡OJO!** Lo primero que deben decidir es si va a ser un cuento tradicional, un cuento de terror, etcétera.

Había una vez una muchacha muy buena que **vivía** con su madrastra y sus hermanastras en una casa que **estaba** en un pueblo donde **había** un príncipe muy guapo. A la muchacha la **llamaban** Cenicienta, porque siempre **estaba** manchada (*stained, streaked*) de cenizas (*ashes*), ya que **tenía** que trabajar constantemente limpiando la casa de su madrastra.

Un día, llegó un emisario del joven príncipe…

Carmen Boullosa: «Me **convertí** en escritora desde mi adolescencia, a los 16 ya no **tenía** duda de que yo **era** o poeta o cuentista.»*

10 Cómo se combinan el pretérito y el imperfecto

Both preterite and imperfect equally represent the past. They are different in the sense that each one focuses on a different aspect of the past events.

- The **preterite** marks punctual actions with a definite beginning or end. This makes the preterite the necessary tense to narrate *the backbone of a story*. Pay attention to the following version of the story of Cenicienta.

El Hada Madrina **se apareció** en la casa de la Cenicienta y con unos golpes de su varita mágica la **vistió** como una princesa. Entonces la Cenicienta **fue** a la fiesta del Príncipe. Allí el Príncipe la **vio** inmediatamente y la **sacó** a bailar. **Estuvieron** juntos hasta la medianoche, pero en el momento en que **empezaron** a sonar las campanadas de las 12:00, la Cenicienta **tuvo** que salir corriendo sin despedirse.

The Fairy Godmother appeared in Cinderella's house and, with a few strokes of her magic wand, dressed her up like a princess. Then Cinderella went to the Prince's ball. There the Prince noticed her immediately and danced with her. They were together until midnight, but the moment the bells began to toll 12:00, Cinderella had to run away without saying good-bye.

This version of the story is quite complete, but it offers none of the interesting details that delight children.

Source: *«Nací en la Ciudad de México...» from http://carmenboullosa.net/esp/about/bio.shtml

- In contrast, the **imperfect** focuses on the development of actions or states, regardless of their onset or conclusion. The point of reference is marked by actions in the preterite tense. Thus, the imperfect offers a background description and embellishes the story.

Eran las 7:00 de la noche y las hermanastras de la Cenicienta **acababan** de salir cuando el Hada Madrina se apareció en la casa. Con unos golpes de su varita mágica el Hada Madrina vistió a la Cenicienta como una princesa: el vestido **era** rosado y **estaba** bordado en oro. La Cenicienta también **llevaba** una diadema de diamantes. Entonces la Cenicienta fue a la fiesta del Príncipe. Su carroza, que en realidad **era** una calabaza, **iba** tirada de magníficos caballos blancos y negros. La noche **era** espléndida, pues **había** luna llena y no **hacía** frío. Cuando llegó a la fiesta, el Príncipe vio inmediatamente a la Cenicienta y la sacó a bailar. Después no se separó de ella ni un solo momento. El Príncipe **era** el hombre más guapo y encantador que nadie pudiera imaginar. La Cenicienta se **sentía** feliz en sus brazos mientras todas las chicas del baile, entre ellas sus hermanastras, la **miraban** con envidia.

It was 7:00 P.M. and Cinderella's stepsisters were just leaving when the Fairy Godmother appeared in Cinderella's house. With a few strokes of her magic wand the Fairy Godmother dressed up Cinderella like a princess: the dress was pink and was embroidered in gold. Cinderella also wore a diamond tiara. Then Cinderella went to the Prince's ball. Her carriage, which was in fact a pumpkin, was pulled by magnificent white and black horses. The night was splendid, since there was a full moon and it was not cold. When she arrived at the party, the Prince noticed Cinderella immediately and danced with her. After that, he didn't leave her side for a moment. The Prince was the most handsome and charming young man anyone could ever imagine. Cinderella felt happy in his arms while all the girls at the ball, including her stepsisters, looked at her with envy.

- The **preterite** and **imperfect** often appear in the same sentence. In this case, the imperfect offers a description to frame the action or state marked by the preterite.

Yo ya **estaba durmiendo** cuando **sonó** el teléfono.

I was already asleep when the telephone rang.

- Due to the different focus on the aspect of an action or state, some Spanish verbs are translated with different English verbs depending on whether they are in the preterite or the imperfect.

	Imperfecto		Pretérito	
	to know		to meet	
conocer	**Conocía** a su familia.	*I knew his family.*	**Conocí** a su familia.	*I met his family.*
	to know		to find out (to know for the first time)	
saber	**Sabíamos** la verdad.	*We knew the truth.*	**Supimos** la verdad.	*We found out the truth.*
	to be able to/can		to manage/to be able to/to succeed	
poder	**Podía** visitarlos.	*I could visit them (but may not have).*	**Pude** visitarlos.	*I was able to visit them.*
	to not be able to/cannot		cannot/to fail	
no poder	**No podía** visitarlos.	*I couldn't visit them (and may not have tried).*	**No pude** visitarlos.	*I couldn't (failed to) visit them (but tried).*
	to want		to attempt to/to try to	
querer	**Quería** verte.	*I wanted to see you (but may not have done so).*	**Quise** verte.	*I attempted to/tried to see you.*
	not to want		to refuse	
no querer	**No quería** verte.	*I didn't want to see you (but may have done so anyway).*	**No quise** verte.	*I refused to see you.*

ACTIVIDAD 1 ▶ La Llorona

La Llorona es una leyenda de la tradición popular mexicana que también existe en otros países del mundo, pero con otro nombre. Es una historia para asustar a los niños, porque los adultos les dicen que la Llorona se lleva a los niños que salen solos de noche. A continuación hay una de las muchas versiones de la Llorona. Complétala con la forma correcta del pretérito o del imperfecto de cada verbo entre paréntesis.

_____[1] (haber) una mujer, quien _____[2] (llamarse) María, que un día _____[3] (conocer) a un ranchero muy joven y guapo. Los dos _____[4] (casarse) y _____[5] (tener) dos hijos. Pero después de un tiempo, el esposo la _____[6] (abandonar) por otra mujer. El hombre todavía _____[7] (querer) a sus hijos, pero no a María. Ésta, enfadada y celosa, _____[8] (tirar) a sus hijos al río. Inmediatamente _____[9] (arrepentirse) y _____[10] (querer) salvarlos, pero no _____[11] (poder) y _____[12] (morir) en el intento. Al día siguiente, los habitantes del pueblo _____[13] (saber) de la muerte de María y esa misma noche la _____[14] (oír) llorar llamando a sus hijos. Desde ese día la ven por la orilla del río, con el vestido que _____[15] (llevar) cuando murió, buscando a sus hijos.

ACTIVIDAD 2 ▶ En la fiesta de Raúl y Marta

Completa el siguiente párrafo con la forma correcta del pretérito o imperfecto del verbo correcto de la lista.

conocer   **poder**   **querer**   **saber**

Hace cuatro meses empecé a trabajar en un restaurante que sirve comida cubana. El sábado pasado hubo una gran fiesta, y vinieron muchos amigos y familiares de los dueños, Raúl y Marta. Yo _____[1] bien a todas las personas que asistieron. Solo faltaba mi colega Daniel, que no _____[2] asistir a la fiesta porque está visitando a sus padres en Tofino. Bueno, la verdad es que _____[3] a una persona, a Emilio, el hermano mayor de mi jefa Marta, y me cayó muy bien. Me contó que cuando era pequeño _____[4] ser policía, pero ahora es arquitecto. En la fiesta yo _____[5] que Marta está embarazada. No se puede imaginar qué alegría nos dio, porque ellos _____[6] tener hijos y no _____[7]. Antes de la fiesta el único que _____[8] lo del embarazo era Raúl. Todos en la fiesta _____[9] bailar para celebrar la buena noticia, pero no _____[10] porque se cortó la luz.

ACTIVIDAD 3 ▶ ¿Qué recuerdas?

Entrevista a un compañero/una compañera sobre la última vez que asistió a uno de los siguientes eventos. Intenta reunir todos los detalles que puedas sobre la ocasión.

Ejemplo: ¿Cuándo fue la última vez que fuiste a una manifestación? ¿Cuántos años tenías? ¿Quiénes participaron? ¿Cuál fue el motivo? ¿Qué tiempo hacía? ¿Ocurrió algo inesperado?

1. una entrevista de trabajo
2. un curso de perfeccionamiento
3. una manifestación
4. una reunión (estudiantil, de trabajo)

ACTIVIDAD 4 ▶ Versión completa de la Caperucita Roja

En parejas, y basándose en la narración de la **Actividad 4** de la sección sobre el pretérito, cuenten otra vez el cuento de Caperucita Roja. Añadan muchos detalles esta vez haciendo todos los cambios que quieran para hacer su cuento muy original. No se olviden de comenzar su cuento con la frase tradicional: **Había una vez** o **Érase una vez.**

Ejemplo: Había una vez una niña que tenía una chaqueta roja con caperuza (*hood*), y por eso todo el mundo la llamaba Caperucita Roja. Su papá, que era policía en una gran ciudad, murió en acto de servicio cuando Caperucita tenía tres años, y su mamá decidió mudarse a un pequeño pueblo cerca de la abuelita, que tenía una casa en el bosque…

ACTIVIDAD 5 ▶ Miedos

En grupos, contesten las siguientes preguntas y prepárense para presentar un resumen de las respuestas al resto de la clase.

- ¿Qué cosas te asustaban de niño/a? ¿Cómo explicas ese miedo?
- ¿Cuándo se te quitó el miedo?
- ¿De qué tienes miedo ahora?

Nací en la Ciudad de México en 1954. Me convertí en escritora desde mi adolescencia, a los 16 ya no tenía duda de que yo era o poeta o cuentista. Empecé a publicar poemas. Soy novelista, poeta, dramaturga y en contadas ocasiones también he escrito ensayos.

Estos días formo parte del cuerpo académico de City College. Tengo suerte de poder pasar parte de mi tiempo releyendo mis autores, descubriendo otros en el camino, verbalizando mis lecturas y viendo la reacción que provocan en otros lectores; para una escritora la experiencia es una mesa que alimenta y provoca, sobre todo porque en el marco de la ciudad de Nueva York siempre hay referentes de la vida colectiva que acotan.[a]

Una entrevista con Carmen Boullosa

Entrevistadoras: *En los últimos tiempos ha resurgido[b] dentro de la cultura popular, fundamentalmente dentro de lo que llamamos el mundo «occidental», la fascinación por los «monstruos», las brujas, los vampiros y otros seres sobrenaturales que han sido parte del imaginario cultural de los pueblos por milenios. ¿Por qué crees que este fenómeno ha resurgido con tanta fuerza en los últimos años y sigue fascinando tanto a los escritores como a los lectores?*

Carmen: Vivimos en una época terrible. Creo que la fascinación por los «monstruos» dichos viene del culto por lo depreciable y la depreciación[c] de lo admirable. No están en el código moral «ambiente» los valores considerados por tradición básicos, indiscutibles o elementales a resultas de la revuelta romántica: la vida de una persona como algo irreemplazable y único, la memoria como el punto de partida. ¿Dónde fue a dar el sueño atesorado[d] por siglos: «La humanidad es una»? Los estadistas ya no prometen un futuro común para el hombre. Se han olvidado otros «valores» clásicos: el culto por nuestros ancestros y por lo que ellos representan (de nueva cuenta, memoria). Estas convicciones, que deberían ser inapelables,[e] puntos de partida, han sido arrasadas[f] por un «nuevo» código de valores que consiste, no en una eliminación del «centro», no en la derrota de «el poder», sino en una suplantación.[g] Lo desechable[h] ocupa el lugar antes ocupado por lo Eterno: ya nadie vale nada, ya nada vale nada. La fascinación contemporánea por los monstruos se explica en este contexto. Por una parte, la imantación[i] no está ni en el héroe ni en la figura ejemplar. Por la otra, quien no esté dotado de "virtudes" ecarna mejor al protagonista con el que se vencerá en las aventuras imaginarias, de una manera ejemplar o modelo las vicisitudes de la vida real.

Es una época terrible, pero algo que habla a su favor es que aquí y allá presenta doble filo. Puede ser que se esté llevando a cabo una «revolución» en el terreno imaginario y que esta llegue a tener hijos más fértiles que las otras recientes. Puede ser que se esté haciendo una recodificación y no simplemente un despojo[j] del humanismo.

[a]*they (writers) annotate* [b]resurgir = *to reemerge* [c]*depreciation* [d]*amassed* [e]*unappealable; not open to appeal* [f]*devastated* [g]*switch* [h]*disposable* [i]*magnetic pull* [j]*dispossession*

Entrevistadoras: *En La Milagrosa demuestras que para que la mujer alcance su completa identidad (sexual y emocional) debe despojarse[k] de su virginidad. Pero, ¿por qué La Milagrosa al realizarse como un ser sexual tiene que perder sus poderes? ¿Y por qué es escluyente su identidad individual y su identidad social como «la milagrosa»?*

Carmen: Porque por sus poderes no es una mujer: es un ser a la mitad, es una intocable. Es una escenificación[l] de la Virgen. Lo que le hace falta a la sociedad en que habita, no es una mujer con poderes, sino democracia, justicia social, legalidad. Y mujeres que ejerzan sus derechos sexuales, que puedan acceder[m] a una vida sexual y laboral completa.

Entrevistadoras: *Si tenemos en cuenta que las mujeres que rompen las barreras fijadas por la sociedad se convierten en monstruos (por ejemplo, brujas), ¿podemos esperar que La Milagrosa aparezca en tu próximo libro como bruja?*

Carmen: Absolutamente no. La Milagrosa es una figura simbólica de un momento político mexicano. Si volviera a aparecer, sería tal vez activista política. Tal vez la asesinarían por meterse en lo que no le importa. Pero no sería una monstrua, ni siquiera a la manera «normal», como es en el caso de Elba Esther Gordillo, quien fue largo tiempo líder del sindicato único de maestros en México—quien ha llevado el bolsillo de los maestros a la ruina vía sindicato entreguista[n] y corrupto, y ayudado al deterioro de la educación pública en México.

En ella se da lo contrario que en las otras personajas mencionadas. Llega al mundo de un espacio mítico, consigue humanizarse. No es la Virgen en la Ascención, sino el descenso de la diosa, su humanización.

[k]*relinquish* [l]*staging, dramatization* [m]*to gain access* [n]*submissive*

Tertulia Entrevista con Carmen Boullosa

- ¿Qué quiere Carmen Boullosa decir cuando dice «ya nadie vale nada, ya nada vale nada»? Explica esto en tus propias palabras.
- ¿Por qué inventa Boullosa los términos «personajas» y «monstruas»? ¿Qué quiere expresar con estos términos?

Primer empleo: Los empresarios prefieren una actitud de aprendizaje

Reflexiones

La lectura de este capítulo se publicó en el suplemento semanal sobre economía y empleo del periódico español *El País*.

útil

el aprendizaje	learning process
el conocimiento	knowledge
el esfuerzo (por)	effort
el/la novato/a	beginner, novice
los recursos humanos	human resources
la voluntad (de)	will/desire (to)
antiguo/a	old
cometer errores/ equivocarse	to make mistakes
superar(se)	to advance
en definitiva	in short

ACTIVIDAD 1 ▶ Definiciones

Paso 1 Completa las siguientes oraciones con palabras del **Vocabulario útil**.

1. Creo que, _____, lo más importante es que terminemos el trabajo a tiempo.

2. Todo el mundo _____, por eso se dice que «errar es humano».

3. El interés en _____ es lo que hace que avancemos en la vida.

4. Si tienes preguntas sobre los beneficios debes hablar con el departamento de _____.

5. Todos los trabajos tienen una etapa de _____.

ACTIVIDAD 2 ▶ Oraciones

Ahora forma tus propias oraciones usando cada una de las siguientes palabras.

antigua**conocimiento****esfuerzo****novato****voluntad**

Estrategia: Nivel de formalidad y tipo de lectores

No es lo mismo escribir para un público general que para un público especializado en un tema. De la misma forma, un texto dirigido a adolescentes utilizará un tono y un lenguaje diferente de un texto sobre el mismo tema dirigido a personas mayores.

1. Lee los dos primeros párrafos de la lectura e indica qué tipo de lectores tiene en mente su autor.

   - personas a punto de jubilarse
   - estudiantes de la escuela secundaria
   - personas que acaban de empezar su carrera profesional

2. Ahora fíjate en la persona de los verbos. ¿Cuál es la terminación más frecuente de los verbos: **yo, tú,** tercera persona...? ¿Qué puede implicar esa terminación? ¿Es una técnica para acercarse o alejarse de los lectores? Si el autor del artículo usara (*were to use*) expresiones impersonales con **se,** ¿cómo afectaría (*would affect*) eso la lectura?

3. Finalmente, ¿puedes hacer una predicción sobre la profesión del autor?

92   noventa y dos   ■   CAPÍTULO 3 Con el sudor de tu frente...

PRIMER EMPLEO:
LOS EMPRESARIOS PREFIEREN UNA ACTITUD DE APRENDIZAJE,

MANUEL DÍAZ, CONSULTOR*

Una vez terminados los estudios, después de haber completado numerosos cursos de formación complementaria, haber enviado un sinfín de currículos y someternos a diversos procesos de selección, por fin encontramos trabajo.

> *endless amount*
> *undergoing; subjecting ourselves*

Tras todos los esfuerzos de las etapas anteriores, noches en vela estudiando, superar los tests... alcanzamos la meta soñada y encontramos nuestro primer empleo.

> *Después de   stages   awake*
> *salir bien en*

Entonces, nos damos cuenta de que todos los sinsabores por los que hemos pasado para formarnos profesionalmente, con el objetivo de encontrar un puesto de trabajo, resulta que solo han servido para empezar un nuevo camino en la vida. Todo aquello que veíamos lejano y utópico, donde seríamos felices con nuestro trabajo, se convierte en el primer peldaño de una larga y difícil escalera.

> *troubles*
>
> *step*
> *ladder*

A poco de posicionarnos en nuestro sitio nos percatamos de que solo con los conocimientos adquiridos, de los que nos ufanábamos en las entrevistas, «solo», repito, cubrimos un discreto porcentaje sobre la tarea que nos han encomendado.

> *Soon after   we notice*
> *we boasted*
> *they have assigned to us*

Ahora empieza el verdadero aprendizaje. Ahora es cuando, realmente, hay que convertirse en una esponja y absorberlo todo; ahora es cuando hay que escuchar, ver, estudiar, analizar y aprender.

> *sponge*

Los empresarios van a mirar más en nosotros nuestra actitud de aprendizaje que nuestros conocimientos generales. A los jefes les interesa más una persona con un talante positivo, con una actitud de aprendizaje, una férrea voluntad y capacidad de trabajo, que lo que podamos resolver, que por otra parte siendo novatos, y aunque nos pese, no nos van a ceder responsabilidades, ni siquiera de nivel medio.

> *actitud   iron will*
>
> *although it may bother us   dar*

Por ello, debemos preguntar, consultar antes de tomar decisiones, pedir consejo a los compañeros más antiguos y, en definitiva, ser cautos y positivos.

> *cautious*

No pasa nada si nos equivocamos. Somos jóvenes y novatos. Estamos aprendiendo y, a veces, de los errores cometidos se pueden sacar grandes enseñanzas.

Una persona debe estar formándose continuamente en su vida profesional. Los técnicos de recursos humanos consideramos que el axioma anterior es válido para toda la vida laboral. Esta la podemos dividir en varios segmentos.

1. En los cinco primeros años de nuestra vida laboral, nuestro objetivo ha de ser la formación especializada.

2. Durante los cinco años siguientes debemos rotar por distintas áreas para, por un lado, conocer más actividades que la nuestra propia y, por otro lado, para decidir, en definitiva, qué tipo de trabajo nos gusta realmente.

3. El siguiente quinquenio es el de la consolidación profesional, y de ahí en adelante debe ser el convertirnos en un gran profesional de nuestra actividad.

> *cinco años   from that point on*

Pero para ello, primero hay que observar, absorber y demostrar que tenemos la voluntad de llegar muy lejos.

---

*Dibujo de Pedro Castro, *El país*, 20 de junio, 1999

Comprensión

ACTIVIDAD 3 ¿Está claro?

Completa con tus propias palabras las siguientes ideas de la lectura.

1. Después de mucho trabajo de preparación para conseguir un trabajo, cuando por fin lo conseguimos, descubrimos que...

2. Los conocimientos formales que adquirimos estudiando solo son...

3. El verdadero aprendizaje empieza cuando...

4. Para los jefes, los empleados ideales...

5. Si cometemos un error en el trabajo...

6. El consejo más importante de los expertos en recursos humanos es...

7. Los expertos en recursos humanos piensan que la trayectoria laboral ideal...

ACTIVIDAD 4 Buenos empleados

En parejas, hagan una lista de las que pueden ser las características generales más importantes en los empleados desde el punto de vista de un empleador.

Tema

Una carta de interés para un trabajo: puedes usar uno de los puestos que aparecen en los anuncios de la **Actividad 6** en la sección **Palabras** de este capítulo.

Prepárate

Haz una lista de las razones por las que quieres este puesto y otra de tus cualificaciones, por ejemplo: estudios, experiencia, etcétera. Piensa y escribe en español. Si no sabes alguna palabra, deja un espacio en blanco o haz un símbolo.

¡Escríbelo!

- Recuerda que tu lector es un empleador, por lo tanto debes usar un lenguaje muy formal.
- Sigue la estructura de una carta de negocios.
  - ❑ el encabezamiento: nombre y dirección de la persona que escribe la carta
  - ❑ fecha (**¡OJO!** En español se pone primero el día y después el mes.)
  - ❑ destinatario: nombre y dirección de la persona a la que va dirigida la carta
  - ❑ saludo, por ejemplo: «Estimado/a Sr./Sra. ...»
  - ❑ cuerpo, tres partes: introducción, desarrollo y conclusión. Atención a las transiciones entre ideas
  - ❑ despedida o cierre, por ejemplo: «atentamente»
  - ❑ firma
- Busca en el diccionario y en tu libro de español aquellas palabras y expresiones sobre las que tengas duda.

¿Y ahora?

- Repasa los siguientes puntos.
  - ❑ el uso de los tiempos verbales, especialmente el pretérito y el imperfecto
  - ❑ la concordancia entre sujeto y verbo
  - ❑ la concordancia de género y número entre sustantivos, adjetivos y pronombres
  - ❑ la ortografía y los acentos
  - ❑ el uso de un vocabulario variado y correcto (evita las repeticiones)
  - ❑ el orden y el contenido: párrafos claros, principio y final. Atención a las transiciones.
- Finalmente, prepara tu versión para entregar.

No te olvides de mirar el Apéndice I, **¡No te equivoques!**, para evitar errores típicos de los estudiantes de español. Para esta actividad de escritura, se recomienda que prestes atención a **Maneras de expresar** *because (of)*.

Consulta el *Cuaderno de práctica* para encontrar más ideas y sugerencias que te ayuden a redactar la composición.

Este reportaje de Managua, Nicaragua, informa sobre la acreditación del primer sindicato de obreros inmigrantes temporales en Canadá. Complétalo con la forma correcta del pretérito o del imperfecto de cada verbo entre paréntesis.

Para empezar...

Trabajadores inmigrantes en Canadá _____[1] (fundar) su primer sindicato en Portage La Prairie, provincia de Manitoba, y _____[2] (firmar) un convenio laboral colectivo trienal[a], que cubre a 60 empleados de una granja, en su mayoría mexicanos.

Organizado por el Sindicato Unido de Trabajadores del Comercio y Alimentación (UFCW, por sus siglas en inglés) la organización _____[3] (nacer) hace unos días, gracias a la decisión del Tribunal de Relaciones Laborales de Manitoba.

El UFCW también _____[4] (lograr) que un grupo de trabajadores inmigrantes de granjas en Quebec, en su mayoría mexicanos, se adhiriera al sindicato para obtener la acreditación sindical, aunque el proceso no ha culminado.

El pasado viernes, los 60 empleados de una granja cerca de Portage La Prairie _____[5] (firmar) un convenio que incluye aumentos salariales por cada uno de los tres años, un procedimiento para quejas[b] y un sistema para asignar los pagos por horas suplementarias.

A continuación...

Robert Zeigler, presidente del Local 832 del UFCW, _____[6] (decir) a la emisora pública Canadian Broadcasting Corp. (CBC) que el contrato laboral mejorará las capacidades de las granjas para contratar a los trabajadores inmigrantes.

En tanto que[c] en el sindicato, _____[7] (comentar) Zeigler, "estamos tratando de hallar mejores condiciones laborales."

Es posible, _____[8] (añadir), que otras granjas acepten la formación de sindicatos de inmigrantes que llegan al país bajo acuerdos bilaterales para trabajar durante unos meses.

En la provincia de Manitoba la legislación laboral autoriza automáticamente la certificación sindical cuando la mayoría de los trabajadores y empleados se adhiere a un sindicato.

Y finalmente...

La granja _____[9] (recurrir[d]) a los tribunales aduciendo que los inmigrantes están bajo jurisdicción federal, porque llegan a Canadá gracias a un programa federal, pero el Tribunal de Relaciones Laborales _____[10] (determinar) que se _____[11] (aplicar) la ley provincial.

Esta decisión _____[12] (ser) tomada aun cuando 43 de los 60 trabajadores _____[13] (firmar) declaraciones afirmando que habían sido engañados[e] por el UFCW y que no _____[14] (querer) ser parte de un sindicato.

El Tribunal de Relaciones Laborales _____[15] (ignorar) estas declaraciones, porque si realmente quieren anular el sindicato, los trabajadores migratorios podrán hacerlo a partir de[f] la finalización del primer año del convenio laboral.

Algunos de los granjeros que importan la mano de obra temporal de México, Guatemala, países del Caribe y hasta de India en lugares como la provincia de Columbia Británica, afirman que esa contratación no será rentable[g] si se permite la sindicalización.

Entre los trabajadores agrícolas inmigrantes _____[16] (haber) división, porque algunos _____[17] (temer) que una sindicalización les cortara el número de horas semanales que _____[18] (poder) trabajar, mientras que otros _____[19] (creer) que _____[20] (ser) necesaria para mejorar las condiciones laborales.

[a]*three-year collective agreement* [b]*grievances* [c]*meanwhile* [d]*to appeal* [e]*deceived* [f]*a... as of* [g]*profitable*

«...importan la mano de obra temporal de México, Guatemala»

Proyectos fuera de clase

Busca información en el Internet sobre los/las obreros/as temporales en Canadá. ¿De dónde vienen? ¿Dónde suelen trabajar? ¿En qué tipos de trabajos? También investiga cómo son las condiciones de trabajo y las protecciones legales para estas personas.

De interés puede ser la película *El contrato*. En 2003, Min Sook Lee, cineasta canadiense, hizo un documental sobre Teodoro Bello Martínez, quien venía a Canadá cada año con otros obreros mexicanos para trabajar en la cosecha de tomates en Leamington, Ontario. En la película Teodoro describe su vida en Canadá: cómo es su trabajo, cómo reacciona la gente del pueblo donde trabaja, las condiciones laborales. Hecho con el apoyo del National Film Board of Canada, en 2003 *El contrato* ganó el premio Taureau de Platine por el mejor documental en el Festival de Cine Iberoamericano de Montreal. Se puede ver en línea en: http://www.nfb.ca/film/el_contrato.

Tertulia final ¿Precariedad del empleo?

¿Cómo se presenta la situación laboral para tu generación? ¿Cómo fue para la generación de tus padres? ¿Los jóvenes de tu generación experimentan algún tipo de discriminación? Explica cómo son los trabajos presentes y futuros para ti y tus amigos.

Pasos y repasos: resultados

En este capítulo hemos repasado y profundizado cómo:

- ❏ se trabaja en el mundo de hoy
- ❏ narrar acciones y eventos en el pasado
- ❏ describir a personas, cosas y situaciones en el pasado
- ❏ distinguir entre los usos del pretérito y el imperfecto
- ❏ expresar opiniones y valoraciones sobre el trabajo en el siglo XXI

La identidad

En esta unidad, hemos explorado nuestra(s) identidad(es) en el contexto de la vida familiar y social, los estudios y el trabajo. Para ello hemos repasado y extendido el vocabulario relevante y algunos puntos gramaticales esenciales. Puedes utilizar esta sección para organizar un repaso de estos materiales; luego ¡atrévete a ponerte a prueba!

¡A repasar!

Vocabulario de esta unidad:

Capítulo 1: imagen y carácter
Capítulo 2: religión, política, universidad, familia
Capítulo 3: trabajo, oficios, profesiones

Estructuras de esta unidad:

Capítulo 1:
1. El presente de indicativo
2. Cómo se expresa *to be*
3. Comparaciones

Capítulo 2:
4. Los pronombres de objeto directo e indirecto
5. Los reflexivos
6. **Gustar** y otros verbos similares
7. **Por** y **para**

Capítulo 3:
8. El pretérito de indicativo
9. El imperfecto de indicativo
10. Cómo se combinan el pretérito y el imperfecto

Cultura/lecturas de esta unidad:

Capítulo 1:
> *Minilectura*: El poder de la mujer latina
> Palabras cariñosas basadas en la apariencia física
> Los hispanos: Multiplicidad étnica y racial
> Las mujeres en el cine de Almodóvar

Capítulo 2:
> *Minilectura*: Los «indignados» se hacen oír en Europa y América
> La Generación del Milenio
> La identificación religiosa de los hispanos
> «Los dos reyes y los dos laberintos»

Capítulo 3:
> *Minilectura*: Las cuatro paradojas de la juventud mexicana
> Guerra a la obesidad
> Introducción a la escritora: En sus propias palabras
> Primer empleo: Los empresarios prefieren una actitud de aprendizaje

Completa las actividades de ¡Ponte a prueba! en el Cuaderno de práctica.

Lo cotidiano

UNIDAD 2
Lo cotidiano

En esta unidad, vamos a explorar algunos conceptos sobre los medios de comunicación y la calidad de vida, estudiando y repasando:

- las formas de los tiempos perfectos: el presente perfecto y el pluscuamperfecto
- los mandatos formales e informales
- el subjuntivo para expresar infuencia, emoción y duda

- los usos de **se**
- el vocabulario activo de la computación, la tecnología, las actividades para pasar el tiempo libre, la comida, la gastronomía

«El mundo
es un pañuelo.»*

*Literally: *The world is a handkerchief.*

4

El mundo al alcance de un clic

Minilectura

Reflexiones Adictos al Internet, los jóvenes pierden contactos familiares

¿Qué tipos de tecnología usas en tu rutina diaria? ¿Crees que esta tecnología te ayuda a ahorrar tiempo en tus actividades diarias o es más bien una pérdida de tiempo?

ADICTOS AL INTERNET, LOS JÓVENES PIERDEN CONTACTOS FAMILIARES, *SOLEDAD VALLEJOS*

Los usuarios del Internet son cada vez más jóvenes y el tiempo que dispensan frente a la computadora los aparta, muchas veces, del entorno familiar.

El correo electrónico, el chat y las redes sociales son algunas de las actividades favoritas de los cibernautas.

En cuanto a la composición de usuarios, uno de los segmentos que más crece tiene como protagonistas a los jóvenes, un grupo al que el mercado digital denomina como *early adopters*. Según el Dr. Melamud,* «hay tres puntos importantes en el uso del Internet: cuando son chicos, la supervisión; en la adolescencia, las normativas, y lo que nunca puede faltar es el diálogo».

Melamud advierte que la ubicación de la computadora en la casa es clave: «Nunca debe estar en el cuarto de los chicos sino en un lugar neutro, como un escritorio o en el *living*. Así, el chico puede conectarse sabiendo que cualquiera puede relojear lo que está haciendo», dice.

SOURCE: Adapted from: http://www.lanacion.com.ar/1157738-adictos-a-internet-los-jovenes-pierden-contactos-familiares

Ponte a prueba

Contesta las preguntas según la información del artículo.

1. ¿Qué tipos de medios de comunicación se usan más?
2. ¿Qué hace una familia para limitar el uso del Internet?
3. ¿Quiénes son los *early adopters*?

*Coordinador del Grupo de Informática de la Sociedad Argentina de Pediatría

Cortometraje

Antes de mirar La barbería

- ¿Has estado alguna vez en una barbería?
- ¿Hay alguna cerca de donde tú vives?
- ¿Qué tipo de personas asocias con este tipo de negocio?
- Además de cortarles el pelo a los clientes, ¿qué otras actividades se hacen en una barbería? Por ejemplo, ¿hay otros servicios o costumbres asociados con la barbería?

Título: «La barbería»

País: Uruguay

Año: 2004

Dirección: Federico Sosa

Reparto: Ricardo Couto, Bruno Cetrero, Alberto «Beto» Madero, Oliver Garland, Jaime Benso, Juan Andrés Ferreira

«Una golondrina no hace primavera.»

Comprensión y análisis

Elementos Señala el elemento que no sea parte de la historia.

1. el teléfono   el sable (*saber*) láser   la computadora   el teléfono celular
2. *El señor de los anillos   El hombre araña   La guerra de las galaxias   Matrix*
3. la tecnología   las películas   los cortes de pelo   las fotocopias

Interpreta Contesta haciendo inferencias sobre lo que se ve y se oye en el corto.

1. ¿De qué están hablando los señores en la barbería cada vez que entra un cliente nuevo?
2. ¿A qué películas hacen alusión algunos de los personajes y situaciones de este corto? ¿De dónde son esas películas? ¿Te parece curioso esto?
3. ¿A cuál de los personajes constantes de la barbería le afectan más los acontecimientos que ocurren en la barbería? ¿Y a cuál le afecta menos? ¿Cómo se puede explicar esto?
4. El realismo mágico es un recurso artístico según el cual los personajes no muestran sorpresa ante hechos sorprendentes. ¿Piensas que en este corto se puede hablar de realismo mágico? ¿Por qué?

vocabulario útil

Chasirete	*name of a horse*
la carrera de caballos	horse race
el corte (de pelo)	haircut
empeñar	to pawn
«una golondrina no hace primavera»	"One swallow does not a summer make."

Los medios de comunicación

el aparato	appliance; machine
la emisora de radio	radio station
el/la locutor(a)	radio host
el mensaje	message
la noticia	piece of news
las noticias	news
el noticiero	news(cast); news program
el periódico	newspaper
el/la periodista	journalist
la prensa	press; media
el/la presentador(a)	TV host; anchorperson
el programa informativo/de entretenimiento/deportivo	information/ entertainment/ sports program
el reportaje	news report
la revista	magazine

Cognados: **el artículo, el blog (*pl.* blogs), el canal de televisión, el satélite, el teléfono móvil/celular**

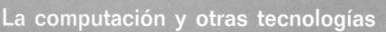

La computación y otras tecnologías

el archivo	file
el buscador	search engine
la contraseña	password
el correo electrónico/e-mail	e-mail
el disco duro	hard drive
la impresora	printer
el/la informático/a	computer programmer
la dirección de Internet	Internet address
la página web	web page
la pantalla	screen
la pantalla táctil	touch screen
el ratón	mouse
la Red	Internet (*lit.* net)

el reproductor de MP3	MP3 player
el servidor	server
el sitio web	web site
la tecla	key
el teclado	keyboard
el/la usuario/a	user, user i.d.

Cognados: **el Internet, el portal, el programa, el escáner, el wi-fi, en línea**

almacenar	to store
archivar	to file
borrar	to erase
buscar (qu)	to look for; to search
cargar (gu)	to upload
descargar (gu)	to download
enviar (envío) (un fax/un mensaje/ un mensaje de texto)	to send (a fax/message/ text message)
funcionar	to function; to work
grabar	to record
guardar	to save
hacer (*irreg.*) una búsqueda	to look for; to search
hacer clic	to click
imprimir	to print
pulsar	to click; to push/to press (a button); to type (on a key)

Cognados: **calcular, copiar, chatear, formatear, fotocopiar, textear**

No solo tecnología

el aislamiento	isolation
el punto (.)	dot
la sigla	(capital) letter used to abbreviate a name
la soledad	solitude; loneliness
la ventaja	advantage

Cognados: **el avance, la comunicación**

| aislar(se) | to isolate (oneself) |
| cara a cara | face to face |

La soledad

ACTIVIDAD 2 ▶ Asociaciones

¿Con qué palabras del vocabulario asocias los siguientes nombres y títulos?

1. CBC, CTV
2. Peter Mansbridge, Sandie Rinaldo
3. Apple
4. *Macleans*
5. *Degrassi* en MuchMusic
6. *Google* en español
7. George Stroumboulopoulos
8. el *Winnipeg Free Press* y *La Presse* de Montreal

ACTIVIDAD 3 ▶ Definiciones y descripciones

Paso 1 Da la palabra que corresponde a la definición.

1. Es una máquina que se usa en casa o en una oficina. Puede ser eléctrica.
2. Es el aparato que nos ayuda a poner en una hoja de papel la información almacenada en la computadora.
3. Es información sobre algo que acaba de ocurrir.
4. Es algo que pulsamos en las computadoras y en los teléfonos. Lleva una letra, un número o un símbolo.
5. Lo que se hace con un documento cuando no se necesita más en la computadora.
6. Para este trabajo es necesario tener una pronunciación clara y también una voz bien modulada.
7. Es un tipo de teléfono que no necesita cable.
8. Es un texto en una revista o periódico que se centra en un tema determinado.

Paso 2 Ahora te toca a ti describir con dos o tres oraciones un aparato eléctrico o electrónico que no esté en la lista de vocabulario pero que sea de uso común. Tus compañeros/as de clase deben adivinar cuál es.

ACTIVIDAD 4 ¿Qué pasa aquí?

Describe con todos los detalles que puedas estas escenas. ¡Sé creativo/a!

ACTIVIDAD 5 Hábitos de usuario

Paso 1 En parejas, hagan una lista de los aparatos tecnológicos que más usan: la computadora, el teléfono móvil, la televisión satelital, etcétera. Después hablen de su uso: cuáles les parecen más necesarios y útiles, y cuáles no son imprescindibles (*essential*) para Uds.

Paso 2 Entrevista a dos o tres compañeros/as sobre sus hábitos como usuarios de la tecnología. Primero haz una lista de cinco preguntas relacionadas con la tecnología.

Ejemplos: ¿Cuántas veces a la semana te conectas a la Red?
¿Tienes teléfono en casa o solo usas el móvil?
¿Para qué usas la Red y cuáles son las páginas que más visitas?

Coalición Anti-*bullying:* Mi hijo es víctima de acoso escolar ¿Quién me puede ayudar?

London, ON.- La Coalición Anti-*bullying* en London es una organización independiente sin fines de lucro[a] fundada en el año 2005, que apoya y se esfuerza por promover una cultura de igualdad, respeto y equidad para todos los estudiantes en cada escuela y de paso busca eliminar el problema de acoso escolar (*bullying*).

Adriana Medina, de origen hispano, colabora en diferentes frentes en la coalición, especialmente guiando a los padres de familia. Adriana explicó lo que es *bullying:* «es un término que acopla[b] varios comportamientos[c] negativos tanto en el colegio como en el ciberespacio, es cuando un niño(a) o adolescente golpea, ataca a otros repetida y deliberadamente».

Los objetivos de la coalición, según Adriana, son informar y hacer notar a los padres de familia lo que es el *bullying,* las maneras en que sucede, crear conciencia y abrirles los ojos de que lamentablemente esta es una realidad en los colegios. En caso de que su hijo sea víctima o victimario, se les hace saber cuáles son los pasos adecuados a tomar.

Ahora bien, ¿cómo se puede reconocer si su hijo(a) es una víctima? A veces los niños llegan de la escuela con un moretón,[d] rasguño[e] o cortadura,[f] y esto puede llegar a durar semanas o meses; algunas veces los niños se comunican y lo cuentan a sus padres; el niño puede estar retraído o no se comporta de la manera usual, su rendimiento[g] académico no es el mismo o se puede empezar a mostrar cierta timidez o incluso se niega a ir a la escuela o eventos de esta. El *bullying* o acoso también se puede dar en el autobús escolar, por lo que el niño lo evitará a propósito para no enfrentar al *bully* o perpetrador que lo ataca o humilla.

Por otro lado, el niño *bully,* quien es el que tiene el comportamiento conflictivo, usualmente vive en un ambiente con problemas domésticos o padece problemas en su contexto personal, por lo que es impulsado a actuar de manera negativa contra otros niños(as). En este caso, como padre de familia, es muy importante reconocer este hecho y empezar a ver cómo cambiar este comportamiento. En la opinión de Adriana Medina, dentro de la comunidad hispana existe cierto temor a reportar los incidentes. De hecho mencionó que existen estadísticas informales, pero internamente se llevan datos que muestran que la barrera del idioma no permite que los padres de familia expresen que su hijo(a) está sufriendo en el colegio, y esto quiere decir *bullying,* y puede venir de parte de un profesor, compañero, del director u otras personas que estén rodeándolo, por lo que muchas veces los niños no pueden expresarlo, y si definitivamente dentro de los grupos étnicos se ve este problema, a veces las mamás no saben a quién dirigirse o con quién quejarse, puesto que no hay procesos en las escuelas para hacerlo formalmente.

[a]sin... *non-profit* [b]*joins* [c]*behaviours* [d]*bruise* [e]*scratch* [f]*cut* [g]*performance*

¿Con qué frecuencia ocurre la problemática del *bullying*?

En Ontario entre el 7 y 10% de los niños son víctimas de acoso escolar —estamos hablando de dos millones de niños que asisten a escuelas públicas— de esta cantidad 140.000* tienen miedo de ir al colegio o subirse al autobús. Desafortunadamente son estadísticas altas, porque no reciben ayuda.

Con respecto al *cyber-bullying*, (a través de mensaje de texto, redes sociales, etcétera) se da más en la adolescencia; en este caso también se hace énfasis en cualquier debilidad que puedan explotar los *bullies*. Desafortunadamente no está regulado, no existen leyes o alguna forma de seguimiento; como problema prácticamente no existe, pero vemos que hay suicidios como consecuencia, y es muy triste que un niño desee quitarse la vida porque no tiene un lugar que le ofrezca ayuda. «Es un problema muy complejo y grande», enfatizó Adriana.

Alumnos en Vancouver afirman su apoyo del *Pink Project*, iniciativa contra el acoso escolar que se originó en Nueva Escocia en 2007.

En cuanto a si *bullying* es el término correcto a este problema, Adriana opinó que «es un término que se ha quedado chico, ya debe cambiarse y llevarse a los manuales de leyes; tal como se maneja el término acoso entre los adultos, no debería llamársele *bullying*, sino acoso infantil».

Adriana explicó en cuanto a la campaña *The Pledge* y dijo que «es un voto que vamos a hacer cada uno de los miembros de la comunidad (policía, bomberos, agencias, medios de comunicación, etcétera) para decir no más *bullying*, y en vez de ignorar cuando seamos testigos, vamos a dar un paso adelante y decir 'basta'».

Tertulia ¿Y en tu escuela?

Examina con tus compañeros/as de clase el problema del acoso en las escuelas canadienses. ¿Ha sufrido este tipo de tratamiento alguien de la clase? ¿Qué pueden hacer los jóvenes para combatir el acoso?

---

*Recuerda que en español, los millares (*thousands*) van separados por un punto, y los decimales aparecen después de una coma, justo al contrario que en inglés.

11 El presente perfecto de indicativo

USES

The present perfect in Spanish, as in English, expresses actions that were completed or started in the past but still are relevant in the present.

Durante los tres últimos veranos **he trabajado** como consejero en un campamento para niños.
Mi amigo Iker nunca **ha viajado** por su trabajo.

During the last three summers I have worked as a counselor in a children's camp.
My friend Iker has never travelled for his job.

FORMS

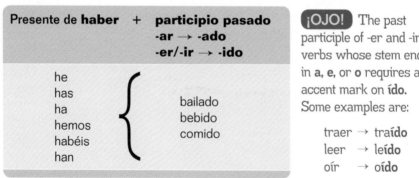

¡OJO! The past participle of -er and -ir verbs whose stem ends in **a, e,** or **o** requires an accent mark on **ído.** Some examples are:

traer → tra**ído**
leer → le**ído**
oír → o**ído**

¡OJO! The past participle is an *invariable* form when it is part of a verb form including **haber**—it always ends in **-o.**

- **Irregular forms:** These are some of the most commonly used verbs.

abrir	→ ab**ierto**	hacer	→ **hecho**	resolver	→ res**uelto**
cubrir	→ cub**ierto**	imprimir	→ imp**reso**	romper	→ **roto**
decir	→ d**icho**	ir	→ **ido**	ver	→ **visto**
descubrir	→ descub**ierto**	morir	→ **muerto**	volver	→ v**uelto**
escribir	→ esc**rito**	poner	→ p**uesto**		

Note: Compound verbs have the same ending as the original:
hacer → **hecho**, satisfacer → satis**fecho**; poner → p**uesto**, componer → comp**uesto**, imponer → imp**uesto**; volver → v**uelto**, devolver → dev**uelto**, envolver → env**uelto**.

ACTIVIDAD 1 ▸ Cosas por hacer

Completa cada una de las oraciones con la forma correcta del presente perfecto del verbo de la lista.

borrar	conocer	grabar	publicar	reparar
buscar	escuchar	hacer	querer	tener

1. Yo no _____ tus mensajes todavía, pero ya los _____.

2. El técnico no _____ la impresora todavía, porque _____ muchos problemas.

3. Los usuarios _____ una página web con ese reportaje, el cual se _____ en muy pocos medios de comunicación. La prensa _____ publicar la noticia pero no lo _____ todavía.

4. Los presentadores de ¡*Cine hoy!* ya _____ una entrevista con el director que ganó el Óscar.

5. ¿Vosotras _____ a alguien en línea alguna vez?

Ya no soy estudiante, ahora soy médica.

ACTIVIDAD 2 ¿Una vida convencional?

Paso 1 Haz una lista de las cuatro actividades más interesantes que has hecho en tu vida y de otras cuatro que todavía no has hecho, pero que tienes muchas ganas de hacer.

> *Ejemplos:* He saltado en paracaídas (*parachute*).
> Todavía no he viajado fuera de Canadá.

Paso 2 Ahora busca a otros estudiantes en la clase que no hayan hecho las cosas que te interesan a ti y que también tengan interés en experimentarlas.

> *Ejemplo:* —¿Has viajado fuera de Canadá?
> —No, nunca he viajado fuera de Canadá. (O: Sí, he viajado a México; fui el año pasado.)
> —¿Te gustaría (*Would you like*) hacerlo?
> —¡Me encantaría! (*I would love to!*) (O: Lo siento, pero no me interesa por ahora.)

ACTIVIDAD 3 Entrevista sobre la tecnología

Hazle una entrevista a un compañero/una compañera sobre sus experiencias en el uso de la tecnología y el Internet y después comparte con la clase lo que averigües. Presta atención al uso del presente perfecto de indicativo y la expresión «alguna vez».

> *Ejemplo:* —¿Has conocido a alguien en línea alguna vez?
> —Sí.
> —¿Cómo era?

Algunas ideas para la entrevista:

- escribir un blog
- descargar música o películas sin pagar
- borrar algo importante sin querer
- ver un programa informativo en español
- comprar y/o vender algo en línea
- olvidar tu contraseña de correo electrónico
- cargar fotos a tu página de red social

Nunca **he estado** en las playas de México.

12 El pluscuamperfecto de indicativo

REPASO

Past participle forms:
Estructuras 11

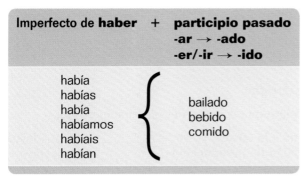

Presente perfecto (he hablado/comido/vivido)		
Pluscuamperfecto (había hablado/ comido/vivido)	Pretérito (hablé/comí/viví) *I spoke/ate/lived*	Presente
	Imperfecto (hablaba/comía/vivía)	

FORMS

Imperfecto de haber + participio pasado
-ar → -ado
-er/-ir → -ido

había	
habías	
había	bailado
habíamos	bebido
habíais	comido
habían	

USES

- The past perfect or pluperfect is a tense used to refer to an action that occurred prior to a point of reference in the past.

  2ª acción   **1ª acción**

  Cuando **me ofrecieron** el trabajo en Samsung, yo ya **había aceptado** el puesto en Blackberry.

  In the sequence of events in these examples, the actions in the past perfect occurred before the other actions or time reference.

- The past perfect is often used in <u>reported speech</u> (**estilo indirecto**), that is, in reporting what someone said that someone (else) had done.

El supervisor le preguntó a Sahar si la **habían llamado** para ofrecerle el puesto.	*The supervisor asked Sahar whether they had called her to offer her the job.*
Sahar contestó que no **había recibido** ninguna oferta de trabajo todavía.	*Sahar answered that she had not received any job offer yet.*

Al final del congreso de tecnología, la empresa **había estrenado** su nuevo modelo de *tablet*.

In Spanish, as in English, the past participle can be used as an adjective. In this case, the past participle must agree in number and gender with the noun it modifies, as would any other Spanish adjective.

la vida complic**ada**	*complicated life*
un estilo de vida más aisl**ado**	*a more isolated lifestyle*

The past participle as an adjective is used in two important constructions in Spanish.

- After **ser** in the passive voice (see **Capítulo 6**)

  Muchos sitios web **son limitados** a usuarios registrados.   *Many websites are limited to registered users.*

- After **estar** to describe resulting conditions

  Cuando fuimos a la tienda de aparatos electrónicos, ya **estaba cerrada.**   *When we went to the electronics store, it was already closed.*

ACTIVIDAD 1 ▶ Un buen día

Completa las oraciones con la forma correcta del pluscuamperfecto.

1. Para cuando mi jefe llegó a la oficina, yo ya le _____ (dejar) el reportaje sobre la huelga de programadores.

2. Mi jefe estaba contento porque su secretaria _____ (hacer) todas las fotocopias para la reunión y él no _____ (ver) ningún error en los documentos.

3. Después de la reunión, mi jefe me felicitó porque los directores del periódico le _____ (decir) que mi ascenso estaba aprobado.

4. A las tres de la tarde, mi compañero Manuel y yo ya _____ (escribir) las preguntas para la entrevista que le vamos a hacer mañana a Juanes.

5. Cuando llegué a casa, mi hermana me dijo que mi novio ya _____ (volver) de su viaje y que estaba esperándome.

ACTIVIDAD 2 ▶ ¿Quién lo dijo?

Empareja cada una de las oraciones con la persona lógica. Después forma una oración de estilo indirecto. Sigue el ejemplo. Puedes sustituir el verbo **decir** por **informar, explicar, reportar** o **contar. ¡OJO!** Es posible que tengas que cambiar el **posesivo** y/o **el pronombre de objeto indirecto.**

Ejemplo: La locutora (de radio): «Hubo un accidente en la carretera.» → La locutora dijo que había habido un accidente en la carretera.

1. _____ Los profesores nos han asignado muchísimas tareas.

2. _____ El servidor estuvo fuera de servicio toda la noche.

3. _____ Nuestros empleados han pasado dos semanas en huelga.

4. _____ El gobierno no pudo evitar la crisis económica.

5. _____ Hice un curso de capacitación el año pasado.

a. los usuarios

b. el periodista

c. el informático

d. los estudiantes

e. la gerente

Menciona una cosa que ya había ocurrido en tu vida y otra que no había ocurrido todavía antes de las siguientes fechas o eventos. Hay varias formas de expresar estas ideas.

Ejemplos: 2005 → En 2005, yo no había empezado la escuela secundaria (todavía).

2009 → Antes de 2009, yo no había estudiado español.

1990 → En 1990, mis padres todavía no se habían conocido.

1. 1995
2. enero del 2004
3. ir a la escuela
4. llegar a la universidad

5. 2008
6. 2012
7. tomar este curso
8. cumplir ¿? años

Durante las elecciones de 2011, yo no **había cumplido** los dieciocho años todavía.

13 Los mandatos formales e informales

Commands (**Mandatos**) are also known as the imperative mood (**modo imperativo**).

FORMS

Ud., Uds., and **nosotros** have the same forms for the affirmative and negative commands. But **tú** and **vosotros** have two forms, one for the affirmative and another one for the negative commands.

FORMAS REGULARES		
Affirmative & Negative Similar to corresponding present subjunctive forms		
Ud.	**-ar → -e** mandar → mand**e** **-er → -a** leer → l**ea** **-ir → -a** imprimir → imprim**a**		
Uds.	**-ar → -en** mandar → mand**en** **-er → -an** leer → l**ean** **-ir → -an** imprimir → imprim**an**		
Nosotros*	**-ar → -emos** mandar → mand**emos** **-er → -amos** leer → le**amos** **-ir → -amos** imprimir → imprim**amos**		

Tú

Affirmative forms: same form as *third*-person singular in the *present indicative*

mand**ar** → mand**a**   le**er** → le**e**   viv**ir** → viv**e**

Several verbs have irregular forms.

decir → **di**	ir → **ve**	salir → **sal**	tener → **ten**
hacer → **haz**	poner → **pon**	ser → **sé**	venir → **ven**

Negative forms: same form as *second*-person singular in the *present subjunctive*

mand**ar** → no mand**es**   le**er** → no le**as**   viv**ir** → no viv**as**

—**Guarda** el archivo.
—¡Cuidado! No **termines** la conexión.

---

*Ir is the only verb for which the nosotros command is just present tense indicative: **vamos**.

No **llegues** tarde al trabajo.

Pon más papel en la impresora.

RECORDATORIO

Cuando hay más de un pronombre de objeto, el pronombre de objeto indirecto (**me/te/le/les/nos/os**) siempre precede al pronombre de objeto directo (**me/te/lo/los/la/las/nos/os**). See **Chapter 2**.

Vosotros

Affirmative forms: infinitive without the **r,** plus a **-d**

mand**ar** → mand**ad**   le**er** → le**ed**   viv**ir** → viv**id**

Negative forms: same as second-person plural in the present subjunctive

mand**ar** → no mand**éis**   le**er** → no le**áis**   viv**ir** → no viv**áis**

Spelling changes

Commands go through the usual spelling changes to maintain the sound of the infinitive stem.

-car → **-qu-**	tocar → to**que**	sacar → sa**quen**
-gar → **-gu-**	cargar → no car**gues**	llegar → lle**gue**
-zar → **-ce-**	comenzar → comien**cen**	lanzar → no lan**ces**
-cer/-cir → **-zc-**	conocer → cono**zcas**	conducir → condu**zcan**

USES

- **Nosotros** commands express *let's* + verb. These forms are highly rhetorical and primarily used in formal speech or writing. In everyday language the phrase **vamos a...** is preferred.

- **Use of commands with pronouns:** The position of the pronouns with respect to the verb changes depending on whether the commands are affirmative or negative. Nevertheless, in all cases the indirect object pronoun precedes the direct object pronoun, when both objects are present.

Affirmative commands

verb + pronoun(s): Reflex./OI/OD = one word	
Mánda**mela.**	*Send it to me.*
Quéden**se.**	*Stay.*

When adding the reflexive pronoun to an affirmative *vosotros* command, drop the "-d" before adding the pronoun "os":

Desperta~~d~~os.	Despertaos temprano.	*Wake up early.*
Pone~~d~~os.	Poneos el abrigo.	*Put your coat on.*
Vesti~~d~~os.	Vestíos.	*Get dressed.*

¡OJO! Many affirmative commands followed by pronouns require an accent mark, since the lengthening of the word makes the stress fall on the third-to-last or earlier syllable (**esdrújula** or **sobreesdrújula**).

Siéntate.	*Sit down.*
Cómetelo todo.	*Eat it all up.*
Ponéoslo.	*Put it on.*

Negative commands

no + pronoun(s): Reflex./OI/OD + verb = separate words

No **me la** mandes.   *Don't send it to me.*
No **se** queden.   *Do not stay.*

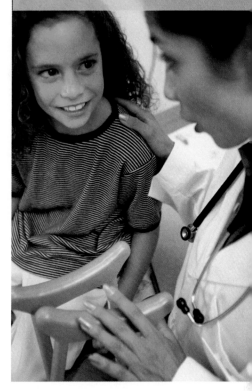

Cálmate. No va a dolerte.

NOTA LINGÜÍSTICA   **Cortesía en las peticiones**

Commands are a very strong form of request for many occasions. In fact they tend to be used more frequently to give instructions: recipes, directions, medical advice, and so on. Here are some other, more polite forms of requesting in Spanish. They are preferably accompanied by **por favor**.

Question in present indicative (very familiar)

¿Me prestas la pluma?   *Can/Will you lend me the pen?*
¿Me pasas el libro?   *Can you pass me the book?*

Questions with *poder* in the conditional or imperfect subjunctive

¿**Podría/Pudiera (Ud.)** ayudarme con este fax?   *Could you help me with this fax?*

Suggestions with *deber* in the conditional or imperfect subjunctive

Deberías/Debieras comprar un escáner nuevo.   *You should buy a new scanner.*

ACTIVIDAD 1   Instrucciones en caso de tener problemas con la computadora

Paso 1 Las instrucciones de la siguiente lista están en el infinitivo. Cámbialas a mandatos de **tú,** para un público joven, y también a mandatos de **Ud.,** para un público mayor o más formal.

Ejemplo: Calmarse.   →   Cálmate.   Cálmese.

1. No sentirse demasiado frustrado; esto es normal.
2. No sentarse demasiado tiempo enfrente de la pantalla.
3. Levantarse con frecuencia y respirar profundamente diez veces.
4. No poner la computadora cerca de otros aparatos electrónicos.
5. Tener el manual de instrucciones siempre cerca.
6. Encender y apagar el aparato varias veces antes de llamar.
7. Recordar el modelo de la computadora.
8. Decir el número de serie del aparato.
9. No esperar una solución fácil.
10. Salir con los amigos inmediatamente y olvidarse de la computadora.

Paso 2 Ahora, usando la misma lista, cámbialas a mandatos plurales. Imagina que te estás dirigiendo a un grupo de amigos (**vosotros**) y a un grupo de personas que no conoces (**Uds.**).

Ejemplo: Calmarse.   →   Calmaos.   Cálmense.

Paso 3 Vuelve a leer la lista de instrucciones del **Paso 1.** Para cada instrucción que tiene un objeto directo, sustitúyelo por un pronombre de objeto directo. Luego, incorpora el pronombre de objeto directo en los mandatos que acabas de formar para los **Pasos 1** y **2.**

Ejemplos: 4. No poner la computadora cerca de otros aparatos electrónicos. → No **la** pongas/ponga/ pongáis/pongan cerca de otros aparatos electrónicos.

     5. Tener el manual de instrucciones siempre cerca. → Ten**lo**/Ténga**lo**/Tengáis**lo**/Téngan**lo** siempre cerca.

Paso 4 ¿Has tenido problemas con tu computadora alguna vez? ¿Cuál de las instrucciones anteriores te parece más útil? ¿Tienes otras recomendaciones? (Pueden ser serias.)

Usa los mandatos informales de los verbos entre paréntesis y los pronombres (cuando sean necesarios) para completar la siguiente conversación entre Diego y Alberto, dos compañeros de cuarto. No te olvides de prestar atención al orden de los pronombres con respecto al verbo, y a los acentos cuando sean necesarios. (OI = objeto indirecto, OD = objeto directo)

> **Ejemplo:** ¿Puedo ____prestarle____ (prestar + OI) la computadora a Jason?

ALBERTO: Diego, ¿puedo prestarle la computadora a Jason? La necesita para escribir un artículo sobre el nuevo programa.

DIEGO: No, no _____[1] (prestar + OI + OD); la última vez que la usó me borró tres documentos. _____[2] (ir) con él al laboratorio y _____[3] (enseñar + OI) a usar las que hay allí.

ALBERTO: Bueno, iremos (we'll go) luego. ¿Les mandaste las invitaciones a todos para la fiesta de cumpleaños de Eva?

DIEGO: No, _____[4] (mandar + OI + OD) tú; yo no tengo tiempo y estoy cansado.

ALBERTO: Bueno, pero antes voy a leer el periódico un rato. ¿Dónde está?

DIEGO: No _____[5] (preguntar + OI + OD) a mí. Tú lo tenías esta mañana para leer las noticias deportivas, ¿no?

ALBERTO: Bueno, pues voy a escuchar la radio un rato.

DIEGO: Está bien pero no _____[6] (escuchar + OD) aquí, porque estoy estudiando. Además, Lydia llamó para ver si queríamos ir al cine. Dejó un mensaje en el contestador, así que _____[7] (llamar + OD).

ALBERTO: Está bien, y ¿qué le digo?

DIEGO: _____[8] (decir + OI) que sí y que luego podemos ir a cenar. _____[9] (mirar) en la Red el menú de La Familia Taquería, a lo mejor tienen algo especial hoy.

ALBERTO: ¡Oye, no _____[10] (ser) tan fresco! _____[11] (Hacer) tú algo, que yo también estoy cansado.

No **me despiertes,**
que estoy cansado.

ACTIVIDAD 3 ▶ Consejos

Empareja cada una de las situaciones con las acciones correspondientes y convierte esas acciones en mandatos para expresar los consejos que le darías (*would give*) a las personas en cada situación.

Ejemplo: Tu novio/a va a conocer por primera vez a tus padres. ser amable/ser antipático → Sé amable con mis padres. No seas antipático.

1. Tu padre no sabe dónde comprar su nueva televisión: si en *Best Buy* que está cerca de su casa o en *Future Shop*, que está lejos, pero en donde las televisiones están en oferta hoy.

2. Tu hermana tiene el control remoto. Están pasando un programa cómico en el canal de Univisión y uno informativo en Telemundo.

3. Tu amiga está de visita en tu casa y debe volver a su casa hoy. Las noticias del tiempo anticipan lluvia para hoy, pero dicen que mañana hará buen tiempo.

4. Tu hermano de 8 años no sabe si hacer la tarea antes de ver su programa favorito o después, a las 11:00 de la noche

5. Tu compañero/a de cuarto no sabe si debe ser honesto/a con la profesora y decirle por qué no entregó su composición a tiempo.

6. Tu amigo ha bebido bastante en una fiesta y ahora tiene prisa por ir a otra fiesta.

a. hacer ahora/hacer más tarde

b. salir hoy de regreso/ salir mañana de regreso

c. ir a *Best Buy*/ir a *Future Shop*

d. quedarse un rato más/tener prisa

e. poner Univisión/ poner Telemundo

f. decir la verdad/ decir una mentira

Compra en *Best Buy*. **No compres** en línea.

ACTIVIDAD 4 ▶ Para no volverse loco con la computadora

Haz una lista de cinco consejos para nuevos usuarios de computadoras en general o para nuevos estudiantes que tienen que usar los servicios informáticos de tu universidad. Usa los mandatos informales de **tú.**

Ejemplo: Si tu computadora no funciona, antes de hacer otra cosa, apaga la computadora y vuelve a encenderla.

ACTIVIDAD 5 ▶ Un anuncio publicitario

En parejas, inventen un anuncio para uno de sus programas favoritos de radio o televisión. Deben incluir varios mandatos. Antes de empezar, piensen en lo siguiente:

- ¿Qué tipo de programa es?

- ¿Cómo se llama?

- ¿A qué tipo de persona le interesa este programa?

- ¿Qué adjetivos pueden usar para describirlo?

Exposición del Museo de Ciencias de Miami sobre el Reggaetón

El reguetón es un poco de todo. Es la expresión musical más reciente de las comunidades urbanas de las Américas. Se puede decir que es la versión latina del hip-hop. Pese a que es un género esencialmente urbano, se mezcla con lo tropical por su condición festiva y bailable. Es el resultado musical del mestizaje cultural de Latinoamérica de finales del siglo XX y comienzos del XXI.

Las particularidades del reguetón, originario de Puerto Rico, son sus letras en los dialectos locales del español y su influencia de otros estilos latinos, como la bomba y la salsa. El reguetón está muy estrechamente vinculado con el movimiento *underground* juvenil urbano y es algunas veces conocido en español como «perreo», un término que se refiere a la forma más común de bailarlo, evocadora de posiciones sexuales. Se ha hecho popular en otras islas del Caribe y naciones vecinas, entre ellas se incluyen la República Dominicana, Perú, Venezuela, Colombia, México, Panamá, Nicaragua y algunas regiones de Cuba. En los últimos tiempos, ha aparecido en los Estados Unidos, particularmente en aquellas zonas urbanas que, como Nueva York y Miami, poseen grandes concentraciones de población puertorriqueña y de otros países hispanos.

Las líricas del reguetón se caracterizan por apoyarse en la rima para lograr que la canción sea pegadiza y fácil de recordar y así, ser identificativa para el público. El léxico que se emplea está lleno de modismos y expresiones populares que le dan alegría o gracia, o melancolía, dependiendo del caso.

Los temas tratados en las canciones de reguetón cuando comenzó a escucharse eran, sobre todo, una denuncia social y forma de manifestación. Con el paso del tiempo, se empezaron a utilizar temas dentro de un estilo mucho más comercial, tales como el sexo, el crimen urbano y el racismo. Algunos críticos de este estilo de música han calificado algunas de sus letras como machistas porque se burlan del género femenino.

El baile de reguetón, el perreo, suele ser muy sensual, con los cuerpos muy pegados. Algunas personas opinan que los movimientos emulan posturas sexuales casi como si estuvieran haciendo el amor en la pista de baile.

Don Omar (William Omar Landron Rivera) nació en Villa Palmeras, Puerto Rico, 10 de febrero de 1978.

Juan Luis Morera Luna (Wisin), Llandel Veguilla Malavé Salazar (Yandel) son de Cayey, Puerto Rico y están acompañados aquí por Jennifer López.

"Nina Sky" es un dúo. Las mellizas Nicole y Natalie Albino nacieron el 13 de marzo, 1984 en Queens, Nueva York.

Daddy Yankee (Ramón Luis Ayala Rodríguez) nació en San Juan, Puerto Rico, 3 de febrero de 1977.

De puño y letra*

Reflexiones

Este artículo apareció en la revista *Latin Trade*, una revista de economía y negocios para Latinoamérica y Estados Unidos.

ACTIVIDAD 1 ▸ Asociaciones

Paso 1 Empareja cada una de las siguientes cifras, frases o ideas con un verbo o un sustantivo del **Vocabulario útil.**

1. $10,95

2. 1.000.000.000 (mil millones) de euros

3. hacer una declaración en un periódico

4. un permiso

5. subir al Monte Everest sin botella de oxígeno

6. juicio (*trial*)

7. una queja

8. robar

9. los territorios

10. chatear

Paso 2 Ahora, en parejas, piensen en otras ideas o cosas que asocian Uds. con cada una de las palabras de la lista.

ACTIVIDAD 2 ▸ Hazañas

En pequeños grupos, comenten qué tipo de acciones o logros les causan admiración: deportivos y físicos, sociales, científicos, etcétera. Den algunos ejemplos de las hazañas de personas famosas que más les han impresionado.

Estrategia: Estructura de los párrafos

La función de un párrafo es señalar que se está introduciendo una nueva idea. El uso de párrafos es esencial cuando se trata de textos periodísticos o científicos. Un texto sin párrafos resulta desordenado y difícil de leer.

1. Según tu experiencia, ¿son cortos o largos los párrafos en los artículos de prensa? ¿Por qué crees que son así?

2. Lee los tres primeros párrafos del siguiente texto. ¿Cuántas ideas importantes hay en cada párrafo?

3. Cuando hay citas en el texto, ¿cuántas citas se incluyen en un solo párrafo, por lo general?

vocabulario útil	
el bufete	oficina de abogados
el/la cibernauta	web-surfer
la cifra	número, cantidad
el dominio	domain
la hazaña	(heroic) deed
afirmar	to state
conceder	to give; to grant
quitar	to take away
reclamar	to claim
valer (*irreg.*)	costar

---

*By one's own hand (referring to writing). Literally: "by fist and writing."

DE PUÑO Y LETRA, *MIKE CEASER*

monopolizes — Un estudiante venezolano acapara un dominio por accidente. Registró la eñe. Lo que empezó como un juego podría convertir a un venezolano de 20 años en un millonario.

A fines de 2000, José Guerrero, conocido por sus amigos como Rufi, leyó que los caracteres asiáticos se podían usar en las direcciones de las páginas electrónicas. De manera que el estudiante y cibernauta de 18 años organizó una competencia con un amigo.

terminara — El objetivo era registrar la mayor cantidad de direcciones de la World Wide Web con la letra más española de todas, la eñe, antes de que se les agotara el dinero. Guerrero ganó al registrar ocho nombres de dominio por $15 cada uno, como España.com y Español.com.

Guerrero dice que no pensó mucho más en su colección de nombres hasta principios de 2001, cuando varios periódicos de Madrid empezaron a llamarlo. VeriSign Corp., administrador norteamericano de nombres de dominio, había concedido a la firma española de dominios Arsys el privilegio de asignar nombres de dominio con vocales acentuadas y con la eñe.

applications
descubrió — Miles de personas presentaron solicitudes por los derechos de diversos nombres de dominio en español. Pero Arsys halló que España.com y Español.com no se podían distribuir porque el venezolano los había registrado hacía meses.

dijeron — Guerrero dice que los españoles estaban «resentidos» y afirma que alegaron que le podían quitar los dominios. «Pero no pudieron hacer nada», dice, «porque yo había hecho todos los pasos legales. Había registrado y pagado y los dominios eran míos».

representante
no permitida — Los españoles afirman que los registros de Guerrero no son legítimos porque los hizo hace mucho tiempo y sin seguir las reglas de VeriSign, que ha bloqueado las direcciones, por lo que no tienen valor, dice Alberto Calvo, portavoz de Arsys. «Es obvio que no consideramos ético ningún método empleado con el fin de apropiación indebida de nombres de dominio con fines lucrativos», dice Calvo. «Por este motivo realizamos la denuncia ante VeriSign y esperamos que puedan encontrar una solución satisfactoria para todos los afectados».

Meanwhile — Guerrero, quien dice que planea usar España.com como un sitio web de turismo, afirma que no pensaba en las ganancias cuando registró los dominios. Entretanto, ha contratado a un bufete norteamericano para defender sus derechos. El bufete de Boston también está negociando con posibles compradores de nombres de dominio.

adds — Javier Marín, abogado de Guerrero, dice que los dominios registrados por el venezolano estaban libres cuando su cliente los registró. «Cualquiera que quiera reclamar el uso de estos dominios tendrá que pedirle permiso al señor Guerrero», agrega. «Español y España son denominaciones genéricas que no se pueden definir como una marca o una identificación personal.»

Bulgarian physicist — Si el resentimiento de los españoles tuviera un fundamento cultural, al menos podrían consolarse con el hecho de que Guerrero es hispanoamericano. En cambio, el dominio España.net lo adquirió un físico búlgaro que vive en Madrid. Algunos venezolanos consideran la hazaña de Guerrero una especie

quitó — de venganza poética contra el país que les llevó un tesoro en perlas, personas y recursos naturales durante la era colonial. Pero Guerrero dice que no tiene nada contra los españoles. En realidad, le gustaría vivir en Barcelona, la ciudad de su equipo de fútbol favorito.

De momento, las direcciones de la web no valen mucho porque VeriSign aún no ha activado caracteres que no son del inglés, como la eñe, para esas direcciones. Para llegar a una de las direcciones de Guerrero, el cibernauta debe escribir un largo y complejo código de lenguaje de computadora, o sea, un revoltillo de letras, hasta que VeriSign resuelva la cuestión de la eñe.

jumble

Entretanto, el joven trabaja como diseñador de páginas electrónicas y administra varios sitios web personales cuando no está escribiendo su novela sobre el narcotráfico internacional. Guerrero piensa estudiar computación en la universidad. Dice que trata de no pensar en la posible riqueza que pueden darle los nombres de dominio. «Les digo [a los negociadores] que no me digan nada», comenta. «Estoy en mi trabajo, haciendo mi trabajo. Si algún día sale algo de esto, listo». Cody Mecklenburg, presidente de la compañía de valoración de dominios Accurate Domains, pronostica que las direcciones no convertirán a Guerrero en un millonario, pero muy cerca de ello. Tasa a España.com en unos US$350.000 y a Español.com en US$425.000, y dice que las dos cifras probablemente crezcan. En la locura de los punto com, los inversionistas pagaron US$75 millones por los derechos de business.com.

He values

craze investors

«Español.com tiene más valor porque mientras España.com probablemente se limite a España, Español.com se puede usar en todos los países donde se habla español», dice Mecklenburg. Guerrero no quiere saber nada. «No me gusta pensar en eso», afirma. «Porque si te dicen que te van a dar US$1 millón o US$2 millones y no te lo dan, te enojas. Solo que sea más de los US$15 que pagué.»

Comprensión

ACTIVIDAD 3 ¿Está claro?

Las siguientes oraciones son falsas. Corrígelas.

1. Rufi Guerrero es un hombre de negocios venezolano.

2. El trabajo de Guerrero es comprar nombres de dominio.

3. El portavoz de Arsys dice que su compañía está dispuesta a pagar por los nombres de dominio de Guerrero.

4. Guerrero está muy enfadado con todos los españoles.

5. Los nombres de dominio de Guerrero ya se usan.

6. Es fácil escribir la eñe en una dirección de Internet.

7. Rufi Guerrero se representa legalmente a sí mismo.

ACTIVIDAD 4 ¿Qué piensas ahora?

Después de haber leído el texto puedes confirmar tus ideas sobre la estructura de los párrafos, mostrando ejemplos de la lectura. ¿Cuántas ideas importantes hay en cada párrafo? ¿Cuántas citas se incluyen en un solo párrafo?

ACTIVIDAD 5 Una negociación

En parejas, inventen una conversación telefónica entre José Guerrero y Alberto Calvo en la que Calvo intente negociar la adquisición de los nombres de dominio España.com y Español.com de Guerrero. Recuerden: su compañía no quiere pagar mucho.

Tertulia ¿ñ o no ñ?

Por siglos ha habido un debate sobre la «simplificación» y «homogenización» de la lengua. Con la llegada de las computadoras, se sugirió que el español escribiera el sonido de la letra **ñ** como lo hacen otras lenguas, con la *ny* del inglés (*canyon*) o *gn* del francés (*gagner*), de esa manera las computadoras españolas no necesitarían un teclado diferente. La **ñ** ganó y las computadoras españolas siguen teniendo la **ñ**.

- ¿Les parece una buena idea mantener la **ñ** a toda costa (*at any price*)?

- ¿Qué se podría «normalizar» en su lengua? Por ejemplo, piensen en cómo suenan en inglés las palabras *dough* y *tough* a pesar de que tienen las mismas cuatro letras finales. ¿Merecería la pena (*Would it be worth it*) reaprender a escribir su lengua para hacer más fácil la ortografía? ¿Por qué sí o por qué no?

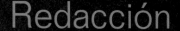

Redacción

Tema

Ensayo para la revista *Padres* sobre las causas y los efectos del uso de la tecnología entre los niños.

Prepárate

- Piensa en las preguntas sobre este tema que tengan tus lectores (los padres de familia). Escribe una lista de estas preguntas y házselas a tres o cuatro padres de familia.
- Haz un borrador en forma de ensayo con la información que has adquirido. No te preocupes ahora del orden ni de la gramática, pero piensa y escribe en español. Si hay alguna palabra que no sepas, deja un espacio en blanco o haz un símbolo.

¡Escríbelo!

- Ordena las ideas de tu borrador.
- Piensa en tu propósito. En esta composición no quieres convencer, solo informar.
- Cita lo que dicen algunos de los entrevistados, eso le dará objetividad e interés a tu ensayo. (Ver *Cuaderno de práctica* para obtener más información sobre las citas.)
- Utiliza una estructura de acuerdo con el esquema del ensayo: introducción, cuerpo, conclusión. (Ver *Cuaderno de práctica* para obtener más información sobre la estructura de este tipo de ensayo.)
- Busca en el diccionario y en tu libro de español aquellas palabras y expresiones sobre las que tengas dudas.

¿Y ahora?

- Repasa los siguientes puntos.
  - ❏ el uso de los tiempos verbales
  - ❏ las formas verbales
  - ❏ la concordancia entre sujeto y verbo
  - ❏ la concordancia de género y número entre sustantivos, adjetivos y pronombres
  - ❏ la ortografía y los acentos
  - ❏ el uso de vocabulario variado y correcto: evita las repeticiones
  - ❏ el orden y el contenido: párrafos claros, principio y final
- Finalmente, prepara tu versión para entregar.

No te olvides de mirar el Apéndice I, **¡No te equivoques!,** para evitar errores típicos de los estudiantes de español. Para esta actividad de escritura, se recomienda que prestes atención a **Cómo se expresa *to think.***

Consulta el *Cuaderno de práctica* para encontrar más ideas y sugerencias que te ayuden a escribir la composición.

Reflexiones

Gramática en acción: Un chiste (*joke*) de expertos técnicos

En España, un ingeniero, un químico y un informático van en un coche y de repente este deja de funcionar. Como buenos expertos, cada uno de ellos tiene una idea diferente para corregir el problema. Completa el chiste con la forma correcta de los verbos necesarios en el presente de indicativo, infinitivo o imperativo (mandato). Usa la forma de **tú** si los mandatos son para una sola persona, y la forma de **vosotros** si son para dos personas, a menos que especifique **nosotros.**

BERNAL, EL INGENIERO:
Para mí es evidente que el motor _____[1] (tener) un problema. Les recomiendo que lo revisemos. Luis, _____[2] (abrir) el capó. Pancho, _____[3] (buscar) el manual del coche y _____[4] (dármelo). No _____[5] (preocuparse: vosotros): yo sé mucho de motores.

LUIS, EL QUÍMICO:
Pues yo creo que es un problema que tiene que ver con la gasolina y por lo tanto les sugiero que la analicemos. Bernal, _____[6] (hacer) un análisis del nivel de la gasolina. Pancho, _____[7] (añadir) este líquido especial al tanque. ¡ _____[8] (ir: nosotros) a hacer esto y ya estamos en casa!

PANCHO, EL INFORMÁTICO:
¡No _____[9] (perder: nosotros) el tiempo! No es necesario _____[10] (hacer) nada de eso. Luis, no _____[11] (hacer) nada más. Bernal, _____[12] (sentarse) en el coche y _____[13] (encender) el motor, luego _____[14] (apagarlo), y _____[15] (volver) a encenderlo. No creo que tengamos que hacer nada más.

Proyectos fuera de clase

Haz una búsqueda de sitios de Internet que puedan ser interesantes para la comunidad hispana en general y para las personas que estudian español sobre cada uno de los siguientes temas: tecnología, humanidades, educación y política. Tu lista debe tener dos sitios por lo menos con su respectiva descripción, especificando su utilidad y su diseño.

Tertulia final ¿Es la tecnología siempre un avance y una ventaja?

No hay duda que los avances tecnológicos a lo largo de la historia de la humanidad han contribuido a mejorar la calidad y la duración de la vida. Sin embargo, la tecnología no siempre significa progreso positivo en todos los aspectos. Es posible que un avance técnico sea bueno para una cosa, pero no para otra. ¿Te preocupa algún aspecto del uso cada vez mayor de la tecnología a todos los niveles de la vida humana? ¿Cuáles te preocupan más y por qué?

Pasos y repasos: resultados

En este capítulo hemos repasado y profundizado cómo:

- ❑ se utiliza la tecnología en el mundo de hoy
- ❑ se sitúan ciertas acciones con referencia a otras en el pasado
- ❑ dar y recibir mandatos
- ❑ expresar opiniones y valoraciones sobre la tecnología en el siglo XXI

«A vivir, que
son dos días.»

5

La buena vida

De entrada

Minilectura

Reflexiones Paseos aventureros en Costa Rica

¿Qué te gusta hacer cuando vas de vacaciones? ¿Has oído hablar del ecoturismo? Te interesaría una aventura como esa? En tu opinión, ¿crees que con el aumento de su popularidad el ecoturismo pueda acabar siendo como cualquier otro tipo de turismo? ¿Por qué?

TURISMO SOSTENIBLE Y ECOTURISMO EN *COSTA RICA*

environment
boom

El turismo ecológico (o ecoturismo) en Costa Rica permite preservar la biodiversidad y cuidar de los recursos naturales del país, una práctica en armonía con la naturaleza y el medio ambiente.

Debido a su auge, el ecoturismo se ha convertido en el segmento de más rápido crecimiento y el más dinámico del mercado turístico a escala mundial.

El ecoturismo tiene como base filosófica siete principios, tanto para quienes operan los servicios como para quienes participan en ellos:

It involves

- Contribuye a la conservación de la biodiversidad.
- Sostiene el bienestar de la población local.
- Incluye una experiencia de aprendizaje/interpretación.
- Involucra la acción responsable por parte de turistas y de la industria turística.
- Es ofrecido primordialmente a grupos pequeños por pequeñas empresas.
- Requiere el consumo más bajo posible de recursos no renovables.
- Enfatiza la participación local y da oportunidad de hacer negocios para la población rural.

El paseo de cable entre las copas de los árboles: bosque nuboso Monteverde en Costa Rica.

SOURCE: Edited from:http://www.costaricavacationcr.com/index.php?option=com_content&view=article&id=122&Itemid=143

Ponte a prueba

¿A qué tipo de turismo se refieren las siguientes declaraciones: al turismo más común o al ecoturismo? ¿Cómo se compara esta descripción con la que se aplica al otro tipo de turismo?

1. Es un turismo responsable, que promueve y apoya la conservación de la naturaleza y los valores culturales de las diferentes regiones.
2. Es un turismo que no se preocupa necesariamente por la capacidad del medio ambiente para absorber los efectos de la actividad humana.
3. Este tipo de turismo enfatiza la participación local y da oportunidad de hacer negocios para la población rural.
4. Es un turismo en que el turista puede participar en las actividades diarias de una comunidad rural e incluye una experiencia de aprendizaje o de interpretación.

Antes de mirar Sopa de pescado

- ¿Con qué parientes tuyos te llevas mejor (*get along best*)?
- En tu opinión, ¿son normalmente complicadas las relaciones entre los miembros de una familia? ¿Por qué sí o por qué no?
- ¿Qué crees que significa el término «familia disfuncional»?

«Atravesó la pared. Yo lo vi».

Comprensión y análisis

¿Cierto o falso? Indica si las siguientes ideas son ciertas (C) o falsas (F). Luego, corrige las oraciones falsas.

1. La hija dice que a la abuela no le gustaba la sopa de pescado.
2. El padre pierde su anillo de bodas, pero luego lo encuentra en la sopa.
3. La madre quiere dispararle al pájaro con un revólver.
4. El hijo dice que el pájaro entró por la ventana.
5. La hija dice que la abuela murió en un asilo.

Interpreta Contesta haciendo inferencias sobre lo que se ve y se oye en el corto.

1. ¿Qué hace el padre cuando encuentra el anillo? ¿Por qué crees que hace eso?
2. ¿Con qué compara la niña al pájaro?
3. ¿Qué miembro de la familia parece (*seems*) sentirse mal por la muerte de la abuela? ¿Por qué te parece eso?
4. ¿Qué puede simbolizar el pájaro? Explica tu opinión.

Reflexión Emociones

Nadie duda que la familia es un ingrediente fundamental en el desarrollo exitoso y feliz de una persona. Sin embargo, puede haber un gran desacuerdo en lo que constituye una familia «funcional». En tu opinión, ¿qué se necesita para que se pueda hablar de una familia? ¿Qué se debe dar (*must be met*) en una familia para que el formar parte de ella sea una experiencia positiva en la vida?

Título: «Sopa de pescado»

País: México

Año: 2007

Dirección: Nuria Ibáñez

Reparto: Diego Jaúregui, Alexandra Vicencio, Giselle Kuri, Norman Delgadillo

Premio: Ganador del 6º Concurso Nacional de Cortometrajes; Mejor guión del Festival Pantalla de Cristal, México 2007

vocabulario útil

el ala	wing
el anillo de bodas	wedding band
el asilo	retirement home
la escopeta	shotgun
el Espíritu Santo	Holy Ghost
la pared	wall
aparecer	to turn up
atravesar	to go through (something)
disparar	to shoot

Palabras

La calidad de vida

DE REPASO

el descanso

la dieta

la siesta

el tiempo libre

las vacaciones

la vida

descansar

divertirse (ie, i)

dormir (ue, u) la siesta

escuchar música

estar (*irreg.*) a dieta

estar de vacaciones

hacer (*irreg.*) camping

viajar

el bienestar	well-being
el entretenimiento	entertainment, pastime
el nivel de vida	standard of living
el ocio	leisure
el pasatiempo	pastime
el ritmo de la vida	pace of life
disfrutar/gozar (c)	to enjoy
entretener(se) (*irreg.*)	to entertain (oneself)
pasarlo (o pasarla) bien	to have a good time
relajarse	to relax

Lugares y actividades para el tiempo libre

el baile	dance
la calle	street
el chiste	joke
la discoteca	disco, dance club
la feria	fair
la gastronomía	gastronomy (enjoyment of good food)
el paseo	stroll
la piscina	swimming pool
la playa	beach
la plaza	square

Cognados: **el bar, el carnaval**

bailar	to dance
bajar películas	to download movies
bañarse/nadar	to swim
charlar/platicar (qu)	to chat; to converse
contar (ue) un chiste/una broma	to tell a joke

hacer (*irreg.*) **una barbacoa**	to have a barbecue
hacer un crucigrama	to do a crossword puzzle
ir (*irreg.*) **al cine/al teatro/ a un concierto**	to go to the movies/the theatre/a concert
jugar al dominó/al ajedrez	to play dominoes/chess
pasear	to stroll
trasnochar	to stay up all night
ver televisión (la tele)	to watch television (TV)

La cocina y la mesa

el/la cocinero/a	chef, cook
el comedor	dining room/hall
la cocina	kitchen, cuisine
la copa	wine glass
la cuchara	spoon
la cucharita	teaspoon
el cuchillo	knife
el cuenco	(soup) bowl
la estufa, la cocina	stove
el horno	oven
el lavaplatos	dishwasher
el mantel	tablecloth
el (horno de) microondas	microwave (oven)
la olla	cooking pot
la pimienta	pepper
el plato	plate, dish
la sal	salt
la sartén	frying pan
la servilleta (de papel)	(paper) napkin
la taza	cup
el tenedor	fork
el vaso	glass
la vela (encendida)	(lit) candle

Cognado: **el banquete**

cocer (ue) (z), cocinar (a fuego lento)	to cook (simmer)
freír (i, i)	to fry
hervir (ie, i)	to boil
hornear, cocer al horno	to bake
invitar	to invite; to treat (to offer to pay)
oler a (huelo …)	to smell like
revolver	to stir
saber (*irreg.*) **a**	to taste like

Repaso: **probar (ue)**

¡Buen apetito!/¡Buen provecho!	Enjoy your meal!

ACTIVIDAD 1 ▸ Asociaciones

Paso 1 ¿Qué palabras y expresiones del vocabulario asocias con las siguientes ideas? ¡Hay muchas asociaciones posibles!

1. un domingo
2. un sábado por la noche
3. unas vacaciones
4. una reunión familiar
5. tus amigos
6. el verano
7. un restaurante elegante

Paso 2 La lista del vocabulario en cuanto a formas de **divertirse** y **entretenerse,** y los lugares para hacerlo, no es completa en absoluto. ¿Qué palabras se pueden añadir?

ACTIVIDAD 2 ▸ ¿Con qué se come esto?

¿Qué utensilios de comer se relacionan con las siguientes comidas y bebidas?

1. el té
2. el vino
3. el cereal con leche
4. el pollo en salsa
5. el helado
6. el agua
7. la pasta con salsa de tomate
8. la ensalada

ACTIVIDAD 3 ▸ Definiciones

Paso 1 ¿A qué se refieren las siguientes definiciones?

1. lugar en el que nos refrescamos cuando hace calor
2. rompecabezas (*puzzle*) de palabras y definiciones
3. cocinar algo en el horno
4. hablar con alguien
5. cocinar en el jardín o en el parque
6. comer algo por primera vez

Paso 2 Ahora te toca a ti crear las definiciones de cinco de las palabras de la lista de vocabulario. Tu compañero/a adivinará cuáles son las palabras que estás definiendo.

ACTIVIDAD 4 ▸ ¿Calidad de vida o nivel de vida?

Paso 1 En parejas, comenten si las siguientes circunstancias significan tener una buena calidad de vida o tener un buen nivel de vida. Pueden ser las dos cosas.

1. poder comer al menos tres veces al día
2. tener más de un vehículo personal
3. tener fácil acceso al transporte público
4. poder descansar todo el fin de semana
5. tener un teléfono móvil y una computadora en casa
6. no tener ninguna deuda ni problemas económicos

7. tener un lugar agradable donde vivir

8. tener un mes de vacaciones pagadas al año

9. ver a los buenos amigos y a los parientes cercanos con frecuencia

Paso 2 Ahora discutan en parejas o grupos de tres las siguientes preguntas.

1. ¿Cuál es la diferencia entre la calidad de vida y el nivel de vida?

2. ¿En qué consiste «vivir bien»? Hagan una lista de todos los aspectos que pueden hacer agradable (o desagradable) la vida. Incluyan ejemplos.

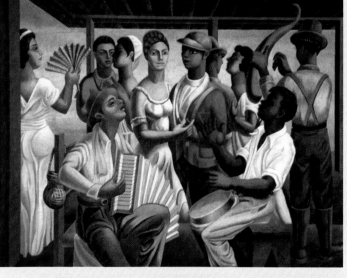

Merengue (1937), del dominicano Jaime Colson.

ACTIVIDAD 5 Encuesta: Preferencias para el tiempo de ocio

Paso 1 Prepara cuatro preguntas para entrevistar a cinco compañeros/as de clase sobre sus preferencias a la hora de pasar su tiempo de ocio. Hazles tus preguntas.

Ejemplos: ¿Cuál es tu entretenimiento favorito?
¿Cuántas horas de ocio sueles pasar el sábado?

Paso 2 Ahora analiza los resultados de tu encuesta para presentarlos a la clase. ¿Son las respuestas que esperabas? ¿Coinciden con tus propias respuestas?

Plaza de Independencia, Quito, Ecuador

La vida social

En el mundo hispano, tanto en pueblitos como en grandes ciudades, la gente tiende a usar mucho los espacios públicos. La calle —es decir, cualquier calle— es un lugar donde vive gente y donde hay o puede haber comercio y, por lo tanto, un lugar con alto valor social y económico.

Hay que destacar[a] también la importancia social de las plazas. Algunas de ellas son grandes e importantes por su historia y arquitectura, como la Plaza Mayor de Madrid, la Plaza de Mayo en Buenos Aires, la Plaza de Armas en Santiago de Chile, la Plaza de Independencia en Quito o el Zócalo en México, D.F., por nombrar algunas de las más grandes y famosas. Pero aun los pueblos más pequeños tienen su plaza y en las grandes ciudades hay al menos una en cada barrio. Las plazas hispanas son un lugar de reunión desde los tiempos en que servían (y aún sirven en muchos casos) como área de mercado y de feria. Las plazas son lugares de juego para los niños y de entretenimiento para los adultos, quienes se sientan en bancos[b] o pasean y miran todo lo que pasa alrededor.

Un bar con terraza en Madrid, España

No podemos hablar de la vida social sin hablar de los cafés, los bares y los restaurantes. Aunque se encuentran en casi todos los lugares del mundo, ir a estos establecimientos es muy común para personas de todas las edades en los países hispanos. En España, por ejemplo, el bar es un gran centro de la vida social del barrio: siempre hay un bar «de enfrente»[c] o «de la esquina»[d] y son lugares de reunión asidua[e] para amigos y familia. Por otro lado, el concepto del «café» tiene mucha más raigambre[f] en el mundo hispano que, por ejemplo, en Canadá.

Finalmente, hay que hablar del mercado. Todas las ciudades y pueblos tienen mercados centrales o por barrios. Es allí donde se suele encontrar los productos más variados y frescos y, por supuesto, los más tradicionales para la cocina del país. Aunque los nuevos supermercados con frecuencia hacen difícil la supervivencia de los mercados tradicionales, estos siguen siendo lugares céntricos y, en muchos casos, espectaculares. Además, en casi todos los lugares existe un mercadillo semanal, con vendedores ambulantes, en el cual se venden ropa y cosas para la casa.

[a]*highlight* [b]*benches* [c]*across* [d]*on the corner* [e]*frecuente* [f]*tradición*

Tertulia Comparaciones

- ¿Encuentran Uds. diferencias entre el uso que se hace de las calles y las plazas en su ciudad o pueblo con el que se hace en las ciudades hispanas? ¿Qué ventajas y desventajas encuentran en el uso «social» de las calles?

- ¿Qué otras diferencias notan Uds. entre las ciudades hispanas y las canadienses con respecto a los bares, cafés y mercados?

Estructuras

⑭ El presente de subjuntivo: Introducción y contexto de influencia

Up to now you have reviewed and practised verbs from the indicative mood. But Spanish also has the subjunctive mood (**modo subjuntivo**); you may already have studied the subjunctive in your introductory Spanish course.

The subjunctive mood has four tenses:

Presente (*present*)
Imperfecto (*past*)
Presente perfecto (*present perfect*)
Pluscuamperfecto (*pluperfect*)

Quiero que **pruebes** estos churros con chocolate.

In this and the next two chapters you are going to study the contexts in which the subjunctive appears, as well as the forms of the present subjunctive. You will study the other subjunctive tenses in **Capítulos 8, 9,** and **10.**

The subjunctive mood is mostly used in complex sentences, to reflect actions that are not considered plain reality. A complex sentence is a sentence with more than one clause (**cláusula**). A clause is a verb phrase within a sentence. Every complex sentence has a main or independent clause (**cláusula principal o independiente**) and one or more subordinate or dependent clauses (**cláusula subordinada o dependiente**).

It is in the dependent clause that the subjunctive most often appears. The verbs in the main clauses are always in the indicative mood. But not all the subordinate clauses have verbs in the subjunctive; they can also be in the indicative or in the infinitive form.

MAIN CLAUSE	SUBORDINATE CLAUSE	
Quiero	que me **ayudes.**	*I want you to help me.*
Quiero	ayudarte.	*I want to help you.*
Pienso	que ella ayuda mucho.	*I think she helps a lot.*
Es urgente	que nos **ayudes.**	*It's urgent that you help us.*
No hay nada	que le **guste.**	*There's nothing he likes.*
Lo hace	para que **estés** bien.	*She does it so you are OK.*

FORMS

Regular forms of the present subjunctive

-ar: cantar		-er: correr		-ir: decidir	
cante	cantemos	corra	corramos	decida	decidamos
cantes	cantéis	corras	corráis	decidas	decidáis
cante	canten	corra	corran	decida	decidan

Quiero que **conozcas** a mi familia.

Verbs with spelling changes

Verbs that end in **-gar, -car,** or **-zar** have a spelling change in the subjunctive.

-gar → gu: llegar		-car → qu: sacar		-zar → c: empezar	
llegue	lleguemos	saque	saquemos	empiece	empecemos
llegues	lleguéis	saques	saquéis	empieces	empecéis
llegue	lleguen	saque	saquen	empiece	empiecen

Verbs with irregular **yo** forms in the present indicative

The irregular **yo** forms from the present indicative are used in the present subjunctive.

salir → salgo		oír → oigo		conocer → conozco	
salga	salgamos	oiga	oigamos	conozca	conozcamos
salgas	salgáis	oigas	oigáis	conozcas	conozcáis
salga	salgan	oiga	oigan	conozca	conozcan

Stem-changing and irregular verbs

The stem-changing verbs follow a pattern similar to that of the present indicative: the stressed vowel becomes a diphthong (some **-ir** stem-changing verbs simply have a vowel change, like **pedir** → pida). Notice that the **-ir** stem-changing verbs also have a stem change (e → **i**, o → **u**) in the unstressed syllable in the **nosotros** and **vosotros** forms.

e → ie: pensar		e → ie, i: divertir		e → i, i: pedir		o → ue, u: morir	
piense	pensemos	divierta	divirtamos	pida	pidamos	muera	muramos
pienses	penséis	diviertas	divirtáis	pidas	pidáis	mueras	muráis
piense	piensen	divierta	diviertan	pida	pidan	muera	mueran

Frequent irregular verbs

ir		saber		ser	
vaya	vayamos	sepa	sepamos	sea	seamos
vayas	vayáis	sepas	sepáis	seas	seáis
vaya	vayan	sepa	sepan	sea	sean

USES

In this section you will study a type of noun clause and when to use the subjunctive in this context. The following chapters will cover all the different contexts for complex sentences and when to use the subjunctive in each case.

Nominal or noun clauses (*cláusulas nominales*)

- A nominal clause is a clause that functions as a noun or a noun phrase, that is, as a subject or direct object of the verb in the main clause.

When the subject of the main verb is the same as the subject of the subordinate verb, the second verb is in the infinitive form.

Necesito comer ahora.	*I need to eat now.* (**I** need; **I**'m going to eat)
Queremos comprar otra barbacoa.	*We want to buy another barbecue.* (**We** want; **we**'re going to buy)
Espero acompañar a Jaime a la discoteca esta noche.	*I hope to go with Jaime to the dance club tonight.* (**I** hope; **I**'m going to go with him)

When the main and subordinate verbs have different subjects, the second verb must be conjugated and preceded by **que.**

Quiero **que comas** ahora.	*I want **you** to eat now.* (**I** want; **you** eat)
Necesitamos **que** Mamá y Papá **compren** otra barbacoa.	*We need **Mom and Dad** to buy another barbecue.* (**We** need; **they** buy)
Espero **que acompañes** a Jaime a la discoteca esta noche.	*I hope **you** go with Jaime to the dance club tonight.* (**I** hope; **you** go)

¡OJO!
- **Que** is not optional in Spanish, as *that* is in English.
- Notice in the examples above that there are several constructions in English to translate the Spanish subordinate clauses.

Papá **quiere** que le **ayudemos** con la barbacoa.

- **Types of noun clauses according to meaning**
  There are several types of noun clauses, depending on the type of verb or expression in the main clause. Each group requires either the subjunctive or indicative.

Subordinate clauses that take **subjunctive** Verbs in main clauses express:	Subordinate clauses that take **indicative** Verbs in main clauses express:

Influence
verbs that intend to make someone else do something:

aconsejar	to advise	**prohibir (prohíbo)**	to prohibit
decir (irreg.)	to tell (as command)	**querer (ie)**	to want; to love
esperar	to expect; to hope	**requerir (ie, i)**	to request; to require
insistir en	to insist on		
ordenar	to order; to command	**sugerir (ie, i)**	to suggest
pedir (i, i)	to ask for	**suplicar (qu)**	to beg
permitir	to permit		

Belief/Knowledge
verbs and expressions that express what we know or believe to be true:

creer	to believe
estar (irreg.) **claro**	to be clear
estar seguro/a	to be (feel) sure
pensar (ie)	to think
ser (irreg.) **obvio**	to be obvious
ser seguro	to be sure

Emotion
verbs or expressions that show someone's emotional reaction toward the actions of others:

alegrarse	to be glad
desear	to desire; to want
sentir	to be sorry
ser (irreg.) **(una) lástima**	to be a pity

You will learn more emotion verbs and expressions in **Capítulo 6.**

Perception
verbs and expressions that show how we perceive reality physically:

notar	to notice
oír (irreg.)	to hear
percibir	to perceive
ser evidente/obvio	to be evident/obvious
ver (irreg.)	to see

Doubt/Denial
verbs or expressions that reveal doubt about or deny the actions of others:

dudar	to doubt
negar (ie) (gu)	to deny
no creer	to not believe
no estar (irreg.) **seguro/a**	to not be sure
no pensar (ie)	to not think

You will learn more doubt verbs and expressions later in this chapter.

Information
verbs that report information:

decir (irreg.)	to tell (to relay information)
informar	to inform
repetir (i, i)	to repeat

¡OJO! All the verbs in the right column require subjunctive when they are negative, because they do not reflect a reality that is known and proven for the speaker. **No dudar** and **no negar** will trigger the indicative, as the speaker is **not** doubting or denying a reality.

ACTIVIDAD 1 ¿Infinitivo o subjuntivo?

¿Infinitivo o presente de subjuntivo? Reescribe las siguientes oraciones.
Si es necesario, conjuga los verbos que están entre paréntesis según los
sujetos con ellos. ¡OJO! Si el verbo debe ser conjugado, no olvides incluir
la conjunción **que.**

1. Yo quiero (yo: mandar) un correo electrónico a mi hermana.

2. Nosotros deseamos (nosotros: comprar) un teléfono móvil nuevo.

3. Juan insiste en (tú: leer) el artículo entero.

4. Los de la agencia esperan (vosotros: poder) mandar el fax pronto.

ACTIVIDAD 2 ¿Subjuntivo o indicativo?

Haz oraciones completas combinando las cláusulas principales con las
subordinadas de una manera apropiada. En algunos casos puede haber
más de una opción.

1. La receta (*recipe*) dice que...

2. Los críticos de cine dicen que...

3. Estela cree que...

4. Los jóvenes no creen que...

5. Sabemos que...

6. Es obvio que...

7. Mi padre me sugiere que...

8. Los organizadores de la feria esperan...

a. invite a toda la familia al banquete.

b. la playa es más agradable que la piscina.

c. el ecoturismo es una actividad sostenible.

d. tener buen tiempo para todos los eventos.

e. la nueva película de Isabel Coixet es estupenda.

f. las actividades de ocio son beneficiosas para la salud.

g. sea fácil jugar al ajedrez.

h. se añadan los huevos uno por uno.

ACTIVIDAD 3 El ritmo de la vida

En parejas, hagan una serie de oraciones que expresen sus
ideas sobre el ritmo de la vida moderna. Utilicen las
siguientes cláusulas principales si necesitan ayuda.
¡OJO! Uds. deben usar el subjuntivo después de **que** en
dos de estas cláusulas principales, y también puede ser
necesario usar subjuntivo después de **que** en otras cláusulas
que Uds. quieran usar para empezar sus oraciones.

Ejemplo: Sabemos que... → hay poco tiempo para
relajarse en la vida moderna.

1. Sabemos que...

2. Creo que...

3. No creo (que)...

4. Se puede ver que...

5. En mi opinión, el mayor problema es que...

6. Espero que...

Se ve que la presentación del plato es importante.

15 El subjuntivo en cláusulas nominales: Expresiones de emoción y duda

The subjunctive in nominal clauses for verbs and expressions of influence was introduced above. In this grammar point, you will study other contexts that require the subjunctive in nominal clauses: when the main verb expresses an emotional reaction to some event or doubt about an occurrence.

Ojalá que esa sopa **esté** tan buena como la de mi mamá.

VERBS AND EXPRESSIONS OF EMOTION

agradecer (zc)	*to be grateful*
alegrar(se) (de)	*to be happy*
asombrar(se) (de)	*to be shocked; to be amazed*
avergonzar(se) (üe) (c) (de)	*to be ashamed*
enojar(se) (de)	*to become angry*
esperar	*to hope*
estar (*irreg.*) contento/a (de)	*to be happy that*
extrañar	*to seem strange*
gustar	*to like*
molestar(se) (por)	*to be bothered by*
ser (*irreg.*) lástima	*to be a pity; to be a shame*
ser extraño/raro	*to be unusual*
ser sorprendente	*to be surprising*
ser necesario/urgente/ mejor/peor	*to be necessary/to be urgent/ to be better/to be worse*
tener (*irreg.*) ganas (de)	*to feel like; to want*
tener miedo	*to fear*
ojalá (que)	*I hope/I wish*

Ojalá comes from the Arabic expression *May Allah want/grant.* In Spanish, **ojalá** is no longer a verb, so it cannot be conjugated. It can only be used to express the wishes of the person who is speaking.

Ojalá (que) todo vaya bien esta noche.	*I hope everything goes well tonight.*

VERBS AND EXPRESSIONS OF DOUBT

dudar	*to doubt*
no creer	*to not believe*
no ser cierto	*to not be certain*
no estar claro	*to not be clear*
no estar seguro/a	*to be unsure*
no pensar (ie)	*to not think; to not believe*
ser dudoso	*to be doubtful*

RECORDATORIO

Pensar and **creer** in an affirmative sentence require the indicative. **No pensar** and **no creer** require the subjunctive, as what they refer to is not a certainty for the speaker.

ACTIVIDAD 1 ¡Busco compañeros!

A continuación vas a leer la consulta que «Solito en Edmonton» le envió a *El Gastronauta*, un *blog* sobre la gastronomía, y la respuesta que recibió. Completa la respuesta con los verbos y expresiones que le faltan. Puedes usar las que siguen, pero hay más.

alegrarse	extrañar	recomendar
(no) creer	ojalá	ser raro
esperar	(no) pensar	ser sorprendente

Langosta a la catalana

Querido *Gastronauta*:

Soy técnico de informática y acabo de mudarme (*move*) a Edmonton. Todavía no conozco a nadie. Pero me encanta la cocina regional de España, y quiero conocer la escena gastronómica española de esta ciudad. Necesito saber si hay algún grupo o club de aficionados como yo, porque ¡me parece importante compartir las buenas comidas! He tratado de buscar esto en Internet, pero no lo encuentro. Me interesaría cenar dos o tres veces al mes en restaurantes españoles, pero no encuentro con quién salir. Espero que me puedas ayudar u orientar.

«Solito en Edmonton»

Querido Solito:

_____¹ de que quieras compartir este interés tuyo, pero _____² que vivas en Edmonton y no encuentres con quién salir. _____³ que no tengas algún compañero de trabajo que pueda ayudarte. _____⁴ que te pongas en contacto directamente con los restaurantes. _____⁵ que ellos pueden informarte sobre esta actividad en sus locales. _____⁶ que vas a probar muchos platos exquisitos. _____⁷ que encuentres pronto a algunos buenos compañeros de mesa. ¡_____⁸ que disfrutes mucho la cocina española en Edmonton!

El Gastronauta

ACTIVIDAD 2 La buena vida para mí

Empareja cada frase con una cláusula nominal para formar oraciones que tengan sentido para ti. Decide si el verbo de la cláusula nominal debe estar conjugado en el presente de indicativo o de subjuntivo, dependiendo de la cláusula principal.

1. Ojalá (que)...

2. (No) Me gusta (que)...

3. Lamento (que)...

4. Estoy seguro/a de (que)...

5. (No) Creo (que)...

6. Espero (que)...

7. (No) Me molesta (que)...

8. Dudo (que)...

9. Es necesario (que)...

a. trabajar es bueno.

b. los profesores me dan mucha tarea para el fin de semana.

c. tomar mucho sol es bueno para la piel.

d. las familias salen a comer de vez en cuando.

e. hay un concierto estupendo este fin de semana.

f. va a hacer buen tiempo el domingo para la barbacoa.

g. algunas personas hablan en el cine.

h. trasnochar todos los días es bueno para la salud.

i. ver la televisión toda la tarde es un buen entretenimiento.

j. lo vamos a pasar muy bien en la feria esta noche.

Hacer el rafting en el río Pacuare, en Costa Rica.

ACTIVIDAD 3 ▸ Reacciones

¿Cómo reaccionas a las siguientes ideas? Repite cada una de ellas, empezando con una cláusula principal en que expreses tus emociones o digas si la crees o no, haciendo los cambios que sean necesarios.

1. En otros países se vive mejor que en mi país.
2. La comida mexicana es la más rica del mundo.
3. Trabajar es un castigo (*punishment*).
4. Los hispanos creen que los canadienses somos aburridos.
5. Viajar con toda la familia es muy divertido.
6. Cenar todos los días en un restaurante es mejor que cenar en casa.
7. La mejor manera de relajarse es quedarse en casa.
8. El ecoturismo contribuye positivamente al medio ambiente.

ACTIVIDAD 4 ▸ Dudas y temores

En parejas, discutan cuáles son sus temores y dudas en la vida. Pueden ser muy específicos o muy generales, como lo prefieran.

> *Ejemplo:* Uno de mis mayores temores es que yo no pueda combinar un trabajo interesante con una vida que me satisfaga, pues dudo mucho que sea muy fácil encontrar el equilibrio perfecto entre el trabajo y el ocio.

16 Los usos de *se*: el *se* impersonal y el *se* pasivo

In order to avoid the use of a specific subject, **se** is used in Spanish preceding the verb in third person, singular or plural.

The order of the verb and subject/object is not important, but **se** must immediately precede the verb.

Solo **se** habla español en clase.	En clase **se** habla solo español.
En España **se** come bien.	**Se** come bien en España.

En las plazas **se** puede ver gente de todas las edades.

USES

This construction is frequently used in the following contexts.

- When the action is done by people in general. These actions are expressed in English by using *somebody*, *one*, impersonal *they*, non-specific *you*, or *people* as subject of the sentence, or by using a passive construction.

Se come muy bien allí.	*You eat very well there.*
En España **se hablan** cuatro lenguas.	*Four languages are spoken in Spain.*
Se dice que la cocina española es muy diversa.	*They say that Spanish cuisine is very diverse.*
Se pintó la pared de varios colores.	*Somebody painted the wall several colours.*

- When an action is conveyed as if it were passive, without specific information about who performed it. This construction is grammatically reflexive (sing./plural 3rd-person subject + **se** + sing./plural 3rd-person verb; see Capítulo 2) but its sense is passive.

El centro comercial **se abre** a las 9:00 de la mañana.	*The mall opens (is open) at 9:00 A.M.*
Deben **satisfacerse** las necesidades de la sociedad.	*The needs of society must be satisfied.*
Se cortan las cebollas en rodajas.	*The onions are sliced.*

Logically, the onions do not literally slice themselves, but the structure is reflexive. As you can see in the above examples, this construction is often translated as the passive voice in English.

Se cortan en rodajas.

- The **se** construction varies a little when the verb affects one or more persons. In this case, the verb appears always in singular and the human object is an indirect object, which must always be introduced by **a** (or substituted by an indirect object pronoun.)

Hubo un incendio y se llamó **a los bomberos.**	→ Se **les** llamó.
There was a fire and the firefighters were called.	→ *They were called.*
Se despidió **a más de cien empleadas.**	→ Se **les** despidió.
More than a hundred employees were laid off.	→ *They were laid off.*

Los familiares **se despidieron** de Asim. (Lo despidieron./ Se despidieron.)

RECORDATORIO

As in English, the verb in third-person plural can be used in this type of sentence to express the impersonal *they*.

Hacen una salsa riquísima en el Mesón de Pablo.	*They make excellent sauce at* Mesón de Pablo.
Hablan cuatro lenguas en España.	*They speak four languages in Spain.*

ACTIVIDAD 1 Qué tipo de *se*?

Indica qué tipo de **se** se usa en cada oración.

1. ______ En esta clase no se habla inglés.
2. ______ Benjamín se acuesta muy tarde los sábados.
3. ______ Se pelan y se pican los tomates.
4. ______ Eso no se dice.
5. ______ Se invitó a todos los profesores.
6. ______ Las hermanas se llaman con mucha frecuencia.
7. ______ La piscina se abre a las 10:00 de la mañana.
8. ______ No se nos avisó a tiempo.

a. impersonal/pasivo
b. cuando el objeto indirecto es una persona
c. recíproco/reflexivo

ACTIVIDAD 2 ¿Qué se hace en estos lugares y situaciones?

Explica qué cosas se hacen normalmente en las siguientes circunstancias.

1. un día normal en tu universidad
2. un sábado en tu universidad
3. un primero de julio (día de Canadá) en tu ciudad/pueblo
4. un día festivo de invierno en tu provincia

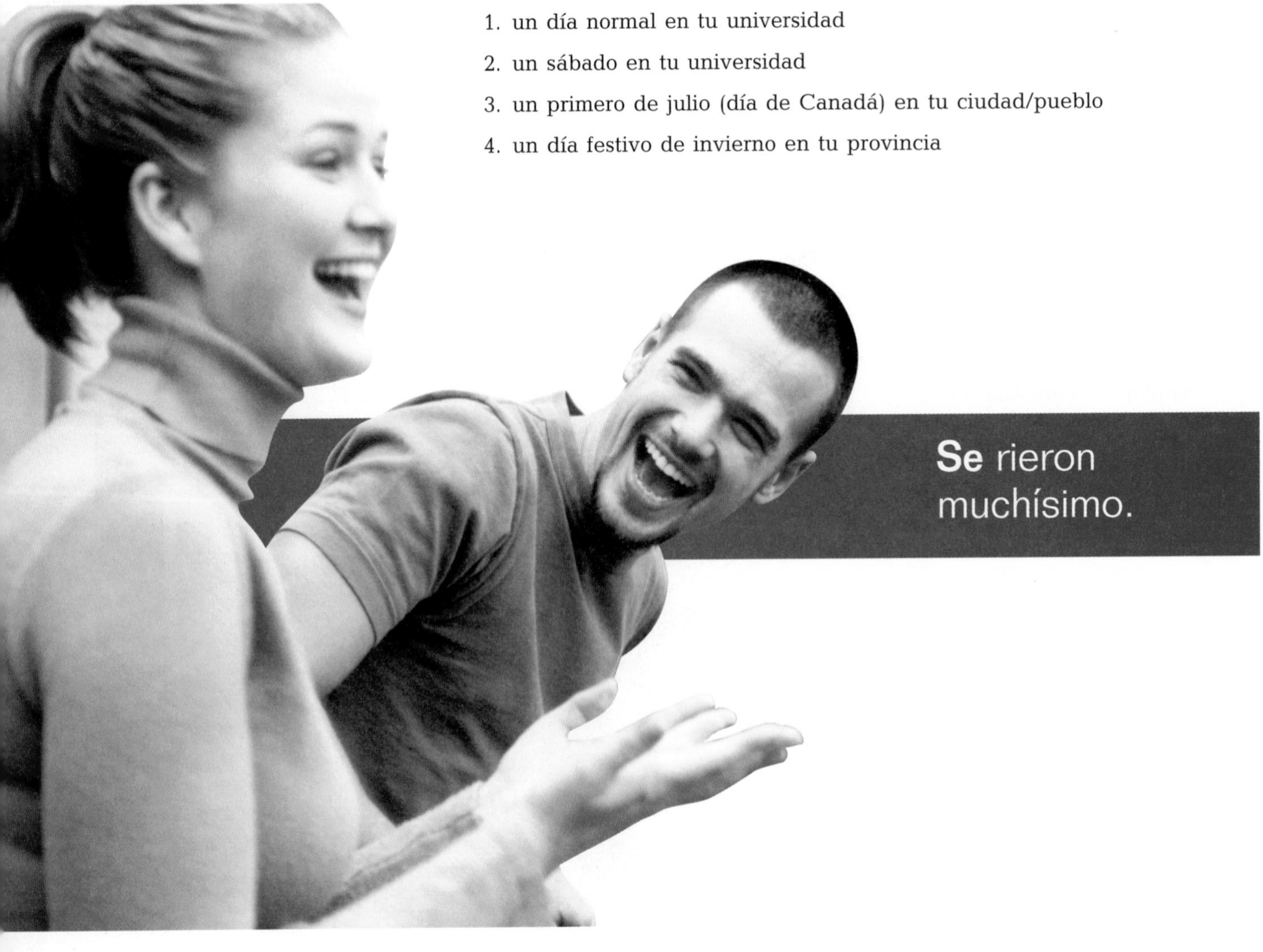

Se rieron muchísimo.

ACTIVIDAD 3 > Otra manera de decirlo

Expresa las siguientes ideas usando una oración con **se**.

Ejemplo: Alguien cierra la oficina a las 2:00. → La oficina se cierra a las 2:00.

1. Alguien cierra las tiendas a las 7:00.

2. En esa frutería nadie puede pagar con tarjeta de crédito.

3. La gente contribuye a la conservación de la biodiversidad.

4. Si la gente toma el sol a las 2:00 de la tarde, se quema con facilidad.

5. Nadie me explicó lo que yo no podía hacer.

6. Llamaron a todos los profesores del departamento.

7. La gente puede perder mucho dinero en el casino.

8. Hablamos francés aquí.

9. Convocaron a todos los miembros de la asociación.

La oficina **se** cierra a las 2:00.

vocabulario

útil

el aderezo	dressing, topping
la cacerola	pot, large pan
la crema agria	sour cream
la cucharada	tablespoonful
la cucharadita	teaspoonful
el sobre	envelope
añadir	to add
escurrir	to drain
picar (qu)	to chop finely
sofreír (sofrío)	to fry/to sauté

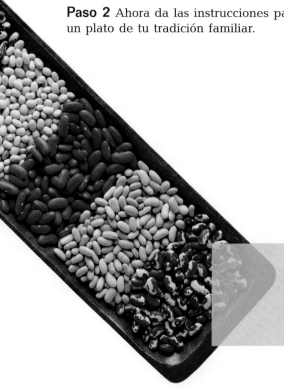

`ACTIVIDAD 4` **Una receta de cocina: Sopa de frijoles negros**

Paso 1 Los frijoles o habichuelas son solo dos de los muchos nombres que existen en el mundo hispano para *beans*. La siguiente receta para sopa de frijoles fue sacada de la página de Internet de la famosa marca Goya, donde hay muchas otras recetas deliciosas. Después de leer las instrucciones, cámbialas para dar nuevas instrucciones usando **se**.

Ejemplo: En una cacerola se calienta el aceite a fuego moderado.

Sopa de frijoles negros
Un plato clásico: elegante y delicioso. Disfrútelo como sopa o sírvalo con arroz.

2 cucharadas de aceite de oliva Goya
3/4 taza de cebolla finamente picada
1/2 taza de pimiento verde finamente picado
2 cucharadas de ajo picado Goya o 4 dientes de ajo picados en trocitos
2 latas de 15.5 onzas de frijoles negros Goya, sin escurrir
2 cucharaditas de orégano
11/2 taza de agua
2 sobres de sazón Goya sin achiote
2 cucharadas de vino blanco de cocinar Goya o vinagre de manzana

Aderezos opcionales:
cebolla picada
arroz blanco cocido
crema agria

1. En una cacerola, caliente el aceite a fuego moderado. Añada, a la vez que mezcla, la cebolla, el pimiento y el ajo; sofría hasta que estén cocidos, alrededor de ocho a diez minutos.

2. Añada y mezcle el resto de los ingredientes. Deje hervir. Reduzca la temperatura y cocine a fuego lento por diez minutos. Sirva con los aderezos deseados.

Paso 2 Ahora da las instrucciones para hacer uno de tus platos favoritos o un plato de tu tradición familiar.

Primero **se** remojan los frijoles.

17 Los usos de *se*: el *se* accidental

In Spanish, a sentence with **se** is often used to talk about unexpected and unintended events—that is, accidents and incidents that someone may have caused but in an unintentional manner. This construction is often referred to as *accidental se*. The desired effect is to show someone (who could be the actual "doer" of the action) as the "victim" of the mishap.

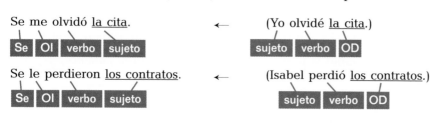

Se me olvidó <u>la cita</u>.

| Se | OI | verbo | sujeto |

← (Yo olvidé <u>la cita</u>.)

| sujeto | verbo | OD |

Se le perdieron <u>los contratos</u>.

| Se | OI | verbo | sujeto |

← (Isabel perdió <u>los contratos</u>.)

| sujeto | verbo | OD |

- Frequently used verbs with this construction (usually negative connotation)

acabar/terminar	*to run out (of something)*
caer	*to fall*
olvidar	*to forget*
perder	*to lose*
quedar	*to remain; to leave (behind)*
quemar	*to burn*
mojar	*to get wet*
romper	*to break*

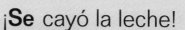

¡**Se** me olvidó terminar el reporte sobre el ecoturismo!

- The accidental **se** construction is grammatically a reflexive action: it appears as if the object of the action does something to itself. The indirect object shows who "suffers" from the action and, very likely, who actually caused the accident. The indirect object does not always appear; either we do not know who caused the accident or may not want to acknowledge what we did.

Se cayó la leche.	*The milk fell. (not known how)*
Se me cayó la leche.	*The milk fell. (I dropped it.)*
Se rompieron las gafas.	*The glasses broke. (not known how)*
Se me rompieron las gafas.	*My glasses broke. (I broke them.)*
Se te rompieron las gafas.	*Your glasses broke. (You broke them.)*
—¡Papi, se cayó la leche!	*—Daddy, the milk spilled!*
—Ya veo. ¿Cómo se te cayó?	*—I see. How did you spill it? (How did it spill on you?)*

- Possession with the accidental **se** can be marked by the indirect object pronoun alone, as in the reflexive constructions that describe daily routine. The use of a possessive adjective typically marks an owner different from the doer.

Se me rompieron **las** gafas.	*My glasses broke./I broke my glasses.*
Se me rompieron **tus** gafas.	*I broke your glasses.*

¡**Se** cayó la leche!

- To avoid redundancy, the subject is dropped, as is the norm in Spanish.

—¿Dónde está **la leche**?	*—Where's the milk?*
—No hay. **Se nos acabó** esta mañana.	*—There is none. It ran out this morning. (We ran out of it.)*

¡OJO! **La leche** here is not a direct object, but a subject. Therefore, **la** cannot be used instead of **la leche**.

¿A quién **se le olvidó** comprar comida?

- To emphasize or clarify the indirect object, a prepositional phrase **a** + *pronoun* is added.

  —¿**A quién** se le olvidó comprar la leche?   *Who forgot to buy the milk?*

  —**A Pepe.** Y **a mí** se me olvidaron los huevos.   *Pepe did. And I forgot the eggs.*

- The accidental -**se** construction is very flexible, and the parts of the sentence can appear in different order. But **se** must always appear before the verb and the indirect object pronoun, if there is one.

  Se les terminó la paciencia.   *They ran out of patience.*
  La paciencia **se les terminó**.   *They ran out of patience.*

ACTIVIDAD 1 ▶ Oraciones incompletas

Completa las siguientes oraciones. A todas les falta algo: **se,** el objeto indirecto o uno de los verbos de la lista.

acabar	olvidar	perder	quemar	romper

Ejemplo: A mí no <u>**se**</u> <u>**me**</u> olvidó mandar la solicitud hoy.

1. A mí _____ _____ pierden las llaves y _____ me _____ la comida con frecuencia.

2. A ti nunca se _____ _____ nada.

3. A mis amigos siempre se _____ _____ la fecha límite de los trabajos de clase.

4. _____ nos _____ las solicitudes ayer.

5. ¿No _____ _____ _____ nunca las gafas a Ud.?

ACTIVIDAD 2 ▶ ¡Uy! (*Oops!*)

Mira los dibujos y explica lo que pasa en cada uno de ellos usando la construcción con **se** accidental.

1.

2.

3.

ACTIVIDAD 3 ▶ Accidentes comunes

Paso 1 ¿Eres una persona torpe (*clumsy*)? ¿Qué accidentes te suelen ocurrir y cuáles no? Haz una lista.

Ejemplo: Se me quedan las llaves dentro del coche algunas veces.

Paso 2 Pregúntales a tus compañeros si les suelen ocurrir los mismos accidentes que a ti. Después, entre todos, indiquen cuáles son los accidentes más comunes entre los estudiantes universitarios.

ACTIVIDAD 4 ¡Qué vergüenza! (*How embarrassing!*)

Cuéntales a los compañeros sobre un momento vergonzoso que te ocurrió (en el trabajo, en la escuela o en las vacaciones). No olvides usar la construcción con **se** accidental siempre que sea posible.

Ejemplo: El verano pasado, cuando yo trabajaba en una oficina, se me cayó una taza de café sobre unos documentos importantes que estaban en una mesa.

Se nos rompieron las copas.

NOTA LINGÜÍSTICA   Resumen de los usos de *se*

En el **Capítulo 2**, repasamos el «se» reflexivo, el «se» recíproco y el uso de «se» en vez de *le/les*:

- **Verbos reflexivos**

  Acciones que afectan al sujeto

Yo **me acosté** a las 8:00, pero Julio no **se acostó** hasta las 11:00.	*I went to bed at 8:00, but Julio didn't go to bed until 11:00.*

  Verbos que toman un pronombre reflexivo

Me divertí mucho en el bosque nuboso, pero Rafa **se divirtió** aun más.	*I really had fun in the cloud forest, but Rafa had even more fun.*

- **Verbos recíprocos**

  Siempre en forma plural.

Nosotras **nos dimos** un abrazo, pero ellos ni siquiera **se dieron** la mano.	*We hugged each other, but they didn't even shake hands.*

- *se* **en vez de** *le/les*

  Los pronombres de objecto indirecto **le/les** se convierten en **se** delante de **lo(s)/la(s)**.

—¿**Le** diste el libro **a Mario**?	—*Did you give Mario the book?*
—Sí, **se lo** di esta mañana.	—*Yes, I gave it to him this morning.*

En este capítulo, hemos estudiado el «se» impersonal/pasivo, y el «se» accidental.

- **Impersonal/pasivo**

  Para hacer generalizaciones

Se habla guaraní en Paraguay.	*Guaraní is spoken in Paraguay.*

  Para evitar nombrar a la(s) persona(s) que hace(n) la acción

Se planeó un viaje ecoturístico.	*An ecotourism trip was planned.*

  Para dar instrucciones, por ejemplo, como en recetas de cocina

Se cortan las patatas.	*Cut the potatoes.*

- **Accidental**

  Para expresar acciones accidentales o no planeadas

Se me perdió el pasaporte.	*I lost my passport.*
Se nos murió el pez de colores.	*Our goldfish died.*

Se busca habitación con vista al mar.

From Spain with Love: Rompiendo tópicos culinarios
por Núria Meléndez (Toronto)

La magia de la cocina española y todos los secretos culinarios que entraña[a] España se muestran en el programa de cocina *From Spain with Love* conducido por la chef torontoniana Annie Sibonney en el canal de televisión Food Network Canada.

El programa, dividido en trece reportajes[b] que enseñan los platos típicos de distintas regiones de España, sumerge al espectador en la gastronomía del país mediante el testimonio directo de Annie.

Pero el programa no solo da a conocer los platos más famosos de la zona, sino que también es un viaje cultural por las ciudades y personas que llenan de vida cada territorio español de un país que «vive obsesionado por la comida» y donde la gente vive la gastronomía «con todo su amor y pasión, siendo cada persona un crítico gastronómico», explica Annie, quien confiesa que este trabajo es una «carta de amor» que exhibe la pasión que siente por la tradición y el arte culinario español.

La comida es una forma de conectar con la cultura, el paisaje y la gente; y en este programa Annie rompe con «los clichés de que en España solo hay paella y sangría o que toda la comida es picante». A lo largo del programa la chef descubre al espectador los platos que le han cambiado la vida, tanto como las historias albergadas en cada receta y tradición gastronómica de ciudades como Barcelona o Madrid, y de regiones como Extremadura o el País Vasco.

Uno de los rasgos que definen la cocina española y la diferencian del resto es su gran diversidad y contradicciones entre las diferentes regiones. En España se pueden encontrar «platos sencillos elaborados de la manera más rústica y tradicional con los mejores productos del mercado», y a la vez «una cocina de vanguardia[c] que incluye a los mejores cocineros del mundo y que nunca pierde sus raíces tradicionales».

En el reportaje *A Taste of Southern Spain,* el equipo de Annie viaja hasta el Sur de España para explorar la comida, bebida y cultura de la zona; se incluyen el famoso y tradicional gazpacho, el «pescaíto» frito[d] de Sevilla y una muestra de un espectáculo de flamenco. Asimismo, todos los capítulos del programa emitidos hasta la fecha están disponibles en la web del canal de televisión, así como recetas procedentes de España.

El éxito del programa y su gran aceptación entre el público estadounidense y canadiense, hace plantear a Annie la idea de aventurarse a rodar un nuevo programa con el mismo formato en otro país. Entre los lugares en los que le gustaría mostrar la cocina regional se encuentra México por tener «una de las culturas más ricas en gastronomía», Brasil y Perú por poseer «una gran riqueza que mucha gente desconoce».

[a]*holds dear* [b]*episodes* [c]*de... progressive; ground-breaking* [d]*el... fried fish platter*

Tertulia *From Spain with Love*

- ¿Están familiarizados con algún tipo de comida española? ¿Qué les gusta de esta comida?
- ¿Es la comida importante en la tradición cultural de Uds.? ¿y en su familia, en particular?
- En general, ¿piensan que la comida es capaz de albergar tradiciones culturales y/o familiares? ¿Por qué? ¿Piensan que la comida española es más capaz de ser apreciada por los de otras culturas en este país, en comparación con la comida de otros orígenes? Justifiquen sus respuestas.

México se devora su historia culinaria

Reflexiones

El artículo que vas a leer apareció en la revista del periódico colombiano *Tiempos del mundo*.

ACTIVIDAD 1 ▶ Un concurso gastronómico

Indica las palabras del **vocabulario útil** que mejor completen el párrafo. Si falta algún verbo debes conjugarlo apropiadamente.

Ayer se celebró en el restaurante Hermanos Santos un concurso _____[1] para _____[2] el Día de la Independencia. El público invitado al evento _____[3] los _____[4] preparados por cocineros y cocineras de todos los rincones de México. El primer premio lo recibió Inmaculada Martín por sus _____[5] rellenos de queso y carne molida. El segundo premio lo recibió Salustiano Flores por su postre de dulce de leche con _____[6] _____,[7] el organizador del concurso, José Rodríguez, declaró, mientras _____[8] un plato de mole poblano [a], que todas las recetas eran dignas de recibir un premio.

[a] de Puebla, México

ACTIVIDAD 2 ▶ Campos semánticos

Indica cuál de las palabras no pertenece a cada grupo y señala la relación entre las otras.

1. mas — más — sin embargo
2. nuez — pollo — chile
3. platillo — olla — postre
4. degustar — festejar — devorar
5. culinario — cocinado — transformado

Estrategia: Conectores de ideas

Los conectores de ideas son importantes en todo escrito, puesto que muestran la relación de una idea con la que la antecede, ya sea porque represente un contraste (**sin embargo**), añada una razón (**porque**), indique una semejanza (**igualmente**), etcétera. Un escrito sin conectores parecería un telegrama.

En el texto que sigue hay varios casos; por ejemplo, «**Por ello** puede decirse que este país, asiento de culturas milenarias, se devora a sí mismo en la historia de su cocina». Ahora, mientras lees, subraya aquellos conectores de ideas que encuentres. ¿Qué matiz (*nuance*) añade cada uno?

vocabulario útil

el chile (Méx.)	hot pepper
la nuez	walnut
el platillo	culinary dish
degustar	to taste
devorar	to devour; to eat up
festejar	to celebrate
culinario/a	culinary
sin embargo	however
mas	but (=**pero**)

MÉXICO SE DEVORA
SU HISTORIA CULINARIA, *ROBERTO CIENFUEGOS*

En septiembre, los mexicanos festejan el mes de la Patria, y lo hacen en grande. Pero el festejo, que llega a su clímax la noche del 15 con el mundialmente conocido Grito de Dolores, que marcó el inicio de la Guerra de Independencia en 1810, comienza y termina en las cocinas del país. Allí, en ese espacio tan apreciado por las familias mexicanas, *laborious* *share* afanosas abuelas, madres e hijas comparten los secretos culinarios que por varias generaciones y siglos explican el arte y la magia de una cocina hoy clasificada entre las cinco primeras del mundo, más por su diversidad que por su profesionalización y/o documentación.

site Por ello, puede decirse que este país, asiento de culturas milenarias, se devora a sí mismo en la *See for yourself* historia de su cocina. Vea si no.

Para festejar septiembre, hacen mil y un platillos. Mas hay uno en especial que pertenece al noveno *es* mes. Sí, se trata de un chile, originario de Puebla, un estado en el centro de México y también reconocido mundialmente como *lugares de origen* *origen* una de las cunas del mole, este último un platillo de génesis y raigambre netamente mexicanos.

En efecto, el chile poblano da origen al platillo denominado chiles en nogada, considerado el plato barroco por excelencia. Pero también «es el plato más patriótico de México», explica el chef Mauricio Tomero Gatica durante una entrevista con *Tiempos del Mundo*. Los últimos once años de sus 29 años de vida, los ha dedicado predominantemente a estudiar, conocer y ensayar la cocina del mundo, incluyendo la mexicana, que es «la mía y [la que] conocí primero con mi abuela, luego con mi madre y ahora por mí mismo. Yo preparo ahora cosas que hacía mi abuela», narra.

Esta experiencia se repite en prácticamente cada una de las familias mexicanas. La cocina es una herencia, un asunto de familia, «y eso es lo importante de esta cocina nuestra».

A las ollas

Los chiles en nogada, cuyos ingredientes permiten una presentación que *national flag* incorpora los colores verde, rojo y blanco que distinguen el lábaro patrio mexicano, son típicos de agosto y septiembre. ¿Por qué? Los ingredientes, en especial la nuez de Castilla que procede del norteño estado de Chihuahua — *cerca* *smoking* aunque también de una zona aledaña al hoy humeante volcán Popocatépetl—, solo puede conseguirse en esta época del año. Mas no solo esto.

Todos los ingredientes de este plato, entre ellos el chile poblano, la carne de cerdo, el acitrón —un dulce cristalizado típico de México—, las pasas, las *raisins* almendras, el durazno, la manzana llamada *panochera* y aun las peras, tienen *almonds* *peaches* cuna mexicana. Con todos esos ingredientes, el chile —de tamaño generoso— *is stuffed/is filled* *cooled down* se rellena una vez que se ha desflemado y/o se le retiran las venas y las *veins and seeds* *minimize* semillas. Esto con el fin de aminorar su sabor picante. *poach*

Antes, el chile se escalfa y se pela, en un proceso laborioso y prolongado. «Todos estos ingredientes son de México», refiere Romero Gatica, *historia* quien evoca el origen de los chiles en nogada. De acuerdo con la crónica, *nuns from Puebla* este platillo fue preparado por primera vez en el siglo XIX por unas monjas poblanas en el marco de una celebración especial, la visita del emperador Agustín de Iturbide, *self-proclaimed* autoproclamado emperador de México en 1822. El plato *is topped* incluye una crema de nuez, llamada nogada, y se corona con granos de *pomegranate* *tricolour touch of* granada dulce color rojo escarlata. El verde chile completa el toque tricolor *this September delicacy* del manjar setembrino.

Pero esto es solo un plato de los centenares que preparan, a veces durante varios días, los mexicanos. Y aunque la cocina consume mucho tiempo, su producción se agota, aunque con placer y fasto, eso sí, en casi nada.

hundreds

se extingue   placer... pleasure and extravagance

Misteriosos manjares

El mole, una pasta que tiene como base el chile, es quizá la manifestación culinaria más compleja de México, hecho con base en una serie de ingredientes que van desde el chocolate, la tortilla de maíz quemada, el comino, el anís y hasta el jitomate. Pero hay también moles verdes, hechos a partir de la pepita verde e incluso la lechuga. Los moles, cuya variedad se diversifica de acuerdo con la geografía de los estados de Oaxaca, Veracruz y Puebla, trasuntan no sólo el mito culinario sino esencialmente el social. Es un plato imprescindible en los grandes festejos familiares, ya sea el matrimonio, un nacimiento, el cumpleaños y hasta en ocasión de la muerte en México.

paste

cumin
tomato   a... starting with
pumpkin seed
transcribe
indispensable

Para todos los presupuestos

Romero Gatica afirma que la cocina de México, a diferencia de otras en el mundo, es accesible a todo el pueblo. En pocas palabras, «no es clasista», expresa al compararla, por ejemplo, con el arte culinario francés. «Cocina mexicana buena se puede encontrar desde en un changarro —figón o cantina barata— hasta en un restaurante fino.» No es el caso de la cocina francesa, afirma. «Se necesita más dinero para acceder a la cocina francesa buena», refiere. Para este joven chef, «por variedad», la cocina mexicana figura entre las primeras cinco del mundo, al lado de la francesa, la española, la china y la italiana.

restaurante económico

to have access to

Aunque poco documentada y tampoco profesionalizada, la variedad de la cocina mexicana la coloca entre las primeras del mundo. En los últimos años, se ha mejorado la presentación de la cocina mexicana para «hacerla más refinada», dice el entrevistado.

Sobre los mitos y verdades del chile en la comida mexicana, Romero Gatica admite que la cocina mexicana es una de «ingredientes muy fuertes. El chile es muy fuerte». Mas no todos los platillos tienen por qué serlo, sostiene. Reconoce, sin embargo, que la cocina mexicana es «muy difícil» de adaptar a otras partes del mundo. Esto, primeramente, por la fuerza del paladar mexicano, pero también porque es complicado conseguir los ingredientes fuera de México.

palate

Por ejemplo, cita el caso de los chiles frescos mexicanos. La misma semilla, refiere, da un chile dulce en España. Aun así «hay chiles que se pueden adaptar, pero no es fácil».

En cambio, señala, en México se hace cocina española y francesa de «óptima calidad». De hecho, asegura, mucha de la cocina que se conoce como mexicana en realidad no es auténtica. Esto es porque «la genuina cocina mexicana no es tan adaptable a otro país» ni por paladar ni por sus ingredientes.

Comprensión

ACTIVIDAD 3   ¿Está claro?

Di si las siguientes oraciones son ciertas o falsas de acuerdo con la lectura. Si son falsas, corrígelas. Si son ciertas, añade todos los datos que sepas sobre esa idea.

1. Esta lectura trata de las festividades mexicanas.

2. El mes de la patria en México es noviembre.

3. El Grito de Dolores señala el final de la Guerra de la Independencia.

4. El mole es un tipo de carne.

5. Los ingredientes para preparar el chile en nogada vienen de diferentes lugares de Latinoamérica.

6. La palabra **nogada** viene del Grito de Independencia.

7. Rellenar los chiles requiere mucho trabajo.

8. Se puede hacer excelente cocina mexicana en cualquier parte del mundo.

9. La cocina mexicana es buena, pero no se puede comparar con las grandes cocinas del mundo.

10. Una cosa interesante de la cocina mexicana es que es una cocina para todas las clases sociales.

ACTIVIDAD 4 ¿Qué piensas ahora?

Entre toda la clase hagan una lista de los conectores que hay en el texto, explicando el matiz que añade cada uno. Luego den un ejemplo con cada uno de ellos.

ACTIVIDAD 5 Ingredientes y platos típicos

¿Cuáles son los ingredientes más importantes y los platos más típicos de tu provincia o región? ¿En qué ocasiones o épocas del año se sirven? Explica cómo se prepara alguno de esos platos.

Tertulia La cocina de Canadá

¿Existe una cocina típica de Canadá? Si Uds. creen que sí, ¿cómo se caracteriza: por sus ingredientes, métodos de preparación, manera de comer, etcétera? Si creen que no, justifiquen su opinión. ¿En qué se basan? ¿Con qué países o cocinas la comparan?

El análisis comparativo

Tema

Un ensayo para una revista de viajes sobre un lugar ideal para pasar las vacaciones comparándolo con otro(s) lugar(es).

Prepárate

- Haz una lista de todos los lugares buenos que conozcas para pasar las vacaciones y selecciona uno. Luego piensa con qué otro lugar puedes compararlo; por ejemplo, Caracas y Quebec, o el bosque tropical de Costa Rica y la bioesfera protegida de Clayoquot Sound (Columbia Británica).

- Haz un borrador de tu ensayo incluyendo todas las cosas que se pueden hacer en ese lugar, lo que se puede comer, etcétera, y cómo se comparan todas estas cosas con las del otro lugar. No te preocupes ahora del orden ni de la gramática, pero piensa y escribe en español. Si hay alguna palabra que no sepas, deja un espacio en blanco o haz un símbolo.

¡Escríbelo!

- Ordena las ideas de tu borrador.
- Piensa en tu lector: personas que quieren hacer un viaje, pero no saben adónde. Si quieres, puedes seleccionar un tipo determinado de lector: jóvenes, familias, personas jubiladas, etcétera, y así reducir la cantidad de información que debes presentar.
- Piensa en tu propósito: en esta composición no quieres convencer, solo informar.
- Sigue la estructura propia de un ensayo: introducción, cuerpo, conclusión. Piensa en las transiciones entre ideas: comparaciones, contrastes, conexiones. (Ver el *Cuaderno de práctica* para obtener más información sobre la estructura de este tipo de ensayo.)
- Busca en el diccionario y/o en tu libro de español las palabras y expresiones sobre las que tengas dudas.

¿Y ahora?

- Repasa los siguientes puntos.

  - ❑ el uso de los tiempos verbales
  - ❑ el uso del subjuntivo
  - ❑ el uso de **ser** y **estar**
  - ❑ el uso de **se**
  - ❑ la concordancia entre sujeto y verbo
  - ❑ la concordancia de género y número entre sustantivos, adjetivos y pronombres
  - ❑ la ortografía y los acentos
  - ❑ el uso de un vocabulario variado y correcto (evita las repeticiones)
  - ❑ el orden y el contenido (párrafos claros; principio y final). Atención a las transiciones

- Finalmente, escribe tu versión final.

Consulta el *Cuaderno de práctica* para encontrar más ideas y sugerencias que te ayuden a escribir la composición.

No te olvides de mirar el Apéndice I, **¡No te equivoques!**, para evitar errores típicos de los estudiantes de español. Para esta actividad de escritura, se recomienda que repases también **por y para** (Capítulo 2).

Completa el siguiente texto con las formas correctas de los verbos en el presente de subjuntivo o indicativo, o el infinitivo, según sea necesario, o con la opción más correcta en los casos de **se.**

Los hispanos no dudan que uno _____[1] (tener) que trabajar para vivir, pero creen firmemente que nunca se _____[2] (deber) vivir para trabajar. A los hispanos les extraña que en Norteamérica la gente _____[3] (llegar) a vivir para trabajar. Para ellos es una lástima que una persona no _____[4] (saber) el valor verdadero de la vida, el cual no está necesariamente relacionado con el trabajo, sino con la alegría de disfrutar de la vida. De ahí[a] numerosas frases y refranes: «¡A vivir, que son dos días!»; «¡Con queso, pan y vino se anda mejor el camino!»; «¡Desnudo nací, desnudo me muero: ni gano ni pierdo!»

Quizá de esta actitud _____[5] (venir) el estereotipo de los hispanos perezosos que tenemos algunos de nosotros. Por ejemplo, en este país a mucha gente le parece sorprendente que en España y Latinoamérica _____[6] (haber) un tiempo para la siesta. Se detecta una mezcla de envidia y desdén[b] en esta reacción: es bueno _____[7] (tener) tiempo para una siesta, pero es mejor que no se _____[8] (perder) el tiempo.

Sin embargo, hoy _____[9] (se/ø) sabe que la siesta _____[10] (ser) una sanísima[c] costumbre. Los expertos en salud dicen que es necesario que _____[11] (uno/se) _____[12] (relajarse), aunque sólo sean veinte minutos, durante la jornada laboral. A los más estresados _____[13] (se les/se) recuerda: no es seguro para nada que _____[14] (producir: nosotros) más y mejor trabajando más horas.

Desgraciadamente, en los países hispanos, especialmente en las grandes ciudades, _____[15] (se/ø) está perdiendo la costumbre de la siesta: se _____[16] (vivir) lejos del lugar del trabajo y se _____[17] (hacer) más cosas a lo largo del día.

En fin, está claro que el trabajo nos _____[18] (poder) proporcionar satisfacción, pero es dudoso que _____[19] (ser) la parte más divertida de nuestra vida. Hispano o no: ¿quién no desea que le _____[20] (tocar) la lotería para no trabajar más?

[a]De... *Hence* [b]envidia... *envy and disdain* [c]*very healthy*

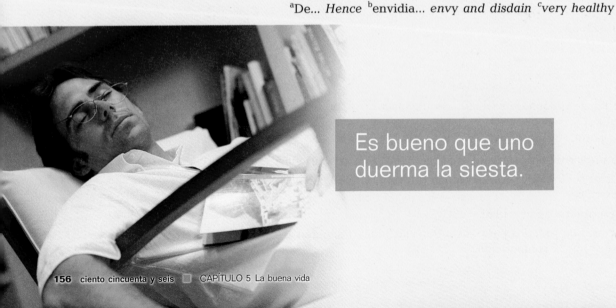

Es bueno que uno duerma la siesta.

Proyectos fuera de clase

En este capítulo se han comentado varios aspectos de la vida que resultan esenciales para la calidad de vida de la mayoría de los hispanos de cualquier país o clase social: suficiente tiempo libre, vida social, buena comida y música para compartir con los parientes y amigos.

- Investiga un poco y haz una lista de los lugares en donde los hispanos de tu comunidad o de otra parte de Canadá se reúnen para divertirse, además de en casa.

o

- Entrevista a una o dos personas hispanas de tu comunidad sobre sus ideas de lo que es tener una buena vida. ¿Qué les gusta hacer en su tiempo libre? ¿Adónde les gusta ir? Si vivieron muchos años en su país de origen antes de llegar a tu país, ¿qué añoran (*miss*) de la vida que dejaron?

Tertulia final ¿Trabajar para vivir o vivir para trabajar?

No hay duda de que mucha gente en Canadá disfruta de un buen nivel de vida, especialmente si se compara con países más pobres. ¿Pero cómo es la calidad de vida en esos países? Las siguientes preguntas pueden ayudar a articular la tertulia.

- Si han visitado otros países, ¿qué les pareció la vida allá en comparación con la de este país?
- ¿Cómo es posible que incluso inmigrantes que tuvieron que venir a Canadá por falta de oportunidades añoren la forma de vivir de su propio país?
- ¿Creen que en este país se trabaja para vivir o se vive para trabajar? ¿Cómo se explica eso?
- ¿Qué cambios podrían mejorar la manera de vivir en Canadá?

Pasos y repasos: resultados

En este capítulo hemos estudiado:

- ❏ cómo se habla sobre las actividades de ocio y la gastronomía
- ❏ cómo se utiliza el presente de subjuntivo en contextos de influencia, emoción y duda
- ❏ los varios usos de «**se**»
- ❏ cómo expresar opiniones y valoraciones sobre la calidad de la vida

En esta unidad, hemos explorado temas sobre los medios de comunicación, la tecnología y la calidad de nuestra vida cotidiana. Para ello hemos repasado y extendido el vocabulario relevante y algunos puntos gramaticales esenciales. Puedes utilizar esta sección para organizar un repaso de estos materiales; luego ¡atrévete a ponerte a prueba!

¡A repasar!

Vocabulario de esta unidad:

Capítulo 4: los medios de comunicación, la tecnología
Capítulo 5: las actividades para pasar el tiempo libre, la comida, la gastronomía

Estructuras de esta unidad:

Capítulo 4:
11. El presente perfecto
12. El pluscuamperfecto
13. Los mandatos formales e informales

Capítulo 5:
14. El presente de subjuntivo: influencia
15. El subjuntivo: emoción y duda
16. Los usos de **se**: **se** impersonal y pasivo
17. Los usos de **se**: **se** accidental
18. La voz pasiva

Cultura/lecturas de esta unidad:

Capítulo 4:
> *Minilectura:* Adictos a Internet, los jóvenes pierden contactos familiares
> Coalición Anti-*bullying*: Mi hijo es víctima de acoso escolar ¿Quién me puede ayudar?
> Reguetón o *Reggaetón*
> «De puño y letra»

Capítulo 5:
> *Minilectura:* Turismo sostenible y ecoturismo en Costa Rica
> La vida social
> «*From Spain with Love:* Rompiendo tópicos culinarios»
> «México se devora su historia culinaria»

Completa las actividades de ¡Ponte a prueba! en el Cuaderno de práctica.

Nuestra sociedad

En esta unidad, vamos a explorar algunos temas sobre la identidad nacional, el medio ambiente y el individuo dentro de su contexto social, estudiando y repasando:

- las palabras indefinidas, negativas y positivas
- el subjuntivo en frases adjetivales
- las formas y el uso del futuro y el futuro perfecto de indicativo
- el use del indicativo y el subjuntivo en frases adjetivales y adverbiales

- las formas y el uso del presente perfecto de subjuntivo
- las formas y el uso de los pronombres relativos
- el vocabulario activo de la identidad lingüística, el medio ambiente, la sostenibilidad, el desarrollo y la economía, los marginados en la sociedad

«Ni son todos
los que están,
ni están todos
los que son.»

6

Nos-otros

Minilectura

Reflexiones Dos idiomas, múltiples beneficios

Tanto en Canadá como en Estados Unidos, en muchos hogares (*homes*) se habla más de un idioma. Aunque esta minilectura se enfoca en una familia en Nueva York, la situación cruza fronteras y se aprecia (*is observed*) en muchas familias canadienses también. En tu opinión, ¿qué ventajas (*advantages*) o desventajas ofrece el hablar dos idiomas? ¿Por qué? ¿Cuáles pueden ser algunos de los motivos por los que algunas veces los hijos de los inmigrantes no aprenden la lengua de sus padres?

DOS IDIOMAS, MÚLTIPLES BENEFICIOS, *ISIS ARTZE*

to raise

Cada vez que su hijo Kian, de 5 años, le pregunta: «Mamá, ¿por qué tengo que hablar en español?», Jeannette Betancourt recuerda que criar a hijos bilingües es una lucha continua. Esta madre colombiana, residente en Queens, Nueva York, y casada con un irlandés-americano, le responde que hablar el español le da ventajas, y le cuenta las oportunidades que ella ha tenido por poder comunicarse en dos idiomas.

Bertha Pérez, profesora de educación y de estudios bilingües en la Universidad de Texas en San Antonio, y autora de *Learning in Two Worlds*, dice que muchos padres tienen el concepto erróneo de que los niños se confunden

exposed

al ser expuestos a más de una lengua. «¡No es así!», afirma. «La realidad es que bien pueden aprender dos y aún más idiomas, al igual que aprenden otras

subject matters

materias, como ciencias».

correcto

The younger, the better

developing

Otros padres se preguntan cuándo es el momento debido para enseñar una segunda lengua. Según Pérez: «Mientras más pequeños, mejor, porque tienen mayor posibilidad de desarrollar los sistemas de pronunciación y no tener acento en ninguno de los dos idiomas».

get discouraged

Betancourt, quien trabaja en el *Sesame Workshop* y tiene un doctorado en educación, les aconseja a los padres que no se desanimen cuando sus hijos, como el pequeño Kian, prefieren hablar solo un idioma, y que den el ejemplo al insistir en la práctica continua de la segunda lengua. Ella está segura de que, cuando sean mayores, sus niños apreciarán el valor de ser bilingües.

Ponte a prueba

Completa las siguientes oraciones con ideas de la lectura.

1. Lo mejor de ser bilingüe es (que) _____.
2. Lo más difícil de criar hijos bilingües es (que) _____.
3. Lo increíble para muchos padres es (que) _____.
4. Betancourt es una mujer que _____.

Cortometraje

Antes de mirar Camión de carga

- ¿Conoces personalmente a algunas personas que hayan inmigrado a Canadá? ¿Por qué vinieron?
- ¿Crees que hay razones que puedan justificar que una persona emigre ilegalmente a otro país? Da ejemplos.

«Yo creo que si no te tratas en un buen hospital o allá en el extranjero... »

Título: «Camión de carga»

País: Estados Unidos

Año: 2006

Dirección: Juan Sebastián Jácome

Reparto: Dolores Maldonado, Kevin Martínez, Antonio Barrera, Margarita Barrera, José Sánchez, Arturo Hernández

Premio: Premio del Público del Festival de Cine Cero Latitud

Comprensión y análisis

¿Cierto o falso? Indica si las siguientes ideas son ciertas (C) o falsas (F). Luego, corrige las oraciones falsas.

1. El médico le dice a Anabel que se va a curar pronto.
2. El camión lleva una carga de productos agrícolas.
3. Los policías estadounidenses que inspeccionan el camión no se dan cuenta (*realize*) de que lleva personas escondidas (*hidden*).
4. Anabel solo tiene dinero para pagar el transporte de Jesús, su hijo.
5. La hermana de Anabel la ayuda a pagar su transporte.

Interpreta Explica lo que entendiste y lo que se puede inferir.

1. ¿Qué tipo de enfermedad tiene Anabel?
2. ¿Cómo podría Jesús ayudar a su madre? ¿Por qué no quiere Anabel que su hijo la ayude?
3. ¿Por qué el policía estadounidense no abre la compuerta oculta del camión?
4. ¿Piensas que Anabel sabía lo que iba a pasar cuando comenzó el viaje?
5. ¿Crees que Anabel tomó una buena decisión? ¿Por qué?

vocabulario útil

la carga	freight, cargo
el extranjero	abroad
las ronchas	hives, rash
doler (ue)	to hurt; to ache

Reflexión La solidaridad

Anabel y Jesús no son solo personajes de un cortometraje, representan también la experiencia de personas reales que cada día se encuentran en situaciones igual de difíciles. Discutid* entre todos cómo nuestra sociedad puede ayudar a personas como Anabel y Jesús para evitar la inmigración ilegal y el que padres e hijos tengan que separarse.

---

*Reminder: In Chapters 1-5 the instructions for activities and exercises where plurals were required were given with **Uds.**; in Chapters 6-10 they are given with **vosotros**, so that students recognize and practise all second-person command forms.

Palabras

DE REPASO

el barrio

la discriminación

el/la emigrante/inmigrante

el idioma/la lengua

el lenguaje

el nivel de vida

la nacionalidad

el origen

el país

el pasaporte

la población

nacer (zc)

la bandera	flag
la ciudadanía	citizenship
el/la ciudadano/a	citizen
el/la compatriota	fellow citizen
la costumbre	habit, tradition
la frontera	border
mi/tu/(…) gente	my/your/(. . .) people
la lengua materna	mother tongue
el nivel	level
el nivel económico	economic standard
el orgullo	pride
la patria	homeland
la pobreza	poverty
la raíz (las raíces)	root(s)
la riqueza	richness, wealth
el símbolo	symbol
la sobrepoblación	overpopulation
mi/tu/(…) tierra	my/your/(. . .) homeland
la zona residencial	residential area
avanzar (c)	to advance; to move up
crecer (zc)	to grow up
criar(se) (me crío)	to raise; to be raised
estar (*irreg.*) acostumbrado/a a	to be accustomed to
orgulloso/a	proud

¡OJO!   *race* = **raza** (también **carrera**, en el contexto de una competición deportiva)

Lugar natal *del ecuatoriano Eduardo Kingman.*

La experiencia en otro país

el bilingüismo, el multilingüismo	bilingualism, multilingualism
la desesperanza	hopelessness, despair
la desilusión	disappointment, disillusionment
la esperanza	hope, expectation
la ilusión	hope, delusion
el/la inmigrante afincado/a	landed immigrant
el multiculturalismo	multiculturalism
el rechazo	rejection
la residencia	residence
el seguro médico	health insurance
el seguro social	social insurance

Cognado: **la nostalgia**

acostumbrarse a	to get used to
echar de menos	to miss
faltar, hacer falta*	to miss; to be lacking/needed
rechazar (c)	to reject
superar(se)	to advance (in life); to excel
tener (*irreg.*) **papeles**	to have legal papers

Cognados: **adaptarse a, legalizar (c)**

bilingüe, multilingüe	bilingual, multilingual

Cognados: **(i)legal**

***Faltar** y **hacer falta** funcionan como **gustar.**

ACTIVIDAD 1 ▸ Asociaciones

¿Qué palabras del vocabulario asocias con las siguientes cosas?

1. los colores rojo y blanco
2. el inglés
3. Windsor y Detroit
4. el pasaporte
5. una ciudad de más de 20 millones de personas
6. ganar menos de 30.000 dólares / más de 400.000 dólares al año para una familia de cuatro personas
7. pasar la niñez y la adolescencia y llegar a ser adulto
8. romperse una pierna y dos años después ganar un maratón en los juegos olímpicos
9. tener muchas ganas de volver a casa y estar con la familia
10. esperar y desear una cosa que después no llega

ACTIVIDAD 2 ▸ Palabras con las mismas raíces

¿Cuántas palabras conoces que tengan las mismas raíces que las palabras de la lista que aparece a continuación? Piensa en todo el vocabulario en español que tú ya sabes, y no solo en el vocabulario de esta lección.

1. el origen
2. la discriminación
3. la población
4. la lengua
5. la ciudadanía
6. la residencia
7. legal
8. pobre
9. la esperanza
10. la patria

ACTIVIDAD 3 ▸ Símbolos

Paso 1 Haz dos listas: una con cinco cosas o ideas que para ti sean símbolos de tu país; y otra con cinco cosas que en tu opinión representen la comunidad latina de tu país.

Paso 2 Compara tus listas con las de dos o tres compañeros/as de clase. ¿En qué coinciden y en qué son diferentes? ¿Cómo explicáis vuestras diferencias?

ACTIVIDAD 4 > Un retrato muy personal

Paso 1 Llena este formulario con tu información personal.

Nacionalidad _____

País de residencia _____

País(es) de origen de tu familia _____

Lugar(es) donde tienes tus raíces _____

Lengua materna _____

Otras lenguas _____

Nivel de vida _____

Ciudad(es) donde creciste _____

Algo que hayas tenido que superar en la vida _____

_____

Tu mayor ilusión en la vida _____

_____

Tu mayor desilusión hasta ahora _____

Paso 2 Compara tu información con la de uno/a o dos compañeros/as. ¿Qué tenéis en común? ¿En qué aspectos notáis grandes diferencias?

ACTIVIDAD 5 > ¿Qué es lo mejor de Canadá?

Usando el vocabulario del capítulo y en pequeños grupos, haced una lista de los aspectos positivos y negativos que este país ofrece a sus (nuevos) residentes.

ACTIVIDAD 6 > La nostalgia

Imagínate que por alguna razón tienes que emigrar de tu país. ¿De qué sentirías nostalgia y por qué? Puedes empezar con una de estas frases: «Sentiría nostalgia nostalgia de...», «Echaría de menos...» o «Me faltaría(n)...». **¡OJO!** Recuerda usar el "a" personal si mencionas a personas después de «Echaría de menos...».

IZANDO (*HOISTING*) LA BANDERA: Los estudiantes de Humewood Community School, grados 5 y 6, son parte de la metamorfosis emocionante de Greater Toronto, una ciudad que está enriqueciéndose con una creciente diversidad étnica y cultural.

La lengua española: El gran vínculo*

«Es el mayor lazo[a] de unión que puede existir entre los países americanos, es nuestro tesoro[b] más grande. El oro[c] que nos dejaron los españoles, como dijo Borges, a cambio del que se llevaron.» Carlos Fuentes, escritor mexicano (1928–2012)

«Lenguaje de blancos y de indios, y de negros, y de mestizos, y de mulatos; lenguaje de cristianos católicos y no católicos, y de no cristianos, y de ateos; lenguaje de hombres que viven bajo los más diversos regímenes políticos.» Miguel de Unamuno, escritor español (1846–1936)

[a]*tie* [b]*treasure* [c]*gold*

Los países hispanohablantes† y su población: Datos del Anuario estadístico 2011, Comisión Económica para Latinoamérica y el Caribe.

Estados Unidos†† 30.000.000 (apróx.)
España 47.370.000
México 115.301.000
Cuba 11.298.000
República Dominicana 9.907.000
Puerto Rico 3.725.000
Guatemala 14.334.000
Honduras 7.619.000
El Salvador 6.218.000
Nicaragua 5.813.000
Venezuela 29.039.000
Costa Rica 4.669.000
Panamá 3.676.000
Colombia 46.448.000
Ecuador 15.018.000
Perú 29.272.000
Bolivia 9.995.000
Paraguay 6.458.000
Uruguay 3.373.000
Chile 17.149.000
Argentina 40.370.000

*link
†Para información sobre la población hispana e hispanohablante de Canadá ver el **Capítulo 1**.
‡De acuerdo con la Oficina del Censo de Estados Unidos, se estima que la población general en el año 2010 era de 308.745.538 personas. En la actualidad se calcula que hay alrededor de 45 millones de personas de origen hispano, de los cuales la mayoría habla español como lengua materna o lengua de herencia familiar.

El español es una de las lenguas derivadas del latín, como el italiano, el francés, el portugués, el catalán, el gallego y el rumano. También se le puede llamar castellano, pues su origen es Castilla, uno de los reinos de la Península Ibérica antes de que España fuera[d] el país unificado que hoy conocemos. Los conquistadores y colonizadores españoles llevaron su lengua a América, donde el español terminó por convertirse en el idioma de todos los países donde hubo dominación española. Hoy día existe una comunidad de aproximadamente 457 millones de personas que hablan español y viven en veintiún países. Estados Unidos es uno de estos países, pues aunque el castellano no es lengua oficial, sus más de 37 millones de hispanohablantes lo hacen el segundo país del mundo en número de hispanohablantes. En los países de Guinea Ecuatorial y las Filipinas, el español es una lengua de importancia histórica, aunque ahora esté perdiendo hablantes.

El español coexiste con muchas otras lenguas en los países donde se habla. En España hay otras tres lenguas oficiales (el catalán, el euskera y el gallego). En las Américas, el panorama lingüístico es impresionantemente rico. En Sudamérica, por ejemplo, hay 375 lenguas identificadas en la actualidad (se sabe que muchas se han perdido y de las que siguen existiendo muchas están en peligro[e] de extinción). Estos son algunos datos.

- Solo en Bolivia hay aproximadamente 35 lenguas indígenas.
- En el Perú hay más de 4 millones de hablantes de quechua.
- En Chile hay unas 250.000 personas que hablan mapuche y araucano.
- En Paraguay, el guaraní es una lengua oficial junto con el castellano.

[d]*was* [e]*danger*

Tertulia La lengua como vínculo

- La lengua es uno de los rasgos (*features*) culturales que más identifica a una comunidad. ¿Qué otros elementos o ideas pueden ser la base del concepto de comunidad?
- Si fuerais inmigrantes, ¿sería importante para vosotros que vuestros hijos aprendieran vuestra lengua? Si algunos de vosotros sois inmigrantes o hijos de inmigrantes, ¿habláis la lengua de vuestros padres? Hablad un poco sobre vuestra experiencia.

Estructuras

«El mundo del siglo XXI no podrá ser gobernado con la ética del siglo XX.»*

18 La voz pasiva

In both English and Spanish, the emphasis of a sentence is sometimes on the object, the consequence of someone's action. In these cases, the real agent/doer of the action (usually the subject) seems to lose its importance in the sentence. This is called the passive voice (**la voz pasiva**). Compare the two sentences below.

> Los presidentes latinoamericanos firmaron un acuerdo.
>   *subject   verb   direct object*

> *The Latin American presidents signed an agreement.*

Passive voice: object = subject of verb

> Un acuerdo fue firmado por los presidentes latinoamericanos.
>   *subject   verb   agent*

> *An agreement was signed by the Latin American presidents.*

Although both sentences have the same meaning, each puts emphasis on a different part of the message—the first one on the presidents as signers, and the latter on the treaty being signed.

FORMS

Similar to English, the passive voice is formed by a conjugated form of **ser** followed by the past participle of another verb. In Spanish, the past participle behaves as an adjective; that is, it takes the same gender/number ending as the subject.

The passive voice can occur with any tense, and with indicative or subjunctive, as required by the context.

Sujeto	*ser* + participio pasado	(*por* + agente)
Un tratado	será firmado	(por los países latinoamericanos).
A treaty	*will be signed*	*(by the Latin American countries).*
Varios tratados	fueron firmados	(por los países).
Several treaties	*were signed*	*(by the countries).*
El metro	es utilizado a diario	(por miles de personas).
The metro	*is used daily*	*(by thousands of people).*
Me sorprendió que el presidente	fuera abucheado tanto	(por el público).
I was surprised that the president	*was booed so much*	*(by the audience).*

---

*Discurso del presidente de Costa Rica, Óscar Arias, para la Confederación Parlamentaria de las Américas COPA, Quebec, 1997

USES

The passive voice with **ser** + *past participle* is used much less frequently in Spanish than it is in English—its use is restricted to formal and written contexts in Spanish. The **ser** + *past participle* construction is used when the agent (doer) of the action is known, even if it is not mentioned.

Alternatives to the passive construction with *ser* + past participle

- *Se* **construction:** This is much more commonly used, whether or not the agent is known.

¡OJO! The agent is not mentioned in this construction.

Se firmó un acuerdo de cooperación entre todos los países durante la cumbre boliviana.	*A cooperation treaty was signed by all countries during the Bolivian summit.*
Se ha invitado a todos los líderes a la cumbre.	*All leaders have been invited to the summit.*

- **Active verb in the third-person plural form:** This construction is also used in English (non-specific "they").

Hoy **dijeron** en la radio que hubo muchos problemas durante la votación.	*They said on the radio today that there were many problems during the voting/election.*
Piden que se done sangre habitualmente.	*They ask that blood be donated regularly.*

Piden que se done sangre.

ACTIVIDAD 1 ▸ Oraciones lógicas

Forma oraciones completas combinando un elemento de cada columna y usando el verbo en la voz pasiva (**ser** + *participio pasado*). Conjuga el verbo en el presente o en el pasado, según sea necesario.
¡OJO! Recuerda que el participio pasado debe concordar en número y género con el sujeto de **ser**.

> *Ejemplo:* la insulina / descubrir / en el siglo XX →
> La insulina **fue descubierta** en el siglo XX.

A	B	C
la insulina	colonizar	democráticamente
el Tratado de Libre Comercio	organizar	por un comité
	contratar	**en el siglo XX**
gran parte de Sudamérica	**descubrir**	por los españoles
el presidente de México	gobernar	por el Parlamento
las leyes en Canadá	aprobar	por Canadá, México, y Estados Unidos
muchos documentos	firmar	
las conferencias	elegir	por correo urgente
el país	enviar	con mano de hierro (*iron fist*) por el dictador

De activa a pasiva

Las siguientes oraciones están en la voz activa. Cámbialas a la voz pasiva. **¡OJO!** No olvides respetar el tiempo del verbo.

> **Ejemplo:** Los presidentes de Argentina y Chile <u>firmarán</u> (futuro) los tratados. →
> Los tratados **serán** (futuro) **firmados** por los presidentes de Argentina y Chile.

1. Los países centroamericanos ratificaron el plan de promoción del turismo sostenible.

2. Los estudiantes van a poner los carteles en las paredes mañana.

3. El nuevo gobierno hará enmiendas (*amendments*) en la constitución.

4. La asamblea legislativa de Ontario está considerando la propuesta ahora mismo.

5. Mañana los ciudadanos ya habrán elegido a un nuevo presidente.

6. Dudo que los ciudadanos acepten la represión política.

La asamblea legislativa de Ontario está considerando la propuesta.

¿Recuerdas los usos de *se*?

Di qué tipo de **se** (impersonal/pasivo, accidental, reflexivo, recíproco, en vez de "le/les") es el que se encuentra en las siguientes oraciones y explica por qué. **¡OJO!** Si quieres, puedes repasar el resumen de los usos de **se** en el **Capítulo 5,** p. 149.

> **Ejemplo:** Se habla español. → **se** impersonal, expresa generalización

1. A Marta se le olvidaron los diccionarios.

2. ¿El libro de cocina? Se lo di a Pilar ayer.

3. Los mejores cocineros no se cansan de inventar platos nuevos y únicos.

4. Si se duerme una siesta por la tarde, luego se puede trasnochar.

5. Los promotores del turismo ecológico se organizan en cooperativas regionales.

Las siguientes oraciones suenan muy formales en español. Conviértelas en oraciones con **se** o con el verbo en tercera persona plural (3ª persona). **¡OJO!** Vas a tener que quitar al agente, si lo hay.

> *Ejemplo:* Los documentos fueron enviados por el personal de la oficina. (**se** y/o 3ª persona) → Se enviaron los documentos. / Enviaron los documentos.

1. Me fue recomendado que volviera a hablar con mi consejera. (3ª persona)

2. Los anuncios fueron publicados en el periódico. (**se** y/o 3ª persona)

3. Los estudiantes de la manifestación fueron arrestados. (3ª persona)

4. Tras el robo, el dueño del restaurante fue contactado por la policía inmediatamente. (3ª persona)

5. La verdad fue revelada finalmente. (**se** y/o 3ª persona)

19 Palabras indefinidas, negativas y positivas

Palabras positivas		Palabras negativas		Palabras indefinidas	
todo el mundo	*everyone*	ningún, ninguno/a(s)	*none, no*	algún, alguno/a(s)	*some*
siempre	*always*	nada	*nothing*	algo	*something*
también	*also*	nadie	*no one*	alguien	*someone*
o (…o)	*or/either (…or)*	nunca; jamás	*never*	algunas veces	*sometimes*
		tampoco	*neither*		
		ni (…ni)	*neither (…nor)*		

- In a negative sentence either the word **no** or a negative word precedes the verb.

No puede ayudarme **nadie.**	= **Nadie** puede ayudarme.
No one can help me.	
No vino **nadie.**	= **Nadie** vino.
No one came.	
Yo **no** tengo hermanos **tampoco.**	= Yo **tampoco** tengo hermanos.
I don't have siblings either.	
Tú **no** quieres bailar **nunca.**	= Tú **nunca** quieres bailar.
You never want to dance.	

- **Alguno** and **ninguno** have two singular masculine forms: **algún/alguno** and **ningún/ninguno.** Like **un/uno,** these words are shortened when used as an adjective before a masculine noun. The longer forms, **alguno** and **ninguno,** are pronouns.

Algún día voy a visitarte.	*Some day I'm going to visit you.*
Estoy buscando un diccionario, pero no veo **ninguno.** (**ningún diccionario**)	*I am looking for a dictionary, but I don't see any.*

RECORDATORIO

Double negative. Spanish, unlike English, can take more than one negative word in the same sentence. This happens if the word **no** is the first negative word in a sentence.

«...tienen mayor posibilidad de no tener acento en **ninguno** de los dos idiomas.»*

- **Algunos/as** can be substituted by **varios/as.** (However, **varios/as** may imply more quantity than **algunos/as.**)

  —¿Tienes **algún** pariente en otro país?
  —Sí, tengo **algunos/varios.**

  —*Do you have any relative(s) in another country?*
  —*Yes, I have some/several.*

- **Ninguno** is not used in the plural, except with words that are always plural.

  No hay **ningunas** tijer**as** en la mesa.   *There are no scissors on the table.*

- **O... o / ni... ni:** Often only one of the pair is used.

  (O) Hablas ahora **o** te callas para siempre.
  No prefiero **(ni)** éste **ni** el otro.

  (Either) You speak now or forever hold your peace.
  I don't prefer this one or that one.

ACTIVIDAD 1   **Nuestra comunidad universitaria**

Corrige las siguientes frases para que muestren la realidad de tu universidad.

1. Hay un programa de aviación.
2. Siempre hay fiestas los miércoles por la noche.
3. Todo el mundo habla más de dos lenguas.
4. No hay ningún profesor aburrido.
5. Todos los servicios para los estudiantes son totalmente gratuitos.
6. Muchos profesores tienen 18 años.
7. Todos los estudiantes son irresponsables y perezosos.
8. Los deportes y los equipos deportivos siempre son importantes aquí.

No hay
ningunas tijer**as**
en la mesa.

---

* «Dos idiomas, múltiples beneficios», Isis Artze

ACTIVIDAD 2 ▶ Collage

Paso 1 ¿Qué se ve en este collage? Corrige las siguientes oraciones para que sean ciertas.

1. Se ven a algunas personas trabajando en un hospital.

2. No se ve a ningún niño.

3. Todos los símbolos e imágenes son muy positivos.

4. Se ven muchos pies.

5. Hay varias fotos de iglesias.

6. Solo hay palabras en náhuatl (una de las lenguas indígenas de México).

7. Podemos ver varios mapas y vehículos.

8. El collage no tiene ningún colorido.

Paso 2 En parejas, discutid este collage. ¿Qué símbolos pondrías en un collage similar para representar a tu propio país?

México, *de Eduardo Guzmán Ordaz. Guzmán es de Oaxaca, México, y vive en San Francisco.*

Inventa varias preguntas sobre las personas de las fotos: su aspecto, su talento y su personalidad. Después hazles esas preguntas a algunos compañeros de clase. **¡OJO!** Las preguntas deben generar respuestas que requieran una de las palabras o expresiones indefinidas o negativas.

Ejemplos: Carlos Santana → ¿Hay alguien en tu familia / entre tus amigos que lleve el pelo como Santana? ¿Siempre llevas gorro como Santana?

Isabel Allende → ¿Has leído todas las novelas de Isabel Allende? ¿Tienes parientes en Chile como ella?

Jennifer López → ¿Te interesa algo de Jennifer López (su música, su actuación, su persona)? ¿Alguien en esta clase canta tan bien como Jennifer López?

Isabel Allende

Carlos Santana

Jennifer López

20 El indicativo y el subjuntivo en cláusulas adjetivales

Adjective clauses (**cláusulas adjetivales o relativas**) function like adjectives. They add information about a noun that appears in the main clause. Look at the examples.

adjetivo (que describe **países**)

En el mundo hay veintiún países <u>hispanohablantes</u>.
Adjective

In the world there are twenty-one Spanish-speaking countries.

cláusula adjetival (que describe **países**)

Hay veintiún países <u>que tienen el español como lengua oficial</u>.
Adjective clause

There are twenty-one countries that have Spanish as their official language.

The adjective clause **que tienen el español como lengua oficial** is comparable in function to the adjective **hispanohablantes.**

A *relative pronoun* (**pronombre relativo**)[†] connects the main and adjective clauses (hence, adjective clauses are also referred to as *relative* clauses). There are several options in Spanish, but the most frequent one is **que.** Two other common relative pronouns are **quien** and **donde.**

¡OJO! Adjective clauses are **subordinate** clauses.

«...y le cuenta de las oportunidades que ella ha tenido por poder comunicarse en dos idiomas.»*

WHEN TO USE THE SUBJUNCTIVE OR INDICATIVE IN THE ADJECTIVE CLAUSE

Indicativo	Subjuntivo
The indicative is used in the adjective clause when the clause refers to something that the speaker knows exists.	The subjunctive is used if the clause refers to something that does not exist, or if the speaker is unsure of or denies its existence.
Conozco a **alguien** que **vive** allí.	**No** conozco a **nadie** que **viva** allí. ¿Conoces a **alguien** que viva allí?
(The speaker knows of the existence of the antecedent, **alguien.**)	(**Nadie** is a negative antecedent; **alguien** in such a question implies that the speaker is unsure.)
Voy a escribirles una nota de agradecimiento a todos los que me **mandaron** un regalo.	Voy a escribirles una nota a todos los que me **manden** un regalo.
(Gifts were sent and the speaker knows the senders exist.)	(The speaker does not know who those people are, since the gifts have not been sent yet.)
Busco a un doctor que **vive** en este edificio.	Busco un doctor que **viva** en este edificio.
(The speaker knows of the existence of a doctor, although the name or exact location may be unknown.)	(The speaker does not know if there is actually a doctor who lives there.)
¡OJO! Notice the use of personal **a** in this sentence: the doctor is real, and therefore is treated as a human entity.	**¡OJO!** Notice that the personal **a** is not used in this sentence: the doctor is only a concept, not a real human being.

---

*«Dos idiomas, múltiples beneficios», Isis Artze
[†]You will study all Spanish relative pronouns in **Capítulo 8.**

- If the antecedent of a relative pronoun is a negative word, the subjunctive is used in the adjective clause.

  No hay nada que **podamos** hacer por ahora.
  There's nothing we can do for now.

  No hay ningún estudiante que no **sepa** la importancia de aprender español.
  There is no student who does not understand the importance of learning Spanish.

- If the antecedent is an indefinite word, the mood of the adjective clause is decided depending on whether the speaker knows the actual existence of the antecedent.

  Busco a **alguien** en la compañía que **sepa** chino.
  I'm looking for someone in the company who knows Chinese. (I don't know if there is such a person.)

  Busco a **alguien** que sabe chino; me han dicho que trabaja en este departamento.
  I'm looking for someone who knows Chinese; I've been told he or she works in this department. (a specific person)

ACTIVIDAD 1 ▶ **En la clase**

¿Qué tipo de personas hay en la clase? Entérate (*Find out*) si hay personas en la clase que tengan una de las siguientes características.

Ejemplo: tener una moto (*motorcycle/moped*) →
　　　　—¿Hay alguien que tenga una moto?
　　　　—En la clase hay una persona que tiene una moto. / En la clase no hay ninguna persona / nadie que tenga una moto.

1. tener una moto
2. ser hispano/a
3. estar enamorado/a
4. hablar más de dos lenguas
5. querer que se legalice la marihuana
6. echar de menos a su familia
7. sentirse orgulloso/a de su país
8. sentir nostalgia de la escuela secundaria
9. deber dinero a alguien

¿Hay **alguien que tenga** una moto?

ACTIVIDAD 2 > El desfile (*parade*) del Día de la Raza/ de la Hispanidad

Paso 1 A pesar de la sensibilidad que despierta el 12 de octubre, aniversario de la llegada de Cristóbal Colón a América, se organiza en Madrid una multitudinaria fiesta para celebrarlo. Es la fiesta nacional. Se celebra el encuentro (*meeting*) de las culturas europeas con las civilizaciones americanas. El Día de la Raza o de la Hispanidad es una oportunidad para celebrar la existencia de la pluralidad cultural, étnica y racial. Mira la escena y di si las siguientes oraciones son ciertas. Corrige las falsas.

1. Hay alguien que lleva una bandera de España.

2. No hay nadie que lleve una bandera de México.

3. Hay varias personas que visten trajes típicos.

4. No hay ninguna persona que esté gritando en el desfile.

5. Hay algunas personas que llevan plumas (*feathers*) coloridas en la cabeza.

Paso 2 Usa las oraciones del **Paso 1** como modelo para describir otras cosas que se ven (o no se ven).

ACTIVIDAD 3 > México: Más allá de tu imaginación

Paso 1 Completa las siguientes oraciones basadas en el anuncio de «México: más allá de tu imaginación», de acuerdo con tu opinión.

1. Este anuncio está dirigido a las personas que _____.

2. Si una persona es de origen mexicano, lo bueno de viajar a México es que _____.

3. Seguro que este anuncio les interesa a los hijos de los emigrantes que _____.

4. No creo que este anuncio esté dirigido a las personas que _____.

Paso 2 Imagínate que un pequeño grupo de compañeros y tú habéis fundado una nueva compañía especializada en organizar viajes a algún lugar de Latinoamérica. Ahora necesitáis una buena campaña de publicidad. Primero, ponedle un nombre a su compañía que refleje sus objetivos geográficos y comerciales. Después, escribid un anuncio comercial que integre al menos tres de las siguientes oraciones (que debéis completar).

1. _____ (Nombre de la compañía), al servicio de las personas que...

2. Si quiere visitar un lugar que...

3. No va a encontrar otra compañía que...

4. Tenemos precios que...

5. Viaje con nosotros, hará el viaje que...

6. ¿?

El gobierno canadiense exigiría dominio del idioma a nuevos ciudadanos

De ser aprobada la propuesta del ministro de Migración Jason Kenney, los inmigrantes que quieran ser ciudadanos canadienses deberán primero demostrar con certificaciones que saben (y luego presentar pruebas escritas y orales para demostrar que tienen un alto dominio) uno de los dos idiomas oficiales de Canadá, el francés o el inglés, o de lo contrario será rechazada su solicitud. Deberán ser capaces de escribir y no solo hablar uno de los dos idiomas o los dos. «He conocido a demasiados ciudadanos que no hablan ni inglés ni francés», dijo el Ministro al argumentar su propuesta.

Actualmente, los inmigrantes entre las edades de 18 y 54 deben demostrar un cierto dominio del idioma a través de un examen tipo *test* que para muchos realmente no mide los conocimientos del idioma porque no se valora adecuadamente el escuchar y hablar en cualquiera de los dos idiomas.

Lo que propone el Gobierno es que los nuevos inmigrantes que quieran ser ciudadanos, deberán presentar en su solicitud certificaciones que comprueben su nivel en cualquiera de los dos idiomas, antes de que un oficial inicie el proceso.

Entre las pruebas que se podrían exigir estarán la comprobación de que estudió la secundaria o postsecundaria en francés o inglés, o la prueba de que asistió y aprobó los cursos de inglés o francés en cualquiera de los establecimientos dispuestos para ello o que son patrocinados por el Gobierno, que en su mayoría son gratuitos. Esto solo para que la solicitud de ciudadanía sea aceptada, porque se establecería otra prueba para determinar si realmente domina el idioma, que sería oral y escrita.

Los opositores de la propuesta creen que hacer este tipo de pruebas es discriminatorio y excluiría a muchas personas. «Tenemos que ser un poco cuidadosos con esto porque hay algunas categorías de obtención de la ciudadanía que requieren un nivel demasiado alto; puede ser una barrera, como en el caso de los padres patrocinados», dijo el NDP Don Davies.

Tertulia Varios idiomas oficiales, ¿múltiples beneficios?

- En tu opinión, ¿qué ventajas o desventajas ofrece el conocer más de un idioma? ¿Por qué?
- ¿Qué ventajas o desventajas pueden existir cuando un país tiene más de un idioma oficial, como en Canadá?

La planificación lingüística en Quebec y Cataluña

Reflexiones

La lectura para este capítulo es una selección de un artículo publicado en 2011 en *Tinkuy*, una revista editada por la Sección de Estudios Hispánicos, Departamento de Literaturas y Lenguas Modernas de la Universidad de Montreal. En él, la autora, Valérie Streicher-Arseneault, compara la situación del francés en Quebec y el catalán en Cataluña (España) según varios criterios, como la historia de las dos naciones, la situación legal y constitucional de las dos lenguas, la educación y la inmigración.

Una calle en la ciudad de Quebec

ACTIVIDAD 1 ▶ Frases incompletas

Completa cada una de las siguientes oraciones con una palabra o expresión del **vocabulario útil.** Si es un verbo, conjúgalo en la forma correcta; si es un sustantivo o un adjetivo, ten presente el género y el número.

1. La provincia de Quebec no ha firmado la constitución _____ de Canadá.

2. En Nuevo Brunswick son oficiales _____ lenguas: el francés y el inglés.

3. Es _____ respetar a todos los miembros de la sociedad.

4. Debéis _____ la importancia de estudiar idiomas.

5. Todos los _____ humanos tienen derechos lingüísticos.

6. Mis amigos y yo tenemos muchas ideas para _____ un programa de acogida para los inmigrantes francófonos.

7. Diana busca a alguien que la pueda ayudar con esa traducción, _____ el vocabulario es muy técnico.

8. El proceso de inmigración es _____ complicado para los que no tienen un abogado especializado.

vocabulario útil

el hecho	fact
el ser	being (*noun*)
tener en cuenta	to keep in mind
el alcance	reach
imprescindible	essential
ya que	because
actual	present, current
cada vez más	more and more
a través de	through
desarrollar	to develop
ambos/as	both
regir (i, i)	to govern

Estrategia: ¿Hecho u opinión?

Es importante recordar que cualquier persona que escribe tiene un punto de vista sobre lo que escribe. El texto de esta sección es un artículo de investigación académica, pero todavía quiere exponer un punto de vista. La siguiente oración es un ejemplo.

[...] mientras que Cataluña no es la única comunidad española que reivindica (*claims*) una «personalidad» distinta, Quebec es la única provincia canadiense en hacerlo, por tanto en este sentido se encuentra «sola».

¿Crees que la oración implica alguna postura crítica sobre Cataluña y/o Quebec? ¿Qué crees que la autora quiere indicar con el uso de las comillas para las palabras «personalidad» y «sola»?

A medida que leas el texto, marca las oraciones o párrafos donde es posible que la autora vaya más allá de simplemente presentar los hechos o narrar lo que pasó.

LA PLANIFICACIÓN LINGÜÍSTICA EN QUEBEC Y EN CATALUÑA, *VALÉRIE STREICHER-ARSENEAULT, UNIVERSIDAD DE MONTREAL*

Linguistic policy and planning

Política lingüística/planificación lingüística: **el papel de la lengua**

La lengua no es un simple hecho o una convención social entre otros. Su poder de trascendencia es único, y hace que cada faceta de la vida, tanto social como personal, sea atravesada por ella. Por tanto, contribuye singularmente a la *crossed, traversed* definición de cada ser, cada comunidad, cada sociedad y cada nación. El papel simbólico de la lengua hace de ella, por tanto, una condición a la cultura en el sentido de que se infiltra y modela cada «representación» creada en la sociedad.

Teniendo en cuenta que el multilingüismo es omnipresente, tanto a nivel internacional como a nivel nacional, resulta del contacto entre lenguas una *culminates* especie de confrontación que desemboca naturalmente en una relación de tipo *power struggles* dominante/dominado. No faltan ejemplos de luchas de poder que ocurren mediante el alcance simbólico que representan los idiomas y sus usos. Además, la política y la planificación lingüísticas se presentan como un proyecto nacional, frente a la fragmentación social reflejada en dichos juegos de poder. Si el logro *rests on* de una planificación reposa sobre una multitud de datos que cambian de una *support* nación a otra, hay un elemento que es imprescindible: la adhesión y *benefits from* participación cívicas al proyecto. Si, a menudo, la planificación se beneficia del *backing, support* respaldo estatal es porque un grupo social específico lo empujó; pero nunca podrá avanzar al ritmo de esa nación una planificación que no responda a las *attract* necesidades de todas sus clases y que no suscite su plena participación. De este modo es un proyecto nacional, ya que requiere el acuerdo y la unión de los grupos sociales en sus actitudes frente a los usos y funciones de una o varias lenguas (o variedades lingüísticas).

En la actual era de globalización y de estados multinacionales, la cuestión de la planificación lingüística se vuelve aún más delicada, aunque necesaria, teniendo en cuenta su estrecho vínculo con la idea de nación. Efectivamente, el *close link* concepto de nación ya no se puede asociar a un idioma único. Los estados multinacionales tienen que tratar con comunidades o naciones subestatales que *sub-state nations* requieren cada vez más autonomía política y poder de autorepresentación. Las situaciones que se presentan en la provincia de Quebec y en la comunidad autónoma de Cataluña son dos ejemplos de entidades nacionales que se encuentran constantemente en negociación con un Estado, y cuyo poder de autorepresentación se ha ido simbolizando en proporción notable a través del control que ejercen sobre los usos de su lengua, que difieren de la lengua del Estado central. Las dos regiones constituyen una pareja interesante que contribuye a entender mejor los funcionamientos y mecanismos de la planificación lingüística mediante la puesta en relación de sus paralelismos *comparison* históricos y políticos.

Quebec y Cataluña en comparación: ¿por qué?

Como acabamos de ver, Quebec y Cataluña son dos ejemplos de nación subestatal, naciones que demuestran un grado de autonomía creciente sin ser total. Además de esta estructura política, existen, por lo menos, cuatro grandes elementos contextuales que se deben tomar en cuenta a la hora de establecer una comparación entre el nacionalismo lingüístico de Quebec y el de Cataluña. En dos de ellos se diferencian y en los otros dos se asemejan.

they are similar

En primer lugar, y por lo que respecta a las diferencias, Cataluña, como nación milenaria, se apoya en la propia historia que tiene para asentar y afirmar su identidad. El Quebec, por el contrario, resulta de las empresas de la colonización que se produjeron hace 400 años en el norte del continente americano. En segundo lugar, mientras que Cataluña se sitúa en el ámbito europeo, que desde siempre ha sido propiamente multicultural y plurilingüe, si bien su lengua nacional no se ha considerado del todo a nivel internacional, Quebec lo hace en el territorio norteamericano, por tanto se encuentra en un ámbito mayoritariamente anglófono y bastante monocultural, con el francés como lengua nacional, lengua que forma parte de la Francofonía y que es reconocida como lengua internacional, hablada por más de 200 millones de personas en el mundo.

a thousand years old
establish
enterprises

although

En cuanto a las semejanzas, Cataluña y Quebec forman parte política de federaciones. Los estados federativos en que se encuentran otorgan ciertos poderes constitucionales a sus divisiones, que en el caso de España admite un grado más importante de asimetría de poderes a sus diferentes comunidades autónomas. Es decir, mientras que Cataluña no es la única comunidad española que reivindica una «personalidad» distinta, Quebec es la única provincia canadiense en hacerlo, por tanto en este sentido se encuentra «sola». Finalmente, tanto Quebec como Cataluña son nacionalidades distintas, desde un punto de vista cultural y lingüístico, de los estados de los que forman parte.

autonomous communities (regional political divisions within Spain, comparable to Canadian provinces)
claims

Es interesante ver cómo se han desarrollado ambas naciones a través del tiempo frente a las estructuras que las regían, y cómo surgieron sus leyes de política lingüística: la *Charte québécoise de la langue française* de 1977 y la vigente *Ley de Política Lingüística 1/1998* del 7 de enero de 1998. Además, nos interesa conocer cómo se articulan dichas leyes y cómo se aplican en los diversos contextos de la vida cotidiana tanto en Quebec como en Cataluña.

currently in force

Comprensión y discusión

ACTIVIDAD 2 ¿Está claro?

Paso 1 Busca en el texto las frases o expresiones que confirman estas ideas.

1. La lengua influye la construcción de la identidad personal.

2. El contacto entre lenguas resulta a veces en una relación desigual.

3. La participación cívica es clave en el proyecto nacional de la lengua.

4. El poder de autorepresentación está directamente vinculado a la lengua en los casos de Quebec y Cataluña.

5. El caso de Cataluña es diferente del caso de Quebec.

6. El caso de Quebec se asemeja al caso de Cataluña.

Paso 2 El artículo de Streicher-Arseneault desarrolla la idea de una política lingüística/planificación lingüística en Cataluña y Quebec. Hemos visto que el poder de autorepresentación y el contexto sociocultural e histórico forman parte de esta comparación. Busca en el artículo los hechos socioculturales e históricos que caracterizan esta lucha por la autorepresentación lingüística.

ACTIVIDAD 3 ¿Qué piensas ahora?

Paso 1 Comparte con un compañero/una compañera las partes del texto que evalúan el rol de la lengua en la vida cotidiana. ¿Coincide la apreciación de tu compañero/a con la tuya?

Paso 2 ¿Puedes describir la situación del francés en Canadá fuera de Quebec? ¿Dónde se ve el uso del francés fuera de esa provincia? ¿Qué opinas sobre el uso del francés en las demás provincias? ¿Por qué?

ACTIVIDAD 4 Símbolos e imágenes

Cuando pensamos en lenguas, naciones e identidades, pensamos también en imágenes y símbolos que nos hacen conectar fácilmente con las ideas y los sentimientos asociados con ellas. En grupos pequeños, pensad en símbolos de ese tipo, explicando el efecto que pueden causar y las asociaciones que percibís.

Ejemplo: El tótem → Es una imagen que representa facetas de las culturas indígenas en el oeste de Canadá. Es muy hermoso, pero también nos hace recordar historias de colonización y opresión. Sirve como un tipo de lenguaje, una representación de la riqueza de esas culturas.

Un tótem de las islas Haida Gwaii, en Columbia Británica

Tema

Entrevista a un(a) inmigrante. Antes de la entrevista, prepara diez preguntas para obtener información sobre su vida y su experiencia como inmigrante. Con esta información escribe una biografía de esa persona para compartirla con tu clase de español.

Prepárate

- Prepara tus preguntas con cuidado. Piensa en tus lectores (*readers*) y en la información que querrán saber.
- Una vez que tengas la información, haz un esquema de cómo organizarás los eventos.

¡Escríbelo!

- Introducción y tesis: A pesar de que escribes una biografía, todavía necesitas una presentación y una explicación que reflejen la importancia de la persona de quien escribes.
- Párrafos: Asegúrate de que usas párrafos bien organizados en los que hablas de cada uno de los aspectos que quieres destacar de la vida de esta persona.
- Citas: Como has entrevistado a una persona, es pertinente citar algunas de sus palabras. Para ello recuerda usar las comillas (« / »).
- Consultas: Busca en el diccionario y en tu libro de español aquellas palabras y expresiones sobre las que tengas dudas.

¿Y ahora?

- Repasa los siguientes puntos.
  - ❑ el uso de los tiempos verbales
  - ❑ la concordancia entre sujeto y verbo
  - ❑ la concordancia de género y número entre sustantivos, adjetivos y pronombres
  - ❑ la ortografía y los acentos
  - ❑ el uso de un vocabulario variado y correcto: evita las repeticiones
  - ❑ el orden y el contenido: párrafos claros, principio y final. Atención a las transiciones.

- Finalmente, prepara tu versión para entregar.

No te olvides de mirar el Apéndice I, **¡No te equivoques!,** para evitar errores típicos de los estudiantes de español. Para esta actividad de escritura, se recomienda que prestes atención a **Cuándo usar *ir, venir, llevar* y *traer.***

Consulta el ***Cuaderno de práctica*** para encontrar más ideas y sugerencias que te ayuden a escribir la composición.

Aunque muchos emigrantes sueñan con volver a su país de origen, el regreso puede ser también una experiencia difícil: no es extraño que se sientan diferentes en su propio país por sus nuevas costumbres y forma de hablar. Así lo expresa Tato Laviera, un poeta puertorriqueño de Nueva York.

> ahora regreso con un corazón boricua,[a] y tú,
> me desprecias, me miras mal, me atacas mi hablar,
> mientras comes McDonalds en discotecas americanas.[*]

El siguiente texto es sobre un inmigrante imaginario que sueña con volver a su país. Llena los espacios en blanco con la forma apropiada de los verbos que están entre paréntesis en el presente de subjuntivo o indicativo; los otros espacios en blanco requieren una palabra indefinida o negativa.

> Yo, aquí, voy a hacer como mi primo Tomás: unos años trabajando duro y ahorrando y luego me vuelvo a mi país. Aquí no tenemos a
> _____:[1] _____[2] familia _____[3] amigos.
> Bueno, sí, tenemos _____[4] amigos, pero _____[5] es
> como los amigos de allá. Y _____[6] nos sentimos a gusto,[b]
> porque esta gente de aquí no se parece en _____[7] a nosotros.
>
> Cuando volvamos, voy a comprar un terreno[c] que _____[8]
> (estar) cerca de mi pueblo y que _____[9](ser) grande. Me voy
> a construir una casa bien linda que _____[10] (tener) un huerto
> con naranjos, aguacates y bananos[d] y una buena cocina donde se

[a]*puertorriqueño* (Borinquen = Puerto Rico) [b]*a... at home, comfortable*
[c]*piece of property* [d]*huerto... grove with orange, avocado, and banana trees*

---

[*] «Nuyorican», *AmeRícan* Houston; Arte Público Press, 1985

_____11 (reunir) toda mi familia los días de fiesta. No necesito una casa que _____12 (ser) grande, pero sí quiero una casa desde la que se _____13 (ver) las montañas.

Espero que mis hijos no _____14 (ser) demasiado grandes cuando podamos volver. No quiero que me _____15 (pasar) como le pasó a mi cuñado: _____16 de sus cuatro hijos quiso regresar. Decían que ellos ya estaban grandes y que aquí tenían una vida que los hacía felices. ¡Ay, no sé! Dios quiera que _____17 (poder) volver pronto.

Proyectos fuera de clase: La presencia cultural hispana donde tú vives

Puedes elegir una de las dos opciones siguientes.

- Entrevista a alguna persona hispana de tu ciudad o pueblo sobre lo que él/ella considera su comunidad. Estas son algunas de las preguntas que se pueden hacer: ¿Hay una comunidad de personas de su lugar de origen? ¿Quiénes forman su comunidad? ¿Es esa comunidad importante en su vida? ¿Por qué? Podrías preguntarle también si desea volver a su país de origen en el futuro, y lo que le gusta y no le gusta de la vida en este país.

- Investiga qué tipo de asociaciones u organizaciones de tipo social o profesional en Canadá son especialmente de hispanos. Si son muchas, concéntrate en una o dos. ¿Cómo se llaman? ¿Dónde y cuándo se formaron? ¿Cuáles son sus objetivos?

Tertulia final Nuestras comunidades

¿Qué entendéis por comunidad? ¿Puede uno/a pertenecer a más de una comunidad al mismo tiempo? ¿Cómo puede variar el concepto de comunidad de una persona a otra o de unas circunstancias a otras? ¿De qué comunidades os sentís parte? Entre las diferentes razones por las cuales os identificáis con ciertas comunidades, ¿cuáles os molestan? ¿Cuáles merecen vuestro respeto? Explicad por qué.

Pasos y repasos: resultados

En este capítulo hemos repasado y profundizado cómo:

❑ se entienden conceptos de identidad nacional

❑ expresar conceptos indefinidos y negativos

❑ distinguir entre construcciones activas y pasivas

❑ emplear el indicativo y el subjuntivo en cláusulas adjetivales

❑ expresar opiniones y valoraciones sobre la lengua y la identidad

«Para recoger hay
que sembrar.»

7

Nuestro pequeño mundo

Minilectura

Reflexiones La guerra del agua

¿Sabes algo sobre la situación con respecto al agua en nuestro planeta? ¿Hay abundancia o escasez (*shortage*) de agua? ¿Cuáles son algunas de las regiones de tu país que tienen problemas con el suministro (*supply*) del agua? ¿A qué se deben esos problemas?

LA GUERRA DEL AGUA, *JACK EPSTEIN*

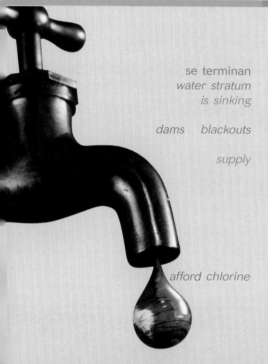

se terminan
water stratum
is sinking

dams   blackouts

supply

afford chlorine

Cuando Kofi Annan, el ex secretario general de la Organización de Naciones Unidas (ONU), dijo que el agua era una posible «causa de conflictos y guerras», obviamente estaba pensando en Latinoamérica.

En Ciudad de México, Santiago de Chile y Lima se agotan las reservas subterráneas del líquido. El bombeo excesivo del manto acuífero ha provocado que la capital mexicana se hunda más rápidamente que Venecia; ahora el agua se trae desde una distancia de 200 kilómetros. En Chile, el agotamiento de los embalses necesarios para la energía hidroeléctrica causó apagones generalizados hace unos años.

En Lima casi nunca llueve y el abastecimiento de agua depende de los ríos que bajan de los Andes. La escasez de agua potable causó una epidemia de cólera en 1991, la primera en un siglo.

El consumo mundial de agua potable se duplica cada veinte años. Es hora de que los líderes latinoamericanos cambien la situación: programas para conservar el agua, nuevas instalaciones de tratamiento, tecnologías y obras de irrigación para conservar el agua de lluvia. Los negocios agrícolas deben pagar el agua que consumen.

Obviamente, los gobiernos que no pueden costear el cloro para purificar el agua necesitarán ayuda de instituciones internacionales de préstamo como el Banco Mundial y el Fondo Monetario Internacional. Esas instituciones, en vez de promover la privatización del agua deben costear la reparación de las infraestructuras. Si se mejora el cobro de impuestos, los gobiernos regionales podrían pagar las reparaciones.

Ponte a prueba

Contesta las siguientes preguntas según lo que leíste.

1. ¿Cuáles fueron las consecuencias de la escasez de agua en México, D.F.; Santiago y Lima?
2. Según el artículo, ¿qué se debe cambiar en Latinoamérica para mejorar la situación con respecto al agua?
3. ¿De qué forma está creciendo el consumo de agua potable en el mundo?
4. ¿Qué no podrán costear los países pobres?
5. ¿Qué deben hacer el Banco Mundial y el Fondo Monetario Internacional?

Cortometraje

Antes de mirar Feng shui

- ¿Cuáles son los cinco sentidos? De ellos, ¿cuál dirías que es el más importante para tu vida? ¿y el más importante para poder apreciar la belleza? Explica tus respuestas.
- ¿De qué colores están pintadas las paredes de los siguientes cuartos de tu casa/apartamento? La cocina, el baño, el comedor, tu alcoba/dormitorio/habitación. ¿Te gustan los colores? ¿Por qué?
- ¿Cuál es tu color favorito? ¿Por qué? Describe brevemente cómo te hace sentir ese color.

Comprensión y análisis

¿Cierto o falso? Indica si las siguientes ideas son ciertas (C) o falsas (F). Luego, corrige las oraciones falsas.

1. La biblioteca está organizada alfabéticamente.
2. Según la protagonista, las personas ciegas no pueden tener feng shui.
3. El último color que puede ver la protagonista es el azul.
4. Es obvio que a Daniel, el chico que va a la biblioteca a sacar libros, le encanta leer.

Interpreta Contesta las preguntas según lo que viste en el cortometraje.

1. ¿Qué dice la protagonista acerca de los colores? ¿Por qué son importantes?
2. ¿Por qué se detiene la protagonista a ver al perro? ¿Por qué lo observa?
3. ¿Cuál crees que es la importancia de la llamada telefónica de Ana?
4. ¿Por qué crees que Lucía adopta al perro al final?
5. Explica el final. ¿Te parece un final apropiado? ¿sorprendente? ¿divertido? ¿irónico?

Reflexión Ser feliz

En español, se distingue entre *ser feliz* y *estar feliz o contento/a*. ¿Cómo son esos dos estados diferentes en tu opinión? ¿Qué cosas te son indispensables para ser feliz?

«¿Y cómo me queda el amarillo?»

Título: «Feng shui»

País: Uruguay

Año: 2005

Dirección: Diego Parodi

Reparto: Patricia Mallarini, Cecilia Sánchez, Horacio Nieves, Diego Artucio, Elbio Parodi, Oso

vocabulario
útil

la acromatopsia	*enfermedad por la que solo pueden distinguirse los colores blanco y negro*
el/la oftalmólogo/a	eye doctor
ciego/a	blind
marrón	brown

Palabras

El medio ambiente

DE REPASO

el agua

el aire

el árbol

la atmósfera

la ciudad

la contaminación

el mar/el océano

la naturaleza

el planeta

exportar/importar

el agujero	hole
el bosque	forest
la capa de ozono	ozone layer
el cielo	sky, heaven
el combustible	fuel
el consumo	consumption
la cosecha	harvest, crop
el efecto invernadero	greenhouse effect
la madera	wood
el pesticida	pesticide
el recurso	resource
la selva	jungle, tropical rain forest
la sequía	drought
la tierra	soil, earth, land

Cognados: **la agricultura, el desierto, la ecología, la erosión, la explotación, la extinción, el valle**

cortar	to cut
crear	to create
desperdiciar	to waste
proteger (j)	to protect
sembrar (ie)	to sow

Cognados: **consumir, cultivar, extinguir (extingo), preservar, reducir (zc)**

agrícola	agricultural

Un olivar (olive grove)
en Andalucía, España

La ciudad y los servicios urbanos

la acera	sidewalk
la basura	garbage
el contenedor	(garbage, recycling) bin
(de basura, de reciclados)	
el envase	container (bottle, can, etc.)
el humo	smoke
el mantenimiento	maintenance
el piso	floor
la recogida (de basura)	garbage pickup

Cognado: **el reciclaje**

botar	to throw away
	(*Hispanoamérica*)
tirar	to throw away (*España*)

Cognado: **reciclar**

desechable	disposable

Cognado: **reciclable**

El desarrollo y la economía

el acuerdo/el tratado	agreement/treaty
la bolsa	stock exchange
la deuda (externa)	(foreign) debt
el Fondo Monetario	International Monetary
Internacional (FMI)	Fund (IMF)
la inversión	investment
los inversionistas	investors
los países desarrollados/	developed countries/
en vías de desarrollo	developing countries

Cognados: **la gasolina, la globalización, la nacionalización, la privatización**

invertir (ie, i)	to invest
sostener (*irreg.*)	to sustain
sostenible	sustainable

ACTIVIDAD 1 Asociaciones

¿Qué asocias con las siguientes palabras?

1. el agua
2. la economía
3. las empresas
4. los países
5. el campo
6. la botella
7. la ciudad
8. verde

¡OJO! **el** agua limpia → **agua** es una palabra femenina que toma el artículo «el» porque empieza con **a** tónica (sílaba fuerte).

ACTIVIDAD 2 ¿Qué se ve?

En parejas, describid lo que se ve en estas escenas urbanas.

1.

2.

3.

ACTIVIDAD 3 ¡Busca el intruso!

Indica la palabra que no pertenece al grupo y explica por qué es distinta a las demás.

1. la agricultura	el desierto	la cosecha
2. el cielo	el bosque	la madera
3. consumir	explotar	proteger
4. sembrar	reciclar	cultivar
5. reducir	cortar	crear
6. la deuda	la inversión	el acuerdo
7. la madera	el petróleo	la bolsa
8. la acera	el envase	el piso

ACTIVIDAD 4 ▶ Palabras relacionadas

Relaciona las siguientes palabras con otras de la lista del vocabulario. ¿Qué significan? Da un sinónimo o un antónimo, o explica su significado con otras palabras.

> *Ejemplo:* basurero → basura: Es el hombre que trabaja recogiendo la basura.

1. el desperdicio
2. la creación
3. la inversión
4. acordar
5. seca
6. deber
7. celestial
8. el consumo
9. pisar
10. el cultivo

ACTIVIDAD 5 ▶ Problemas medioambientales

Paso 1 Haz una lista de los cuatro o cinco problemas medioambientales que te preocupan a ti más, tanto a nivel local como a nivel global.

Paso 2 Ahora compara tu lista con las de dos o tres compañeros/as. ¿Estáis de acuerdo en general? ¿En qué diferís? Decid por qué escogisteis esos problemas.

Juanito en la playa (1973), *de Antonio Berni.*

ACTIVIDAD 6 ▶ Juanito en la playa

Juanito, un niño imaginario que vive en una zona muy pobre de la ciudad, es un personaje que aparece en una serie de collages del artista argentino Antonio Berni. En grupos pequeños, comentad lo que se ve en la pintura y lo que esta representa, en vuestra opinión. No olvidéis usar el subjuntivo para expresar juicios de valor (*value judgements*).

> *Ejemplo:* Creo que el artista quiere expresar que **es horrible** que muchos niños **vivan** en estas condiciones.

Las «grandes» ciudades de Latinoamérica

Área masificada de los suburbios de México, D.F.

Uno de los problemas que el deterioro de la vida en el campo causa en algunos países latinoamericanos es la emigración en masa de los campesinos[a] hacia las ciudades. Muchas personas de origen rural se marchan[b] a la ciudad en busca de mejor trabajo y condiciones sociales, que no siempre encuentran. Esto ha provocado una gran masificación en las ciudades. Según datos de la ONU, más del 75 por ciento de la población de los países latinoamericanos vive en las ciudades y este porcentaje seguirá creciendo.

En el área de México, D.F., por ejemplo, viven aproximadamente 30 millones de habitantes, es decir, casi un tercio[c] de la población de todo el país. Otras ciudades masificadas de Latinoamérica son Buenos Aires (13 millones), Lima (7,6 millones) y Santiago de Chile (5,4 millones), sin contar con las megalópolis del Brasil: San Pablo (11,3 millones) y Río de Janeiro (6,3 millones).

El crecimiento rápido de las ciudades impide que se lleve a cabo[d] una adecuada planificación urbanística, por lo que algunos barrios no reciben un suministro apropiado de luz y agua. Esto tiene como consecuencia el que millones de personas vivan en condiciones terribles. Además, muchas ciudades —como México, D.F.— están muy contaminadas, por lo que algunos de sus habitantes sufren de enfermedades respiratorias, especialmente los niños. Afortunadamente, las autoridades mexicanas no son ajenas[e] al problema de la mala calidad del aire y buscan medios de aminorarlo. Por ejemplo, se han establecido turnos para usar los coches y así, dependiendo de la matrícula del auto, este no puede circular un determinado día de la semana.

[a]*farmers* [b]*se... van* [c]*third* [d]*se... they carry out* [e]*unfamiliar*

Tertulia Nuestro aire

- Este estudio cultural trata de la masificación urbana y los efectos que esta tiene en la calidad del aire que respiramos. ¿Existen problemas similares en Canadá? ¿En qué lugares?

- ¿Qué cosas se pueden hacer, que no se están haciendo ahora, para solucionar estos problemas?

Estructuras

21 El futuro y el futuro perfecto de indicativo

EL FUTURO

Forms

The base form for regular verbs is the infinitive form plus the following endings for all three types of infinitives: **-é, -ás, -á, -emos, -éis, -án.**

INDICATIVO
Presente
Presente perfecto
Pretérito
Imperfecto
Pluscuamperfecto
~~Futuro~~
~~Futuro perfecto~~

Verbos regulares					
-ar: crear		**-er: proteger (j)**		**-ir: invertir (ie, i)**	
crear**é**	crear**emos**	proteger**é**	proteger**emos**	invertir**é**	invertir**emos**
crear**ás**	crear**éis**	proteger**ás**	proteger**éis**	invertir**ás**	invertir**éis**
crear**á**	crear**án**	proteger**á**	proteger**án**	invertir**á**	invertir**án**

The irregular verbs use the same endings, but have irregular stems.

Verbos irregulares	
decir	diré, dirás…
haber	habré, habrás…
hacer	haré, harás…
poder	podré, podrás…
poner	pondré, pondrás…
saber	sabré, sabrás…
salir	saldré, saldrás…
tener	tendré, tendrás…
valer	valdré, valdrás…
venir	vendré, vendrás…

«… los gobiernos que no pueden costear el cloro para purificar el agua **necesitarán** ayuda… »*

---

* «La guerra del agua», *Latin Trade* (Sept. 2002)

Este semestre **estudiaré** todos los días.

Uses

- **An action that is expected to happen.** The use of the future instead of the present tense or the expression **ir a** + *verb* usually implies a more formal style.

Habrá dos tipos de ciudades en el futuro.	*There will be two types of cities in the future.*

- **A future action that includes an act of will or power,** such as a personal resolution or telling someone what he or she will do or will not do. This is the equivalent to *will/will not* and the old-fashioned and formulaic *shall/shall not.*

No **matarás.** No **robarás.**	*Thou shalt not kill. Thou shalt not steal.*
Niños, ¡**limpiaréis** ese cuarto ahora mismo!	*Kids, you will clean that room right now!*
Este semestre **estudiaré** todos los días.	*This semester I'll study every day.*

- **Probability about an action occurring in the present** (*I wonder . . . , Probably . . .*). This use of the future tense is probably the most frequent one when speaking. (The counterpart for the past is the conditional, which you will see in **Capítulo 9.**)

—Son ya las 9:00. ¿Dónde **estará** David?	*—It's already 9:00. I wonder where David is. (Where can he be?)*
—Habrá un atasco en la autopista.	*—There must be a traffic jam on the highway.*

EL FUTURO PERFECTO

Forms

The future perfect is formed with the future of **haber** followed by a past participle.

futuro de **haber** + participio pasado	
habré desarroll**ado**	**habremos** desarroll**ado**
habrás desarroll**ado**	**habréis** desarroll**ado**
habrá desarroll**ado**	**habrán** desarroll**ado**

Uses

As in English, the future perfect is used to refer to a future action that will be completed by a certain time.

Si no hacemos nada para protegerla, **habremos destruido** la Amazonia al final de este siglo.	*If we don't do anything to protect it, we will have destroyed the Amazon by the end of this century.*

Si no hacemos nada para protegerla, **habremos destruido** la Amazonia al final de este siglo.

Future actions are expressed by the present tense, both indicative and subjunctive, more often than with the future tense.

Present Indicative

As in English, the present tense—including the present of *ir a* + infinitive—can be used to express future.

Vamos a salir a las 8:00. *We are going to leave (We are leaving) at 8:00.*

Mi hermana **llega** mañana. *My sister arrives (is arriving) tomorrow.*

El lunes te **traigo** el libro. *I'll bring you the book on Monday.*

¡OJO! The present progressive is never used to express future in Spanish.

Present Subjunctive

The present subjunctive often refers to actions that have not occurred yet.

Quiero que **vengas** a verme. *I want you to come to see me.*
(The action of coming will happen later.)

No olvides llamarme cuando **llegues.** *Don't forget to call me when you arrive.*
(You haven't arrived yet.)

ACTIVIDAD 1 ¿Qué ves en tu futuro?

Paso 1 Forma oraciones con el futuro o el futuro perfecto usando la siguiente información. Las oraciones deben expresar cómo te imaginas tu futuro dentro de diez o quince años.

> *Ejemplos:* trabajar de _____ → **Trabajaré** de arquitecto/a
> (profesor/a, etcétera).
> casarme → No **me habré casado** todavía.

1. trabajar de _____
2. (no) casarme
3. tener _____ hijos
4. poder hablar _____ perfectamente
5. decirle a todo el mundo que la universidad _____ es la mejor
6. saber todo lo que hay que saber sobre _____
7. hacer buenas acciones por _____
8. poner toda mi confianza en _____
9. salir un nuevo aparato que _____
10. en general, en el mundo (no) haber _____

Paso 2 Ahora pregúntale a un compañero/una compañera sobre su futuro usando las frases del **Paso 1.**

Trabajaré de arquitecta.

ACTIVIDAD 2 ▶ ¿Qué estarán haciendo en este momento?

¿Qué crees que estarán haciendo en este momento las personas de la lista? Recuerda usar las formas del futuro para expresar probabilidad.

1. el primer ministro de Canadá

2. los japoneses/los australianos

3. algún miembro de tu familia

4. tu mejor amigo/a

5. tus compañeros que no están en clase hoy

ACTIVIDAD 3 ▶ Decálogo (*list of ten dos and don'ts*) para el planeta

En parejas, escribid diez reglas sobre el comportamiento que debe observar un ciudadano modelo en este mundo. Recordad usar las formas del futuro.

> *Ejemplo:* Los ciudadanos no arrojarán basura en la calle; siempre usarán las papeleras.

Los ciudadanos no **arrojarán** basura en la calle.

ACTIVIDAD 4 ▶ ¿Presente, futuro o futuro perfecto?

¿Qué tiempo en español se puede usar para expresar las siguientes ideas? Escoge una de las opciones e intenta explicar por qué.

a. el futuro perfecto

b. el futuro simple = probabilidad

c. el futuro simple = mandato

d. el futuro simple = intención

e. el presente de indicativo

f. el presente de subjuntivo

Ejemplo: *Carol <u>must be</u> in a traffic jam, as usual.* → **b:** La persona que habla expresa lo que probablemente está pasando en este momento, aunque no está completamente segura de que sea así.

1. _____ *You <u>will go</u> to bed no later than 10:00. Is that clear?*

2. _____ *I <u>wonder</u> where the kids are?*

3. _____ *This year I <u>will be</u> more patient with my parents, I promise.*

4. _____ *I hope you <u>write</u> me sooner this time.*

5. _____ *They <u>will not have left</u> yet by the time you arrive.*

6. _____ *I <u>am leaving</u> tomorrow around 10:00.*

7. _____ *My flight <u>departs</u> at 7:10.*

8. _____ *By the end of the year, we <u>will have finished</u> the new addition on the house.*

ACTIVIDAD 5 ¿Cómo será la vida dentro de treinta años?

En pequeños grupos, describid cómo imagináis la vida dentro de treinta años. Pensad no solo en vuestra propia vida y en la de vuestras familias, sino también en la situación mundial en cuanto a avances tecnológicos, problemas medioambientales o políticos y cualquier otro aspecto de la vida que os parezca interesante.

22 El indicativo y el subjuntivo en cláusulas adverbiales

Adverbs express time, manner, or location (when, how, and where) in relation to the verb in a sentence, for example, **pronto, bien, nunca, allí.** An adverbial clause functions as an adverb in relation to the main clause of a sentence.

Adverbial clauses are easy to identify because of their conjunctions, that is, the word or group of words that join the main and subordinate clauses. Adverbial conjunctions include **aunque, para que, tan pronto como, después (de) que**, and so on.

Adverbial clauses take either indicative or subjunctive, depending on whether the action they express has taken place or not. A few conjunctions occur only with the indicative, a group of conjunctions is associated only with the subjunctive, and yet another group can appear with both indicative and subjunctive.

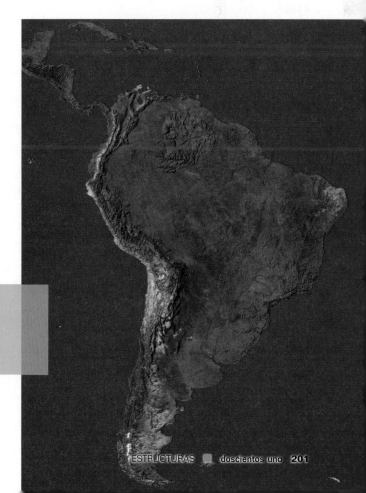

«Todavía falta que quince países más hagan lo mismo **para que** entre en vigencia el protocolo.»*

---

* «A vender oxígeno», *Semana.* 26/11/01 p. 118

ADVERBIAL CONJUNCTIONS THAT REQUIRE THE INDICATIVE: EXPLAINING FACTS

These clauses explain facts and their causes, often translated as *because* or *since* in English. The most common conjunction of this kind is **porque.**

Juan no quiere ir **porque tiene** miedo.	*Juan doesn't want to go because he is afraid.*
Es importante reciclar, **puesto que** los recursos del planeta **son** limitados.	*It's important to recycle, given that the planet's resources are limited.*

Other conjunctions that require the indicative	
como	*since*
dado que	*given that*
ya que	*due to the fact that*

ADVERBIAL CONJUNCTIONS THAT REQUIRE THE SUBJUNCTIVE: CONTINGENCY, PURPOSE, AND ACTIONS THAT DO NOT TAKE PLACE

All the conjunctions in this group imply that the action in its clause has not occurred, because they express contingencies (**a menos que, con tal que**) or purpose (**para que, a fin de que**), or because the action cannot happen or will not happen before the action in the main clause (**antes de que, sin que**).

<u>S</u>in que	*without*
<u>A</u> fin (de) que	*in order to, so that*
<u>C</u>on tal (de) que	*provided that*
<u>A</u> menos que	*unless*
<u>P</u>ara que	*in order to, so that*
<u>E</u>n caso de que	*in case*
<u>S</u>iempre y cuando	*as long as, provided that*
<u>A</u>ntes (de) que	*before*

¡OJO! You can try to memorize this list by remembering the nonsense word **SACAPESA**, made up of the first letters of all eight conjunctions in the list.

Los países ricos deben ayudar a los pobres, **a fin de que** estos **puedan** salir de la pobreza.	*Rich countries must help the poor ones so that the latter can overcome their poverty.*
Debemos cuidar el planeta **para que** nuestros nietos también lo **puedan** disfrutar.	*We must care for the planet so that our grandchildren can also enjoy it.*
Un poco de sol no es malo, **siempre y cuando** te **protejas** bien la piel.	*A little sun is not bad provided that you protect your skin well.*

Debemos cuidar el planeta **para que** nuestros nietos también lo **puedan** disfrutar.

Same subject → preposition + infinitive

The infinitive is used after the preposition of a conjunction when the subject of the adverbial clause and the main clause coincide. The word **que** is not used in this case.

Cuidemos (nosotros) nuestro mundo **para que** las próximas generaciones también **puedan** vivir en él.	*Let's take care of our world so that the next generations can also live in it.*
Cuidemos (nosotros) nuestro mundo **para disfrutarlo** (nosotros) por más tiempo.	*Let's take care of our world to enjoy it (so that we can enjoy it) longer.*

CONJUNCTIONS THAT TAKE THE INDICATIVE AND SUBJUNCTIVE : *WHEN* AND *HOW*

The conjunctions in this group (especially the conjunctions of time) take the indicative or subjunctive depending on whether the action in their clauses **has taken place** (indicative), is an action that **takes place habitually** (indicative), or is a pending action that **has not occurred yet** (subjunctive). In this last case, the verb in the main clause expresses an action that will occur in the future.

With conjunctions of manner, the choice of indicative or subjunctive generally depends on the speaker's knowledge of or interest in the actions that follow. If the speaker knows something to be factual and definite, the indicative will be used. If the speaker doesn't know and/or doesn't care, the subjunctive will be used.

Time conjunctions		Manner conjunctions	
cuando	*when*	**aunque**	*although*
después de (que)	*after*	**como**	*as*
en cuanto	*as soon as*	**de modo que**	*in a way that*
hasta que	*until*		
mientras (que)	*while*		
tan pronto como	*as soon as*		

- pending action → subjunctive

Me llamará **en cuanto llegue** a su casa.	*He'll call me as soon as he gets home.*

- habitual action → indicative

Me llama **en cuanto llega** a su casa.	*He calls me as soon as he gets home.*

- past action → indicative

Mientras hubo qué comer, los invitados no se fueron.	*While there was food to eat, the guests didn't leave.*

- pending action → subjunctive

Debemos seguir luchando **mientras haya** problemas con la capa de ozono.	*We must continue to fight while there is still a problem with the ozone layer.*

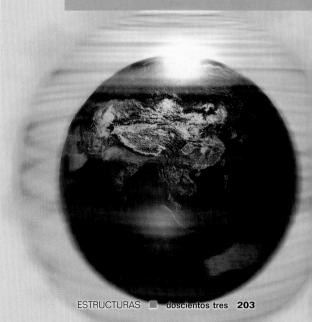

Debemos seguir luchando **mientras haya** problemas con la capa de ozono.

- knowledge → indicative

No haremos el curso sobre el desarrollo internacional, **aunque es** interesantísimo.

We won't take the international development course, although it's extremely interesting.

- lack of knowledge, interest → subjunctive

No haremos el curso sobre el desarrollo internacional, **aunque sea** interesante.

We won't take the international development course, although it might be interesting.

ACTIVIDAD 1 ▶ **Cambiemos el mundo sin cambiar el planeta**

Completa las siguientes ideas con conjunciones de la lista. Puede haber más de una conjunción posible en algunos casos. **¡OJO!** Presta atención a las conjunciones que requieren subjuntivo o indicativo en cada contexto. Y recuerda que si se quita el **que** de algunas conjunciones, son preposiciones y no se conjuga un verbo después—se usa el infinitivo.

SOLO SUBJUNTIVO	**SOLO INDICATIVO**	**INDICATIVO O SUBJUNTIVO**
antes de (que)	porque	tan pronto como
a fin de (que)		aunque
para (que)		cuando
siempre y cuando		después de (que)
sin (que)		

1. El gobierno español ha hecho una campaña publicitaria _____ los españoles ahorren energía.

2. El mensaje general es que podemos hacer cosas importantes por el planeta _____ hacemos pequeños cambios en nuestra manera de vivir y consumir.

3. En los años 80, hubo otra campaña del gobierno español cuyo lema decía: «_____ Ud. pueda pagarlo, España no puede».

4. Es obvio que se pueden hacer cambios importantes en cuestiones medioambientales, _____ todos se preocupen seriamente por el planeta y no solo por el desarrollo económico.

5. Me parece bien que haya una ley que obligue a todo el mundo a reciclar _____ reducir la cantidad de recursos que usamos.

6. Por ejemplo, _____ no tengamos más petróleo, seguro que habrá muchos carros que funcionen con energía solar o eléctrica.

7. Mucha gente ya recicla todos los envases que usa, _____ sería más fácil botarlos.

8. Mira el número dentro del triángulo en el envase _____ botarlo, _____ reciclarlo si es posible. No tires nada _____ saber antes si es reciclable o no. Otro consejo: aplasta y reduce los cartones de leche, _____ no ocupen tanto espacio en el contenedor.

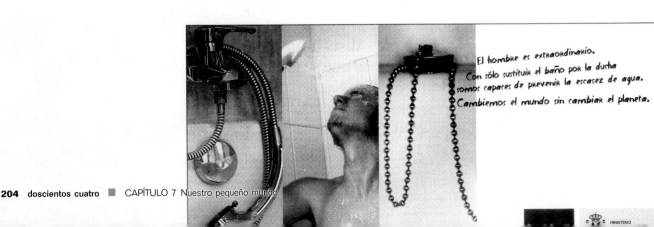

El hombre es extraordinario.
Con sólo sustituir el baño por la ducha somos capaces de prevenir la escasez de agua.
Cambiemos el mundo sin cambiar el planeta.

ACTIVIDAD 2 — Cada oveja (*sheep*) con su pareja

Usa las frases de la Columna B para completar las oraciones de la Columna A de una manera lógica. No te olvides de conjugar los verbos de las frases en el subjuntivo o el indicativo, según sea el caso.

Columna A

1. Todos los días cuando llego a casa _____

2. Sin embargo, ayer tan pronto como llegué a casa _____.

3. Suelo ducharme con poca agua aunque _____.

4. Sé que todos los lunes llevas los envases a reciclar antes de que _____.

5. Pero la semana que viene los tendrás que llevar después de que _____.

6. Toda mi clase de biología piensa que los países deben llegar a acuerdos para proteger el medio ambiente mientras _____.

7. Mis profesores de economía confían en que los países en vías de desarrollo (*developing countries*) seguirán probando nuevas técnicas agrícolas hasta que _____.

8. Las generaciones posteriores pueden sufrir una gran escasez de recursos naturales puesto que _____.

9. Es esencial que ahorremos tantos recursos como _____.

Columna B

a. ser posible

b. Manuel regresar, porque necesitas que te ayude

c. conseguir resolver los problemas sobre la alimentación de la población

d. gustar las duchas largas

e. echar una siesta porque estaba muy cansada

f. (nosotros) gastar demasiados recursos

g. Manuel llegar del trabajo

h. regar, (ie) (*to water*) las plantas

i. el agujero negro ser una amenaza

ACTIVIDAD 3 — El congreso (*conference*)

Completa el siguiente mensaje electrónico con la forma correcta en el subjuntivo o el indicativo de los verbos que están entre paréntesis.

¡Hola, Ivo!

¿Cómo estás? Yo muy bien, aunque, como siempre, _____[1] (tener) muchas cosas que hacer. Aquí en esta universidad, como sabes, todos los años el departamento de agricultura celebra un congreso cuando _____[2] (comenzar) el semestre de primavera. Este año el tema del congreso es sobre productos transgénicos y se hará un poco antes, tan pronto como _____[3] (volver: nosotros) de las vacaciones. Tenemos mucho que organizar antes de que los visitantes _____[4] (llegar). El año pasado asistieron científicos de diversos estados y todos los estudiantes graduados trabajamos mucho mientras _____[5] (tener) lugar las sesiones. Este año también trabajaremos hasta que todo _____[6] (estar) listo. De hecho,[a] en cuanto _____[7] (terminar: yo) de escribir este mensaje, tengo una reunión con el fin de preparar nuestros horarios para el evento. Tenemos que organizarnos bien a fin de que todos nosotros _____[8] (poder) descansar. Lo mejor de estos congresos es que siempre después de que _____[9] (terminar) la última sesión hay una gran cena para todos los organizadores.

Te dejo. Te escribo otra vez tan pronto como _____[10] (tener: yo) un rato libre.

David

[a]De... *In fact*

Cultivo de maíz transgénico

ACTIVIDAD 4 ▸ Tu opinión

En parejas, completad las siguientes ideas.

1. La destrucción de la Amazonia continuará a menos que...

2. Los países latinoamericanos ceden (*give*) derechos de explotación de sus recursos a compañías internacionales para (que)...

3. Los países menos desarrollados tendrán serias preocupaciones ecológicas a menos que...

4. Yo creo que es bueno explotar _____ (un recurso) siempre y cuando/ con tal de que...

5. Es fácil reciclar cuando...

6. Los países desarrollados usarán menos petróleo tan pronto como...

ACTIVIDAD 5 ▸ La ciudad del futuro

En un seminario se discutió cómo serán las ciudades del futuro: más verdes y con menos coches. En parejas, imaginaos la ciudad ideal del futuro. ¿Cuándo será? ¿Cómo será? ¿Quiénes vivirán en ella? **¡OJO!** En muchos casos necesitaréis usar conjunciones adverbiales para explicar vuestras ideas.

Ejemplo: La ciudad del futuro no tendrá tantos coches para que no haya tanta contaminación atmosférica.

Habrá menos coches **para que** no **haya** tanta contaminación.

La importancia de la economía sostenible

Los países latinoamericanos se enfrentan a un doble reto[a] de difícil solución. Por un lado, está la necesidad de explotar sus recursos naturales—petróleo, gas natural, bosques, minerales, etcétera— para avanzar en el camino de su desarrollo económico. Por otro lado, queda la necesidad imperiosa de preservar esos mismos recursos, no solo por el bienestar actual de sus propias comunidades y los habitantes de todo el planeta, sino también porque son recursos que los países latinoamericanos necesitarán para seguir desarrollando sus economías en el futuro. Abusar de los recursos naturales puede suponer agotarlos, es decir, el equivalente a matar la gallina de los huevos de oro.[b]

La idea de economía sostenible (o sustentable, como se dice en algunos países) parte de la premisa de que los recursos deben ser utilizados de manera que no se agoten, es decir, de modo que puedan sostenerse o mantenerse los recursos, y por lo tanto la economía que depende de ellos. Esto, claro está, no es tan fácil de llevar a cabo, y casi siempre requiere el acuerdo y la participación activa de los países desarrollados que explotan los recursos en los países en vías de desarrollo.

Quizás el ejemplo más típico de la importancia y la necesidad de buscar una economía sostenible en los países en vías de desarrollo es el de la Amazonia. Esta área, compartida por ocho países (Brasil, Colombia, Bolivia, Perú, Ecuador, Venezuela, Guyana y Suriname), es la selva más grande del mundo, donde habitan hasta un 30 por ciento de todas las especies vivas del planeta y donde se encuentra una quinta parte de toda el agua dulce del mundo. La Amazonia se está deforestando a pasos agigantados. Pero la pérdida de esta selva no solo representa un problema para los ocho países latinoamericanos que la comparten, sino para absolutamente todas las personas que vivimos en la Tierra.

[a]challenge [b]gallina... the hen who laid the golden egg

Tertulia El nivel de vida frente a los recursos naturales

- ¿Qué os parece más importante o eficiente: explotar los recursos naturales ahora para mejorar el nivel de vida de un país o preservar esos recursos como sea necesario aunque muchas personas no vivan mejor ahora?

- ¿Es esta pregunta pertinente en Canadá? ¿Estáis de acuerdo con la posición del gobierno sobre este tema?

- ¿Por qué es la selva amazónica tan importante para todos los habitantes del planeta?

- ¿De quién es la responsabilidad de proteger la Amazonia? ¿Por qué?

A vender oxígeno

Reflexiones

El siguiente texto es parte de un artículo más largo publicado en la revista colombiana *Semana*.

ACTIVIDAD 1 ▶ **Definiciones**

Paso 1 ¿Qué palabras del **vocabulario útil** corresponden a las siguientes definiciones?

1. Se pone en las bebidas para que se conserven frías.

2. Significa estar de acuerdo con una decisión.

Paso 2 Ahora crea definiciones para otras tres palabras del **vocabulario útil**. Tus compañeros de clase tendrán que adivinar la palabra que defines.

ACTIVIDAD 2 ▶ **Oraciones incompletas**

Completa el siguiente párrafo con la palabra del **vocabulario útil** más apropiada. Si un verbo debe ser conjugado, usa el futuro.

Los presidentes de los dos países se reunieron para _____[1] el tratado que regulariza el uso de productos contaminantes. En un esfuerzo conjunto, ambas naciones _____[2] el proyecto de inversión en nuevos productos. _____[3] el éxito que se prevé, los demás estados de la región también _____[4] a este proyecto en un futuro próximo. Las _____[5] que estos países están siguiendo en este tratado corresponden con un _____[6] propuesto por expertos internacionales. _____,[7] sin duda, contribuirá a la mejoría de las condiciones de vida de todos.

Estrategia: El lenguaje no literario

El lenguaje de todo artículo científico o informativo debe estar supeditado (*subject*) a la información. La claridad de exposición es esencial y, por lo tanto, la organización del texto y de las oraciones debe ser la más directa y clara posible. Un texto científico o informativo incluirá los siguientes elementos:

- un título explícito
- una tesis o un tema principal presentado al principio del texto
- una sucesión de argumentos en defensa de la tesis o el tema
- un párrafo de cierre que resuma (*summarizes*) la posición defendida en el artículo

¿Puedes encontrar todos esos elementos en el siguiente texto?

vocabulario
útil

la directriz	guideline
el esquema	outline, way of thinking
el hielo	ice
acoger	to accept
acogerse a	to participate voluntarily
firmar	to sign
ante	in the face of
ello	it

A VENDER OXÍGENO

Colombia se perfila como un importante exportador de aire limpio y de
servicios ambientales.

aparece

    Limpiar el aire es un excelente negocio. Colombia está en capacidad de
recibir por ello 435 millones de dólares al año, una cifra similar a las
exportaciones de flores o banano, por prestar un servicio novedoso: limpiar la
atmósfera de gases de efecto invernadero como el dióxido de carbono (CO_2).

dar

    Este gas es el principal causante de varios dolores de cabeza para el
mundo: la elevación de la temperatura en la Tierra, la aparición de fenómenos
climáticos como «El Niño» o «La Niña» y la disminución del hielo de los
glaciares.

    Ante este problema los 180 países de la Convención de Cambio Climático
crearon en 1997 el Protocolo de Kioto, un tratado que obliga a las naciones
desarrolladas a reducir sus emisiones de gases de efecto invernadero,
básicamente porque los países industrializados son responsables del 55 por
ciento de la contaminación mundial.

    De acuerdo con el protocolo, los países en vías de desarrollo, como
Colombia, no tienen que reducir la emisión de gases por tratarse de lugares
que no solo emiten menos CO_2, sino que contribuyen a limpiar la atmósfera al
producir más oxígeno. Lo que sí pueden hacer es vender servicios ambientales
a través de los mecanismos de desarrollo limpio para la reducción y absorción
de los gases de efecto invernadero.

    Estos esquemas permiten el tráfico de aire limpio. Es decir, los países con
exceso de emisiones de gases pueden comprar cuotas a los países que generan
emanaciones por debajo de los límites establecidos.

emisiones

    Para ello se crearon los Certificados de Reducción de Emisiones (CRE).
Estos son una especie de bonos que compran las naciones más contaminantes
—las industrializadas— para ayudar a financiar proyectos encaminados a la
reducción o absorción de CO_2 en países en vías de desarrollo.

vouchers
dirigidos

    Y es que para los países industrializados es más económico financiar
proyectos de reducción de emisiones en otras partes que hacerlo en la propia
casa. Dejar de producir una tonelada de CO_2 cuesta 286 dólares en los Estados
Unidos, 582 dólares en Japón, 273 dólares en la Comunidad Europea y en
países del Tercer Mundo puede valer apenas 26 dólares. Expertos y entidades
multilaterales estiman que los mecanismos de desarrollo limpio tienen el
potencial para generar inversiones en países en desarrollo por 7.500 millones
de dólares anuales cuando el Protocolo de Kioto sea ratificado por las naciones
que lo firmaron. A la fecha, cuarenta de ellas —entre estas Colombia— han
reiterado su voluntad de acogerse al protocolo. Todavía falta que quince países
más hagan lo mismo para que entre en vigencia.

merely

to take effect

    Así, el aire limpio podría convertirse en una especie de mercancía que
puede ser transada en lo que el Banco Mundial ha denominado el «mercado
mundial de carbono». Por ejemplo, si la *General Motors* necesita reducir sus
emisiones de carbono en un millón de toneladas al año para cumplir con los
límites fijados, puede comprar títulos CRE para financiar la forestación de tantas
hectáreas como sean necesarias en otro país para absorber el millón de
toneladas de CO_2 que necesita reducir.

comerciada

Potencial exportador

Mediante la Ley 629 de enero de 2001 el gobierno colombiano acogió las
directrices del Protocolo de Kioto, con lo que abrió la posibilidad para que el
país incursione en la venta de servicios ambientales.

se introduzca

    Un estudio del Banco Mundial, el gobierno suizo y diferentes organismos
colombianos estima que el país estaría en capacidad de absorber hasta
23 millones de toneladas de CO_2 al año. En ese sentido el potencial de
recursos para el país derivado de la venta de los CRE es inmenso.

Swiss

    A un precio conservador de 10 dólares por tonelada métrica de carbono
que se absorba o deje de emitir se generarían 435 millones de dólares anuales

en divisas. Si Estados Unidos entra en el protocolo, el precio de la tonelada de carbono podría aumentar a 19 dólares.

average

Una de las formas para conseguir CO_2 es reforestando y creando nuevos sitios de bosque pues los árboles tienen la capacidad de absorber este gas. Un nuevo proyecto forestal en Colombia, en promedio, puede absorber al año dieciocho toneladas por hectárea de CO_2 y, al mismo tiempo, producir doce toneladas de oxígeno.

Los bosques de Colombia crecen dos veces más rápido de lo que lo hacen las plantaciones forestales de Chile, donde la industria de servicios ambientales tiene un peso importante dentro de la economía. «Aquí tenemos una clara ventaja comparativa en términos de productividad ambiental», asegura el presidente de la Reforestadora el Guásimo S.A. (Sindicato Antioqueño).

El Foro francés para el medio ambiente mundial (Ffem) ofreció a Colombia 2.300 millones de pesos para que identifique la cantidad de CO_2 que sería capaz de obtener el proyecto ambiental que une a los dos parques naturales de Puracé y Cueva de los Guácharos, al sur del departamento del Huila. «Es importante emitir certificados de captura de carbono (CRE) que permitan conseguir recursos para conservar la diversidad biológica de esta área, que se está deforestando», afirma Eduardo Patarroyo, director general de la Corporación Autónoma Regional del Alto Magdalena.

cattle raising

De otro lado, estos proyectos traen beneficios sociales y ambientales. Por cada 1.000 hectáreas reforestadas de bosques se generan setenta y cuatro empleos permanentes. Esta misma área en ganadería genera solo dieciséis puestos de trabajo. Así, la relación es de cuatro a uno entre la actividad de reforestación y ganadería.

marketable
Stand out
cane-sugar and cement

Además de la reforestación y conservación de bosques se han identificado en el país diferentes proyectos potencialmente mercadeables por ser de desarrollo limpio. Se destacan procesos de reconversión industrial —particularmente de los sectores panelero y cementero —y energéticos— producción de carbón verde.

De *Revista Semana*, Bogotá, Colombia, 2001

Comprensión y discusión

ACTIVIDAD 3 ¿Está claro?

Según la lectura, ¿cuáles de las siguientes ideas son ciertas y cuáles son falsas? Busca la información falsa y corrígela.

1. Colombia puede ganar dinero limpiando la selva.

2. El dióxido de carbono es un gas bueno para la salud.

3. El Protocolo de Kioto es un acuerdo entre los países ricos para proteger la atmósfera.

4. Por el Protocolo de Kioto los países menos desarrollados pueden fabricar aire limpio y exportarlo a otros países.

5. Para los países desarrollados es más barato pagar las sanciones del Protocolo de Kioto que reducir las emisiones de CO_2.

6. El mercado de aire limpio en Colombia podría destruir sus espacios forestales.

7. «Mercado de desarrollo limpio» significa que es un negocio que deja grandes beneficios «limpios» de impuestos.

8. El negocio de mercado de desarrollo limpio será un desastre para otros sectores colombianos.

Busca los siguientes elementos en el artículo e indica si te parecen apropiados para un artículo informativo como este. En varios casos solo es necesario identificar el párrafo donde aparece la información.

Título:
Tema o tesis:
Planteamiento de un problema:
Ideas que apoyan el tema o la tesis:
Resumen final:

Tertulia ¿Recursos de todos?

¿Cuál es vuestra opinión sobre lo que pretende el Protocolo de Kioto? ¿Os parece justo o importante que los países desarrollados firmen este acuerdo? ¿Por qué?

Colombia puede limpiar el aire.

Una carta al periódico

Tema

La ciudad donde vives está pensando cortar el programa de reciclaje. Escribe una carta al periódico local expresando tu opinión sobre esta decisión.

Prepárate

Haz un borrador con todos los puntos a favor o en contra del plan. No te preocupes ahora del orden ni de la gramática, pero piensa y escribe en español. Si hay alguna palabra que no conozcas, deja un espacio en blanco o haz un símbolo.

¡Escríbelo!

- Ordena las ideas de tu borrador.
- Organiza tu carta apropiadamente como texto que pretende expresar una opinión.
    - ❑ primer párrafo: tesis o idea principal, resumiendo tu argumento a favor o en contra
    - ❑ uno o dos párrafos que apoyen tu tesis
    - ❑ párrafo final con un breve resumen de tu posición o sugerencias sobre cómo se puede solucionar el problema
- Busca en el diccionario y en tu libro de español aquellas palabras y expresiones sobre las que tengas dudas.

¿Y ahora?

- Repasa los siguientes puntos.
    - ❑ el uso del pretérito y el imperfecto
    - ❑ el uso de **ser** y **estar**
    - ❑ la concordancia entre sujeto y verbo
    - ❑ la concordancia de género y número entre sustantivos, adjetivos y pronombres
    - ❑ la ortografía y los acentos
    - ❑ el uso de un vocabulario variado y correcto: evita las repeticiones
    - ❑ el orden y el contenido: párrafos claros, principio y final. Atención a las transiciones.
- Finalmente, prepara tu versión para entregar.

    Consulta el *Cuaderno de práctica* para encontrar más ideas y sugerencias que te ayuden a escribir la composición.

    No te olvides de mirar el Apéndice I, **¡No te equivoques!,** para evitar errores típicos de los estudiantes de español. Para esta actividad de escritura, se recomienda que prestes atención a **Maneras de expresar** *to support*.

Gramática en acción: La explotación petrolera y los indígenas del Ecuador

Completa el siguiente texto conjugando los verbos, según sea necesario. Los verbos pueden estar en el presente de subjuntivo o indicativo, el futuro o el infinitivo.

La Amazonia, aunque _____[1] (ser) un área de valor esencial para la vida de nuestro planeta, está sufriendo una tremenda explotación de todo tipo que la pone en peligro. En ella viven numerosos pueblos indígenas, que también se ven terriblemente afectados por la destrucción de su hábitat. Los pueblos indígenas ecuatorianos (como los shuar, achuar, quichuas, záparos, etcétera), que viven en una zona de intensa explotación petrolera, han formado la Confederación de Pueblos Indígenas de la Cuenca[a] Amazónica (COICA). La COICA trabaja para _____[2] (frenar[b]) dicha explotación, que el gobierno del Ecuador fomenta,[c] y que los dirigentes ecuatorianos y las empresas petroleras realizan sin _____[3] (tener) en cuenta las necesidades de estos pueblos.

Los pueblos de COICA temen por su futuro, pues a menos que las cosas _____[4] (cambiar) rápida y drásticamente, los lugares ancestrales de sus pueblos _____[5] (deteriorarse) tanto que las próximas generaciones no _____[6] (poder) vivir de forma tradicional. Si la situación no se mejora pronto, sus aguas contaminadas no _____[7] (tener) suficientes peces[d] para que ellos puedan subsistir y _____[8] (matar) de cáncer a un serio porcentaje de la población. Los más jóvenes _____[9] (verse) obligados a emigrar a los centros urbanos, aunque ello _____[10] (significar) la pérdida de sus tradiciones.

[a]*Basin* [b]*to stop* [c]*supports* [d]*fish*

Los quichuas viven en la Amazonia.

Proyectos fuera de clase

Investiga uno de estos dos siguientes temas. Luego prepara un folleto informativo de estos servicios para la comunidad hispanohablante.

- los servicios para mantener limpio el medio ambiente y cómo los ciudadanos pueden ayudar
- los problemas medioambientales más urgentes en tu región y cómo afectan a los habitantes

Tertulia final Organizaciones ambientales

¿Qué organizaciones conocéis que luchen por conservar en buen estado el ambiente de nuestro planeta? ¿En qué consisten sus esfuerzos? ¿Existe alguno de estos grupos en vuestra universidad? ¿Habéis participado en sus actividades? ¿Por qué sí o por qué no?

Pasos y repasos: resultados

En este capítulo hemos estudiado cómo:
- ❑ se entienden los conceptos de medio ambiente, sostenibilidad y desarrollo
- ❑ expresar acciones en el futuro
- ❑ emplear el indicativo y el subjuntivo en cláusulas adverbiales
- ❑ expresar opiniones y valoraciones sobre el cuidado de los recursos naturales y el efecto de los seres humanos sobre el medio ambiente

«Hoy por ti,
    mañana por mí.»

8

En busca de la igualdad

PASOS Y REPASOS: OBJETIVOS

En este capítulo vamos a:

- hablar y expresar opiniones sobre el individuo y los temas sociales
- estudiar las formas y el uso del presente perfecto de subjuntivo
- estudiar las formas y el uso de los pronombres relativos

- leer y reflexionar sobre los marginados de la sociedad en el siglo XXI

Cultura: El machismo, Exclusión social: Causas y consecuencias

Lectura: «Francisca, sin techo»

De entrada

Minilectura

Reflexiones Setenta y cinco años en defensa de la mujer

En tu opinión, ¿cuáles son algunos de los «temas de mujeres»? ¿y los problemas más serios con los que se enfrentan las mujeres? ¿Qué mujeres han contribuido al avance social de la mujer en la sociedad?

SETENTA Y CINCO AÑOS EN DEFENSA DE LA MUJER, *JANELLE CONAWAY*

cover
cover

face
hombres

leadership
poses   *effort*

de varios gobiernos   *demanded*
attended

to promote

speech
Organización de los Estados
Americanos

Mucha gente cree que los «temas de mujeres» son los que se tratan en revistas que muestran modelos en la portada. Para la Comisión Interamericana de Mujeres (CIM), estos temas abarcan la gama completa de aspectos hemisféricos: el comercio, la globalización, la paz, la seguridad.

¿Tiene la pobreza rostro de mujer? ¿Cómo afecta la guerra a las mujeres? ¿Tienen las niñas las mismas oportunidades que los varones? ¿Reacciona el sistema judicial ante las víctimas de la violencia doméstica? ¿Cómo pueden las mujeres participar más plenamente en el liderazgo democrático? Este tipo de preguntas se plantea la CIM todos los días en su esfuerzo por mejorar la vida de las mujeres en las Américas.

Es una tarea intimidante, que empezó hace setenta y cinco años cuando un grupo de mujeres, cansadas de verse excluidas de las grandes reuniones intergubernamentales hemisféricas, exigieron ocupar un lugar en la mesa de negociaciones y acudieron a la sexta Conferencia Internacional de los Estados Americanos que se celebró en La Habana, Cuba. Entre los veintiún países representados en esta conferencia de la Unión Panamericana, todos los delegados eran hombres. Acudieron mujeres de todas las Américas, no solo para promover su participación, sino para lograr la adopción del Tratado de Igualdad de Derechos.

No lograron la firma del tratado, pero finalmente pudieron hacerse oír en la conferencia, y con la creación de la CIM, consiguieron una voz permanente en defensa de los derechos civiles y políticos de la mujer. En un discurso pronunciado a principios de este año en la OEA, Yadira Henríquez, secretaria de Estado de la Mujer de la República Dominicana y actual presidenta de la CIM, reconoció los esfuerzos de esas mujeres.

Ponte a prueba

¿Cierto o falso? Corrige las oraciones falsas.

1. CIM significa «Comisión Internacional de Mujeres».
2. Para la CIM, los temas de mujeres se encuentran en revistas como *Elle*.
3. La tarea de la CIM comenzó hace menos de 50 años.
4. Las mujeres que asistieron a la sexta Conferencia Internacional de los Estados Americanos no consiguieron nada.

Cortometraje

Antes de mirar Quince años

- ¿Has tenido alguna vez una gran fiesta para celebrar algo personal (cumpleaños, graduación, etcétera)? ¿Qué hubo de especial en esa celebración? ¿Tuviste que hacer algo ensayado (*rehearsed*) durante la fiesta?

- ¿Conoces a alguna persona físicamente discapacitada (*with a disability*)? ¿Qué tipo de limitaciones hay en su vida a causa de la discapacidad? ¿Cómo adapta su vida para responder a esas limitaciones?

- ¿Te consideras una persona que se descorazona (*gets disheartened*) fácilmente o alguien que saca fuerza de adentro en caso de adversidad? Cuando obstáculos tremendos te dificultan el progreso, ¿cómo te animas para seguir adelante?

Título: «Quince años»

País: México

Año: 2012

Dirección: Liliana Torres

Reparto: Vianney Marlen Trejo, Elvira Richards, Vanessa Navari, Antonio Zagaceta

Premio: Ganador del 5° Concurso Nacional de Apoyo a la Posproducción de Cortometrajes

Comprensión y análisis

¿Qué entendiste? Señala las cosas que le preocupan a Vianney, según lo que se ve en el corto.

A Vianney le preocupa...

— que le planchen bien el pelo.

— que el DJ sepa lo que tiene que hacer.

— desayunar *hot cakes*.

— contestar las preguntas de los *tests* que le hace su hermana.

— moverse con rapidez.

— su próximo reto (*challenge*).

— tener un novio.

«No creo que haya caballo que aguante (*that can take it*)».

Interpreta Explica lo que entendiste y lo que se puede inferir.

1. ¿Te parece que la escena que se observa en la peluquería es una situación normal o inusual? ¿En qué manera?
2. ¿Qué palabra usa el padre para referirse a su hija quinceañera?
3. ¿Qué expresiones notas en las caras de los invitados a la fiesta?
4. ¿Cómo interpretas el final del cortometraje? ¿Te parece un final alentador (*encouraging*) o descorazonador (*disheartening*)? Explica por qué.

Reflexión Aunque parezca imposible

Hay veces que las personas llegan a alcanzar metas que parecían imposibles. Discute con tus compañeros/as de clase algunos de estos casos que tú conozcas. ¿Hasta qué punto el apoyo de los demás ha contribuido a esas historias de superación?

vocabulario útil

el cabello	hair
el perico	parrot
a un lado	on/to the side
arrepentirse (ie, i)	to regret
(ir) a X (kilómetros) por hora	(to go) X (miles) an hour
planchar(le) el cabello (a alguien)	to iron (someone's) hair
¡Qué barbaridad!	My goodness!

Palabras

DE REPASO

la diversidad

el estereotipo

el feminismo

el machismo

la manifestación

la oportunidad

el rechazo

la sociedad

el tema

la violencia

estar a favor/en contra

El individuo

el esfuerzo	effort
la hembra	female
el varón	male

Cognados: **el homosexual, la lesbiana**

esforzarse (ue, c)	to make an effort
ciego/a	blind
discapacitado/a	with (physical/mental)
(físicamente o mentalmente)	disabilities
mudo/a	mute
sordo/a	deaf

Cognado: **individual**

Para hablar de temas sociales

el analfabetismo	illiteracy
la asistencia social/pública	social work/welfare
los derechos civiles	civil rights
la discriminación de género	gender/sexual discrimination
la igualdad	equality
la ley	law
la libertad	liberty, freedom
la lucha	struggle
el modelo	model, pattern
el/la modelo	(fashion) model
la ONG (organización no gubernamental)	NGO (non-governmental organization)
el/la preso/a	inmate, prisoner
el principio	principle; beginning
la prisión	prison, jail

Cognados: **el abuso, la actitud, la discriminación social/sexual/racial/religiosa, la legalización, el privilegio, el respeto**

El Ángel de la Independencia; México, D.F.

...no se enteran

somos iguales
¿verdad?

JUNTA DE ANDALUCÍA
Consejería de Educación y Ciencia

Repaso: **el rechazo**

condenar	to condemn; to convict
exigir (j)	to demand
mejorar	to improve
oponerse (*irreg.*) **a**	to oppose
plantear(se)	to consider; to pose (a question)
promover (ue)	to promote

Cognados: **incluir (y), integrar, legalizar (c), respetar**
Repaso: **rechazar (c)**

analfabeto/a	illiterate
marginado/a	marginalized; alienated

Cognado: **(in)justo/a**

Para expresar opiniones

la cuestión	issue
la posición/la postura	position, opinion
el tema	issue, topic
la voz	voice

Cognado: **la protesta**

con respecto* a...	with respect to...
en cuanto a...	regarding...
sobre (el tema de)...	about...

---

*Note the difference between **respeto** (*respect*) and **respecto**, used only in this expression.

ACTIVIDAD 1 ▸ Asociaciones

¿Qué palabras del vocabulario asocias con las siguientes ideas?

1. hablar

2. votar en contra de algo

3. hacer pública una idea, por ejemplo, en los medios de comunicación

4. la acción afirmativa

5. pensar

6. la mujer/el hombre

7. no respetar los derechos de una persona

8. las drogas

9. un comportamiento correcto/incorrecto

ACTIVIDAD 2 ▸ Definiciones

Paso 1 Da la palabra correspondiente a cada definición.

1. Describe a una persona que no sabe leer ni escribir.

2. Hacer que una cosa se vuelva (*becomes*) mejor.

3. Es pedir con determinación algo a lo que se tiene derecho.

4. Es un adjetivo para describir a una persona que siempre considera las necesidades de los demás antes de tomar una decisión.

5. Es una persona a quien la sociedad rechaza.

Paso 2 Ahora te toca a ti definir dos palabras del vocabulario para que tu compañero/a dé la palabra correcta.

ACTIVIDAD 3 ▸ Norman Bethune

Completa el texto con las palabras y expresiones de la lista.

ayudaron	civil	necesitados	sin fronteras
bienestar	humanitaria	salud pública	Transfusión de Sangre

Los niños del colegio de La Paloma de Benalmádena (España) participan en un homenaje internacional al médico canadiense Norman Bethune

Madrid, 11 de noviembre 2009 – El 12 de noviembre, niños del colegio de La Paloma de Benalmádena participan en un homenaje internacional al médico canadiense Norman Bethune. El acto se celebrará simultáneamente en España, Canadá y China.

Cuando se cumplan setenta años de la muerte de Norman Bethune, Canadá, China y España, los tres países donde más desempeñó su labor _____¹, celebran simultáneamente un acto de homenaje en el que se presentará la exposición «Rostros de la humanidad». Esta es una colección de cuarenta y ocho autorretratos creados por niños de España, Canadá y China que se presentan junto al autorretrato del doctor Norman Bethune.

El Dr. Bethune (1890–1939) es quizás el primer médico _____². Dedicó su vida a ayudar a los más _____³ en Canadá, en España y en China, donde murió. En Canadá, su firme defensa de la medicina social en los años treinta fue el origen de la política de _____ [4] canadiense. Llegó a España en 1936 al inicio de la Guerra Civil y fundó el Servicio Móvil de _____ [5]. En febrero 1937 Bethune y sus compañeros _____ [6] a la población _____ [7] de Málaga, cuando huía por la carretera de Almería. El Paseo de los Canadienses, en Málaga, recuerda este episodio de la historia de España. Bethune se trasladó en 1938 a la China en guerra, donde ejerció como cirujano de campaña (*field surgeon*) y finalmente murió de septicemia (*blood poisoning*).

«Rostros de la humanidad» es una iniciativa de la agencia gubernamental canadiense Parcs Canada/Parks Canada. Pretende rendir homenaje a Bethune, recordar sus esfuerzos humanitarios y su contribución al _____ [8] de los niños en tiempos de guerra.

Parks Canada Parcs Canada

ACTIVIDAD 4   Palabras relacionadas y derivadas

Paso 1 En parejas, pensad en verbos, adjetivos o participios pasados relacionados con cada sustantivo de la siguiente lista.

Ejemplo: ley → legalizar, legal, legalizado

1. el abuso
2. el modelo
3. la libertad
4. la igualdad
5. la lucha
6. la discriminación
7. el respeto
8. el estereotipo

Paso 2 Ahora escribid una oración que ilustre el significado de cada uno de los verbos de vuestra lista.

Ejemplo: Muchas personas están a favor de que se legalice el matrimonio entre homosexuales.

ACTIVIDAD 5   Una manifestación

Paso 1 ¿Qué se ve en esta escena? ¿Por qué están allí esas personas? En parejas, describid lo que se ve. Usad la imaginación para crear un contexto para esta escena, usando las palabras del vocabulario.

Paso 2 Ahora vais a hacer vuestros propios carteles para esta manifestación. Si lo preferís, podéis buscar otra causa que tenga que ver con la igualdad.

El machismo

El *Diccionario de la Lengua Española de la Real Academia* define la palabra «machismo» como «actitud de prepotencia de los varones respecto a las mujeres». Prepotente es aquella persona que se considera con más poder que los otros. La palabra «machismo» se deriva de la palabra «macho», que significa animal del sexo masculino.

El machismo, que predomina en muchas sociedades, no solo en las latinas, contribuye en gran medida[a] a los problemas de desigualdad social, laboral y educacional entre hombres y mujeres. La mujer en estas sociedades es considerada como un ser inferior al hombre e incapaz, por ejemplo, de tomar decisiones importantes con respecto a su vida o a la de su familia, o de ejercer[b] profesiones y ocupar puestos de importancia política y social. Si bien[c] se asocia la actitud machista con los hombres, hay que tener en cuenta que muchas mujeres transmiten y apoyan esta ideología. El machismo no solo es responsable de las diferencias entre hombres y mujeres en el entorno[d] social, laboral y educacional, sino también de problemas muy serios como es la violencia de género[e].

Afortunadamente, la sociedad hispana está experimentando cambios, y hoy en día empiezan a condenarse comportamientos[e] machistas que hasta ahora habían sido considerados normales. Este cambio de actitud viene acompañado de cambios en la legislación, los cuales son esenciales para asegurar la igualdad femenina en todos los campos de la vida social.

[a]*extent* [b]*practising* [c]*Si... although* [d]*environment* [e]*violencia... domestic violence* [f]*behaviour*

Michelle Bachelet fue presidenta de Chile de 2006 a 2010. También fue la primera ministra de Defensa de un país latinoamericano.*

*A la hora de mandar este texto a la imprenta, se sabía que Michele Bachelet pensaba presentarse como candidata en las elecciones de noviembre 2013.

Soraya Sáenz de Santamaría es vicepresidenta del gobierno español.

Cristina Fernández de Kirchner es presidenta de Argentina desde 2007. Anteriormente fue senadora de la nación.

Tertulia El sexismo

- ¿Veis actitudes sexistas en vuestra comunidad y/o en Canadá? ¿En qué aspectos de la vida? Dad ejemplos concretos.

- ¿Cómo creéis que es posible que una mujer defienda una actitud machista? ¿Qué implica el hecho de que una mujer tenga una actitud machista?

- ¿Cuáles son, en vuestra opinión, los cambios legales más importantes en un país que favorecen la igualdad de la mujer?

- ¿Creéis que hay casos en que se discrimina al hombre?

NOTA LINGÜÍSTICA   Formas masculinas, formas femeninas

Nouns like **presidente** can be masculine or feminine: **el presidente, la presidente**. In more traditional Spanish usage, **la presidenta** meant "the president's wife," just as **la médica** meant "the doctor's wife." In the event that a woman was a professional or held a political office, people started to use awkward phrases like **una mujer médico**. Over the last few decades, however, for obvious reasons these words have undergone semantic change, and it is now common in many varieties of Spanish to find the marked feminine form such as **la presidente** when that person is a woman. Other examples of this phenomenon: **la juez** or **la jueza, la primer ministro** or **la primera ministra**. When in doubt, consult a good dictionary.

Estructuras

23 Presente perfecto de subjuntivo

Presente perfecto (haya hablado/comido/vivido)		Presente
Pluscuamperfecto (hubiera hablado/ comido/vivido)	Imperfecto (hablara/comiera/ viviera)	

FORMS

Presente de subjuntivo de *haber* + participio pasado	
haya desarroll**ado**	**hayamos dicho**
hayas crec**ido**	**hayáis hecho**
haya consum**ido**	**hayan visto**

The present perfect subjunctive for the expression **hay** (*there is/there are*) is **haya habido** (*there has/have been*).

USES

The present perfect subjunctive is used in contexts where the present perfect tense and the subjunctive mood are required.

Nominal clauses

Es importante que las mujeres hayan conseguido representación en la OEA.

It's important that women have achieved representation in the OAS.

Adjectival clauses

¿Hay alguien en la clase que alguna vez se haya sentido discriminado/a?

Is there anyone in class who has ever felt discriminated against?

Adverbial clauses

Aunque ya hayamos avanzado mucho en la lucha por la igualdad, queda mucho por hacer.

Although we may have advanced a lot in the struggle for equality, there is much left to do.

Hace tres días que falta la chica sin que se haya dado cuenta nadie.

The girl has been missing for three days without anyone having noticed.

«Es increíble que nos **hayamos acostumbrado** a tanta desigualdad.»

Paso 1 Este cuadro fue pintado en la década de los 70, cuando se empiezan a producir muchos cambios en la manera en que la mujer se ve a sí misma. ¿Crees que las siguientes ideas están bien representadas en el cuadro de Yolanda López? Escribe la forma correspondiente de cada verbo en el presente perfecto de indicativo.

La nueva generación de mujeres...

1. _____ (negarse) a ser comparada con la Virgen María.

2. _____ (rechazar) la imagen angelical como ideal de la mujer.

3. _____ (oponerse) a la humildad como característica definidora de la mujer.

4. _____ (incorporarse) con fuerza al mundo profesional y deportivo.

5. _____ (volverse) menos recatada (*modest*) en su forma de vestir.

6. _____ (ver) su cuerpo no como algo débil, sino lleno de fuerza.

7. _____ (no querer) representar la imagen de tentadora y culpable de todo mal.

8. _____ (mirar) hacia el futuro con optimismo y sin temor.

9. _____ (sentirse) independiente y segura.

Retrato de la artista como la Virgen de Guadalupe *(1978), de la artista chicana Yolanda López*

Paso 2 Ahora usa la forma del presente perfecto de subjuntivo para completar las oraciones con el verbo que está entre paréntesis. Luego di si estás de acuerdo con las siguientes afirmaciones de esta feminista latina.

1. Es bueno que este cuadro _____ (hacerse) famoso.

2. Me parece interesante que Yolanda López _____ (usar) la serpiente de esa manera.

3. No creo que nosotros _____ (ver) un cuadro que represente mejor el cambio de actitud de las mujeres del siglo XX.

4. Ella expresa un mensaje muy importante, sin que el mérito artístico de la obra _____ (sufrir).

5. Cuando las mujeres _____ (conseguir) igualdad completa, este cuadro todavía representará una época de cambio.

Paso 3 Vuelva a leer las oraciones del **Paso 1**. ¿Cuáles son las tres oraciones que más te impresionan? Reescríbelas, añadiéndoles un nuevo comienzo para expresar tu opinión. **¡OJO!** Escoge verbos y expresiones que provoquen el uso del presente perfecto de subjuntivo en la frase original.

Ejemplo: 1. La nueva generación de mujeres se ha negado a ser comparada con la Virgen María. → <u>No me gusta que</u> (Es interesante que, Me alegra que, Ojalá que, etcétera) la nueva generación de mujeres <u>se haya negado</u> a ser comparada con la Virgen María.

Completa el siguiente párrafo con la forma correcta del presente perfecto de subjuntivo o indicativo de cada verbo entre paréntesis, según sea necesario.

No hay muchos indígenas que _____[1] (recibir) tanta atención como la activista guatemalteca Rigoberta Menchú, desde que recibió el Premio Nóbel de la Paz en 1992. Su fama _____[2] (poner) el problema de los indígenas en la mente de todos. Obviamente, es bueno para los pueblos indígenas latinoamericanos que Menchú _____[3] (convertirse) en una persona tan famosa y respetada.

Otra persona que _____[4] (llegar) a ser un portavoz reconocido de los indígenas es el Subcomandante Marcos, líder del Movimiento Zapatista originado en los pueblos de Chiapas, México. Desde los años 90, este movimiento _____[5] (ser) fundamental para que la legislación mexicana _____[6] (empezar) a tomar en serio la situación de los indígenas.

En las universidades canadienses, desde los años 70 _____[7] (existir) programas de estudios relacionados específicamente con las minorías o con grupos históricamente marginados, como estudios indígenas y *métis*, africanocanadienses, de las mujeres, etcétera. Es muy probable que esta tendencia también _____[8] (surgir) en Latinoamérica. Por ejemplo, es interesante que en la Facultad de Derecho de la Universidad de Buenos Aires ya se _____[9] (crear) una cátedra[a] de Derecho de los Pueblos Indígenas.

[a]departamento

Rigoberta Menchú, activista guatemalteca,recibió el Premio Nóbel de la Paz en 1992.

Líder del Movimiento Zapatista, el Subcomandante Marcos

Paso 1 Prepara cinco preguntas para hacer una encuesta (*survey*) a tus compañeros de clase sobre cosas inusuales que hayan hecho. Como no sabes si lo han hecho o no, deberás usar la forma del presente perfecto de subjuntivo.

Ejemplo: ¿Hay alguien que haya ganado un premio de lotería?

Paso 2 Prepara un pequeño informe con los resultados de tu encuesta.

Ejemplo: En la clase hay dos personas que han ganado premios de lotería, pero no hay nadie que haya ganado un premio de más de 2.000 dólares.

Explica tus opiniones sobre las siguientes noticias.

> ***Ejemplo:*** «Hemos descubierto una medicina que cura cualquier cáncer», afirma un equipo de investigadores. →
> Es fantástico que hayan descubierto una cura para todos los tipos de cáncer.

1. «Hemos descubierto una medicina que cura cualquier tipo de cáncer», afirma un equipo de investigadores.

2. «Un informe del gobierno ha publicado los resultados de un estudio sobre la diferencia entre los sueldos de las mujeres y los hombres: los sueldos de las mujeres latinoamericanas están por arriba de los de sus compañeros varones.»

3. «El matrimonio entre homosexuales se ha convertido en una realidad indiscutible en nuestra sociedad.»

24 Los pronombres relativos

A relative pronoun (**pronombre relativo**) is a word or phrase that introduces an adjective clause. They make our speech more efficient by referring to an antecedent (**antecedente**)—a word or phrase that has already been expressed—without having to repeat it. Note the antecedents designated in pink in the following examples.

> El hombre es Manuel. El hombre está sentado a la izquierda de la presidenta. →
> El hombre que está sentado a la izquierda de la presidenta es Manuel.

| antecedente | pronombre relativo |

> Es una tarea intimidante. Esta tarea empezó hace 75 años. →
> Es una tarea intimidante que empezó hace 75 años.

| antecedente | pronombre relativo |

¡OJO! Relative pronouns can never be omitted in Spanish, as they are sometimes in English: *Américas* es la revista **que** recibimos mensualmente. (*Américas* is the magazine (that) we receive monthly.)

Spanish has a rich system of relative pronouns.

que	*that, which, who*
quien(es)	*(he/she/the one) who*
el/la/los/las que	*that, (he/she/the one) which/who*
el/la/los/las cual(es)	*that, which, who*
cuyo/a(s)	*whose*
donde	*where, in which*
lo que	*what, which*
lo cual	*what, which*

* «Setenta y cinco años en defensa de la mujer», Janelle Conaway, *Américas*, agosto del 2003

RECORDATORIO

Cláusulas que funcionan como adjetivo: El indicato y el subjuntivo en cláusulas adjetivales (Capítulo 6).

«Mucha gente cree que los «temas de mujeres» son **los que** se tratan en revistas.»*

Las personas **que** hablan más de una lengua tienen una gran ventaja.

QUE

The most commonly used relative pronoun in Spanish is **que. Que** is used to refer to things and people.

Las personas **que** hablan más de una lengua tienen una gran ventaja.	*People who speak more than one language have a great advantage.*
Los idiomas **que** no se estudian en la escuela son difíciles de mantener.	*Languages that are not studied at school are difficult to maintain.*

QUIEN(ES)

- **Quien(es)** refers exclusively to people. It is required after a preposition.

Las personas con **quienes** trabajo son de muchos grupos étnicos diferentes.	*The people with whom I work are from many different ethnic groups.*

- When not following a preposition, **quien(es)** can be used only in nonrestrictive clauses, which are clauses that offer information that is not essential to identify the antecedent. A comma always precedes these clauses.

El profesor García, **quien** había prometido ayudarme, nunca vino a la reunión.	*Professor García, who had promised to help me, never came to the meeting.*

¡OJO! The use of **quien(es)** in this context is restricted to formal spoken or written language, and cannot be used unless the clause is surrounded by commas (,) or there is a preposition.

RECORDATORIO

In Spanish, unlike English, a preposition must always precede the noun or phrase to which it is related.

Estas son las personas **con quienes** trabajo.	*These are the people* **with whom** *I work. / These are the people I work* **with**.
¿Para qué es esto?	*What is this* **for?**

EL/LA/LOS/LAS CUAL(ES)

- These relative pronoun forms must agree in gender and number with the antecedent.

- These forms are a more formal option for **que** and **quien(es)** in nonrestrictive clauses.

El Dr. Norman Bethune, **el cual** (quien) fue a España como médico voluntario durante la Guerra Civil, ayudó a muchos heridos.

Dr. Norman Bethune, who went to Spain as a volunteer doctor during the Civil War, helped many of the wounded.

EL/LA/LOS/LAS QUE

- These relative pronoun forms must agree in gender and number with the antecedent.

- They are interchangeable with **el/la/los/las cual(es), que,** and **quien** after a preposition.

Esta es la guía turística con **la que** (que/la cual) he viajado por toda Guatemala.

This is the guidebook with which I have travelled through all of Guatemala.

LO QUE/LO CUAL

These relative pronouns express ideas or actions (which are not masculine or feminine). **Lo cual** requires an antecedent, but **lo que** does not (it can start a sentence, while **lo cual** cannot).

Lo que más me gusta es estar rodeada de mi familia.
Su marido tuvo que emigrar a España, por **lo que/lo cual** está criando sola a sus cuatro hijos.

What I like most is to be surrounded by my family.
Her husband had to emigrate to Spain, due to which she is raising their four children alone.

CUYO/A(S)

Cuyo/a(s) is a possessive relative adjective. Like all adjectives, it must agree with the noun it modifies, while it relates to the owner.

Rigoberta Menchú es de Guatemala. El grupo étnico al que pertenece Rigoberta Menchú es maya quiché. → Rigoberta Menchú, cuyo grupo étnico es maya quiché, es de Guatemala.

de Rigoberta Menchú

Guatemala es un país. La población de Guatemala es predominantemente indígena. → Guatemala es un país cuya población es predominantemente indígena.

de Guatemala

DONDE

This pronoun expresses the idea *in (the place) which* or simply *where*.

Te espero **donde** (en el lugar en que) nos reunimos siempre.
Fuimos al pueblo **donde** nació el abuelito.

I'll wait for you (at the place) where we always meet.
We went to the town where Grandpa was born.

¿**Para qué** es esto?

Naheed Nenshi, **cuya** campaña electoral resonó entre muchos jóvenes, es el primer alcalde musulmán de una ciudad canadiense.

El héroe de mi padre es César Chávez.

- **Conjunción** *that* (**Capítulos 4, 5 y 7**)
  Introduces nominal or adverbial subordinate clauses. The equivalent (*that*) is not always used in English.

Espero **que** vuelvas pronto.	*I hope (that) you come back soon.*
Creo **que** eso es justo.	*I think (that) that is fair.*

- **Pronombre relativo** *that/which/who* (**Capítulo 8**)
  Introduces adjective subordinate clauses.

El hombre **que** canta es mi novio.	*The man who is singing is my boyfriend.*
Es el libro con el **que** aprendí a leer.	*It's the book with which I learned to read.*

- **Interrogativo** *what? which?*
  Forms questions. It has a written accent.

¿**Qué** es esto?	*What is this?*
¿**Qué** asiento prefieres?	*Which seat do you prefer?*

- **Comparativo** *than* (**Capítulo 1**)
  Forms part of the comparative construction of inequality.

Te quiero más **que** a mi vida.	*I love you more than life itself.*
En Canadá hace más frío que en México.	*It's colder in Canada than it is in Mexico.*

- **Exclamativo** *What . . . !/ How . . . !*
  Introduces emphatic expressions. It has a written accent.

¡**Qué** bonito!	*How nice!*
¡**Qué** maravilla de casa!	*What a wonderful house!*

ACTIVIDAD 1   ¿Cuál falta?

Completa las siguientes oraciones con los pronombres relativos necesarios, según las opciones que se ofrecen.

¿*Que* o *quien(es)*?

1. El machismo es una actitud _____ perjudica el avance social de las mujeres.
2. La igualdad y la libertad son los principios en _____ se basan los derechos humanos.
3. Murray Sinclair es el juez indígena de Manitoba _____ dirige la Comisión para la Verdad y la Reconciliación.
4. El héroe de mi padre es César Chávez, a _____ tuvo el honor de conocer en su juventud.
5. Fernanda y Octavio son los muchachos con _____ trabajé en la ONG en Malawi.

¿*Que* o *el/la que*?

6. Fernanda y Octavio son los muchachos _____ trabajan en Malawi, y Médicos Sin Fronteras es la ONG para _____ trabajan.
7. Esa es la razón por _____ no nos vemos frecuentemente.

¿*Cuyo(s)*, *donde* o *lo que/lo cual*?

8. _____ más me molesta es que me digan que las cosas son así porque sí (*just because*).
9. Me gusta conocer otras culturas, por _____ me entusiasma la idea de pasar un año con Juventud Canadá-Mundo (*Canada World Youth*).
10. Trabajaré _____ me necesiten; no me importa el lugar.
11. La presidenta de la universidad, _____ esfuerzos por reclutar a minorías son admirables, hablará en nuestra escuela mañana.
12. La universidad admitió un 4 por ciento más de estudiantes indígenas este año, _____ ha alegrado a toda la comunidad.

Une las siguientes ideas en una sola oración por medio de los pronombres relativos. Haz los cambios necesarios usando sólo los pronombres **que** y **quien(es)**.

> *Ejemplo:* Pepe es mi amigo. Te hablé de Pepe ayer. →
> Pepe es el amigo de quien te hablé ayer.

1. Pepe y Tina son hermanos. Los conocí en el aeropuerto.

2. Pepe trabaja en una agencia de viajes. Su agencia de viajes se especializa en viajes a Sudamérica y Centroamérica.

3. La madre de Pepe es la dueña de la agencia. Ella es vecina de mi tía Camila.

4. Tina tiene su propia agencia. Su agencia se llama *Splendid Tours*.

5. Mi hermano fue a Buenos Aires el año pasado. Compró los boletos en una agencia. La agencia se llama *Splendid Tours*.

ACTIVIDAD 3 ▸ Es obvio que aún queda mucho por cambiar

El siguiente párrafo está basado en este anuncio. Complétalo con los pronombres relativos apropiados (puede haber más de una posibilidad).

Es obvio que aún queda mucho por cambiar. Esto es
_____[1] pensé cuando vi este anuncio en el periódico
_____[2] recibimos en casa: un anuncio para las mujeres
_____[3] maridos son economistas u hombres de empresa.
_____[4] más me duele es que sé que muchas mujeres
pensarán que es una idea magnífica y que esta revista es el regalo
_____[5] sus maridos necesitan. Y tampoco creo que haya
muchos hombres _____[6] se paren a pensar que el
anuncio es abiertamente sexista. Voy a guardar el anuncio para mis
hijas, para _____[7] deseo un mundo mucho menos
machista. Espero que ellas lleguen a conocer un país
_____[8] los anuncios de este tipo no tengan sentido.

¿QUIERE HACER **QUE SU ESPOSO**

SEA EL PRESIDENTE

DE UNA MULTINACIONAL?

REGÁLELE UNA SUSCRIPCIÓN

ACTIVIDAD 4 ▸ Información personal

Completa las siguientes oraciones de manera lógica y con información personal.

> *Ejemplo:* Mi mejor amigo/a es una/la persona a quien puedo
> contarle mis problemas...

1. Mi mejor amigo/a es una/la persona...

2. Mi profesor(a) de español es una/la persona...

3. Mis padres son unas/las personas...

4. Mi compañero/a de cuarto/casa es una/la persona...

5. Lo que más me gusta / odio de esta universidad es...

6. Mi lugar ideal para vivir es donde... (**¡OJO!** Recuerda usar el subjuntivo si es un lugar imaginario.)

ACTIVIDAD 5 ▸ Opinión y expresión

En parejas, escribid un párrafo para describir lo que veis y, luego, haced una interpretación de esta foto. **¡OJO!** Evitad las oraciones de una sola idea, para lo cual necesitaréis usar los pronombres relativos.

Unos suben y otros bajan (circa 1940), de la fotógrafa mexicana Lola Álvarez Bravo

¿Qué evoca este cartel del Ejército Zapatista de Liberación Nacional?

En Latinoamérica y el Caribe ser indígena, negro, mujer o discapacitado aumenta las posibilidades de pertenecer al grupo de los excluidos socialmente. La exclusión social se define como una escasez[a] crónica de oportunidades y de acceso a servicios básicos de calidad, a los mercados laborales y de crédito, a una infraestructura adecuada y al sistema de justicia.

Durante mucho tiempo, la pobreza y la degradación social que resultan de la exclusión social se consideraron problemas meramente económicos. Solo en los últimos años se le ha dado mayor atención y análisis a una compleja serie de prácticas sociales, económicas y culturales que tienen como resultado la exclusión social y el acceso limitado a los beneficios del desarrollo para ciertos grupos de la población con base en su raza, etnia, género o capacidades físicas. Irónicamente, en Latinoamérica y el Caribe los excluidos no son una parte minoritaria de la población. En varios países los indígenas y grupos de ascendencia africana constituyen la mayoría. Estos últimos son considerados como los más invisibles de los invisibles: están ausentes en materia de liderazgo[b] político, económico y educativo. A pesar de su invisibilidad, se estima que constituyen cerca del 30 por ciento de la población de la región. El Brasil, Colombia, Venezuela y Haití tienen las concentraciones más numerosas de personas de raza negra. La población indígena también tiene una gran presencia en Latinoamérica. Cerca de 40 millones de indígenas viven en Latinoamérica y el Caribe y constituyen el 10 por ciento de la población de la región, pero también el 25 por ciento del total de pobres. En el Brasil, el Perú, Bolivia y Guatemala, los grupos étnicos (afro-descendientes e indígenas) constituyen la mayoría de la población y el 60 por ciento de la población que vive en condiciones de pobreza.

[a]*shortage* [b]*leadership*

SOURCE: Del *Informe del Banco Internacional de Desarrollo,* 2003

Tertulia La discriminación

- ¿Qué grupos creéis que son discriminados en Canadá? ¿A qué se debe esa discriminación?
- Además de los factores sociales, ¿influyen los hechos históricos en la discriminación de algunos grupos?

Poesías de los márgenes

Reflexiones

La autora del poema «Francisca, sin techo» es Nela Río (Córdoba, Argentina 1938-), escritora y poeta que vive actualmente en Fredericton, New Brunswick. Río está jubilada de la Universidad St. Thomas, Nuevo Brunswick, donde enseñó literatura hispanoamericana. Es autora de varios libros, entre los que se encuentran: *Túnel de proa verde/Tunnel of the Green Prow* (1998) and *Cuerpo amado/Beloved Body* (2002), *El espacio de la luz/The Space of Light* (2004), *Sosteniendo la mirada: cuando las imágenes tiemblan/Sustaining the Gaze: When Images Tremble/Soutenant le regard : quand les images tremblent* (2004) y *La luna, Tango, siempre la luna/The Moon, Tango, Always the Moon* (2010).

ACTIVIDAD 1 ▶ Definiciones

Empareja las siguientes definiciones con una palabra de la lista de **vocabulario útil.**

1. caminar o ir por un fluido cortándolo

2. artificial

3. el comienzo del día

4. doblada

5. caminar con dificultad

6. ruido producido al tocar la bocina

7. pasado de padres a hijos

8. instrumento de execución y/o de agricultura

9. una faja blanquecina en el cielo debida a una multitud innumerable de estrellas

ACTIVIDAD 2 ▶ Lo que nos hace sentir completos

En «Francisca, sin techo» se expresa la sensación de sentirse maltratado por el entorno socio-cultural. La voz poética en el poema describe qué difícil es la existencia en tales circunstancias Y a ti, ¿qué cosas en la vida te hacen sentir diferente de tus compañeros o familiares?

Marca todas las categorías que te parezcan apropiadas.

_____ tu educación

_____ tu(s) lengua(s)

_____ tu nombre

_____ tu familia y tus amigos

_____ tus posesiones

_____ tu etnia (*ethnicity*)

_____ otras cosas (especifica)

vocabulario útil

amanecer	to dawn
el bocinazo	car horn toot
encorvado/a	hunched over
la horca	gallows, pitchfork
legado/a	bequeathed
postizo/a	false
surcar	to plough or to cleave through water or other liquid
tambalear	to stagger
la vía láctea	the Milky Way

Estrategia: La mujer y la marginalización cultural

En los poemarios y cuentos de Nela Río las mujeres ocupan papeles protagónicos. La solidaridad entre ellas se manifiesta claramente en los espacios donde sufren violencia, ya sea en el mundo público de la represión política, de la marginalización cultural, de los estereotipos de género y edad, o la violencia en el mundo privado del abuso doméstico. En otras situaciones Río destaca la pasión y el goce, la ternura y la comprensión en la relación de pareja, espacio íntimo en el que tanto la mujer como el hombre son simultáneamente sujeto y objeto del amor. Como artista, sus «metáforas visuales» (técnica mixta de collage tradicional hecho con objetos naturales, pinturas y acuarela combinada en collage digital) forman parte de sus poemas y de sus cuentos.

FRANCISCA, SIN TECHO, *NELA RÍO*

(La imagen «Metáfora visual» corresponde a los últimos versos.)

Tambaleando
encorvada
zapatos grandes, sobretodo largo,
un bastón fabricado de un cajón de manzanas
y una bolsa de basura al hombro
cruza la calle
perforada por bocinazos impacientes.

Alguien le grita ¡puta!
Como si fuera un pasaje a la victoria.
Francisca mira la vida en desorden
y respira por costumbre.
Difícil surcar la vía láctea
sin siquiera dientes postizos.

Al llegar al otro lado
está en el mismo.
Borra la tarde, o la vida,
cerrando los ojos
y retorna al vasto mar que da a lo lejos.

Comprensión y discusión

ACTIVIDAD 3 ¿Qué piensas ahora?

Vuelve a leer el poema.

1. ¿Qué imágenes de justicia social sobresalen más?

2. ¿Por qué crees que la poeta seleccionó estas imágenes y no otras para describir sus ideas?

3. ¿Crees que los temas de este poema siguen siendo temas de actualidad?

4. ¿Es importante conocer bien el contexto histórico y socio-político de una cultura para entender mejor la lucha por la igualdad?

ACTIVIDAD 4 ▶ Interpretación

¿Cómo interpretas los siguientes versos del poema? Explica por qué crees que la poeta eligió esas palabras o imágenes específicas y qué efecto espera provocar en los lectores.

«Francisca, sin techo»

a. «perforada por bocinazos impacientes»

b. «Alguien le grita ¡puta! // Como si fuera un pasaje a la victoria»

ACTIVIDAD 5 ▶ Haiku de marginado

¿Conoces la forma poética japonesa llamada «haiku»? Un «haiku» se compone de tres versos (líneas de poesía), con 5 sílabas en el primero, 7 sílabas en el segundo y 5 sílabas de nuevo en el tercero. Se puede usar frases cortas o simplemente series de palabras en un haiku, y muchos haikus evocan y captan momentos de un sentimiento fuerte. Ponte en el lugar de Francisca u otra persona marginada en la sociedad que conozcas, y crea un haiku que describa un momento de su vida.

Redacción

Un ensayo (Paso 1)

Tema

La preparación de un borrador para un ensayo.

Prepárate

- En esta última unidad vas a escribir un trabajo de investigación, con el cual podrás repasar las técnicas de escritura practicadas en capítulos anteriores, esta vez aplicadas a un texto un poco más extenso. Tu profesor(a) decidirá qué extensión debe tener tu trabajo y las opciones de tema.

- Para este capítulo, vas a preparar el borrador de tu ensayo, siguiendo las siguientes sugerencias. Un borrador es la primera versión de un escrito y es un paso importantísimo para cualquier tipo de escritura, especialmente para un trabajo de investigación. (En el **Capítulo 9,** tendrás la oportunidad de trabajar en la segunda versión del mismo ensayo.)

- Escoge un tema y haz la investigación necesaria. Es importante centrarse bien en ese tema.

- Decide a qué tipo de posibles lectores estará orientado el texto y cuál es su propósito: ¿informar? ¿convencer?

¡Escríbelo!

- Crea un primer esqueleto del texto, aunque este puede cambiar en la siguiente versión. Utiliza una o más de las técnicas de pre-escritura: la lluvia de ideas, la escritura automática o el esquema.

- El borrador debe ser pensado y escrito en español, aunque no sepas expresar perfectamente todas las ideas o cometas errores gramaticales y ortográficos: lo importante es poner en el papel las ideas que se van ocurriendo.

- Es importante incorporar en el borrador todos los aspectos del tema que podrías tratar, aunque luego decidas solo centrarte en algunos.

- Finalmente, es aconsejable hacer una lista de palabras útiles relacionadas con el tema, aunque algunas estén al principio en inglés. La segunda versión del borrador será el momento de buscarlas en el diccionario.

¿Y ahora?

- Guarda el borrador con los apuntes y las listas de palabras. Lo vas a necesitar en el **Capítulo 9.**

- Consulta tu *Cuaderno de práctica* para encontrar más ideas y sugerencias que te ayuden a escribir el borrador.

No te olvides de mirar el Apéndice I, **¡No te equivoques!,** para evitar errores típicos de los estudiantes de español. Para esta actividad de escritura, se recomienda que prestes atención a **Cómo se expresa** *to ask.*

RECORDATORIO

el borrador	*draft*
el ensayo	*essay*
la ortografía	*spelling*

Gramática en acción: Aires de cambios

Completa el siguiente texto conjugando los verbos que están entre paréntesis en la forma apropiada del presente simple o del presente perfecto de subjuntivo o indicativo, según sea necesario. En los espacios en blanco que no estén seguidos de un infinitivo entre paréntesis, es necesario poner un pronombre relativo.

Varias escuelas secundarias españolas _____[1] (comenzar) a impartir (*teach*) clases de labores (*chores*) domésticas para que los adolescentes, especialmente los varones, _____[2] (aprender) a hacer las tareas de la casa, _____[3] tradicionalmente _____[4] (ser) hechas por las madres. Esto es necesario porque las mujeres, _____[5] ahora trabajan fuera del hogar mucho más que antes, _____[6] (dejar) de tener tiempo para hacer todas las cosas, mientras que los hombres, _____[7] trabajo nunca fue dentro de la casa, todavía no _____[8] (empezar) a hacer su parte. Las clases son absolutamente prácticas, según una de las profesoras, _____[9] dice que este aprendizaje son «habilidades para la vida». Además, este aprendizaje puede ayudar a la relación entre jóvenes parejas en una generación en _____[10] las mujeres ya _____[11] (asistir) masivamente a la universidad. Un informe del Ministerio de Trabajo de 2001 muestra que las mujeres todavía dedican una media de casi cuatro horas diarias al trabajo doméstico, mientras los hombres no llegan a cuarenta y cinco minutos. Es posible que _____[12] (empezar) la hora de repartir ese tiempo, ¿no?

El Honorable David Onley, teniente gobernador de Ontario, aboga por los derechos de los discapacitados.

Proyectos fuera de clase

Haz una pequeña investigación en tu comunidad sobre los distintos recursos que hay disponibles para una persona que se sienta discriminada por razones de género, raza, discapacidad, etcétera. No olvides explicar cómo supiste de estos recursos.

Tertulia final Las formas de discriminación

En este capítulo hemos hablado de algunos aspectos sobre la marginación y discriminación. Sin embargo, hay otros aspectos que no hemos comentado todavía, por ejemplo, la reacción de la sociedad ante los matrimonios interraciales o la adopción de niños por personas de una raza diferente. También, ¿creéis que en nuestra sociedad se discrimina por razones religiosas? ¿Hay discriminación contra la gente obesa? ¿contra los no agraciados físicamente?

Pasos y repasos: resultados

En este capítulo hemos estudiado cómo:

- ❏ se entienden conceptos del individuo y del colectivo en nuestra sociedad
- ❏ emplear el presente perfecto de subjuntivo
- ❏ emplear los pronombres relativos para conectar ideas en oraciones complejas
- ❏ expresar opiniones y valoraciones sobre varios temas sociales (la mujer, el machismo, el género) en este mundo del siglo XXI

En esta unidad, hemos explorado temas sobre la identidad nacional, el medio ambiente y el individuo en su contexto social. Para ello, hemos repasado y extendido el vocabulario relevante y algunos puntos gramaticales esenciales. Puedes utilizar esta sección para organizar un repaso de estos materiales; luego ¡atrévete a ponerte a prueba!

¡A repasar!

Vocabulario de esta unidad:

Capítulo 6: la identidad nacional, la asociación lengua~identidad

Capítulo 7: el medio ambiente y la sostenibilidad, la ciudad y los servicios urbanos, el desarrollo y la economía

Capítulo 8: los marginados en la sociedad

Estructuras de esta unidad:

Capítulo 6:
19. Palabras indefinidas, negativas y positivas
20. El indicativo y el subjuntivo en cláusulas adjetivales

Capítulo 7:
21. El futuro y el futuro perfecto de indicativo
22. El indicativo y el subjuntivo en cláusulas adverbiales

Capítulo 8:
23. Presente perfecto de subjuntivo
24. Los pronombres relativos

Cultura/lecturas de esta unidad:

Capítulo 6:
  Minilectura: Dos idiomas, múltiples beneficios
  La lengua española: El gran vínculo
  El gobierno canadiense exigiría dominio del idioma a nuevos ciudadanos
  La planificación lingüística en Quebec y Cataluña

Capítulo 7:
  Minilectura: La guerra del agua
  Las «grandes» ciudades de Latinoamérica
  La importancia de la economía sostenible
  A vender oxígeno

Capítulo 8:
  Minilectura: Setenta y cinco años en defensa de la mujer
  El machismo
  Exclusión social: Causas y consecuencias
  «Francisca, sin techo»

Completa las actividades de ¡Ponte a prueba! en el Cuaderno de práctica.

Pasado, presente, futuro

UNIDAD 4
Pasado, presente,
futuro

En esta unidad, vamos a explorar algunos temas sobre el pasado de España y Latinoamérica, el estado actual de la democracia en Latinoamérica y su futuro, estudiando y repasando:

- las formas y el uso del imperfecto y el pluscuamperfecto de subjuntivo
- las formas y el uso del condicional y del condicional perfecto

- cómo formular las condiciones con **si**
- el vocabulario activo de la historia del mundo hispanohablante, el gobierno y la democracia, la economía internacional

«Yo quiero que a mí me entierren como a mis antepasados, en el vientre[a] oscuro y fresco de una vasija de barro[b].»[*]

[a]belly   [b]vasija... clay pot

[*]De la canción «Vasija de barro» (1950), de los ecuatorianos Jorge Carrera Andrade, Hugo Alemán, Jaime Valencia, Gonzalo Benítez y Víctor Valencia

9

Los tiempos precolombinos y coloniales

PASOS Y REPASOS: OBJETIVOS

En este capítulo vamos a:

- hablar y expresar opiniones sobre la(s) historia(s) del mundo hispanohablante
- estudiar las formas y el uso del imperfecto de subjuntivo
- estudiar las formas y el uso del condicional
- estudiar las condiciones con **si**

- leer y reflexionar sobre España y Latinoamérica antes y después del encuentro de 1492

Cultura: Culturas indígenas de Latinoamérica, La España precolombina

Lectura: «Mi tierra», «El eclipse»

Minilectura

Reflexiones Popol Vuh, Libro del Consejo o de lo Común

El Popol Vuh es el libro sagrado de los quichés. De autor desconocido, fue compuesto en el siglo XVI y traducido al español en el siglo XVIII. En este libro se cuentan la historia y las tradiciones de los mayas quiché. ¿Qué cuenta la tradición judeocristiana (u otra, si prefieres) sobre la creación del mundo? ¿Crees que hay otras civilizaciones con tradiciones similares?

POPOL VUH (FRAGMENTO), VERSIÓN DE *FRAY FRANCISCO XIMÉNEZ*

II *Donde se declara cómo todo era un caos y suspensión sin moverse cosa alguna antes de la creación y cuando estaba el cielo despoblado*

crabs, trees, stones, holes, ravines, hay, nor maguey rope
superficie

Lo primero que se nos ofrece tratar es que antes de la creación, no había todavía ni hombres ni animales, pájaros, pescados, cangrejos, palos, piedras, hoyos, barrancos, paja ni mecate, y ni se manifestaba la haz de la tierra; el mar estaba en suspenso, el cielo estaba sin haber cosa alguna

made
had life

que hiciera ruido, no había cosa en orden, cosa que tuviese ser, sino es el mar y el agua que estaba en calma y así todo estaba en silencio y oscuridad, como noche, solamente estaba el

Snake

Señor y Creador Culebra fuerte,

supreme

Madre y Padre de todo lo que hay en el agua, estaba en una suma claridad adornado y oculto entre

feathers

plumas verdes (que son las de los quetzales de que usaban los señores

majesty and grandeur

por majestad y grandeza) y así se llama Qucumatz, Culebra fuerte y

wise   wisdom and understanding este

sabia por su grande sabiduría y entendimiento, y se llama aqueste dios: Corazón del cielo, porque está en él y en él reside.

Ponte a prueba

Identifica las palabras que expresan las siguientes ideas en el texto.

1. Al principio no había ninguna cosa viva.
2. No había luz.
3. El dios supremo es femenino y masculino.
4. El señor creador vive en la luz y está cubierto por un adorno verde.
5. Su nombre significa «corazón del cielo».

Cortometraje

Título: «El ultimo viaje del Almirante»

País: España

Año: 2006

Dirección: Iván Sáinz-Pardo

Reparto: Juan Antonio Quintana, Paco Rojo, Andrés Ruiz, Juan Ignacio Miralles «Licas», Gabriel Omar Monroy, J. Carlos Boyer

Premios: Ganador del Festival de Aguilar de Campo, del Festival Internacional de Cine de Elche, etcétera

Antes de mirar El último viaje del Almirante

- ¿Cómo se llaman algunas de las civilizaciones que habitaban en lo que hoy es México, Centroamérica y Sudamérica antes de la llegada de los españoles?
- ¿Cómo eran las civilizaciones de América en comparación con las de Europa?
- En tu opinión, ¿hubo injusticias durante la conquista (*conquest*) de América? ¿Por qué sí o por qué no?

Comprensión y análisis

Personajes históricos En este cortometraje se menciona a varias figuras asociadas con la historia de España. Señala si las siguientes personas son mencionadas o no.

1. Rodrigo de Triana	Sí	No
2. Américo Vespucio	Sí	No
3. Diego	Sí	No
4. la Reina Isabel	Sí	No
5. el Padre Marchena	Sí	No
6. el Rey Juan Carlos I	Sí	No
7. Alonso Sánchez de Huelva	Sí	No

«Aquellas gentes y aquellas tierras conservaban la huella (*trace*) del Paraíso y descubrirlas fue como regresar a él».

Interpreta Explica lo que entendiste y lo que se puede inferir.

1. ¿Qué le preocupa a Colón a la hora de su muerte?
2. ¿Cuál es el pecado (*sin*) que Cristóbal Colón quiere confesar?
3. ¿Qué piensa Cristóbal Colón de las personas y las tierras de América antes de la llegada de los europeos?
4. ¿Quién podría ser el hombre americano que espera a la puerta de la casa de Colón?
5. ¿Por qué persona sentía Colón gran admiración y respeto?

Reflexión ¿Hay justificación?

La historia está llena de episodios terribles de destrucción y aniquilación (*annihilation*) humana, que a veces coinciden con momentos que pueden ser gloriosos para un determinado grupo nacional o étnico. Piensa en algunos de estos episodios, incluyendo alguno que haya perpetrado tu propio país o grupo. ¿Cómo se pueden explicar estas acciones? ¿Son de alguna manera justificable? ¿Crees que los descendientes de los que perpetraron un acto barbárico tienen algún tipo de deuda (*debt*) o responsabilidad hacia los descendientes de las víctimas?

vocabulario útil

el almirante	admiral
la carta de navegación/marear	navigation chart
la cigüeña	stork
el crucifijo	crucifix
el infierno	hell
el Santo Oficio	Inquisition
el virrey	viceroy
fiarse	to trust
¡fuera!	go away!; get out!

Palabras

DE REPASO

el/la azteca

la civilización

la cultura

el/la inca

el latín

el/la maya

el pueblo

la raza

mestizo/a

Mesoamérica

Mesoamérica es una región cultural prehispánica que se comprende del centro y sur de México, los países de Guatemala, Belice y El Salvador, y el oeste de Honduras, Nicaragua y Costa Rica.

el ancestro	ancestor
el asentamiento	settlement
la conquista	conquest
el/la conquistador(a)	conqueror
Cristóbal Colón	Christopher Columbus
el/la defensor(a)	defender
el desarrollo	development
el descubrimiento	discovery
la etnia	ethnicity
el/la indígena	indigenous man/woman
el emperador/la emperatriz	emperor/empress
el establecimiento	establishment
la fundación	foundation (such as a city)
el imperio	empire
la reina	queen
el reino	kingdom
el rey	king

Cognados: **la arqueología, el/la arqueólogo/a, la defensa, el/la indio/a, la invasión, el/la invasor(a), la pirámide, las ruinas, el territorio**

asentarse (ie)	to settle
conquistar	to conquer
desarrollar	to develop
descubrir	to discover
dominar	to dominate; to rule
establecer (zc)	to establish

fundar	to found
invadir	to invade
reinar	to reign

Cognado: **defender (ie)**

Cognado: **ancestral**

La vida en la colonia

el alcalde/la alcaldesa	mayor
el colono	settler
el/la criollo/a*	Creole
la esclavitud	slavery
el/la esclavo/a	slave
el/la gobernador(a)	governor
el mestizaje	mixing (of race/culture)
la mina de oro/de plata	gold/silver mine
la plantación de cacao/ de caña de azúcar	cocoa/sugarcane plantation

Una plantación de caña de azúcar

Cognados: **el comercio marítimo, la provincia**

El paso del tiempo

la época	epoch, times
la fecha	date
el siglo†	century

Cognados: **la era, el milenio**

| **Era Común (EC)** | Common Era (CE) |
| **Antes de la Era Común (AEC)** | Before the Common Era (BCE) |

Expresiones útiles para explicar ideas

de hecho	in fact/de facto
o sea	that is
por (lo) tanto	therefore

La Piedra del Sol

*Originalmente, en Latinoamérica, **criollo/a** era una persona de ascendencia europea, pero nacida en el Nuevo Mundo. En la actualidad, el adjetivo **criollo/a** también se refiere a algo que es nativo de América, en contraste con lo extranjero.

†Los siglos en español se expresan con números romanos: el siglo XXI = *the 21st century*.

ACTIVIDAD 1 Campos del saber (*Fields of knowledge*)

¿Con qué disciplinas o campos del saber relacionas las siguientes palabras? Puede haber más de una asociación.

la ciencia ficción	el gobierno	la religión
la economía	la historia	el urbanismo

Ejemplo: el desarrollo → la economía: el desarrollo económico

1. el desarrollo
2. la esclavitud
3. el descubrimiento
4. Mesoamérica
5. la pirámide
6. el siglo
7. el mestizaje
8. la guerra

ACTIVIDAD 2 Personas, lugares y situaciones

¿Qué palabra del vocabulario asocias con las siguientes situaciones, personas y lugares?

1. Juan Carlos I de España
2. Alguien entra en tu casa y se instala en ella contra tu voluntad.
3. Tus padres no te permiten hacer nada de lo que tú quieres y exigen que hagas solo lo que ellos desean.
4. un lugar de donde se extraen metales preciosos
5. unos monumentos famosísimos de Egipto
6. los años 80 (del siglo XX) o los años después de la Segunda Guerra Mundial
7. el tiempo de los dinosaurios o el tiempo de la Era Común
8. los mayas y los mochicas, entre otros
9. el día exacto de tu examen final de español

ACTIVIDAD 3 Creatividad

En parejas, escribid una frase utilizando por lo menos cuatro de las palabras del vocabulario. Tratad de utilizar por lo menos una de las **Expresiones útiles para explicar ideas**. Luego compartidla con el resto de la clase. ¿Cuáles son las frases más originales?

ACTIVIDAD 4 Verdades históricas

Forma oraciones sobre la historia de los pueblos indígenas de Latinoamérica o de Canadá usando los siguientes verbos. Si quieres, puedes sustituir los verbos con palabras derivadas de los mismos.

Ejemplos: defender → Los mapuches fueron buenos estrategas y **defendieron** su tierra con valor.
Para los mapuches fue importante la **defensa** de su territorio.

1. defender
2. conquistar
3. desarrollar
4. dominar
5. descubrir
6. invadir
7. reinar
8. fundar

¡Peligro! (*Jeopardy!*): Concurso (*Contest*) entre equipos

Paso 1 ¿Conoces el concurso televisivo «*Jeopardy!*»? Pues, ¡a jugar! En equipos, pensad en una categoría y escribid cinco oraciones que sirvan de pistas (*clues*), asignando valores de 1, 2, 3, 4 o 5 puntos a cada pista. Cada oración y la pregunta correspondiente debe incluir una palabra del vocabulario.

Ejemplos: PISTA: Es un <u>pueblo</u> no africano que construyó <u>pirámides.</u>

             RESPUESTA: ¿Quiénes son los <u>mayas</u>?

             PISTA: Son unas <u>ruinas</u> muy famosas en la península de Yucatán.

             RESPUESTA: ¿Qué es Chichén Itzá?

Paso 2 Por turno, cada equipo lee sus pistas para que los otros equipos den las respuestas/preguntas. Gana el equipo que consiga más puntos.

ACTIVIDAD 6   La historia de tu provincia o de tu país

En parejas, hablad de la historia de vuestras respectivas provincias o países. Si sois del mismo lugar, podéis haceros preguntas para ver quién de los/las dos sabe más. Podéis usar las siguientes ideas para empezar.

- primeros pobladores y civilizaciones posteriores
- invasiones/colonizaciones
- personajes históricos importantes
- fundación de las ciudades más importantes

Ejemplo: México, D.F. → La ciudad de México, también llamada «Distrito Federal» (o «el D.F.») es un territorio que ha tenido ocupación humana desde hace más de 7.000 años. Primero era una zona de influencia olmeca, la civilización más antigua de Mesoamérica. Después se desarrolló en esa zona la cultura de Teotihuacán. Finalmente, hacia el siglo XIV, llegaron los mexicas o aztecas, quienes fundaron su capital en lo que hoy es el D.F., llamándola Tenochtitlán.

Cuando Hernán Cortés conquistó el territorio mexica de Moctezuma, quiso que la gran ciudad imperial siguiera siendo esta ciudad central, pero le cambió el nombre al de México.

México es una ciudad que conserva claramente la marca del paso del tiempo: sus pobladores originales, el tiempo colonial y su etapa más reciente como capital de México.

La Plaza de las Tres Culturas en México, D.F. es una plaza dedicada a la compleja historia mexicana: un pasado indígena, una colonización española y, finalmente, una era moderna que es resultado de las anteriores.

El mapa muestra las áreas de asentamiento de varios grandes grupos en Centro y Sudamérica.

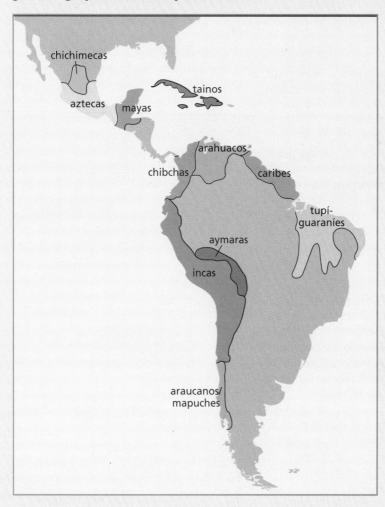

Es posible que todo el mundo haya oído hablar de los mexicas, mayas e incas. Pero estas son solo algunas de las civilizaciones que habían amalgamado a otros pueblos y etnias cuando los españoles llegaron a América. Por ejemplo, los aztecas y mayas heredaron aspectos culturales primero de los olmecas y más tarde de los zapotecas y los toltecas, entre otros. De igual manera, los incas formaron un pueblo que tomó fuerza ya en el siglo XV de la Era Común, y con ellos culminaron civilizaciones previas, como las de los nazca y los mochica. Esto no es sorprendente, pues hoy se cree que ha habido habitantes en América por más de 30.000 años.

La lengua española ha sido enriquecida por su contacto con las culturas y lenguas indígenas de América. La lista que sigue muestra algunos de los ejemplos más conocidos de palabras semejantes que encontramos en español.

náhuatl (de los mexicas) y lenguas mexicanas

aguacate	chacal	tomate
chocolate	coyote	

arahuaco/taíno

banana	huracán	manatí
barbacoa	iguana	tabaco
caimán	maíz	yuca
canoa		

quechua (de los incas)

cóndor	mate
llama	pampa

tupí-guaraní

jaguar	petunia	tapir
maraca	tapioca	

Tertulia Intercambio léxico

- Las palabras originarias de las lenguas indígenas de las Américas que aparecen en la lista no están traducidas, porque son fáciles de entender. ¿Cuántas han pasado al inglés con pocos cambios?

- ¿Qué otras palabras de idiomas indígenas de las Américas conocéis en inglés o en español? ¿Vienen algunas de lenguas indígenas canadienses?

- ¿Creéis que las culturas indígenas americanas han dejado una clara marca en las sociedades y países americanos actuales? ¿En qué países más y en cuáles menos? Intentad justificar vuestras respuestas.

«...el mar estaba en suspenso, el cielo estaba sin haber cosa alguna que **hiciera** ruido, no había cosa en orden, cosa que **tuviese** ser... »*

25 El imperfecto de subjuntivo

REPASO

Formas del pretérito de indicativo (Capítulo 3)

Presente perfecto
(haya hablado/comido/vivido)

Pluscuamperfecto (hubiera hablado/ comido/vivido)	Imperfecto (hablara/comiera/ viviera)	Presente

---

* *Popol Vuh*, versión de fray Francisco Ximénez

¡OJO!

hacer → hiciera/hiciese

ir → fuera/fuese

poder → pudiera/pudiese

poner → pusiera/pusiese

querer → quisiera/quisiese

ser → fuera/fuese

tener → tuviera/tuviese

venir → viniera/viniese

FORMS

The imperfect subjunctive is formed by dropping the **-ron** ending from the third-person plural (**ellos/as, Uds.**) of the preterite of indicative and adding these endings:

pagar: pagaron → paga- + *ending*		beber: bebieron → bebie- + *ending*		vivir: vivieron → vivie- + *ending*	
pagara	pagáramos	bebiera	bebiéramos	viviera	viviéramos
pagaras	pagarais	bebieras	bebierais	vivieras	vivierais
pagara	pagaran	bebiera	bebieran	viviera	vivieran

There is another set of endings for the imperfect subjunctive, widely used in Spain but less so in most parts of Latin America, where it tends to be used only in formal speech or writing. You should recognize this form but will not be required to use it.

pagar		beber		vivir	
pagase	pagásemos	bebiese	bebiésemos	viviese	viviésemos
pagases	pagaseis	bebieses	bebieseis	vivieses	vivieseis
pagase	pagasen	bebiese	bebiesen	viviese	viviesen

USES

- The imperfect subjunctive appears in contexts that require the subjunctive and a past tense. In other words, the subordinate clause needs to be in the subjunctive and refers to the past. Compare the examples in present and past tenses in each of the three types of clauses.

In noun clauses: Expressions of influence, doubt, judgment, and emotion.

| El jefe dice que **vayas** a su oficina. | *The boss says (for you) to go to his office.* |
| El jefe dijo que **fueras** a su oficina. | *The boss said (for you) to go to his office.* |

In adjective clauses: Clauses that function like adjectives.

| Busco a alguien que **pueda** ayudarme. | *I'm looking for someone who can help me.* |
| Buscaba a alguien que **pudiera** ayudarme. | *I was looking for someone who could help me.* |

In adverbial clauses: Clauses that function like adverbs.

| No haré nada hasta que tú me **des** el visto bueno. | *I won't do anything until you give me the go-ahead.* |
| No iba a hacer nada hasta que tú me **dieras** el visto bueno. | *I wasn't going to do anything until you gave me the go-ahead.* |

In sentences where the main verb is in the past (preterite or imperfect), and a subjunctive is required in the subordinate clause, that subjunctive must also be in the past (imperfect or pluperfect). **The present**

subjunctive is not used after a past-tense main verb. But if the main verb is in the present, then any subjunctive tense may be used, according to the context of the situation and the meaning of the main verb.

Lamento que no te **estés** divirtiendo mucho esta noche.

I regret that you are not having much fun tonight.

Lamento que no te **divirtieras** mucho anoche.

I regret you didn't have much fun last night.

Busco a alguien que **estuviera** allí cuando ocurrió el accidente.
(La búsqueda ocurre ahora.)

I am looking for someone who was there when the accident happened.

Buscaba a alguien que **estuviera** allí cuando ocurrió el accidente.
(La búsqueda ocurrió ayer.)

I was looking for someone who was there when the accident happened.

Lamento que no te **divirtieras** mucho anoche.

- *Como si* + **imperfect subjunctive:**

Como si (*as if*) is always followed by the imperfect subjunctive (or pluperfect subjunctive*).

John habla español como si **fuera** nativo.

John speaks Spanish as if he were a native speaker.

¡No me trates como si no me **conocieras**!

Don't treat me as if you didn't know me!

NOTA LINGÜÍSTICA   **Otros usos del imperfecto de subjuntivo**

- **Courtesy** With the verbs **querer, poder,** and **deber,** the imperfect subjunctive is often used as the main verb to soften requests and advice. In English, this is expressed with *would, could,* and *should,* depending on each case.

Quisiera hablar con Ud. un momento.

I would like to speak to you for a moment.

¿**Pudiera** decirme la hora?

Could you tell me the time?

Debieras tomarte unas vacaciones.

You should take a vacation.

- **Wishes** The imperfect subjunctive is used in wishing expressions for things that are unlikely to happen or that are impossible.

Ojalá + imperfecto de subjuntivo
Ojalá que **pudieras** venir esta noche.

I wish
I wish you could come tonight.

¡Quién + imperfecto de subjuntivo... !
¡Quién **pudiera** volar!
¡Quién **supiera** lo que va a pasar en el futuro!

I wish
I wish I (someone) could fly!
I wish I knew what's going to happen in the future!

Debieras tomarte unas vacaciones.

---

*You will study this tense in **Capítulo 10.**

ACTIVIDAD 1 La leyenda de Aztlán

Completa el siguiente párrafo con la forma apropiada del imperfecto de subjuntivo o del presente de subjuntivo de los verbos que están entre paréntesis.

«¿Hay alguien en la clase que _____[1] (saber) qué es Aztlán?», nos preguntó la profesora. Todos nos alegramos de que Jaime _____[2] (levantar) la mano y _____[3] (saber) la respuesta. Explicó que Aztlán es el lugar de donde partieron los mexicas, también conocidos como aztecas. El dios Huitzlopotchtli les había dicho que _____[4] (buscar: ellos) un lugar en el cual _____[5] (ver: ellos) un águila devorando una serpiente. Insistió en que en ese lugar _____[6] (fundar: ellos) la ciudad de Tenochtitlán para que _____[7] (establecerse) y _____[8] (dominar) el mundo.

«Muy bien, Jaime», dijo la profesora. «Actualmente nadie sabe dónde está el lugar que los mexicas llamaban Aztlán y no creo que nunca se lo _____[9] (encontrar). Según algunos expertos, es probable que _____[10] (estar) en lo que hoy llamamos Alta California, pero otros piensan que es posible que solo _____[11] (ser) un lugar mítico y que nunca _____[12] (existir) en realidad», explicó la profesora.

ACTIVIDAD 2 Perfil (*Profile*) de la adolescencia

Paso 1 Completa las siguientes oraciones de manera que reflejen tu vida de adolescente.

Cuando yo tenía 14 o 15 años...

1. (no) me gustaba (que)...
2. odiaba (que)...
3. mis padres no me permitían que...
4. mis padres se aseguraban (*made sure*) de que...
5. (no) me gustaban las personas que...
6. tenía amigos que...
7. mis padres no me daban mi asignación (*allowance*) a menos que...
8. trabajaba de (ocupación) para (que)...

Paso 2 Compara tus respuestas con las de un compañero/una compañera. ¿Teníais muchas respuestas en común?

ACTIVIDAD 3 Ahora y antes

¿Cómo era la vida hace cien años? ¿Cómo es ahora? Las siguientes oraciones expresan lo que ocurre en nuestro tiempo para que tú digas cómo crees que era la situación hace unos cien años. Estas son algunas posibles opciones para abrir tus comentarios:

Era poco/muy común que...
Lo normal era que...
(No) Era típico que...

Ejemplo: Ahora es normal que las mujeres sean profesionales. →
Hace cien años, era poco común que las mujeres fueran profesionales.

Me gustaba que me **prestaran** el coche.

1. Hoy día es normal que muchos jóvenes canadienses estudien en la universidad.
2. Ahora hay leyes que protegen los derechos de los indígenas en Canadá.
3. En la actualidad hay mucha gente que sabe de las culturas maya, mexica e inca.
4. Ahora, cada vez más (*more and more*), los padres quieren que sus hijos aprendan otro idioma además del suyo.
5. En nuestra era, la mayoría de los padres prefiere que sus hijas no se casen antes de los 25 años.

ACTIVIDAD 4 ▸ Deseos

Paso 1 Usa la expresión **ojalá** para expresar tres deseos sobre algo que es posible que ocurra y otros tres sobre algo más improbable o imposible. **¡OJO!** El presente de subjuntivo sirve para expresar cosas que pueden ocurrir (*I hope...*), mientras que el imperfecto de subjuntivo expresa deseos que no son factibles o probables (*I wish...*).

> *Ejemplos:* Ojalá que encuentre un trabajo que me pague más de diez dólares por hora. (posible)
> Ojalá que hubiera en el mundo igualdad de derechos y protección legal para todas las personas. (improbable/imposible)

Paso 2 Ahora compara tus deseos con los de varios compañeros. ¿Tenéis deseos y preocupaciones comunes?

ACTIVIDAD 5 ▸ Como si...

Forma oraciones según las indicaciones y de tal manera que tengan sentido. Luego compártelas con el resto de la clase.

> *Ejemplo:* mi amigo/a (*nombre*)/(*el presente*)/**como si**/(*el imperfecto de subjuntivo*) →
> Mi amiga Sonia trabaja **como si** no tuviera nada que hacer para divertirse.

1. mi amigo/a (*nombre*)/(*presente*)/como si/(*imperfecto de subjuntivo*)
2. los políticos/(*presente*)/como si/(*imperfecto de subjuntivo*)
3. mi papá/mamá me trata/como si/(*imperfecto de subjuntivo*)
4. (*nombre*)/habla español/como si/(*imperfecto de subjuntivo*)
5. ¿?

Ojalá que **encuentre** un trabajo que pague mejor.

TIEMPOS DEL INDICATIVO
Presente
Presente perfecto
Pretérito
Imperfecto
Pluscuamperfecto
Futuro
Futuro perfecto
(Condicional)
Condicional perfecto

¿Cómo **sería** tu vida si fueras indígena?

FORMS

The base forms of the conditional tense, both regular and irregular, are the same as those of the simple future tense and there are no irregularities in the endings.

Verbos regulares					
pagar		**beber**		**vivir**	
pagaría	pagaríamos	bebería	beberíamos	viviría	viviríamos
pagarías	pagaríais	beberías	beberíais	vivirías	viviríais
pagaría	pagarían	bebería	beberían	viviría	vivirían

Verbos irregulares					
decir		**haber**		**hacer**	
diría	diríamos	habría	habríamos	haría	haríamos
dirías	diríais	habrías	habríais	harías	haríais
diría	dirían	habría	habrían	haría	harían
poder		**poner**		**saber**	
podría	podríamos	pondría	pondríamos	sabría	sabríamos
podrías	podríais	pondrías	pondríais	sabrías	sabríais
podría	podrían	pondría	pondrían	sabría	sabrían

salir		**tener**		**valer**		**venir**	
saldría	saldríamos	tendría	tendríamos	valdría	valdríamos	vendría	vendríamos
saldrías	saldríais	tendrías	tendríais	valdrías	valdríais	vendrías	vendríais
saldría	saldrían	tendría	tendrían	valdría	valdrían	vendría	vendrían

USES

The conditional in Spanish is used in the following cases:

- **Hypothetical actions** They often include a **si** (*if*) clause and they have a rigid structure, just like in English.

  Si + imperfecto de subjuntivo, condicional

  Si **nevara** mucho, se **cerraría** el colegio.

  If it snowed (were to snow) a lot, the school would close.

As in English, the order of the clauses is interchangeable.

  Si **nevara** mucho, se **cerraría** el colegio.

  Se **cerraría** el colegio si **nevara** mucho.

¡OJO! The imperfect subjunctive in a **si**-clause does not refer to a past action, but to an unlikely or impossible event in the present.

The **si**-clause may be implicit in an earlier question or statement, or a similar premise may be presented in a different format.

  Ponte en el lugar de los indígenas. ¿Cómo te **sentirías** (si tú **fueras** indígena)?

  Put yourself in the place of the indigenous people. How would you feel (if you were indigenous)?

  Yo no sé qué **haría** en esa situación (si yo **estuviera** en esa situación).

  I don't know what I would do in that situation (if I were in that situation).

Si **nevara** mucho, se **cerraría** el colegio.

NOTA LINGÜÍSTICA　　**Cláusulas con *si* en el indicativo**

Si + *present indicative* → *present indicative, future, imperative*

Si clauses in the indicative express hypothetical situations that take place routinely or are likely to occur, just like in English.

  Si **nieva** mucho, se **cierra** el colegio.

  If it snows a lot, the school closes.

  cerrarán el colegio.

  they will close the school.

  ¡cerrad el colegio!

  close the school!

Si + *imperfect indicative* → *imperfect indicative*

In this case **si** is equivalent to **cuando,** and it refers to a repeated or usual action that took place in the past (not a hypothetical clause). It works the same way in English.

  Si **nevaba** mucho, se **cerraba** el colegio.

  If it snowed a lot, the school used to close/would close.

¡OJO! The present subjunctive is never used in the **si**-clause.

- **Future in the past** The conditional is used to express a future action with respect to another action in the past.

  Colón le **dijo** a la reina Isabel que **encontraría** un camino más corto a Asia.

  Columbus told Queen Isabella that he would find a shorter route to Asia.

- **Courtesy** With certain verbs (**poder, querer, ser, estar, deber, tener**) the conditional adds courtesy to a request or a question.

¿**Podría** decirme la hora?

Could you tell me the time?

¿Les **gustaría/Querrían** acompañarnos a cenar?

Would you like to accompany us for dinner?

In the courtesy contexts, the conditional and the imperfect subjunctive are interchangeable.

- **Probability in the past** This use of the conditional is equivalent to *I wonder* and *probably*. It is the past counterpart of the future of probability (**Capítulo 7**).

—¿Dónde **estaría** Manuel ayer durante la fiesta?

—*I wonder where Manuel was yesterday during the party.*

—**Tendría** un partido de béisbol.

—*He probably had a baseball game.*

ACTIVIDAD 1 ▸ **Situaciones del presente y el pasado**

Completa los párrafos con la forma correcta de los verbos de las listas. Los verbos pueden conjugarse en el condicional, el presente de indicativo o el imperfecto de indicativo.

llamar   mimar (*to spoil*)   **ser**

De niña, si me enfermaba, mi mamá me _____[1] mucho. Ahora que estoy en la universidad, si me enfermo, ella me _____[2] por teléfono. _____[3] maravilloso si mi mamá pudiera cuidarme cuando estoy enferma.

estudiar   gustar   hacer   querer   viajar

Este verano, si tuviera dinero suficiente, lo cual es muy dudoso, _____[4] por los países andinos y _____[5] sus culturas precolombinas. Cuando tengo dinero, me _____[6] viajar. Si tú tuvieras dinero este verano, ¿qué _____[7]? ¿_____[8] acompañarme en mi viaje?

hacer   ganar   poder   tener

Cuando mis hermanos y yo éramos pequeños, mis padres no _____[9] tanto dinero como ahora y por eso mi familia y yo no _____[10] viajar con frecuencia. Pero si había un año en que mis padres _____[11] dinero extra, ese año con toda seguridad _____[12] un viaje.

Si **tuviera** dinero, **iría** al Lago Titicaca en Perú.

Hipótesis

Combina las frases de las dos columnas y forma preguntas para hacérselas a tus compañeros. Son situaciones hipotéticas: no olvides usar el imperfecto de subjuntivo.

Ejemplo: ir a la playa nudista con la clase de español/bañarse desnudo/a (*to skinny-dip*)

Si fueras a una playa nudista con la clase de español, ¿te bañarías desnudo/a?

Si...

A
- ir a una playa nudista con la clase de español
- quedarse solo/a en el cuarto de un amigo/una amiga
- ganar un millón de dólares en la lotería esta semana
- tener dudas sobre algo relacionado con el español
- necesitar dinero urgentemente
- saber que un amigo tuyo ha cometido un crimen serio
- ¿?

B
- bañarse desnudo/a
- robar algo
- abrir sus cajones (*drawers*)
- volver a la universidad el próximo semestre
- llamar a la policía
- hacer una cita con el / la profesor(a) inmediatamente
- ¿?

¿**Viajarías** a ver los Inukshuks en el parque Banff?

ACTIVIDAD 3 ¿Cómo lo harían?

Los historiadores se sienten impresionados ante la belleza y complejidad de Machu Picchu, la ciudad sagrada de los incas. Uno de los misterios en torno a esta ciudad es cómo pudieron subir las piedras a tan grandes alturas sin conocer la rueda. En grupos, usando el condicional para expresar hipótesis sobre el pasado, pensad en algunas de las posibles maneras en que fueron capaces de hacerlo, y luego compartidlas con la clase. ¡Usad la imaginación! ¿Cuál sería la forma más probable?

RECORDATORIO

Se usa el condicional para expresar probabilidad en el pasado, como equivalente del pretérito o imperfecto + la idea de probabilidad (*they probably did, they probably were*).

ACTIVIDAD 4 La turista maleducada

Sue acaba de llegar al Ecuador para pasar un semestre y estudiar español, pero todavía no sabe bien decir las cosas con cortesía. ¿Cómo se podrían decir las siguientes cosas de manera más cortés?

1. A un camarero en un restaurante: «Otra cerveza.»

2. En la parada del autobús a un desconocido (*stranger*): «¿Qué hora es?»

3. A una dependienta en una tienda: «Otra camiseta más grande.»

4. A los padres de la familia con quienes se queda: «Llévenme a la universidad.»

5. Al taxista que la lleva al aeropuerto: «Más rápido. Estamos retrasados (*late*).»

Machu Picchu, la ciudad sagrada de los incas, está cerca de la ciudad peruana de Cuzco.

ACTIVIDAD 5 ¿Qué harías tú en ese caso?

Paso 1 En parejas, comentad lo que haríais en las siguientes situaciones. Por ser situaciones improbables, deberíais usar la estructura **si** + imperfecto de subjuntivo.

> *Ejemplo:* Acabas de cenar en un restaurante y te das cuenta de que no tienes dinero. →
> Si yo acabara de cenar en un restaurante y me diera cuenta de que no tenía dinero, se lo pediría prestado a mis amigos.

1. Acabas de cenar en un restaurante y te das cuenta de que no tienes dinero.

2. Encuentras el cuaderno de calificaciones de uno de tus profesores. Allí están tus notas y ves que no son nada buenas.

3. Tu compañero/a de cuarto siempre usa tu champú y tu jabón.

4. Estás invitado/a a comer en casa de una familia mexicana. El primer plato es menudo (*tripe*).

5. Uno de tus mejores amigos te pide que escondas un pequeño paquete suyo en tu cuarto por unos días, pero no puede decirte por qué ni qué hay dentro del paquete.

Paso 2 Ahora inventad dos situaciones y cambiad de pareja para preguntarles a otros compañeros cómo reaccionarían y qué harían.

La España precolombina

Antes de la llegada de los españoles a América y durante la época de las grandes civilizaciones precolombinas en América, España vivió un largo proceso de evolución marcado por la llegada de diversas culturas a su territorio. Habitada originalmente por los íberos, de los que poco se sabe, España fue invadida por muchos pueblos de toda Europa, entre ellos los celtas, los vikingos y los griegos. Pero son los romanos en el siglo III AEC los que definitivamente dejan su marca en la península, especialmente su lengua, el latín, que sería la base del español. El nombre **España** se deriva de *Hispania*, el nombre latino de la región. Tras la caída del imperio romano, un pueblo germánico, los godos [a], se asentó en lo que hoy es España. En el año 711 una invasión árabe llegó desde el sur, dando comienzo a ocho siglos de dominación musulmana, lo que también dejó una profunda huella[b] en la península.

El Acueducto de Segovia

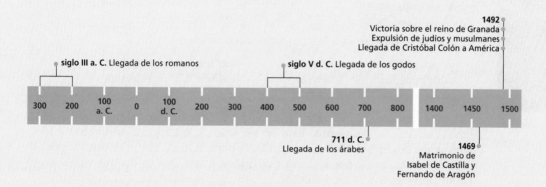

1492
Victoria sobre el reino de Granada
Expulsión de judíos y musulmanes
Llegada de Cristóbal Colón a América

siglo III a. C. Llegada de los romanos

siglo V d. C. Llegada de los godos

| 300 | 200 | 100 a. C. | 0 | 100 d. C. | 200 | 300 | 400 | 500 | 600 | 700 | 800 | | 1400 | 1450 | 1500 |

711 d. C.
Llegada de los árabes

1469
Matrimonio de
Isabel de Castilla y
Fernando de Aragón

Antes de 1492, curiosamente el año en que Cristóbal Colón llegó a América, España no era un país como el que hoy conocemos. En ese año, los Reyes Católicos Isabel y Fernando ganaron la batalla contra el último reino árabe que quedaba en España: el reino de Granada. Con esa victoria, Isabel y Fernando, quienes habían unido con su matrimonio los dos poderosos reinos de Castilla y Aragón, empezaban a ver realizado su proyecto de unificar todos los reinos de la península bajo su poder. Ese mismo año decidieron unificar religiosamente el país y decretaron[c] la expulsión de todas las personas que no fueran católicas, es decir, los judíos y musulmanes que no quisieran convertirse a la religión católica. Se puede decir que el año 1492 fue un año crucial en la historia de América y de España.

[a]*Goths* [b]*mark* [c]*decreed*

Tertulia Un poco de historia

- ¿Veis diferencias o semejanzas entre los comienzos históricos de España y los de Canadá?

- En vuestra opinión, ¿cuáles han sido los años o las épocas cruciales en la historia de Canadá?

Rigoberta Menchú

Reflexiones

Rigoberta Menchú Tum (Guatemala, 1959 –) es una activista maya-quiché que ganó el Premio Nobel de la Paz en 1992 por su labor en defensa de los indígenas de su país. Es autora, junto con Elizabeth Burgos-Debray, del libro testimonial *Me llamo Rigoberta Menchú* y *así me nació la conciencia*, donde se recoge la triste y difícil historia de muchos indígenas guatemaltecos durante los largos años de violencia contra ellos.

El poema «Mi tierra» apareció en un libro que reúne escritos de diversos tipos de varios autores titulado *1492–1992: La interminable conquista* (1992). En este libro se critica la desgraciada situación de los pueblos indígenas de Latinoamérica; su publicación coincidió precisamente con el 500 aniversario del llamado «encuentro» entre España y América.

ACTIVIDAD 1 Práctica de vocabulario

Completa el párrafo con las palabras adecuadas de la lista.

acariciada	enterrados	lágrimas	regatear
antepasados	enterrar	lejano	reposan
ardiente	huesos	ombligo	

El verano pasado mi madre y yo visitamos el lugar donde están _____ mis _____ maternos. Está en un sitio _____, a muchos kilómetros de la capital. Sus _____ ahora _____ en una verde colina _____ por la brisa y la suave lluvia. Mi madre me contó que en su tierra existe la tradición de _____ el _____ de los recién nacidos. Antes de llegar al lugar, mi madre había comprado unas flores: las compró sin _____, aunque ella siempre regatea cuando hace compras en su país. Frente a la tumba de sus familiares muertos mi madre no pudo evitar las _____ y me dijo que era su _____ deseo que yo aprendiera bien la lengua de su familia.

ACTIVIDAD 2 ¿Qué crees tú?

¿Qué tipo de ideas esperarías ver en un poema sobre tu tierra?

Marca todas las categorías que te parezcan apropiadas.

_____ datos históricos
_____ descripción del paisaje
_____ mención del nacimiento del país
_____ cosas cotidianas
_____ expresiones de afecto
_____ una visión local de «tierra», como lugar donde una persona creció

vocabulario útil

el antepasado	ancestor
el hueso	bone
la lágrima	tear
el ombligo	umbilical cord
ardiente	ardent
lejano/a	**distante**
acariciar	to caress
enterrar	to bury
regatear	to bargain
reposar	to rest

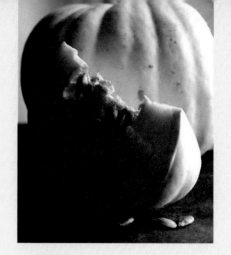
Un ayote

Estrategia: La repetición

En los textos literarios, como en este de Rigoberta Menchú, es normal encontrar el recurso estilístico de la repetición. La repetición se produce cuando una palabra o sonido se usa varias veces en el texto con la intención de destacarlos y producir algún tipo de efecto; por ejemplo, la repetición de la palabra «hueso» en «hueso tras hueso» nos comunica un proceso constante que se extiende a través de las generaciones. Las palabras repetidas pueden aparecer en diferentes posiciones: al principio y al final de una oración, al principio de cada oración o verso, etcétera. Fíjate en la repetición de ciertas palabras en el poema de Menchú. ¿Por qué crees que elige la poeta repetir esas palabras?

MI TIERRA, *RIGOBERTA MENCHÚ*

Madre tierra, madre patria,
aquí reposan los huesos y
memorias de mis antepasados
en tus espaldas se enterraron
los abuelos, los nietos y los hijos.

Aquí se amontaron huesos tras huesos
de los tuyos, los huesos de las
lindas patojas de esta tierra, abonaron el maíz, las yucas,
las malangas, los chilacayotes,
los ayotes, los güicoyes y los güisquiles.
Aquí se formaron mis huesos,
aquí me enterraron el ombligo
y por eso me quedaré aquí
años tras años
generaciones tras generaciones.

se... formaron una montaña

muchachas *fertilized cassava*
malangas... *pumpkins,*
types of squash

Tierra mía, tierra de mis abuelos
tus manojos de lluvias,
tus ríos transparentes
tu aire libre y cariñoso
tus verdes montañas y
el calor ardiente de tu Sol
hicieron crecer y multiplicar
el sagrado maíz y formó los
huesos de esta nieta.

bunches

Tierra mía, tierra de mis abuelos
quisiera acariciar tu belleza
contemplar tu serenidad y
acompañar tu silencio,
quisiera calmar tu dolor
llorar tu lágrima al ver
tus hijos dispersos por el mundo
regateando posada en tierras
lejanas sin alegría, sin paz,
sin madre, sin nada.

Un chilacayote

lodging

Comprensión y discusión

ACTIVIDAD 3 La respuesta correcta

Elige la respuesta correcta.

1. En la tierra están enterrados los restos de...

   a. las frutas.
   b. los familiares de la poeta.

2. La poeta se quedará en su tierra...

   a. unos cuantos años.
   b. para siempre.

3. Los alimentos y las personas del país de la poeta deben su existencia a...

   a. los elementos de la naturaleza.
   b. los esfuerzos de los hombres.

4. En este poema **tierra** es sinónimo de...

   a. hija.
   b. madre.

ACTIVIDAD 4 ¿Qué piensas ahora?

Haz una lista con todas las palabras que se repiten y luego discute con tus compañeros el significado que tienen en el poema. Discutid también el efecto que se consigue con la repetición de estas palabras.

«El eclipse»

Reflexiones

El autor del relato «El eclipse» es Augusto Monterroso (1921–2003), quien es considerado por la crítica como el cuentista guatemalteco más importante del siglo XX. Monterroso es además el mayor representante del microrrelato en la literatura hispánica. Su cuento «El dinosaurio», que solo tiene ocho palabras, es el más breve en la literatura en español. «El eclipse» pertenece a su colección de relatos *Obras completas* y *otros relatos* (1959).

Augusto Monterroso

ACTIVIDAD 5 Ideas contrarias

Usa las palabras del **vocabulario útil** para dar ideas contrarias a las siguientes. Algunas ideas pueden ser metafóricas.

1. Que no es muy útil o interesante.

2. Que se mueve.

3. Al salir.

4. Hacerse de día.

5. No tener idea de lo que va a pasar.

6. No tener ganas de prepararse para hacer algo.

7. Decaer o empezar a morir.

8. Actuar honestamente.

9. Sentir seguridad.

Los agentes de la historia: Conquistadores y conquistados

En grupos pequeños, haced una lista de adjetivos y frases descriptivas que asociáis con los españoles y las personas indígenas de la época antes de la independencia de los países americanos, considerando diferentes aspectos como educación, religión, estatus social, etcétera.

Conquistadores	Conquistados
_____	_____
_____	_____
_____	_____
_____	_____

Estrategia: Referentes culturales

En el relato «El eclipse» se ponen en contacto dos culturas, por lo tanto el texto menciona referentes culturales de ambas. No cabe duda que conocer el significado y la historia detrás de estos referentes culturales nos ayuda a comprender mejor el texto. Por ejemplo, en el poema «Mi tierra», los versos «aquí me enterraron el ombligo/y por eso me quedaré aquí» nos ayudan a entender que en algunas culturas enterrar el cordón umbilical simboliza una poderosa conexión con la tierra natal.

En la primera mitad del cuento «El eclipse» se han subrayado varios referentes culturales importantes. Al leer, piensa qué otras palabras o frases pueden ser consideradas referentes culturales.

EL ECLIPSE, *AUGUSTO MONTERROSO*

Cuando <u>fray</u> Bartolomé Arrazola se sintió perdido aceptó que ya nada podría salvarlo. La <u>selva poderosa de Guatemala</u> lo había apresado, implacable y definitiva. Ante su ignorancia topográfica se sentó con tranquilidad a esperar la muerte. Quiso morir allí, sin ninguna esperanza, aislado, con el pensamiento fijo en la España distante, particularmente en el convento de Los Abrojos, donde <u>Carlos Quinto</u> condescendiera una vez a bajar de su eminencia para decirle que confiaba en el celo religioso de su labor redentora.

Al despertar se encontró rodeado por un grupo de indígenas de rostro impasible que se disponían a <u>sacrificarlo ante un altar</u>, un altar que a Bartolomé le pareció como el lecho en que descansaría, al fin, de sus temores, de su destino, de sí mismo.

Tres años en el país le habían conferido un mediano dominio de las lenguas nativas. Intentó algo. Dijo algunas palabras que fueron comprendidas.

Entonces floreció en él una idea que tuvo por digna de su talento y de su cultura universal y de su arduo conocimiento de Aristóteles. Recordó que para ese día se esperaba un eclipse total de sol. Y dispuso, en lo más íntimo, valerse de aquel conocimiento para engañar a sus opresores y salvar la vida.

—Si me matáis —les dijo— puedo hacer que el sol se oscurezca en su altura.

Los indígenas lo miraron fijamente y Bartolomé sorprendió la incredulidad en sus ojos. Vio que se produjo un pequeño consejo, y esperó confiado, no sin cierto desdén.

Dos horas después el corazón de fray Bartolomé Arrazola chorreaba su sangre, vehemente sobre la piedra de los sacrificios (brillante bajo la opaca luz de un sol eclipsado), mientras uno de los indígenas recitaba sin ninguna inflexión de voz, sin prisa, una por una, las infinitas fechas en que se producirían eclipses solares y lunares, que los astrónomos de la comunidad maya habían previsto y anotado en sus códices sin la valiosa ayuda de Aristóteles.

trapped

*condescended   elevated status
zeal   redeeming*

bed

control

*he considered worthy of his intellect
hard-earned and complex
resolved   to use*

in its heights

*council
some disdain
dripped*

Comprensión y discusión

ACTIVIDAD 7 ¿Está claro?

Paso 1 Contesta las siguientes preguntas citando el texto para justificar tus respuestas.

1. ¿Dónde estaba fray Bartolomé?

2. ¿En qué momento de su vida estaba?

3. ¿Estaba nervioso? ¿Por qué sí o por qué no?

4. ¿Era un hombre instruido (*learned*)? ¿Cómo lo sabes?

5. ¿En qué cosas encontraba consuelo (*comfort*) fray Bartolomé?

6. ¿Cómo murió fray Bartolomé?

Paso 2 Las siguientes preguntas te guiarán hacia ciertas respuestas, pero intenta justificar tus ideas usando el texto.

1. ¿Por qué estaría fray Bartolomé en América?

2. ¿Por qué estaría solo en el momento del cuento?

3. ¿Qué tipo de hombre sería? ¿Cuáles serían sus creencias y valores personales?

4. ¿Cuánto entendimiento demuestra de los indígenas y su cultura?

5. ¿De qué hablarían los nativos antes del final?

6. ¿Por qué muere fray Bartolomé de esa manera?

ACTIVIDAD 8 Referentes culturales

¿Qué referentes culturales puedes encontrar en el cuento, además de los ya subrayados? Una vez que hayas encontrado términos u oraciones que te parezcan referencias culturales, comparte el resultado con tus compañeros de clase.

ACTIVIDAD 9 Tema y mensaje

En grupos pequeños discutid las siguientes preguntas.

1. ¿Cuál es el tema de este cuento? (Quizá haya más de uno.) ¿Existen algunas semejanzas con el poema de Rigoberta Menchú?

2. ¿Hay un mensaje? ¿Cuál podría ser?

3. Si creéis que hay un mensaje, ¿es un mensaje con validez para la actualidad? ¿Por qué sí o por qué no?

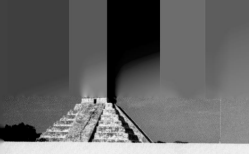

Un ensayo (Paso 2)

Tema

Ahora es el momento de preparar una segunda versión del ensayo cuyo borrador escribiste en el **Capítulo 8.**

Prepárate

Decide si tu ensayo será argumentativo o un análisis donde utilices las técnicas de comparación y contraste, o causa y efecto.

¡Escríbelo!

- Organiza tu ensayo: Introducción, cuerpo y conclusión.
  - ❏ Introducción: Expresa cuál es tu tema y tu tesis.
  - ❏ Cuerpo: Escribe varios párrafos que apoyen tu tesis. Recuerda el uso de las citas directas entre comillas y no olvides indicar cuáles son tus fuentes.
  - ❏ Conclusión: Haz un pequeño resumen de las ideas más importantes.
- Busca en el diccionario y en tu libro de español aquellas palabras y expresiones sobre las que tengas dudas.
- Piensa en un título para tu ensayo que resuma el contenido del mismo. Sé creativo/a.

¿Y ahora?

Espera un par de días antes de revisar de nuevo tu ensayo y empezar a trabajar en la versión final, usando las sugerencias que encontrarás en el **Capítulo 10.**

- Repasa los siguientes puntos.
  - ❏ el uso de los tiempos verbales
  - ❏ el uso de **ser** y **estar**
  - ❏ la concordancia entre sujeto y verbo
  - ❏ la concordancia de género y número entre sustantivos, adjetivos y pronombres
  - ❏ la ortografía y los acentos
  - ❏ el uso de un vocabulario variado y correcto: evita las repeticiones
  - ❏ el orden y el contenido: párrafos claros; principio y final. Pon atención a las transiciones.
- Finalmente, prepara tu versión para entregar.

Consulta el **_Cuaderno de práctica_** para encontrar más ideas y sugerencias que te ayuden a escribir el ensayo.

No te olvides de mirar el Apéndice I, **¡No te equivoques!,** para evitar errores típicos de los estudiantes de español. Para esta actividad de escritura, se recomienda que prestes atención a **Significados de la palabra _time._**

Gramática en acción: Las consecuencias de la llegada de los españoles a América para los indígenas

Completa los siguientes párrafos con la forma correcta de los verbos que están entre paréntesis. Puedes usar el **pretérito** o el **imperfecto** de indicativo, el **imperfecto de subjuntivo** o el **condicional**.

No hay duda de que la población indígena _____[1] (sufrir) después de la llegada de los españoles y los otros europeos a América. Es cierto que los diferentes imperios precolombinos también _____[2] (hacer) guerras y _____[3] (causar) destrucción y muerte entre los pueblos vecinos antes de que _____[4] (llegar) los españoles. Pero no es posible que las consecuencias de esas guerras _____[5] (ser) comparables con el daño físico, emocional y cultural causado por los españoles y otros pueblos europeos posteriormente. Hoy en día _____[6] (poder) existir en Latinoamérica una población indígena mucho mayor.

Los españoles _____[7] (traer) guerra, esclavitud y trabajo forzado a los indígenas americanos. Como si todo esto _____[8] (ser) poco, es probable que lo peor que les _____[9] (dejar) los españoles _____[10] (ser) en realidad sus enfermedades. Enfermedades comunes entre los europeos como la influenza y la varicela[a] _____[11] (ser) desconocidas entre los indígenas. Estas enfermedades, para las cuales no tenían defensa, fueron mortales para ellos, porque _____[12] (acabar) con millones de vidas en pocas décadas.

[a]*chicken pox*

Proyectos fuera de clase

Investiga una de las palabras y culturas de la siguiente lista. El objetivo es averiguar (*to find out*) qué relación tienen con tu país y/o los países latinoamericanos.

Aztlán   arahuacos   taínos   indios   cree   inuit   métis

Tertulia final Los pueblos indígenas en Canadá

En este capítulo habéis leído un poco sobre el pasado y el presente de los pueblos indígenas en países latinoamericanos. ¿Cómo se comparan su civilización y su historia a las de los pueblos indígenas de Canadá? ¿Cómo es la situación actual de estos pueblos? ¿Tienen una presencia importante en vuestra provincia o región? Debéis intercambiar la información que sepáis y buscar algunos hechos de los que no estéis seguros.

Pasos y repasos: resultados

En este capítulo hemos estudiado cómo:

- ❑ se entienden conceptos históricos relacionados con la colonización de las Américas
- ❑ emplear el imperfecto de subjuntivo y el condicional
- ❑ utilizar cláusulas con **si**
- ❑ expresar opiniones y valoraciones sobre el *encuentro* entre Europa y las Américas

«Sigan Uds. sabiendo que, mucho más temprano que tarde, de nuevo se abrirán las grandes alamedas por donde pase el hombre libre, para construir una sociedad mejor.»*

*Salvador Allende, presidente de Chile (1908–1973)

10

Independencia y democracia en Latinoamérica

EN ESTE CAPÍTULO

PASOS Y REPASOS: OBJETIVOS

En este capítulo vamos a:
- hablar y expresar opiniones sobre los gobiernos y el proceso democrático
- estudiar las formas y el uso del pluscuamperfecto de subjuntivo
- estudiar las formas y el uso del condicional perfecto

- leer y reflexionar sobre el presente y el futuro de Latinoamérica

Cultura: El realismo mágico, El presente y el futuro de Latinoamérica

Lectura: Diálogos de amor contra el silencio

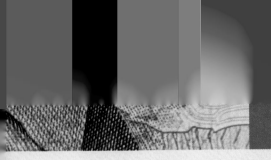

Minilectura

Reflexiones El espejo enterrado

El siguiente texto es parte de la introducción del libro *El espejo enterrado*, en el que Carlos Fuentes explora la importancia de la mezcla de culturas que une al mundo hispano. Este libro fue publicado en 1992, coincidiendo con el Quinto Centenario de la llegada de Colón a América. ¿Cómo celebrarían el Quinto Centenario los diferentes grupos étnicos y culturales latinoamericanos?

EL ESPEJO ENTERRADO (FRAGMENTO), CARLOS FUENTES (MÉXICO, 1928–2012)

made us poor

Cape Horn

heir

suffering
graffiti
strait

La crisis que **nos empobreció** también puso en nuestras manos la riqueza de la cultura, y nos obligó a darnos cuenta de que no existe un solo latinoamericano, desde el Río Bravo hasta el **Cabo de Hornos**, que no sea **heredero** legítimo de todos y cada uno de los aspectos de nuestra tradición cultural. Es esto lo que deseo explorar en este libro. Esa tradición que se extiende de las piedras de Chichén Itzá y Machu Picchu a las modernas influencias indígenas en la pintura y la arquitectura. Del barroco de la era colonial a la literatura contemporánea de Jorge Luis Borges y Gabriel García Márquez. Y de la múltiple presencia europea en el hemisferio —ibérica, y a través de Iberia, mediterránea, romana, griega y también árabe y judía— a la singular y **sufriente** presencia negra africana. De las cuevas de Altamira a los grafitos de Los Ángeles. Y de los primerísimos inmigrantes a través del **estrecho** de Bering, al más reciente trabajador indocumentado que anoche cruzó la frontera entre México y los Estados Unidos.

Ponte a prueba

Corrige las siguientes preguntas según el texto.

1. En su libro, Fuentes analiza las grandes diferencias culturales en el continente americano.
2. Fuentes cree que los latinoamericanos no deben prestar atención a la cultura, solo a la economía.
3. Para este escritor, la cultura latinoamericana excluye a España y Estados Unidos.
4. Cada país debe establecer su propia identidad cultural, independiente de los otros países.

Cortometraje

Antes de mirar Medianeras

- ¿Cómo es tu ciudad en cuanto a su plan urbanístico? ¿Te parece bien desarrollada o más bien (*rather*) desarrollada sin criterios urbanísticos?
- ¿Está superpoblada tu ciudad? ¿Qué grupos (por ejemplo, estudiantes, personas de negocios, artistas) forman su población?
- ¿Hay un estilo predominante en los edificios (colonial, art deco, de principios o mitad del siglo XX, etcétera)?
- ¿Qué es lo que más te importa a ti de una vivienda? ¿La vista? ¿La luminosidad? ¿Que tenga suficientes cuartos? ¿Que esté en una zona privilegiada? ¿Otras cosas?

Título: «Medianeras» (segmento)

País: Argentina

Año: 2011

Dirección: Gustavo Taretto

Reparto: Javier Drolas, Pilar López de Ayala, Inés Efrón

Premios: Festival de Cine de Valladolid

«Exactamente igual es nuestra vida: la vamos haciendo sin la más mínima idea de cómo queremos que nos quede (*how we want it to go*).»

Comprensión y análisis

¿Cierto o falso? Marca todo lo que se vea o se oiga en el corto.

¿Se ve...?	¿Se oye...?
mucha agua	«irracional»
una grúa (*crane*)	«como si estuviésemos de paso»
una caja de zapatos (*shoe box*)	«la cultura del inquilino»
un edificio muy estrecho (*narrow*)	«monoambiente»
un hombre limpiando una ventana	«caja de zapato»
	«arquitectos con talento»

Interpreta Explica lo que entendiste y lo que se puede inferir.

1. ¿Qué tipo de imágenes de Buenos Aires se ven en el segmento? Describe todo lo que puedas.
2. ¿Qué tipo de visión de la ciudad presentan las imágenes? ¿Cómo crees que esta visión representa al narrador?
3. Según el narrador, ¿cómo refleja Buenos Aires a sus habitantes?
4. ¿Por qué compara el narrador la vida con la planificación urbanística?
5. ¿Qué males padecen los habitantes de Buenos Aires? ¿Cuáles son las causas de esos males, según el narrador?

Reflexión Lugares

Según se desprende de este fragmento del largometraje, la ciudad de Buenos Aires refleja en cierta medida a sus habitantes. ¿Cómo refleja el lugar donde vives (tu casa, tu habitación) tu manera de ser o tu historia? ¿De qué manera ha influido en tu manera de ser el lugar donde has crecido (tu ciudad o pueblo)?

vocabulario útil

el ambiente	cuarto, espacio en una casa
la categoría	standing, prestige
el departamento	apartamento
el mal	enfermedad
el/la inquilino/a	tenant
chico/a	pequeño/a
erguirse (yergue)	to be erected
padecer	sufrir
reflejar	to reflect; to show

Palabras

DE REPASO

la democracia

la dictadura

el/la gobernador(a)

la independencia

la libertad

la patria

el presidente/la presidenta

los recursos

el tratado

el afiche/el cartel	poster
la Cámara de los Comunes	House of Commons
el distrito electoral	electoral district/riding
el golpe de estado	coup d'état
el ministerio	government ministry
el/la ministro/a	minister
el plebiscito	plebiscite
el senado	senate
la sublevación	revolt, uprising

Cognados: **el candidato, la constitución, la elección, el parlamento, el referéndum, la represión, el/la senador(a)**

beneficiar	to benefit
derrocar (qu)	to overthrow
elegir (j) (i, i)	to elect
perjudicar (qu)	to harm

Cognado: **gobernar (ie)**

Cognados: **electoral, represivo/a**

La economía internacional

el compromiso	commitment
la conferencia	lecture
el congreso	conference
la cumbre	summit
el impuesto (sobre)	tax (on)
la mano de obra	labour, manpower
el presupuesto	budget
el TLC (Tratado de Libre Comercio)	NAFTA (North American Free Trade Agreement)
firmar	to sign

Expresiones útiles

a pesar de	despite
en conclusión	in conclusion
finalmente/para terminar	finally
por fin	at last
sin embargo	however, nevertheless

ACTIVIDAD 1 Identificaciones

En parejas, tratad de identificar lo siguiente.

1. nombre de un candidato que perdió la ultima elección nacional

2. nombre de un ministro actual y su ministerio

3. nombre de un gobierno represivo en la actualidad

4. nombre del/de la parlamentario/a de tu distrito electoral (o del distrito donde se encuentra tu universidad)

5. porcentaje de impuestos que se paga en tu provincia sobre las compras

6. un tratado importante para Canadá

7. una cumbre o congreso internacional reciente

ACTIVIDAD 2 > Definiciones

Paso 1 Estas son las definiciones que el *Diccionario de la Real Academia de la Lengua Española* ofrece de algunas de las palabras del vocabulario. ¿Cuáles crees que son esas palabras?

1. ley fundamental de la organización de un Estado

2. reunión de máximos dignatarios nacionales o internacionales, para tratar asuntos de especial importancia

3. emisión de votos para elegir cargos políticos

4. obligación contraída, palabra dada, fe empeñada

5. papel en que hay inscripciones o figuras y que se exhibe con fines noticieros, de anuncio, propaganda, etcétera

6. hacer bien

7. mandar con autoridad o regir una cosa

8. violación deliberada de las normas constitucionales de un país y sustitución de su gobierno, generalmente por fuerzas militares

Paso 2 Ahora te toca a ti inventar las definiciones de las siguientes palabras.

1. la mano de obra
2. el tratado
3. firmar

4. la sublevación
5. perjudicar
6. la represión

ACTIVIDAD 3 ▶ Palabras derivadas

Explica el significado de las palabras subrayadas, las cuales están relacionadas con algunas de las palabras del vocabulario.

1. Es <u>perjudicial</u> para las democracias que los ciudadanos no voten.

2. Mantenerse informado en cuestiones políticas tiene muchos <u>beneficios</u>.

3. No puedo <u>comprometerme</u> a organizar esa reunión.

4. En la pared había un cartel con el nombre de todos los <u>conferenciantes</u>.

5. Los <u>sublevados</u> fueron detenidos por la policía.

6. El <u>gobernador</u> del estado aprobó la ley.

ACTIVIDAD 4 ▶ El debate

Completa el siguiente párrafo con las palabras de la lista.

a pesar de   en conclusión   finalmente   por fin   sin embargo

Ayer todos los candidatos participaron amigablemente en el debate, _____[1] las diferencias políticas que los separan. Creí que me iba a aburrir mucho oyéndolos; _____,[2] encontré muy interesantes sus comentarios. Primero discutieron sobre el problema del desempleo, luego hablaron sobre la salud pública y _____,[3] de la reforma universitaria. Fue un diálogo que me aclaró muchas ideas, además de hacerme reflexionar sobre cosas en las que nunca había pensado. _____,[4] el debate me ayudó a entender mejor las diferencias entre los partidos políticos de mi país. Ahora, _____,[5] creo que estoy preparado para participar en las próximas elecciones.

ACTIVIDAD 5 ▶ Asociaciones

¿Qué palabras asocias con este anuncio de Amnistía Internacional? Explica cada asociación.

Ejemplo: Asocio este anuncio con la palabra dictadura porque con frecuencia los dictadores son militares, como el hombre sin cara del dibujo.

ACTIVIDAD 6 ▶ Encuesta

Haz una encuesta a cinco compañeros/as de clase para averiguar lo que saben sobre los procesos electorales y su participación en ellos. Luego presenta a la clase tus resultados.

Ejemplo: si tiene edad para votar → ¿Tienes edad para votar?

1. si tiene edad para votar

2. en qué elecciones votó por primera vez

3. si sabe cuándo serán las próximas elecciones municipales/provinciales/ nacionales

4. si vota asiduamente en las elecciones universitarias

5. si sabe el nombre de algunos de los representantes estudiantiles en la universidad

6. si sabe cuál es la diferencia entre una elección y un referéndum

7. si ha participado alguna vez en una campaña electoral: en cuál y de qué forma participó en esa campaña

8. ¿?

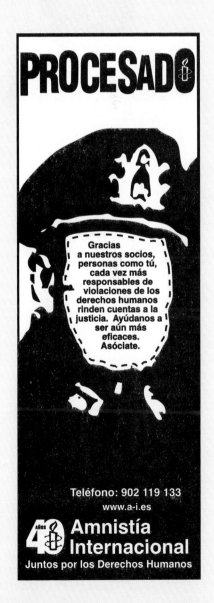

PROCESADO

Gracias a nuestros socios, personas como tú, cada vez más responsables de violaciones de los derechos humanos rinden cuentas a la justicia. Ayúdanos a ser aún más eficaces. Asóciate.

Teléfono: 902 119 133
www.a-i.es

Amnistía Internacional
Juntos por los Derechos Humanos

El realismo mágico

«Lo real maravilloso se encuentra a cada paso en la historia del continente.»[*]

El realismo mágico es un estilo literario que se asocia con la literatura latinoamericana contemporánea y refleja la forma en que algunos escritores expresan su creencia de que la realidad americana tiene un carácter distinto de la europea. El realismo mágico transforma la realidad en un mundo mágico sin deformarla: escenas y detalles de gran realismo se insertan en situaciones completamente inverosímiles, ante las que los personajes no reaccionan con extrañeza. Según el crítico Luis Leal, el realismo mágico trata de captar el misterio que se oculta tras la realidad, sin cambiarla.

El término realismo mágico tiene su origen en Europa a principios del siglo XX. Se utilizó entonces para definir los trabajos imaginarios, fantásticos e irreales de los pintores alemanes de la posguerra. El novelista cubano Alejo Carpentier (1904–1980) empezó a usar el término realismo mágico para definir la literatura latinoamericana a finales de los años cuarenta.

Otros escritores a cuya obra se aplica el término «realismo mágico» son, además de Carpentier, Gabriel García Márquez (Colombia, 1927–) e Isabel Allende (Chile, 1942–). Isabel Allende, sobrina del ex presidente Allende, es una escritora de fama mundial, cuyas novelas y cuentos son claros exponentes del realismo mágico. Entre sus libros más famosos destacan *La casa de los espíritus*, *Los cuentos de Eva Luna* y *Paula*.

Isabel Allende

Barrabás llegó a la familia por vía marítima, anotó la niña Clara con su delicada caligrafía. Ya entonces tenía el hábito de escribir las cosas importantes y más tarde, cuando se quedó muda, también las trivialidades, sin sospechar que cincuenta años después, sus cuadernos me servirían para rescatar la memoria y para sobrevivir a mi propio espanto.[†]

Tertulia El realismo mágico

- ¿Habéis leído alguna novela de los autores que se mencionan en la sección **Cultura**? ¿Podríais dar un ejemplo de realismo mágico?
- ¿Conocéis alguna novela o película que no sea latinoamericana que asociéis con el realismo mágico? Describidla para el resto del grupo.

---

[*] *El reino de este mundo,* Alejo Carpentier
[†] Primeras líneas de *La casa de los espíritus* (1982), Isabel Allende

Estructuras

27 El pasado perfecto o pluscuamperfecto de subjuntivo

Presente perfecto (haya hablado/comido/vivido)	
Pluscuamperfecto (hubiera hablado/comido/vivido) — Imperfecto (hablara/comiera/viviera)	Presente

REPASO

El imperfecto de subjuntivo (Capítulo 9)
El participio (Capítulo 4)

FORMS

The pluperfect subjunctive is formed with the imperfect subjunctive of **haber** followed by a past participle.

imperfecto de subjuntivo de *haber* + participio pasado	
hubiera hablado	hubiéramos hablado
hubieras hablado	hubierais hablado
hubiera hablado	hubieran hablado

RECORDATORIO

The form of the imperfect subjunctive ending in **-se** can also be used for the pluperfect subjunctive, but is less common:
yo **hubiese** consumido
ellos **hubiesen** ganado

USES

- The pluperfect subjunctive appears in contexts that require the subjunctive and a pluperfect tense. Look at the examples for each type of clause.

  In noun clauses: Expressions of influence, doubt, judgement, and emotion.

Los estudiantes se quejaban de que el gobierno les **hubiera aumentado** la matrícula.	*The students complained that the government had increased tuition fees.*

  In adjective clauses: Clauses that function like adjectives.

En su opinión, no había ningún país que **hubiera hecho** lo suficiente para preservar sus culturas indígenas.	*In his opinion there was no country that had done enough to preserve its indigenous cultures.*

  In adverbial clauses: Clauses that function like adverbs.

El profesor se fue sin que yo le **hubiera entregado** el examen.	*The professor left without my having handed in the exam.*
Aunque la ministra **hubiera querido** otro resultado, quedó satisfecha con el voto.	*Although the minister might have wanted a different result, she was satisfied with the vote.*

Si no **hubieran venido** los europeos, la historia de este continente sería muy distinta.

- **Si-clauses in the past** These clauses represent circumstances that are hypothetical and cannot be changed because the time of the action has passed. They are followed or preceded by a conditional clause. (See also **Estructuras 27** in this chapter.)

Habría estudiado más si **hubiera tenido** más tiempo.	*I would have studied more if I had had more time.*

Habría estudiado más si **hubiera tenido** más tiempo.

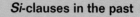

Si-clauses in the past

Si + pluperfect indicative, perfect conditional (or vice versa)

- **Como si + pluperfect subjunctive** **Como si** can be followed by the pluperfect subjunctive or imperfect subjunctive. As in English, these actions are not real past actions, but actions that are contrary to reality.

Naveen habla español como si **fuera** nativo.	*Naveen speaks Spanish as if he were a native speaker (but he's not).*
Naveen habla español como si **hubiera crecido** en la Argentina.	*Naveen speaks Spanish as if he had grown up in Argentina (but he didn't).*

- **Ojalá + pluperfect subjunctive** Followed by the pluperfect subjunctive, **ojalá** expresses a wish for the past that is impossible because the time of the action has passed.

Ojalá **hubiera estudiado** más para el examen.	*I wish I had studied harder for the exam.*
Ojalá las últimas elecciones **hubieran tenido** otro resultado.	*I wish that the recent elections had had a different result.*

NOTA LINGÜÍSTICA **Resumen de los contextos con ojalá**

The expression **ojalá** (which is *not* a verb) combines with all tenses in the *subjunctive* to express the speaker's hopes and wishes.

***Ojalá* + present subjunctive** = *I hope* + present
Ojalá que no **haga** mucho calor hoy.	*I hope it doesn't get too hot today (and it may not).*

***Ojalá* + present perfect** = *I hope* + present perfect
Ojalá que **haya ganado** mi equipo.	*I hope my team has won. (They have played, but I don't know the results yet.)*

***Ojalá* + imperfect subjunctive** = *I wish* + past
Ojalá que no **hiciera** tanto calor.	*I wish it weren't so hot (but it is).*
Ojalá que **pudiéramos** terminar con el hambre.	*I wish we could stop hunger.*

***Ojalá* + pluperfect subjunctive** = *I wish* + pluperfect
Ojalá que no **hubiera hecho** tanto calor ayer.	*I wish it had not been so hot yesterday (but it was).*

ACTIVIDAD 1 ▶ Reflexiones sobre la democracia

Completa las siguientes oraciones con la forma adecuada del pluscuamperfecto de subjuntivo o de indicativo, según sea necesario. Explica el porqué de cada caso.

1. Los candidatos pensaron que su partido _____ (ganar) las elecciones.

2. No era lógico que los diputados _____ (aprobar) una ley represiva.

3. No había ningún presidente que _____ (firmar) un tratado tan desfavorable.

4. Ojalá no _____ (ocurrir) el golpe de estado.

5. El gobierno tuvo que aumentar los impuestos aunque se _____ (perjudicar) el déficit del presupuesto.

6. Si vosotros _____ (asistir) a los debates, entenderíais mejor las ideas de los candidatos.

7. Los partidos políticos querían identificar a gente que _____ (votar) en el plebiscito.

8. El dictador habló en la rueda de prensa (*press conference*) como si no _____ (ordenar) la represión de la sublevación.

ACTIVIDAD 2 ▶ Otra historia

Combina las ideas de las columnas A y B. Adapta el contenido de las oraciones de la columna B como se muestra en el ejemplo (debes usar una construcción negativa después de *si*).

Ejemplo: No habría habido *(There wouldn't have been)* una dictadura en Chile si.../el General Pinochet *derrocó* el gobierno democrático de Salvador Allende en 1973 →
No habría habido una dictadura en Chile si el General Pinochet **no hubiera derrocado** el gobierno democrático de Salvador Allende en 1973.

Columna A

1. La mayoría de los latinoamericanos no hablaría español si...

2. Es posible que Hernán Cortés no hubiera tenido éxito en la conquista de México si...

3. No habría habido tantas muertes entre los indígenas si...

4. EE.UU. no mantendría el bloqueo económico de Cuba si...

Columna B

a. Fidel Castro *estableció* un gobierno comunista tras la revolución de 1959.

b. algunos pueblos indígenas *ayudaron* a los españoles a derrotar a los aztecas.

c. Colón *llegó* a América en una expedición financiada por los monarcas de España.

d. los europeos *trajeron* la viruela (*smallpox*) al Nuevo Mundo.

Los estudiantes se quejaban de que el gobierno les **hubiera aumentado** la matrícula.

Me **habían dicho** que la Universidad de Salamanca es muy buena.

ACTIVIDAD 3 ▶ Oraciones incompletas sobre ti

Paso 1 Completa las siguientes oraciones con una cláusula que contenga un verbo en el pluscuamperfecto o en el imperfecto de subjuntivo o indicativo, de tal manera que tengan sentido.

> *Ejemplo:* Yo quería estudiar en la universidad de _____
> porque... → había oído decir que es muy buena.

1. Yo quería estudiar en la universidad de _____ porque...

2. Yo esperaba que la universidad de _____...

3. Yo sabía que quería asistir a _____ antes de que...

4. Habría aceptado *(I would have accepted)* ir a _____ con tal de que...

5. Ahora me siento en esta universidad como si...

6. En la escuela secundaria yo quería que...

7. En la escuela secundaria no conocía a ningún estudiante que...

8. Ojalá que mi amigo/a...

Paso 2 Ahora hazle preguntas a un compañero/una compañera para saber si sus experiencias coinciden con las tuyas.

> *Ejemplo:* Yo quería estudiar en la universidad de _____
> porque había oído decir que es muy buena. → ¿En qué
> universidad querías estudiar tú? ¿Por qué?

ACTIVIDAD 4 ▶ Deseos

Expresa tres deseos usando **ojalá:** un deseo posible de realizar (con presente o presente perfecto de subjuntivo), un deseo improbable o imposible en el presente (con imperfecto de subjuntivo) y un deseo imposible para un tiempo que ya haya pasado (con el pluscuamperfecto de subjuntivo).

> *Ejemplo:* deseo posible   → Ojalá que **encuentre** un trabajo que me
>   **pague** más de diez dólares por hora.
>   deseo improbable → Ojalá que en el mundo **existiera**
>   igualdad de derechos y protección
>   legal para todas las personas.
>   deseo imposible   → Ojalá que el Holocausto nunca **hubiera**
>   **ocurrido.**

28 El condicional perfecto

REPASO
El condicional **(Capítulo 9)**

TIEMPOS DEL INDICATIVO
Presente Presente perfecto
Pretérito Imperfecto Pluscuamperfecto
Futuro Futuro perfecto
Condicional Condicional perfecto

FORMS

The conditional perfect is formed with the conditional of **haber** followed by a past participle.

condicional de *haber* + participio pasado	
habría salido	habríamos salido
habrías salido	habríais salido
habría salido	habrían salido

USES

The conditional perfect is used to express hypothetical actions in the past. These are actions that cannot be changed. Often these are accompanied by a **si**-clause, but not always.

Si Colón no hubiera llegado a América, probablemente los españoles no **habrían tenido** tanto poder en el continente.	*If Columbus had not arrived in America, the Spaniards probably would not have had so much power on the continent.*

There are several common expressions used in the **si**-clause, such as **"Si yo fuera tú (él, ella...)," "Yo que tú..."** or **"Yo en tu (su) lugar..."**

Si yo fuera tú (él/ellos),
Yo que tú (él/ellos),
(Yo) En tu/su lugar,
} no lo habría hecho.

If I were you (him/them), I wouldn't have done it.

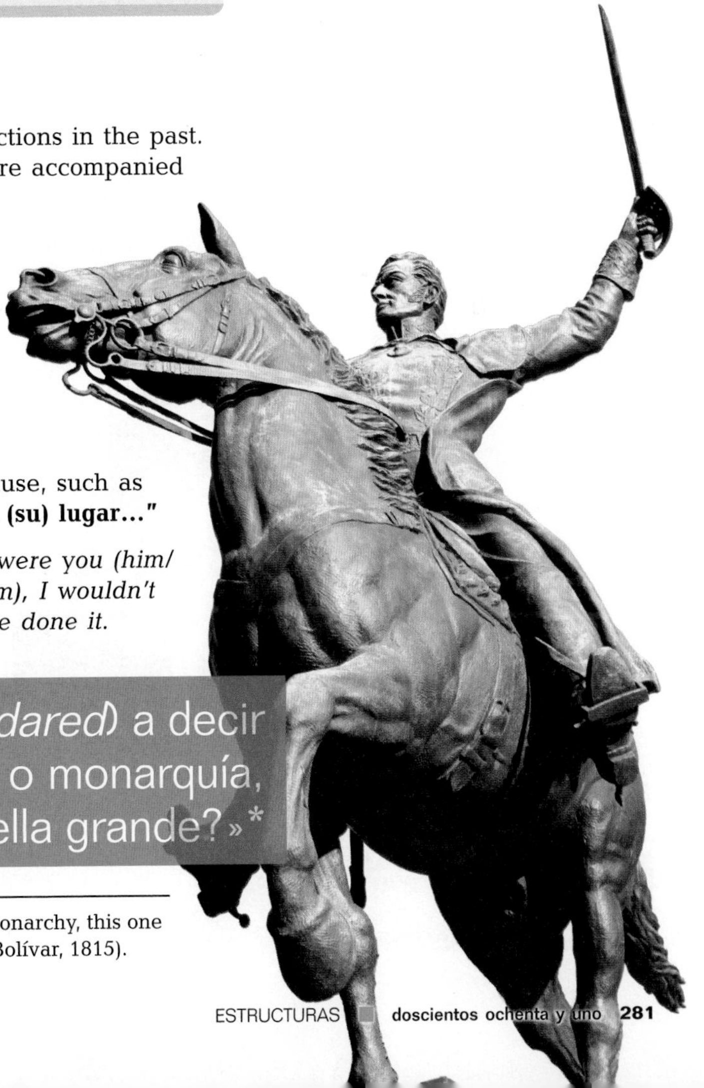

«¿Quién se **habría atrevido** (*dared*) a decir tal nación será república o monarquía, esta será pequeña, aquella grande?»*

* "Who would have dared to say that nation will be a republic or a monarchy, this one will be small, that one over there big?" («Carta de Jamaica», Simón Bolívar, 1815).

ACTIVIDAD 1 ¿Qué habría pasado si...?

Completa las siguientes ideas con las formas apropiadas del condicional perfecto o del pluscuamperfecto de subjuntivo.

1. Si Cristóbal Colón _____ (creer) que la Tierra terminaba en el océano Atlántico, nunca _____ (hablar) con los Reyes Católicos para pedirles que le financiaran una expedición.

2. Si el sistema bancario no _____ (colapsar) en 2008, no _____ (haber) una crisis económica en muchas partes de mundo.

3. Mis amigos y yo no _____ (estudiar) español si no _____ (conocer) a nuestros amigos peruanos.

4. Si no _____ (construirse) el Canal de Panamá a principios del siglo XX, el comercio marítimo _____ (ser) mucho más caro y difícil.

5. ¿Qué _____ (ocurrir) en Quebec si el lado separatista _____ (ganar) el referéndum de 1995?

ACTIVIDAD 2 ¿Qué habría ocurrido si...?

Mira los siguientes acontecimientos históricos importantes y piensa en lo que habría pasado si algo hubiera sido diferente.

Ejemplo: el descubrimiento de la insulina por Banting y Best en la Universidad de Toronto → Si Banting y Best no hubieran descubierto la insulina, alrededor del mundo habrían muerto millones de diabéticos.

1. el descubrimiento de la insulina por Banting y Best en la Universidad de Toronto

2. la llegada de Juan Caboto a Terranova en 1497

3. el Maratón de la Esperanza de Terry Fox

4. el descubrimiento de la penicilina

5. el ataque terrorista contra las Torres Gemelas de Nueva York en 2001

El Maratón de la Esperanza de Terry Fox

Sor Juana Inés de la Cruz (México 1651–1695)

Completa este párrafo con la forma apropiada del imperfecto o pluscuamperfecto de subjuntivo o del condicional perfecto de los verbos entre paréntesis.

Sor Juana Inés de la Cruz es una de las escritoras latinoamericanas más importantes de la época colonial, autora de comedias, poesía y un montón de cosas más. Juana se hizo monja (*nun*) muy joven para que la sociedad _____[1] (poder) permitirle que _____[2] (dedicarse) a la escritura como era su deseo. Para una mujer bella e inteligente como Sor Juana, nunca _____[3] (ser) posible vivir de manera independiente en esa época. En el siglo XVII la sociedad exigía que una mujer _____[4] (casarse) o _____[5] (ser) monja. Su madre no le permitió que _____[6] (disfrazarse) de hombre para asistir a la universidad, donde _____[7] (poder) aprender todo lo que deseaba. En el convento ella estudiaba en su celda y cuando murió sabía tanto como si _____[8] (pasar) su vida estudiando en la universidad.

Hoy parece increíble que, en el pasado, una mujer _____[9] (tener) que ser monja para desarrollar su capacidad creativa e intelectual. Ojalá que la sociedad de siglos anteriores _____[10] (tratar) a las mujeres de manera más igualitaria y respetuosa.

Una vida diferente

¿Cómo habría sido tu vida si algunos hechos en tu pasado hubieran sido diferentes? Escribe tres oraciones contestando esta pregunta y luego compártelas con la clase.

Ejemplo: Si mis abuelos no hubieran emigrado de China, probablemente mis padres nunca se habrían conocido y, por lo tanto, yo no habría nacido.

El presente y el futuro de Latinoamérica

Ojo de luz (*1987*), *del ecuatoriano Oswaldo Viteri. En sus collages, Viteri usa objetos fabricados por las comunidades indígenas de su país. ¿Qué te sugiere este collage?*

«Afirmamos que el bienestar de nuestros pueblos requiere el logro de tres objetivos estrechamente vinculados e interdependientes: crecimiento económico con equidad para reducir la pobreza, desarrollo social y gobernabilidad democrática.»[*]

La idea anterior, parte de la declaración oficial de la Cumbre de Monterrey, resume perfectamente los retos[a] básicos a los que se enfrentan los países americanos al sur de Estados Unidos. Aunque es verdad que Latinoamérica se ha democratizado considerablemente en las últimas décadas, varios países tienen democracias débiles e inseguras debido a su situación social y económica.

Uno de esos retos tiene que ver con el narcotráfico, gravísimo problema que afecta a varios países latinoamericanos. Por ejemplo, en algunos de los países andinos, la coca es una planta que ha sido cultivada por los habitantes de estos países desde tiempos inmemoriales; por lo tanto es necesario plantearse la cuestión de si se debe erradicar un cultivo que forma parte de una cultura. Por otro lado, el tráfico de estupefacientes[b] da lugar a que algunos se enriquezcan ilegalmente y sin escrúpulos, causando problemas como la delincuencia y hasta situaciones de guerra civil que afectan a todo el mundo, y especialmente a sus propios países.

Otro reto fundamental tiene que ver con el deseo universal por la igualdad social, que incluye igualdad étnica y racial, de clase y de género. No cabe duda que la colaboración entre diferentes países latinoamericanos para afrontar estos retos y el diálogo entre sus dirigentes políticos es un paso adelante hacia el establecimiento de democracias estables en toda Latinoamérica.

[a]*challenges* [b]*narcotics*

Tertulia Nuestro país

- ¿Qué países tienen más responsabilidad cuando se trata de resolver los problemas del narcotráfico: los países productores o los consumidores? ¿Cómo pueden ayudar los países ricos y consumidores de drogas a los países pobres y productores?

- ¿Creéis que la democracia canadiense es estable? ¿Por qué sí o por qué no? ¿Cómo es la situación social: hay una tendencia hacia la igualdad o una tendencia hacia la desigualdad? ¿Qué mecanismos legales y constitucionales funcionan a favor o en contra de que haya igualdad en su país?

[*]Declaración de Monterrey, Nuevo León, México, firmada por los jefes de estado y de gobierno de las Américas elegidos democráticamente en febrero de 2004.

Diálogos de amor contra el silencio

Reflexiones

María del Carmen Sillato nació en Rosario, Argentina. Desde marzo de 1983 reside en Canadá, país en el que se exilió tras haber sufrido años de prisión durante la dictadura militar argentina de los años 70. Licenciada en Letras de la Universidad Nacional de Rosario, realizó estudios de maestría y doctorado en la Universidad de Toronto. Desde 1992 es profesora catedrática de español en la Universidad de Waterloo. Actualmente es Directora del Programa de Traducción en dicha universidad.

Es autora de los libros *Juan Gelman: Las estrategias de la otredad* (1996), ganador del primer premio de la Asociación Canadiense de Hispanistas; *Diálogos de amor contra el silencio* (2006), y *Huellas: Memorias de resistencia (Argentina 1974–1983)* (2008). También es autora de numerosos artículos en revistas especializadas sobre la poesía de Juan Gelman, el género testimonial y la presencia de Eva Perón en la literatura. Las palabras que siguen (*En sus propias palabras*) las escribió especialmente para los estudiantes canadienses que lean *Más*.

María del Carmen Sillato

En sus propias palabras: María del Carmen Sillato

Cuando se viven situaciones de extremo sufrimiento como lo son entre otros el secuestro, la tortura, la prisión injusta y la pérdida de amigos y familiares bajo la fuerza del terror represivo de una dictadura, el primer gesto de quien sobrevive al espanto es tratar de echar un manto de olvido sobre ese pasado doloroso. ¿Lo logra?

Sé por experiencia propia que no es posible. Guardé silencio durante más de ocho años. Solo compartía esa experiencia si me encontraba ante un interlocutor que podría sentir como propia mi historia. Cuando en 1990 comencé a preparar el material para mi tesis de doctorado, me senté a trabajar y de manera espontánea escribí: «Una mano me toca. Me toca y me trae lentamente a la conciencia». No hablaba solo de la noche de mi secuestro sino también del presente ya que esa mano traía a mi conciencia los hechos del pasado. Y ya no pude detenerme.

Las imágenes regresaban a mi memoria con una claridad asombrosa y yo me veía a mí misma desde afuera, como una espectadora, tirada en el piso, vendada e impotente, esperando otra sesión de tortura, o quizás la muerte. Y me compadecía de esa «otra» —yo misma— y lloraba amargamente su pena. El proceso de escritura duró unos meses, pero cuando terminé el relato me sentí reconfortada: no había logrado olvidar lo vivido pero había logrado integrar esas memorias a mi vida y estaba aprendiendo a vivir con ellas.

Esa experiencia personal de tanto valor para mí me llevó a realizar una investigación sobre los efectos de la escritura en el proceso de confrontación del trauma. El resultado fue el libro *Huellas. Memorias de resistencia (Argentina 1974–1983)*, que reúne relatos de veintiún ex prisioneros políticos de la Argentina. Un número importante de esos autores nunca antes había podido hablar o escribir sobre sus experiencias pasadas y fue para ellos también una experiencia positiva. Lo sufrido por mí y por tantos otros en Argentina no es un hecho aislado ni se dio dentro de una circunstancia histórica que pertenece al pasado. Hechos similares ocurren hoy día en muchos puntos de nuestro planeta. Me gustaría entonces que quienes leyeran mi relato pudieran reflexionar sobre estos eventos e inclinarse por la defensa de los derechos humanos, tantas veces atropellados para imponer y mantener sistemas sociales desiguales e injustos."

María del Carmen Sillato, 2012

vocabulario útil

agudizar (c)	to sharpen, to heighten
arriesgarse (+ a)	to risk
atravesar	to go through
desatar	to untie
secuestrar	to abduct
el atrevimiento	audacity
el puñado	handful
enloquecido/a	maddened, frenzied
ensordecedor/a	deafening
infructuoso/a	fruitless

¿Qué crees tú?

¿Qué ideas asocias con la noción de *dictadura*? Marca todas las categorías que te parezcan apropiadas.

- ❑ no se discuten ideas políticas abiertamente
- ❑ hay un sistema democrático
- ❑ frecuentemente los líderes son militares

- ❑ no hay derechos humanos
- ❑ hay libertad personal
- ❑ no hay elecciones libres
- ❑ hay una constitución

ACTIVIDAD 2   Vocabulario: raíces (*roots*) y derivaciones

En la lista de vocabulario aparecen varias palabras que han evolucionado de palabras básicas que probablemente ya conoces. Se utilizan prefijos (*prefixes*) y sufijos (*suffixes*) para derivar palabras nuevas. Por ejemplo, el adjetivo *infructuoso* viene de la palabra latina FRUCTUS, que llega al español como *fruto*, más el prefijo negativo *in-* y el sufijo *–oso*. Hay varios ejemplos más en la lista de vocabulario y en el texto.

Empareja la palabra del vocabulario con su raíz:

agudizar _____   sordo (*deaf*)
arriesgarse _____   atar (*to tie up*)
atravesar _____   atrever (*to dare*)
desatar _____   loco (*crazy*)
atrevimiento _____   puño (*fist*)
puñado _____   riesgo (*risk*)
enloquecido/a _____   agudo (*sharp*)
ensordecedor/a _____   (a) través (*across*)

Estrategia: Elementos de la palabra

Cuando leas un texto con palabras que no te sean familiares, con frecuencia podrás reconocer ciertos elementos de esas palabras. Antes de buscar cada palabra desconocida en el diccionario, fíjate en los elementos de cada palabra para ver si puedes reconocer raíces, prefijos y sufijos. Los prefijos más comunes en español se asocian con preposiciones (*a, de, con, por, en,* etcétera). Mira los prefijos de algunas palabras de la lista: ¿con qué preposición se asocian?

Ahora, nota que los verbos de la lista terminan en *-ar*: la gran mayoría de los verbos derivados de otras palabras son de la categoría *-ar*. A veces el sufijo verbal *–ecer* da la idea de *become*; por ejemplo: **entristecer** (*to sadden*). ¿Qué significa, entonces, **ensordecer**?

Mientras leas el texto, presta atención a las palabras que no conoces y trata de reconocer los varios elementos que las forman.

SELECCIONES: DIÁLOGOS DE AMOR CONTRA EL SILENCIO: MEMORIAS DE PRISIÓN, SUEÑOS DE LIBERTAD (ROSARIO-BUENOS AIRES, 1977 A 1981),

MARÍA DEL CARMEN SILLATO*

Como bajar a los infiernos

En la madrugada del 18 de enero de 1977 mi compañero y yo, militantes de la Juventud Peronista, fuimos secuestrados de la **pensión** en donde vivíamos desde hacía varios meses en la zona sur de la ciudad de Rosario. En el Servicio de Informaciones de la **Jefatura** de Policía, en pleno centro de la ciudad, comenzaba a desarrollarse la historia que a continuación les relato.

rooming house

Headquarters

18 de enero

¿Qué hora será? He perdido la noción del tiempo. Han pasado dos, tres, cinco horas, ¿quién sabe? No puedo abrir los ojos, la **venda** se ajusta sobre mis **párpados**. Oigo pasos, ya empiezo a reconocer esos pasos... ¿de nuevo?... Quisiera dejar pasear mi mente por el recuerdo de los buenos momentos. Pero no puedo. Siento mi cuerpo mojado por el sudor, un sudor distinto, nuevo, con ese olor particular que produce el miedo.

blindfold
eyelids

25 de enero

Hoy el Pelado, contrariando órdenes, me ha permitido bajar al sótano a bañarme. Allí he conocido algunos rostros nuevos, los de las voces que a veces me llegan hasta ese pequeño cuarto al que cada día traen más gente. Alguien, una señora **menuda** con una sonrisa en sus labios y una mirada tristísima me alcanzó una toalla, una camisa y unos jeans. Su calor y su ternura me han penetrado profundamente. No pudimos cruzar palabra pero he encontrado en su gesto una gran comprensión por mi sufrimiento. Somos un puñado de soledades, unidas por el mismo dolor.

small

26 de enero

Anoche este sitio siniestro nuevamente se ha llenado de gritos, **corridas** y lamentos. Han «trabajado» toda la noche tratando de **exprimir** palabras a los recién llegados. Se dice que pertenecen al Poder Obrero. El volumen altísimo de la radio no ha sido suficiente para cubrir tanto sufrimiento. He sentido las manos de Analía buscar las mías y apretarlas para unir su miedo y su dolor al mío y darnos fuerzas para **sobrellevar** este horror.

running footsteps
squeeze out, extract

endure

Esta mañana han arrastrado el cuerpo de un joven hasta este cuarto. Dos horas más tarde han entrado los guardias enloquecidos: se les escapó uno. Yo disfruto mentalmente con la situación, pienso en la suerte del que se ha escapado y ruego para que no lo encuentren. Pero al mismo tiempo **me estremece** el odio y la furia que el hecho ha desatado entre estos hombres. Escucho los golpes y preguntas a los otros compañeros y los gritos del dolor se confunden con los gritos de la ira. Han entrado a este cuarto y han **maniatado** al joven, «no sea que te nos escapes vos también», y **de propina** le han dado un fuerte golpe en la cabeza. Ahora que los otros se han ido, lo miro por debajo de mi venda. Lo sacude el temblor de los **sollozos** y del miedo. Siento, de repente, una ternura infinita por ese niño grande que ha entrado ya a la irremediable condición de «desaparecido», condición que nos hermana y nos convierte en **eslabones** de una cadena que comenzó hace casi un año y que no acabará todavía. Quisiera preguntarle su nombre, decirle que comprendo su dolor, que es el mismo que el mío, trasmitirle esa fe que lucho a cada instante por mantener viva. Pero no podemos hablar, se nos ha impuesto un **«toque de queda»** y cualquier susurro puede despertar sospechas. Presiento que espían nuestros movimientos tratando de pescarnos en alguna charla prohibida. No se dan cuenta que también nosotros estamos aprendiendo a percibirlos, que la venda sobre mis ojos es cada vez menos un impedimento para reconocerlos y distinguirlos a ellos de nosotros. Sabemos ya cuándo **nos acechan** y cuándo tenemos un respiro, cuándo está la guardia **hostigadora** y cuando la «liviana», cuándo se tortura y cuándo se descansa, cuándo obtienen un dato y cuándo no obtienen nada. Les conocemos sus buenos y sus malos humores y nos

I am shaken by

shackled
on top of that

sobs

links

curfew

they lie in wait for us
who hassles us

*Córdoba, Argentina: Alción Editora, 2006.

alegramos de su «mal humor» y nos entristecemos con su «buen humor».
Sabemos también que al Lito no lo han encontrado, que la cacería ha sido
infructuosa, que eso los tiene mal, inquietos y coléricos, y se echan la culpa los
unos a los otros por el descuido. Para no ahogarse con la bronca la descargan
de tanto en tanto contra los prisioneros.

hunt
furious
suffocate *rage*

Antes de que yo pueda cruzar palabra con el compañero maniatado, ellos
vienen y se lo llevan. Poco después los ánimos comienzan a aplacarse y
retornamos lentamente a la «normalidad» rutinaria. Es de noche ya y cada uno
se sumerge en sus propias reflexiones tratando de evadir el espeso silencio que
nos rodea.

to calm down

8 de febrero

[Se encuentra con su compañero Alberto, y hablan del niño que esperan en
julio.]

Me decís que no sabés qué harán con vos, que quizás no sobrevivas. Por eso,
te quitás el anillo y me lo entregás, «para seguir estando cerca de ti, pese a todo»,
murmurás. Te hablo de mis miedos y de nuestro hijo. Me pedís que elija un
nombre. «Se llamará Gabriel», respondo con firmeza. Gabriel, el nombre que vos
le diste cuando apenas empezaba a ser una presencia entre nosotros. Y si es una
niña, se llamará Lucía. Lucía, luz, calor, sol, esperanza. Sé que aún vive porque
hoy lo he sentido moverse dentro mío y por un momento me he dejado inundar
por la alegría y la confianza. Sin embargo, por una hendija se han filtrado nuevos
temores y nuevas angustias. Desconozco el daño que la tortura pueda haberle
ocasionado. Me pedís que tenga fe, que no abandone este lucha por la vida
porque llevo en mis entrañas un sol que alumbra las sombras del presente.

inside me *flood, inundate*
crack

lunes 11 de julio de 1977

[Nace su hijo Gabriel el 11 de julio.]

Gabriel

hijo, digo
hijo que recuestas tu cabeza en mi corazón
para acunar mi sueño
para llenar mi vida
hijo, digo
para que tu ternura nunca se agote
para que sobrevivas al dolor
para que venzas el miedo

you lean
to cradle

runs out, ends

hijo que has combatido a la muerte
y que has hecho brotar la alegría
en los húmedos rincones de la pena
abre tus ojos y mira

sprout, spring up

eres testigo de esta historia
la verdadera historia
y te nombro Gabriel

Gabriel
para que anuncies la verdad
Gabriel
para que anuncies la vida
Gabriel
para que derrotes el silencio

defeat

25 de diciembre

Hoy es un día de duelo en nuestro país. Muchas mesas navideñas tendrán una
o más sillas vacías. Algunas volverán a ocuparse algún día si sobrevivimos esta
prueba. Pero muchas otras no se volverán a ocupar nunca más. Lo que éramos
hace unos años, lo que era el país de mi niñez, todo ha cambiado de tal
manera, se han abierto tantas heridas, tanto dolor. Pasará mucho tiempo,
algunas generaciones, quizás, antes de que recuperemos la confianza, antes, tal
vez, de que la historia juzgue y castigue tanto atropello. ¡Qué caro estamos
pagando nuestro atrevimiento a desafiar un orden social injusto, a luchar en
contra de una economía que trae tanta miseria y explotación a nuestro país y

day of mourning

outrage, violation

que agudiza las diferencias entre ricos y pobres! Creí firmemente, y aún creo, en que es posible luchar por un mundo mejor, por una sociedad más justa y equilibrada. Creí en mis ideales y uní mis sueños a los sueños de otros, convencida de que sí era posible comenzar a construir sobre nuestros valores, valores que contemplaran en primer lugar la dignidad del hombre, su derecho al trabajo, su derecho a una vida plena, sin los dolores que traen la marginalidad y la desigualdad social.

18 de julio de 1980, 6:30 de la tarde

Hemos pasado tres horas con la misma burocracia administrativa con que fuimos recibidas al entrar a este penal. Fotos, huellas digitales, planillas, etc. Somos unas doce compañeras, todas salimos con libertad vigilada hacia distintos puntos del país. Finalmente nos hacen poner en fila de a dos y nos hacen marchar hacia el portón de salida. Las que antes eran puro grito y verdugueo ahora son toda amabilidad y nos saludan y desean suerte a medida que avanzamos. La gran puerta se abre y vislumbramos en la casi penumbra de esta temprana noche de invierno a algunas personas del otro lado de la calle. Atravesamos la puerta y nos invade la libertad con su ajetreo de autos que cruzan delante nuestro a gran velocidad, indiferentes a este milagro que nos está ocurriendo, con sus ruidos ensordecedores y sus luces encandilantes. Y nosotras, como recién nacidas a esta realidad nos sentimos incapaces de desafiarla, y cada vez que ponemos un pie en la calle para cruzar a la acera opuesta, lo retiramos con rapidez porque hemos perdido el sentido de la distancia y no podemos juzgar cuán lejos o cuán cerca están los autos. Pero los familiares esperan allá, y al final, estamos a salvo. No vuelvo la cabeza para mirar desde enfrente cómo es el lugar en que viví durante tres años. Soy un poco supersticiosa a pesar de mi espíritu racional, y alguien me dijo que quien vuelve la cabeza hacia atrás, regresa. Y yo no quiero regresar, claro está.

prison   fingerprints and forms

they line us up two by two
tyranny

glimpse

hectic whirl

dazzling

5 de marzo de 1981

Hoy fui por última vez al Servicio de Informaciones de la Jefatura de Policía a firmar los papeles de mi libertad vigilada. Ha sido una rutina día por medio al principio y más adelante una vez por semana. Irónicamente he debido presentarme en el mismo lugar en que estuve secuestrada hace cuatro años. Sin duda, quienes han estado allí para recibirme semanalmente serían los mismos que estaban allí en aquellos momentos. A algunos me parece reconocerlos por la voz, pero me cuesta identificarlos. He cumplido con este rito rigurosamente. A pesar de las emociones diversas que me producen estos viajes periódicos al Servicio de Informaciones, no he faltado ni una sola vez, conocedora como estoy de las consecuencias de un error inadvertido. Digo que ha sido la última vez allí porque me han comunicado que por decreto del 27 de febrero de 1981 he cesado de estar a la Disposición del PEN (Poder Ejecutivo Nacional). Es decir, estoy, lo que se dice, libre. Pero, ¿quién me librará de mis penas, mis angustias?

every two days

inadvertent

what you might call

Tengo a Gabriel, tengo a mi familia y a mis buenos amigos, pero no me reconozco aquí, algo falta, algo ha cambiado para siempre. Soy la sobreviviente de una catástrofe en el centro de una ciudad que no me ve, que no conoce mi sufrimiento, que poco sabe de mí. No hablo casi con nadie que no conozca mi historia, temo que me miren como a una extraña, que me marginen. Y me siento injusta ya que por no

saber si lo que encontraré será comprensión y solidaridad o solo rechazo, no me arriesgo a compartir con la gente mi pasado reciente.

Un camino se abre frente a mí. Gabriel me lleva de la mano, caminamos juntos. Juntos esperaremos a su papá. Siento que aquel «hasta mañana» con que me despedí de mi compañero está próximo. Pienso en esa mañana, pienso en tantos que aún esperan tras las rejas esa palabra u orden que les permitirá retomar, como lo hago yo hoy, su camino. Pienso y me duelen los que ya no están y también aquellos de quienes no hemos vuelto a tener noticias. Me pregunto cuándo se hará justicia, cuándo llegaremos a obtener respuesta a tantos interrogantes *irrespondidos*. Comprendo ahora que en mi silencio no hay salida posible, que es mi obligación mantener viva la memoria, que solo así se podrán *desentrañar* algún día los mecanismos que hicieron posible tanto horror, tanto atropello. Por eso mi testimonio. Por eso mis palabras, mi memoria.

unanswered

disentangle; get to the bottom of

Comprensión y discusión

ACTIVIDAD 3 ▸ Cronología

Ordena las siguientes acciones según el orden en que ocurren en la historia.

_____ Arrastran al cuerpo de un joven a su cuarto.

_____ La liberan.

_____ Los detenidos empiezan a reconocerse entre ellos y distinguirse de los guardias a pesar de que están vendados.

_____ Nace su hijo Gabriel.

_____ Va al Servicio de Informaciones de la Jefatura de Policía a firmar sus papeles de libertad vigilada.

_____ La autora y su compañero son secuestrados.

_____ Se reune brevemente con su compañero y hablan de su embarazo.

_____ Se escapa un detenido.

_____ Decide escribir su testimonio.

_____ Contrariando órdenes un guardia la permite bajar al sótano a bañarse.

ACTIVIDAD 4 ▸ Cualidades

Empareja cada uno de los siguientes adjetivos con los tres protagonistas de este testimonio de Sillato: la guardia, el preso y la autora.

activista	hostigadora	militar	subversivo
anónimo	supersticiosa	maniatado	sobreviviente
torturador	dictatorial	embarazada	atormentado

La guardia: _____ _____ _____ _____
El preso: _____ _____ _____ _____
La autora: _____ _____ _____ _____

¿Cómo interpretas las siguientes ideas del texto? Explica por qué crees que la autora eligió esas palabras específicas y qué efecto espera provocar en los lectores.

a. «Siento mi cuerpo mojado por el sudor, un sudor distinto, nuevo, con ese olor particular que produce el miedo.»

b. «Somos un puñado de soledades, unidas por el mismo dolor.»

c. «Han 'trabajado' toda la noche tratando de exprimir palabras de los recién llegados.»

d. «Pero al mismo tiempo me estremece el odio y la furia que el hecho ha desatado entre estos hombres. Escucho los golpes y preguntas a los otros compañeros y los gritos del dolor se confunden con los gritos de la ira.»

e. «...de propina le han dado un fuerte golpe en la cabeza.»

f. «Sin embargo, por una hendija se han filtrado nuevos temores y nuevas angustias.»

g. «Atravesamos la puerta y nos invade la libertad con su ajetreo de autos que cruzan delante nuestro a gran velocidad, indiferentes a este milagro que nos está ocurriendo, con sus ruidos ensordecedores y sus luces encandilantes. Y nosotras, como recién nacidas a esta realidad nos sentimos incapaces de desafiarla...»

Tertulia Sistema democrático

Este texto demuestra en poco espacio el sufrimiento de algunos miembros de una sociedad cuando falla la democracia. También ejemplifica varias maneras de luchar contra la dictadura.

- ¿Qué valores y derechos apreciáis más de un sistema democrático?

- ¿Creéis que Canadá tiene aspectos de su sistema democrático que necesiten corrección?

- En última instancia, ¿qué estaríais dispuestos a hacer para salvar o proteger un gobierno democrático?

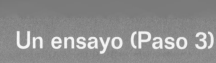

Un ensayo (Paso 3)

Tema

Ahora es el momento de tener terminada la versión final del ensayo que has escrito durante las últimas semanas.

Prepárate

Lee con atención tu segunda versión y señala aquellas partes en las que crees que necesitas cambiar algo.

Escríbelo!

- Haz los cambios necesarios para que tu ensayo tenga los siguientes elementos y características.

  - ❑ un título
  - ❑ una introducción que presente el tema que exploras y contenga una tesis
  - ❑ párrafos con una idea principal que no se repita en otros párrafos
  - ❑ ideas ordenadas
  - ❑ una conclusión
  - ❑ una bibliografía

- Busca en el diccionario y en tu libro de español aquellas palabras y expresiones sobre las que tengas duda.

¿Y ahora?

- Repasa los siguientes puntos.

  - ❑ el uso de **ser** y **estar**
  - ❑ la concordancia entre sujeto y verbo
  - ❑ la concordancia de género y número entre sustantivos, adjetivos y pronombres
  - ❑ la ortografía y los acentos
  - ❑ el uso de un vocabulario variado y correcto: evita las repeticiones
  - ❑ el orden y el contenido: párrafos claros; principio y final. Atención a las transiciones.

- Finalmente, prepara tu versión para entregar.

Consulta el *Cuaderno de práctica* para encontrar más ideas y sugerencias que te ayuden a escribir el ensayo.

No te olvides de mirar el Apéndice I, **¡No te equivoques!,** para evitar errores típicos de los estudiantes de español. Para esta actividad de escritura, se recomienda que prestes atención a *Actual y real*.

Proyectos fuera de clase

Entrevista a una persona de origen latinoamericano de tu comunidad que haya llegado a Canadá en los últimos quince o veinte años. Hazle preguntas sobre los siguientes temas:

- ¿Qué problemas considera él/ella que son los más graves de su país?
- ¿Cómo piensa que se podrían resolver?
- ¿Qué aspectos sociales y políticos de Canadá le gustan más y cuáles le gustan menos?

Antes de empezar, haz una investigación en Internet sobre la historia reciente del país latinoamericano de donde viene la persona entrevistada.

Tertulia final ¿Qué hemos aprendido?

¿De qué manera ha influido en el conocimiento del mundo hispánico lo que habéis aprendido en este libro? ¿Pensáis seguir estudiando la lengua española y la cultura de los países en que esta se habla? ¿Cuáles son vuestros planes en cuanto al español? ¿Cómo os gustaría utilizar lo que aprendisteis?

Pasos y repasos: resultados

En este capítulo hemos estudiado cómo:

- ❑ se entienden los conceptos de dictadura y democracia en el mundo hispanohablante
- ❑ emplear el pluscuamperfecto de subjuntivo y el condicional perfecto
- ❑ expresar opiniones y valoraciones sobre el estado actual de la democracia en Latinoamérica, y su futuro

Pasado, presente, futuro

En esta unidad, hemos explorado temas sobre la historia latinoamericana, el gobierno y la democracia y la economía internacional. Para ello hemos repasado y extendido el vocabulario relevante y algunos puntos gramaticales esenciales. Puedes utilizar esta sección para organizar un repaso de estos materiales; luego ¡atrévete a ponerte a prueba!

¡A repasar!

Vocabulario de esta unidad:

Capítulo 9: la historia y el paso del tiempo
Capítulo 10: el gobierno, el proceso democrático y la economía
internacional

Estructuras de esta unidad:

Capítulo 9:
25. El imperfecto de subjuntivo
26. El condicional

Capítulo 10:
27. El pasado perfecto o pluscuamperfecto de subjuntivo
28. El condicional perfecto

Cultura/lecturas de esta unidad:

Capítulo 9:
   Minilectura: Popol Vuh, Libro del Consejo o de lo Común
   Culturas indígenas de Latinoamérica
   La España precolombina
   Culturas en contacto: «Mi tierra» y «El eclipse»

Capítulo 10:
   Minilectura: El espejo enterrado
   El realismo mágico
   El presente y futuro de Latinoamérica
   Diálogos de amor contra el silencio

Completa las actividades de ¡Ponte a prueba! en el Cuaderno de práctica.

¡No te equivoques!

This section offers explanations of words that typically present difficulty for intermediate-level students of Spanish. Each explanation also appears in the corresponding *Cuaderno de práctica* chapter, followed by a practice activity.

1. Cómo se expresa *to know*

conocer	• *to be acquainted/familiar with a person, place, or thing*	**¿Conoces** a mi novia? **Conozco** casi todo Centroamérica, pero no Panamá. Esa historia la **conozco.**
	• *to meet for the first time* (in the preterite)	Se **conocieron** y se enamoraron inmediatamente.
saber	• *to know a fact* • *to know how; to be able* • *to know well (by heart or from memory)* • *to find out* (in the preterite)	**Sé** lo que quieres decir. Manuela **sabe** bailar el tango muy bien. Mi hijo **sabe** toda la letra del himno nacional. Ayer **supe** del accidente de tus padres.

2. Maneras de expresar *but*

pero	*but* (introduces an idea contrary or complementary to the first idea in the sentence)	Quiero viajar **pero** no puedo este año. No estoy ganando mucho dinero con este trabajo **pero** estoy aprendiendo mucho.
sino	*but rather, instead* (contrasts nouns, adjectives, or adverbs; used when the first part of the sentence negates something and what follows takes the place of what is negated)	No es rojo **sino** morado. El examen no fue difícil **sino** dificilísimo. Lo importante no es ganar **sino** participar.
sino que	*but rather, instead* (used like **sino,** but to contrast conjugated verbs)	Lo importante no es que ganaste **sino que** te divertiste.

3. Cómo se expresan *to go* y *to leave*

ir	*to go somewhere* (requires a specific destination)	Este año queremos **ir** a las Islas Galápagos para las vacaciones.
irse	*to leave* (destination not emphasized or specified)	¡**Me voy**! Ya no puedo soportarlo.
salir	*to leave; to depart*	El vuelo **sale** a las 8:30.
salir de/ para	*to leave from/for*	La expedición **salió de** Puerto Montt **para** la Antártida. El activista no puede **salir del** país.
partir	*to leave; to depart* (more formal than **salir**)	El tren **partió** sin un pasajero.
dejar	*to leave/abandon someone or something*	¡No **dejes** los libros en el carro!

4. Maneras de expresar *because (of)*

porque	*because* (used to link two parts of a sentence, responding to the question **¿por qué?**)	Renuncié al puesto anterior **porque** el horario y los beneficios eran terribles.
como	*since, because* (generally the beginning of a sentence)	**Como** no me gustaba lo que hacía, empecé a hacer cursillos de capacitación en otra área.
a causa de	*because of* (generally used the beginning of a sentence and followed by a noun or infinitive verb)	**A causa de** la promoción, me han subido el sueldo. **A causa de** entregar la tarea tarde, recibí una mala calificación.

5. Como se expresa *to think**

pensar que	*to believe/think that*	**Pienso que** todo el mundo tiene alguna inseguridad con su imagen.
pensar en	*to think about someone or something*	— **¿En** qué están **pensando?** — Estoy **pensando en** mi hija, que ahora mismo está viajando a Chile. — Yo estoy **pensando en** que tengo tanto trabajo que no sé cómo voy a terminarlo.
pensar de/ sobre	*to have an opinion (about something/ someone); to think something (of something/someone)*	— ¿Qué **piensas del** uso de la tecnología entre los niños? — Lo que **pienso de** ese tema es que los padres deben limitar el tiempo que los niños pasan usando la computadora, por ejemplo.

---

*Sinónimos de **pensar:**

• **planear**
En enero **pienso/planeo** hacer un viaje al sur de Chile.

In January, I am planning to take (thinking about taking) a trip to the south of Chile.

• **creer**
Pienso/Creo que esto no está bien.

I believe/think this is not right.

• **opinar**
Pensamos/Opinamos que trataron mal a los indígenas.

We believe/think (It is our opinion) that they treated the indigenous people badly.

6. Algunos cognados falsos

Cognado falso	Significado en inglés	NO SIGNIFICA...	...cuyo equivalente en español es:
actualmente	now, at present	ACTUALLY	en realidad
asistir	to attend (school, an event)	TO ASSIST	ayudar
atender	to look after; to take care of	TO ATTEND	asistir
bravo/a	fierce (animal), bad-tempered (person)	BRAVE	valiente
carpeta	file folder	CARPET	alfombra, moqueta
compromiso	commitment	COMPROMISE	concesión
conductor	driver	CONDUCTOR	director de orquesta (music); cobrador, revisor (train)
conferencia	lecture	CONFERENCE	congreso
constipado/a	stuffed up, congested	CONSTIPATED	estreñido/a
embarazada	pregnant	EMBARRASSED	avergonzado/a
éxito	success	EXIT	salida
ignorar	not to know; to be unaware of	IGNORE	no hacer caso
intoxicarse	to get food poisoning	TO GET INTOXICATED	emborracharse
introducir	to put in (as a key in a lock)	TO INTRODUCE	presentar
largo/a	long	LARGE	grande
lectura	reading	LECTURE	conferencia, ponencia
librería	bookstore	LIBRARY	biblioteca
manifestación	demonstration, protest	MANIFESTATION	señal
realizar	to achieve; to accomplish	TO REALIZE	darse cuenta de
sensible	sensitive	SENSIBLE	sensato/a, prudente
vacunar	to vaccinate	TO VACUUM	pasar la aspiradora
vacuno	vaccine	VACUUM	aspiradora (appliance), vacío (airless or airtight space)

7. Cuándo usar *ir, venir, llevar* y *traer*

ir	*to go; to come* (speaker is not in the place where the action of going is directed; unlike English, in which the point of reference can also be the interlocutor, as in *I'm coming (to meet you).*	¿Me estás llamando? Ya **voy**. Juan **va** al cine todos los domingos.
venir	*to come* (speaker is in the place where the action of coming is directed; also expresses the fact of accompanying someone to another place)	Juan, quiero que **vengas** enseguida. María **viene** mucho a visitarme a casa. Los inmigrantes **vienen** a nuestro país buscando mejores condiciones de vida. Voy de compras. **¿Vienes** conmigo?
traer	*to bring* (like **venir,** used only to express moving something to the speaker's location)	María, ¿me **traes** un vaso de agua, por favor? Los inmigrantes **traen** consigo a nuestro país una rica herencia cultural.
llevar	*to take; to bring* (like **ir,** used to express moving something to a location that the speaker does not occupy; unlike English, location of interlocutor is not relevant)	María, **lleva** los platos a la cocina. (*Neither the speaker nor María is in the kitchen.*) José, cuando vaya a tu casa, ¿quieres que **lleve** el postre? (*Speaker is not at José's house.*)

8. Maneras de expresar *to support*

apoyar	*to support*	Si crees que vas a caerte, **apóyate** en mí.
	to give emotional support	Te **apoyamos** en todo lo que necesites.
mantener	*to support financially*	Ella **mantiene** a su familia con su sueldo.
	to keep	Nos gusta **mantener** las tradiciones familiares.
sostener	*to support; to sustain* *to hold*	Esas columnas **sostienen** el edificio. El hombre **sostiene** al niño en sus brazos.
soportar	*to hold; to support*	El ser humano no puede **soportar** la presión del agua a gran profundidad.
	to bear	Este material **soporta** temperaturas de más de 100°.
	to put up with	No **soporto** el calor.

9. *Historia,* *cuento* **y** *cuenta*

historia	story (of a book or a movie, or something that happened)	El libro narra la **historia** de una pareja que tiene que separarse durante la revolución. Me contó una **historia** increíble que ocurrió ayer en Madrid.
	history	Todos los chicos deben estudiar la **historia** de su país.
cuento	tale	Cuando era pequeña me encantaban los **cuentos** de hadas *(fairy tales).*
	short story	Borges escribió unos **cuentos** maravillosos.
cuenta	conjugated form of verb **contar**	El libro **cuenta** la historia de un artista enfermo. ¡**Cuénta**melo todo!
	bill (noun)	Camarero, la **cuenta**, por favor.
	mathematical operation (noun)	María ya sabe hacer **cuentas** de restar y multiplicar.

10. **Cómo se expresa** *to ask*

pedir	to ask for (something); to request; to order	**Pides** mucho, ¿no crees? Me gustaría **pedir** un favor. Voy a **pedir** una hamburguesa. Tú, ¿qué **pides**?
preguntar	to ask (as a question) (¡**OJO!** The noun **pregunta** cannot be used as the direct object of this verb.)	El profesor le **preguntó** el nombre.
hacer una pregunta	to ask a question	¿Puedo **hacerle una pregunta**?
preguntar por	to inquire about; to ask after	Me **preguntó** por mi familia.
preguntar si	to ask whether	**Pregúntale si** quiere salir hoy.
preguntarse	to wonder (lit. *to ask oneself*)	Me **pregunto** cuántas personas van a estar en la fiesta.

11. Significados de la palabra *time*

tiempo	*time (undetermined period)*	¡Cómo pasa el **tiempo**! Cuando tengas **tiempo**, me gustaría hablar contigo.
hora **la hora de**	*hour* *time (by the clock)* *the moment or time to/ for something*	Sesenta minutos son una **hora**. ¿Qué **hora** es? Es **la hora de** trabajar.
rato	*while, short period of time*	Vuelvo en un **rato**.
vez **a veces**	*time, occasion* *sometimes*	Esta **vez** no digas nada. Lo hice una sola **vez**. **A veces** me llama cuando necesita dinero.
época/ tiempos	*old times*	En esa **época** / En esos **tiempos** yo era muy pequeña.

12. *Actual* y *real*

actual	*current*	La situación **actual** de los indígenas quizá sea mejor que hace 50 años, pero aún no es buena.
en la actualidad	*now, nowadays*	**En la actualidad,** muchos pueblos indígenas están organizándose para luchar por sus tierras y sus derechos.
real	*real* *royal*	El problema **real** está en la necesidad de representación de los pueblos. El mensajero **real** buscaba a la mujer que había bailado con el príncipe la noche anterior.
en realidad	*actually, in fact, in actuality*	**En realidad,** Colón sabía menos de cartografía de lo que se podría esperar.

Stress and Written Accent Marks

All Spanish words have a stressed syllable—that is, a syllable that is pronounced with more intensity than the others. This syllable is called a **sílaba acentuada.**

The vast majority of Spanish words do not need a written accent mark because they follow these syllable and stress patterns.

1. The stress is on the second-to-last syllable **(palabra llana),** and the word ends in a vowel, **-n**, or **-s**. This is by far the largest group of Spanish words.

    mano   perros   comen   vienes   leche   cantan

2. The stress falls on the last syllable **(palabra aguda)**, and the word does not end in a vowel, **-n**, or **-s**.

    amor   comer   rapidez   salud   reloj   papel

WHEN TO WRITE AN ACCENT MARK		
Type of word	**Write the accent**	**Examples**
aguda (stress on the last syllable)	when the last letter is **-n**, **-s**, or a vowel	**andén inglés pasé**
llana (stress on the second-to-last syllable)	when the last letter is not **-n**, **-s**, or a vowel	**árbol dólar lápiz**
esdrújula (stress on third-to-last syllable or before)	always	**teléfono matrícula América**
interrogativas (cómo, cuál, cuándo, dónde, qué, quién)	always	**¿Quién** es? Ella sabe por **qué** lo hice
algunas monosílabas	when there is another word with the same spelling, in order to differentiate their meaning	**té** (*tea*) vs. te (*you*) **mí** (*me*) vs. mi (*my*) **tú** (*you*) vs. tu (*your*)
hiatos (words containing these vowel combinations: ía/ío/ íe, aí/eí/oí, úo/úa/úe, aú/ eú/oú, úi)	when the word contains a **hiato**, the opposite of a **diptongo** (diphthong), in which the weak vowel (**i** or **u**) is stressed and forms a separate syllable*	**tía/tío/ríe caí/leí/oí búho/púa/continúes aúna/reúna**

For more information and practice, see the **Pronunciación y ortografía** section in *Cuaderno de práctica,* (Capítulos 3 y 4).

---

*A dipthong, or **diptongo,** is a sequence of two vowels in which the sounds blend to form a single syllable. In Spanish, this happens when a "strong" vowel (**a, e,** or **o**) is followed or preceded by a "weak" vowel (**i** or **u**) and the strong vowel carries the stress, as in the words **miedo, causas,** or **puente.** If the diphthong contains two weak vowels, the second one carries the stress: **fuiste, bilingüismo.**

Appendix III

Verbs

A. Regular Verbs: Simple Tenses

Infinitive Present participle Past participle	INDICATIVE					SUBJUNCTIVE		IMPERATIVE
	Present	Imperfect	Preterite	Future	Conditional	Present	Imperfect	
hablar	hablo	hablaba	hablé	hablaré	hablaría	hable	hablara	habla, no
hablando	hablas	hablabas	hablaste	hablarás	hablarías	hables	hablaras	hables
hablado	habla	hablaba	habló	hablará	hablaría	hable	hablara	hable Ud.
	hablamos	hablábamos	hablamos	hablaremos	hablaríamos	hablemos	habláramos	hablemos
	habláis	hablabais	hablasteis	hablaréis	hablaríais	habléis	hablarais	hablad, no
	hablan	hablaban	hablaron	hablarán	hablarían	hablen	hablaran	habléis
								hablen Uds.
comer	como	comía	comí	comeré	comería	coma	comiera	come, no
comiendo	comes	comías	comiste	comerás	comerías	comas	comieras	comas
comido	come	comía	comió	comerá	comería	coma	comiera	coma Ud.
	comemos	comíamos	comimos	comeremos	comeríamos	comamos	comiéramos	comamos
	coméis	comíais	comisteis	comeréis	comeríais	comáis	comierais	comed, no
	comen	comían	comieron	comerán	comerían	coman	comieran	comáis
								coman Uds.
vivir	vivo	vivía	viví	viviré	viviría	viva	viviera	vive, no
viviendo	vives	vivías	viviste	vivirás	vivirías	vivas	vivieras	vivas
vivido	vive	vivía	vivió	vivirá	viviría	viva	viviera	viva Ud.
	vivimos	vivíamos	vivimos	viviremos	viviríamos	vivamos	viviéramos	vivamos
	vivís	vivíais	vivisteis	viviréis	viviríais	viváis	vivierais	vivid, no
	viven	vivían	vivieron	vivirán	vivirían	vivan	vivieran	viváis
								vivan Uds.

B. Regular Verbs: Perfect Tenses

INDICATIVE				
Present Perfect	Past Perfect	Preterite Perfect	Future Perfect	Conditional Perfect
he	había	hube	habré	habría
has	habías	hubiste	habrás	habrías
ha hablado	había hablado	hubo hablado	habrá hablado	habría hablado
hemos comido	habíamos comido	hubimos comido	habremos comido	habríamos comido
habéis vivido	habíais vivido	hubisteis vivido	habréis vivido	habríais vivido
han	habían	hubieron	habrán	habrían

SUBJUNCTIVE	
Present Perfect	Past Perfect
haya	hubiera
hayas	hubieras
haya hablado	hubiera hablado
hayamos comido	hubiéramos comido
hayáis vivido	hubierais vivido
hayan	hubieran

C. Irregular Verbs

Infinitive Present participle Past participle	INDICATIVE					SUBJUNCTIVE		IMPERATIVE
	Present	Imperfect	Preterite	Future	Conditional	Present	Imperfect	
andar andando andado	ando andas anda andamos andáis andan	andaba andabas andaba andábamos andabais andaban	anduve anduviste anduvo anduvimos anduvisteis anduvieron	andaré andarás andará andaremos andaréis andarán	andaría andarías andaría andaríamos andaríais andarían	ande andes ande andemos andéis anden	anduviera anduvieras anduviera anduviéramos anduvierais anduvieran	anda, no andes ande Ud. andemos andad, no andéis anden Uds.
caer cayendo caído	caigo caes cae caemos caéis caen	caía caías caía caíamos caíais caían	caí caíste cayó caímos caísteis cayeron	caeré caerás caerá caeremos caeréis caerán	caería caerías caería caeríamos caeríais caerían	caiga caigas caiga caigamos caigáis caigan	cayera cayeras cayera cayéramos cayerais cayeran	cae, no caigas caiga Ud. caigamos caed, no caigáis caigan Uds.
dar dando dado	doy das da damos dais dan	daba dabas daba dábamos dabais daban	di diste dio dimos disteis dieron	daré darás dará daremos daréis darán	daría darías daría daríamos daríais darían	dé des dé demos deis den	diera dieras diera diéramos dierais dieran	da, no des dé Ud. demos dad, no deis den Uds.
decir diciendo dicho	digo dices dice decimos decís dicen	decía decías decía decíamos decíais decían	dije dijiste dijo dijimos dijisteis dijeron	diré dirás dirá diremos diréis dirán	diría dirías diría diríamos diríais dirían	diga digas diga digamos digáis digan	dijera dijeras dijera dijéramos dijerais dijeran	di, no digas diga Ud. digamos decid, no digáis digan Uds.
estar estando estado	estoy estás está estamos estáis están	estaba estabas estaba estábamos estabais estaban	estuve estuviste estuvo estuvimos estuvisteis estuvieron	estaré estarás estará estaremos estaréis estarán	estaría estarías estaría estaríamos estaríais estarían	esté estés esté estemos estéis estén	estuviera estuvieras estuviera estuviéramos estuvierais estuvieran	está, no estés esté Ud. estemos estad, no estéis estén Uds.
haber habiendo habido	he has ha hemos habéis han	había habías había habíamos habíais habían	hube hubiste hubo hubimos hubisteis hubieron	habré habrás habrá habremos habréis habrán	habría habrías habría habríamos habríais habrían	haya hayas haya hayamos hayáis hayan	hubiera hubieras hubiera hubiéramos hubierais hubieran	
hacer haciendo hecho	hago haces hace hacemos hacéis hacen	hacía hacías hacía hacíamos hacíais hacían	hice hiciste hizo hicimos hicisteis hicieron	haré harás hará haremos haréis harán	haría harías haría haríamos haríais harían	haga hagas haga hagamos hagáis hagan	hiciera hicieras hiciera hiciéramos hicierais hicieran	haz, no hagas haga Ud. hagamos haced, no hagáis hagan Uds.

C. Irregular Verbs (continued)

Infinitive Present participle Past participle	INDICATIVE					SUBJUNCTIVE		IMPERATIVE
	Present	Imperfect	Preterite	Future	Conditional	Present	Imperfect	
ir	voy	iba	fui	iré	iría	vaya	fuera	ve, no vayas
yendo	vas	ibas	fuiste	irás	irías	vayas	fueras	vaya Ud.
ido	va	iba	fue	irá	iría	vaya	fuera	vayamos
	vamos	íbamos	fuimos	iremos	iríamos	vayamos	fuéramos	id, no vayáis
	vais	ibais	fuisteis	iréis	iríais	vayáis	fuerais	vayan Uds.
	van	iban	fueron	irán	irían	vayan	fueran	
oír	oigo	oía	oí	oiré	oiría	oiga	oyera	oye, no
oyendo	oyes	oías	oíste	oirás	oirías	oigas	oyeras	oigas
oído	oye	oía	oyó	oirá	oiría	oiga	oyera	oiga Ud.
	oímos	oíamos	oímos	oiremos	oiríamos	oigamos	oyéramos	oigamos
	oís	oíais	oísteis	oiréis	oiríais	oigáis	oyerais	oíd, no oigáis
	oyen	oían	oyeron	oirán	oirían	oigan	oyeran	oigan Uds.
poder	puedo	podía	pude	podré	podría	pueda	pudiera	
pudiendo	puedes	podías	pudiste	podrás	podrías	puedas	pudieras	
podido	puede	podía	pudo	podrá	podría	pueda	pudiera	
	podemos	podíamos	pudimos	podremos	podríamos	podamos	pudiéramos	
	podéis	podíais	pudisteis	podréis	podríais	podáis	pudierais	
	pueden	podían	pudieron	podrán	podrían	puedan	pudieran	
poner	pongo	ponía	puse	pondré	pondría	ponga	pusiera	pon, no
poniendo	pones	ponías	pusiste	pondrás	pondrías	pongas	pusieras	pongas
puesto	pone	ponía	puso	pondrá	pondría	ponga	pusiera	ponga Ud.
	ponemos	poníamos	pusimos	pondremos	pondríamos	pongamos	pusiéramos	pongamos
	ponéis	poníais	pusisteis	pondréis	pondríais	pongáis	pusierais	poned, no
	ponen	ponían	pusieron	pondrán	pondrían	pongan	pusieran	pongáis pongan Uds.
querer	quiero	quería	quise	querré	querría	quiera	quisiera	quiere, no
queriendo	quieres	querías	quisiste	querrás	querrías	quieras	quisieras	quieras
querido	quiere	quería	quiso	querrá	querría	quiera	quisiera	quiera Ud.
	queremos	queríamos	quisimos	querremos	querríamos	queramos	quisiéramos	queramos
	queréis	queríais	quisisteis	querréis	querríais	queráis	quisierais	quered, no
	quieren	querían	quisieron	querrán	querrían	quieran	quisieran	queráis quieran Uds.
saber	sé	sabía	supe	sabré	sabría	sepa	supiera	sabe, no
sabiendo	sabes	sabías	supiste	sabrás	sabrías	sepas	supieras	sepas
sabido	sabe	sabía	supo	sabrá	sabría	sepa	supiera	sepa Ud.
	sabemos	sabíamos	supimos	sabremos	sabríamos	sepamos	supiéramos	sepamos
	sabéis	sabíais	supisteis	sabréis	sabríais	sepáis	supierais	sabed, no
	saben	sabían	supieron	sabrán	sabrían	sepan	supieran	sepáis sepan Uds.
salir	salgo	salía	salí	saldré	saldría	salga	saliera	sal, no
saliendo	sales	salías	saliste	saldrás	saldrías	salgas	salieras	salgas
salido	sale	salía	salió	saldrá	saldría	salga	saliera	salga Ud.
	salimos	salíamos	salimos	saldremos	saldríamos	salgamos	saliéramos	salgamos
	salís	salíais	salisteis	saldréis	saldríais	salgáis	salierais	salid, no
	salen	salían	salieron	saldrán	saldrían	salgan	salieran	salgáis salgan Uds.

C. Irregular Verbs (continued)

Infinitive Present participle Past participle	INDICATIVE					SUBJUNCTIVE		IMPERATIVE
	Present	Imperfect	Preterite	Future	Conditional	Present	Imperfect	
ser	soy	era	fui	seré	sería	sea	fuera	sé, no seas
siendo	eres	eras	fuiste	serás	serías	seas	fueras	sea Ud.
sido	es	era	fue	será	sería	sea	fuera	seamos
	somos	éramos	fuimos	seremos	seríamos	seamos	fuéramos	sed, no
	sois	erais	fuisteis	seréis	seríais	seáis	fuerais	seáis
	son	eran	fueron	serán	serían	sean	fueran	sean Uds.
tener	tengo	tenía	tuve	tendré	tendría	tenga	tuviera	ten, no
teniendo	tienes	tenías	tuviste	tendrás	tendrías	tengas	tuvieras	tengas
tenido	tiene	tenía	tuvo	tendrá	tendría	tenga	tuviera	tenga Ud.
	tenemos	teníamos	tuvimos	tendremos	tendríamos	tengamos	tuviéramos	tengamos
	tenéis	teníais	tuvisteis	tendréis	tendríais	tengáis	tuvierais	tened, no
	tienen	tenían	tuvieron	tendrán	tendrían	tengan	tuvieran	tengáis tengan Uds.
traer	traigo	traía	traje	traeré	traería	traiga	trajera	trae, no
trayendo	traes	traías	trajiste	traerás	traerías	traigas	trajeras	traigas
traído	trae	traía	trajo	traerá	traería	traiga	trajera	traiga Ud.
	traemos	traíamos	trajimos	traeremos	traeríamos	traigamos	trajéramos	traigamos
	traéis	traíais	trajisteis	traeréis	traeríais	traigáis	trajerais	traed, no
	traen	traían	trajeron	traerán	traerían	traigan	trajeran	traigáis traigan Uds.
venir	vengo	venía	vine	vendré	vendría	venga	viniera	ven, no
viniendo	vienes	venías	viniste	vendrás	vendrías	vengas	vinieras	vengas
venido	viene	venía	vino	vendrá	vendría	venga	viniera	venga Ud.
	venimos	veníamos	vinimos	vendremos	vendríamos	vengamos	viniéramos	vengamos
	venís	veníais	vinisteis	vendréis	vendríais	vengáis	vinierais	venid, no
	vienen	venían	vinieron	vendrán	vendrían	vengan	vinieran	vengáis vengan Uds.
ver	veo	veía	vi	veré	vería	vea	viera	ve, no veas
viendo	ves	veías	viste	verás	verías	veas	vieras	vea Ud.
visto	ve	veía	vio	verá	vería	vea	viera	veamos
	vemos	veíamos	vimos	veremos	veríamos	veamos	viéramos	ved, no
	veis	veíais	visteis	veréis	veríais	veáis	vierais	veáis
	ven	veían	vieron	verán	verían	vean	vieran	vean Uds.

D. Stem-Changing and Spelling-Change Verbs

Infinitive Present participle Past participle	INDICATIVE					SUBJUNCTIVE		IMPERATIVE
	Present	Imperfect	Preterite	Future	Conditional	Present	Imperfect	
pensar (ie) pensando pensado	pienso piensas piensa pensamos pensáis piensan	pensaba pensabas pensaba pensábamos pensabais pensaban	pensé pensaste pensó pensamos pensasteis pensaron	pensaré pensarás pensará pensaremos pensaréis pensarán	pensaría pensarías pensaría pensaríamos pensaríais pensarían	piense pienses piense pensemos penséis piensen	pensara pensaras pensara pensáramos pensarais pensaran	piensa, no pienses piense Ud. pensemos pensad, no penséis piensen Uds.
volver (ue) volviendo vuelto	vuelvo vuelves vuelve volvemos volvéis vuelven	volvía volvías volvía volvíamos volvíais volvían	volví volviste volvió volvimos volvisteis volvieron	volveré volverás volverá volveremos volveréis volverán	volvería volverías volvería volveríamos volveríais volverían	vuelva vuelvas vuelva volvamos volváis vuelvan	volviera volvieras volviera volviéramos volvierais volvieran	vuelve, no vuelvas vuelva Ud. volvamos volved, no volváis vuelvan Uds.
dormir (ue, u) durmiendo dormido	duermo duermes duerme dormimos dormís duermen	dormía dormías dormía dormíamos dormíais dormían	dormí dormiste durmió dormimos dormisteis durmieron	dormiré dormirás dormirá dormiremos dormiréis dormirán	dormiría dormirías dormiría dormiríamos dormiríais dormirían	duerma duermas duerma durmamos durmáis duerman	durmiera durmieras durmiera durmiéramos durmierais durmieran	duerme, no duermas duerma Ud. durmamos dormid, no durmáis duerman Uds.
sentir (ie, i) sintiendo sentido	siento sientes siente sentimos sentís sienten	sentía sentías sentía sentíamos sentíais sentían	sentí sentiste sintió sentimos sentisteis sintieron	sentiré sentirás sentirá sentiremos sentiréis sentirán	sentiría sentirías sentiría sentiríamos sentiríais sentirían	sienta sientas sienta sintamos sintáis sientan	sintiera sintieras sintiera sintiéramos sintierais sintieran	siente, no sientas sienta Ud. sintamos sentid, no sintáis sientan Uds.
pedir (i, i) pidiendo pedido	pido pides pide pedimos pedís piden	pedía pedías pedía pedíamos pedíais pedían	pedí pediste pidió pedimos pedisteis pidieron	pediré pedirás pedirá pediremos pediréis pedirán	pediría pedirías pediría pediríamos pediríais pedirían	pida pidas pida pidamos pidáis pidan	pidiera pidieras pidiera pidiéramos pidierais pidieran	pide, no pidas pida Ud. pidamos pedid, no pidáis pidan Uds.
reír (i, i) riendo reído	río ríes ríe reímos reís ríen	reía reías reía reíamos reíais reían	reí reíste rio reímos reísteis rieron	reiré reirás reirá reiremos reiréis reirán	reiría reirías reiría reiríamos reiríais reirían	ría rías ría riamos riáis rían	riera rieras riera riéramos rierais rieran	ríe, no rías ría Ud. riamos reíd, no riáis rían Uds.
seguir (i, i) (g) siguiendo seguido	sigo sigues sigue seguimos seguís siguen	seguía seguías seguía seguíamos seguíais seguían	seguí seguiste siguió seguimos seguisteis siguieron	seguiré seguirás seguirá seguiremos seguiréis seguirán	seguiría seguirías seguiría seguiríamos seguiríais seguirían	siga sigas siga sigamos sigáis sigan	siguiera siguieras siguiera siguiéramos siguierais siguieran	sigue, no sigas siga Ud. sigamos seguid, no sigáis sigan Uds.

D. Stem-Changing and Spelling-Change Verbs *(continued)*

Infinitive Present participle Past participle	INDICATIVE					SUBJUNCTIVE		IMPERATIVE
	Present	Imperfect	Preterite	Future	Conditional	Present	Imperfect	
construir (y) construyendo construido	construyo construyes construye construimos construís construyen	construía construías construía construíamos construíais construían	construí construiste construyó construimos construisteis construyeron	construiré construirás construirá construiremos construiréis construirán	construiría construirías construiría construiríamos construiríais construirían	construya construyas construya construyamos construyáis construyan	construyera construyeras construyera construyéramos construyerais construyeran	construye, no construyas construya Ud. construyamos construid, no construyáis construyan Uds.
producir (zc) produciendo producido	produzco produces produce producimos producís producen	producía producías producía producíamos producíais producían	produje produjiste produjo produjimos produjisteis produjeron	produciré producirás producirá produciremos produciréis producirán	produciría producirías produciría produciríamos produciríais producirían	produzca produzcas produzca produzcamos produzcáis produzcan	produjera produjeras produjera produjéramos produjerais produjeran	produce, no produzcas produzca Ud. produzcamos producid, no produzcáis produzcan Uds.

Vocabulario español-inglés

The Spanish-English Vocabulary contains all the words that appear in the text, with the following exceptions: (1) most close or identical cognates that do not appear in the thematic vocabulary lists; (2) most conjugated verb forms; (3) -diminutives in **-ito/a;** (4) absolute superlatives in **-ísimo/a;** (5) most -adverbs ending in **-mente;** (6) most numbers; (7) subject and object pronouns, possessive adjectives, and demonstrative adjectives and pronouns; (8) some vocabulary from realia and authentic readings. Only meanings that are used in the text are given.

The gender of nouns is indicated, except for masculine nouns ending in **-o** and feminine nouns ending in **-a.** Stem changes and spelling changes are indicated for verbs: **dormir (ue, u); llegar (gu).** The letter **ñ** follows the letter **n: añadir** follows **anuncio.** The following abbreviations are used:

adj.	adjective	*irreg.*	irregular
adv.	adverb	*L.A.*	Latin America
Arg.	Argentina	*m.*	masculine
C.Am.	Central America	*Mex.*	Mexico
coll.	colloquial	*n.*	noun
conj.	conjunction	*p.p.*	past participle
def. art.	definite article	*pl.*	plural
f.	feminine	*poss. pron.*	possessive pronoun
fam.	familiar	*prep.*	preposition
form.	formal	*pron.*	pronoun
gram.	grammatical term	*rel. pron.*	relative pronoun
inf.	infinitive	*s.*	singular
interj.	interjection	*v.*	verb
inv.	invariable in form		

A

a to; at; **a la(s)** at (*time*); **al** (*contraction of* **a** + **el**) to the
abarcar (qu) to comprise, cover; to take on (*a task*)
abastecimiento supply
abierto/a (*p.p. of* **abrir**) open
abogado/a lawyer (3)
abonar to fertilize
aborto abortion
abrazo hug (2)
abreviatura abbreviation
abrigo coat
abril *m.* April
abrir (*p.p.* **abierto**) to open; **abrirse paso** to make one's way
abrumado/a overwhelmed
absoluto/a absolute; **en absoluto** completely
absorber to absorb
absorción *f.* absorption
abstenerse (*like* **tener**) to abstain
abstracto/a abstract
abuchear to boo; to jeer at
abuelo/a grandfather/grandmother (2); **abuelos** *pl.* grandparents

abundancia abundance
aburrido/a boring; bored; **estar** (*irreg.*) **aburrido/a** to be bored; **ser** (*irreg.*) **aburrido/a** to be boring
aburrir to bore; **aburrirse** to get/ become bored
abuso abuse (8)
acabar to finish; to run out (*of something*); **acabar de** + *inf.* to have just (*done something*)
academia academy
académico/a academic; **curso académico** academic year (2)
acaparar to monopolize, hoard
acaso perhaps, maybe; **por si acaso** just in case
acceder to have access
acceso access
accesorio accessory
accidente *m.* accident
acción *f.* action; **Día** *m.* **de Acción de Gracias** Thanksgiving
acecho observation; **estar** (*irreg.*) **al acecho** to be lying in wait
aceite *m.* oil; **aceite de oliva** olive oil
acentuado/a accented

aceptable acceptable
aceptación *f.* acceptance
aceptar to accept
acera sidewalk (7)
acercarse (qu) (a) to approach, come near
acero steal
acervo wealth
acitrón (*m.*) *typical Mexican candy*
aclarar to clarify
acoger (j) to accept; to welcome; **acogerse a** to participate voluntarily
acompañar to accompany
aconsejable advisable
aconsejar to advise; to give advice
acontecimiento happening; event
acordar (ue) to agree; **acordarse** to remember
acordeón *m.* accordion
acosador(a) harasser
acoso harassment; **acoso escolar** bullying (4)
acostar(se) (ue) to go to bed
acostumbrado/a accustomed; **estar** (*irreg.*) **acostumbrado/a a** to be accustomed to (6)

acostumbrarse a to get used to (6)
actitud *f.* attitude (8)
activar to activate
actividad *f.* activity
activista *m., f.* activist
activo/a active
acto act
actor *m.* actor
actriz *f.* (*pl.* **actrices**) actress
actuación *f.* acting
actual current, present-day
actualidad *f.* present
actualmente at present, nowadays
actuar(se) (actúo) to act
acudir to attend
acuerdo agreement (7); **estar**
    (*irreg.*) **de acuerdo** to agree
acuífero/a *adj.* water (*pertaining*
    to); **manto acuífero** water
    stratum
acumular to accumulate
adaptación *f.* adaptation
adaptar(se) a to adapt to (6);
    capacidad *f.* **de adaptarse**
    ability/capacity to adapt (3)
adecuado/a adequate; appropriate
adelante *adv.* ahead; **de ahí en**
    adelante from that point on
adelanto *n.* advance
además moreover; furthermore;
    además de *prep.* besides; in
    addition to
aderezo dressing
adivinanza riddle, puzzle
adivinar to guess
administración *f.* administration
administrador(a) administrator
administrar to administrate
administrativo/a administrative
admiración *f.* admiration
admitir to admit
adolescencia adolescence
adolescente *m., f.* adolescent
¿adónde? to where?
adopción *f.* adoption
adoptar to adopt (2)
adorar to adore
adornado/a decorated, adorned
adorno ornament; decorative detail
adquirir (ie) to acquire
adquisición *f.* acquisition
adquisitivo/a acquisitive; **poder** *m.*
    adquisitivo purchasing power
adulto/a *n.* adult; *adj.* adult, mature
advenedizo/a outsider
advertir (ie, i) to warn
aéreo/a air, air travel (*pertaining*
    to); **base** *f.* **aérea** air base
aeronave *m.* airplane
aeropuerto airport
afanoso/a laborious

afectar to affect
afecto affection
afeitar(se) to shave (oneself)
afiche *m.* poster (10)
afiliación *f.* affiliation
afirmación *f.* statement
afirmar to state
afirmativo/a affirmative
afortunadamente fortunately
africano/a African
afroamericano/a African American;
    programa *m.* **de estudios**
    afroamericanos African
    American studies program
afrontar to face; to confront
agencia agency
agigantado/a gigantic, huge;
    exaggerated
agitar to shake, agitate
aglomerar(se) to amass; to pile up
agnóstico/a agnostic (2)
agobiado/a burdened; weighed
    down; overwhelmed
agosto August
agotamiento exhaustion
agotar to exhaust
agraciado/a attractive
agradable pleasant
agradecer (zc) to thank; to be
    grateful
agradecimiento thanks,
    thankfulness
agresivo/a aggressive
agrícola *adj. m., f.* agricultural (7);
    sindicato de trabajadores
    agrícolas farmworkers' union
agricultor(a) farmer (3)
agricultura agriculture (7)
agrio/a bitter
agua *f.* (*but* **el agua**) water (7)
aguacate *m.* avocado
aguantar to put up with
agudización *f.* worsening; increase
águila *f.* (*but* **el águila**) eagle
agujero hole (7); **agujero negro**
    black hole
ahí there
ahijado/a godson/goddaughter (2);
    ahijados *pl.* godchildren
ahora now; **ahora mismo**
    right now
ahorrar to save (up)
aire *m.* air (7)
aislado/a isolated
aislamiento isolation (4)
aislar(se) to isolate (oneself) (4)
ajedrez *m.* chess (5); **jugar (ue) (gu)**
    al ajedrez to play chess (5)
ajeno/a unfamiliar; of others
ajo garlic; **diente** *m.* **de ajo** clove of
    garlic

al (*contraction of* **a** + **el**) to the; **al**
    (+ *inf.*) upon (*doing*
    something); **al borde de** on the
    edge of
alarma alarm
albañil *m., f.* construction worker (3)
alcalde *m.* mayor (*man*) (9)
alcaldesa mayor (*woman*) (9)
alcance *m.* reach; **estar** (*irreg.*) **al**
    alcance to be within reach
alcanzar (c) to reach; to achieve
alcurnia ancestry, lineage
aldea village
aleccionador(a) *adj.* learning
aledaño/a near, close
alegar (gu) to allege
alegrarse to get/become happy; to
    be happy
alegre happy
alegría happiness
alejar to take away; **alejarse** to get
    further away; to distance oneself
alemán *n. m.* German (*language*)
alemán, alemana *n., adj.* German
alerto/a sharp; alert
alfabético/a alphabetic; **orden** *m.*
    alfabético alphabetic order
alfabetización *f.* literacy
algo something
alguien someone
algún, alguno/a some; any; **algún**
    día someday; **alguna vez** once;
    ever; **algunas veces** sometimes;
    alguno/as some
alimentación *f.* feeding,
    nourishment
alimento food
aliviado/a relieved
aliviar to relieve
alivio relief
allá (over) there
allí there
alma *f.* (*but* **el alma**) soul
almacenamiento storage;
    almacenamiento de datos data
    storage
almacenar to store (4)
almendra almond
almorzar (ue) (c) to eat lunch
almuerzo lunch
alquilar to rent; **alquilar películas**
    to rent movies (5)
alrededor de *prep.* around; about;
    approximately
altar *m.* altar (9)
alternar(se) to alternate
alto/a tall (1)
altura height
alucinado/a haunting, wild;
    surprised
alumbrar to light

alusión *f.* allusion; **hacer** (*irreg.*) **alusión a** to allude to

alzar (c) to raise, lift; **alzar la mirada** to look up

amabilidad *f.* amiability, kindness

amable friendly

amalgamar to combine

amar to love (2)

amarillo/a yellow

Amazonia Amazon basin

amazónico/a *adj.* Amazon

ambición *f.* ambition

ambiental environmental

ambiente *m.* atmosphere; **medio ambiente** environment

ambigüedad *f.* ambiguity

ambiguo/a ambiguous

ámbito environment; atmosphere; **ámbito laboral** workplace

ambos/as *pl.* both

ambulante *adj. m., f.* walking; **vendedor(a) ambulante** street vendor

amenazado/a threatened

amenazar (c) to threaten

América Latina Latin America

americanismo Americanism

americano/a American; **sueño americano** American dream

amigablemente amicably, in a friendly way

amigo/a friend

aminorar to minimize

amistad *f.* friendship (2)

amnistía amnesty

amo/a boss

amor *m.* love

amplio/a broad, wide

analfabetismo illiteracy (8)

analfabeto/a *adj.* illiterate (8)

análisis *m.* analysis

analizar (c) to analyze

ancestral ancestral (9)

ancestro ancestor (9)

andar *irreg.* to walk; to go; to continue; to spend time (with someone); **¡Anda!** *interj.* Really! Wow!

andino/a *n., adj.* Andean

anécdota anecdote, story (2)

ángel *m.* angel

angloamericano Anglo-American

anglohablante *n. m., f.* English speaker; *adj.* English-speaking

anglosajón, anglosajona *n., adj.* Anglo-Saxon

angosto/a narrow

angustiante distressing

anidar to nest

anillo ring

animación *f.* animation

animal *m.* animal

animar to animate; to cheer up; to encourage

aniversario anniversary (2)

anoche last night

anónimo/a anonymous; **sociedad** *f.* **anónima** limited, incorporated (*business*)

anotar to note

ansia *f.* (*but* **el ansia**) anxiety

ansioso/a anxious

ante before; faced with; in the face of

anteceder to precede

anteojos *pl.* eyeglasses (1)

antepasado/a *n.* ancestor

antes *adv.* before; **antes (de)** *prep.* before; **antes de Cristo (a. C)** BC (9); **antes de que** *conj.* before

anticipar to anticipate

antigüedad *f.* antiquity

antiguo/a old

antioqueno/a *adj.* from Antioch

antipático/a unpleasant (1)

antiterrorista *adj. m., f.* anti-terrorist

antónimo antonym

anual annual

anunciar to announce

anuncio announcement; commercial; **anuncios clasificados** classified ads (3)

añadir to add (2)

año year; **¿cuántos años tenías?** how old were you (*fam. s.*)?; **el año pasado** last year; **el año que viene** next year; **este año** this year; **hace un año** one year ago; **tener** (*irreg.*) **. . . años** to be . . . years old

añorar to desire; to wish for; to miss

apagar (gu) to turn off (*light/ radio/TV*)

apagón *m.* blackout

aparato appliance (4); machine (4)

aparecer (zc) to appear

aparente apparent

aparición *f.* appearance

apariencia (física) (physical) appearance (1)

apartado section

apartamento apartment

aparte separate

apasionadamente passionately

apasionante passionate

apellido surname

apenas barely

apéndice *m.* appendix

apetito appetite; **¡Buen apetito!** Enjoy your meal! (5)

aplastar to flatten

aplauso applause

aplicar (qu) to apply; to use

apodo nickname

apogeo peak

aportar to contribute

apoyar to support (2)

apreciación *f.* appreciation

apreciar to appreciate

aprender to learn; **capacidad** *f.* **de aprender** ability/capacity to learn (3)

aprendizaje *n. m.* learning, training (3); **período de aprendizaje** learning/training period (3)

apretado/a tight

apretar (ie) to squeeze; to grip

aprobar (ue) to pass (*an exam, class*) (2); to approve (*a law, bill*)

apropiación *f.* appropriation

apropiado/a appropriate

aproximación *f.* approximation

aproximadamente approximately

aproximado/a approximated

aptitud *f.* aptitude

apuesta bet

apuntar to write down; to take notes

apuntes *m., pl.* (class) notes (2)

apuñalar to stab

aquel, aquella *adj.* that (over there); *pron.* that one (over there)

aquí here

árabe *n. m.* Arabic (*language*); *n. m., f.* Arab; *adj.* Arabic

arado plow

árbol *m.* tree (7); **árbol genealógico/a** family tree

archivar to file (4)

archivo file (4)

arcilla clay

arder to burn

ardiente burning

área *f.* (*but* **el área**) area

arenal *m.* sandy terrain

argentino/a *n., adj.* Argentine

argumento argument

arma *f.* (*but* **el arma**) weapon

armado/a armed

aroma *m.* aroma

arpa *f.* (*but* **el arpa**) harp

arqueología archeology (9)

arqueológico/a archeological

arqueólogo/a archeologist (9)

arquitecto/a architect (3)

arquitectónico/a architectural

arquitectura architecture (2)

arrancar(se) (qu) to be uprooted

arrasar to demolish; to raze

arrastrar to pull; to drag

arreglar to repair

arreglo repair

arrepentirse (ie, i) to regret; to repent

arrestar to arrest

arriba up; above; **de arriba para abajo** from top to bottom; **por arriba de** above

arribar to arrive

arrogancia arrogance

arrogante arrogant

arrojar to throw out

arroz *m.* rice

arruinar to ruin

arte *m.* (*but* **las artes**) art (9)

artefacto artifact

artesanal *adj. m., f.* craft

artesanía *s.* crafts; craftsmanship

articular to articulate

artículo article (4)

artista *m., f.* artist

artístico/a artistic

ascendencia ancestry, descent

ascender (ie) to promote (3)

ascenso promotion (3)

asediado/a besieged

asegurar to secure; to assure

asentamiento settlement (9)

asentarse (ie) to settle (9)

aseo cleanliness

asesinato assassination; murder

asfalto asphalt

así thus, so; that way, this way; **así como** as well as; **así que** therefore, consequently

asiático/a *n., adj.* Asian

asiduo/a frequent, regular

asiento seat

asignar to assign

asilo asylum

asimilar to assimilate

asimismo *adv.* also, in like manner

asistencia aid, assistance; attendance; **asistencia social/pública** social work/welfare (8)

asistente *m., f.* assistant; **asistente de vuelo** flight attendant (3)

asistir (a) to attend

asociación *f.* association (2); **asociación de estudiantes latinos** Latin students' association (2); **asociación de mujeres de negocios** business women's association (2)

asociar(se) to associate

asombrado/a surprised

asombrar(se) (de) to be shocked

asombrosamente surprisingly

aspecto look, appearance; **aspecto físico** physical appearance

aspiraciones *f. pl.* aspirations

aspirar to aspire

astilla splinter; **de tal palo, tal astilla** a chip off the old block

astronauta *m., f.* astronaut

astronómico/a astronomical

asumir to assume; to take on (*expense, responsibility*)

asunto subject, topic; matter, affair

asustar to scare

atacar (qu) to attack

ataque *m.* attack

atasco blockage; traffic jam

atención *f.* attention

atentamente attentively; sincerely (*to close a letter*)

ateo/a atheist (2)

aterrado/a terrified

atlántico/a Atlantic; **Océano Atlántico** Atlantic Ocean

atmósfera atmosphere (7)

atmosférico/a atmospheric

atónito/a astonished

atraer (*like* **traer**) to attract

atrasado/a backwards, behind; late

atravesar (ie) to cross

atreverse to dare

audaz *adj. m., f.* (*pl.* **audaces**) bold

audiencia audience

augusto/a august (*inspiring awe*)

aumentar to increase (3)

aumento increase; **aumento de sueldo** salary increase, raise (3)

aun even

aún still, yet

aunque although

auriculares *m. pl.* headphones

ausencia absence

ausente absent

auspicio auspice, protection

australiano/a *n., adj.* Australian

auténtico/a authentic

auto car

autobús *m.* bus

autogiro autogyro

autógrafo autograph

autoimagen *f.* self-image

automático/a automatic

autónomo/a autonomous

autopista freeway

autoproclamado/a self-proclaimed

autor(a) author

autoridad *f.* authority

autorrealización *f.* self-realization

auxilio aid, help

avance *m.* advance (4)

avanzar (c) to advance (6); to move up (6)

avaricia greed

avaricioso/a greedy

aventura adventure

aventurero/a adventurous

avergonzado/a embarrassed

avergonzar (ue) (c) to embarrass; **avergonzarse** to be ashamed

averiguar (gü) to find out; to ascertain

aviación *f.* aviation

avión *m.* airplane

avisar to inform

avisos clasificados classifiedads (3)

axioma *m.* axiom

ayer yesterday

ayuda help

ayudar to help

ayuntamiento town hall (9)

azteca *n. m., f.; adj.* Aztec (9)

azúcar *m.* sugar; **plantación** *f.* **de caña de azúcar** sugarcane plantation (9)

azul blue; **ojos azules** blue eyes (1)

B

Babilonia Babylon

bachillerato high school (studies) (2)

bahía bay

bailar to dance (5)

baile *m.* dance (5)

baja *n.* drop, decrease

bajo/a short (1)

baloncesto basketball

bananero/a *adj.* banana (*pertaining to fruit or fruit-growing industry*)

banano banana tree

banco bank; **Banco Mundial** World Bank

bandera flag (6)

bandido/a bandit

banquete *m.* banquet (5)

bañar(se) to bathe (oneself); to swim (5)

bañera bathtub

baptista *m., f.* Baptist (2)

bar *m.* bar (5)

barato/a inexpensive, cheap

barba beard (1)

barbacoa barbecue; **hacer** (*irreg.*) **una barbacoa** to have a barbecue (5)

barco boat, ship; **en barco** (*travel*) by boat, ship

barranco ravine, gully

barrio neighborhood (6)

barroco *n.* Baroque

barroco/a *adj.* baroque

basarse (en) to base be based (on)

base *f.* base

básico/a basic; **servicios básicos** basic services

bastante *adj.* enough; sufficient; *adv.* rather, quite

basura trash; garbage (7); **contenedor** *m.* **de basura** garbage bin (7); **recogida de basura** garbage pickup (7)

basurero/a garbage collector (3)
batalla battle
bautismo baptism (2)
bautista *n. m., f.; adj.* Baptist
bautizar (c) to baptize
bautizo baptism (2)
beber to drink; **beberse** to drink up
bebida beverage, drink
beca grant, fellowship, scholarship (2)
beisbolista *n. m., f.* baseball player
Belén Bethlehem
Belice Belize
belleza beauty
bello/a beautiful, pretty (9)
bendecir (*like* **decir**) to bless; to give a blessing
bendición *f.* blessing
beneficiar to benefit (10)
beneficio benefit (3)
bibliografía bibliography
biblioteca library
bibliotecario/a librarian (3)
bien *adv.* well; **caerle** (*irreg.*) **bien** to make a good impression (*on someone*); **llevarse bien** to get along well; **pasarlo/pasarla bien** to have a good time (5)
bienestar *m.* well-being (5)
bigote *m.* mustache (1)
bilingüe bilingual (6)
bilingüismo bilingualism (6)
biografía biography
biología biology (2)
biológico/a biological
bipartidista *adj. m., f.* bipartisan
bisabuelo/a great-grandfather/ great-grandmother (2); **bisabuelos** *pl.* great-grandparents
blanco/a white; **pelo blanco** white hair (1)
bloquear to block
bobo/a foolish
boca mouth
boda wedding (2)
boleto ticket
boliviano/a *n., adj.* Bolivian
bolsa bag; purse; sack; stock exchange (7)
bombardear to bomb; to shell
bombeo pumping
bombero, mujer *f.* **bombera** firefighter
bonito/a pretty
Borbón Bourbon
bordado/a embroidered
borde *m.* edge; **al borde de** on the edge of
boricua *adj. m., f.* Puerto Rican
Borinquen Puerto Rico

borrador *m.* rough draft (*of a written document*)
borrar to erase (4)
bosque *m.* forest (7)
bota boot
botar to throw away (7)
botella bottle
bóveda vault (9)
Brasil *m.* Brazil
brasileño/a *n., adj.* Brazilian
bravamente bravely
brazo arm
brecha gap
breve *adj.* brief
brillar to shine
brindar to toast
brindis *m.* toast
brotar to emerge; to sprout up
brujo/a wizard/witch
bruma mist; haze
brusco/a abrupt
budismo Buddhism (2)
budista *n. m., f.; adj.* Buddhist (2)
buen, bueno/a good (1); **¡Buen apetito!** Enjoy your meal! (5); **buen viaje** have a good trip; **estar** (*irreg.*) **bueno/a** to be tasty (1); **estar** (*irreg.*) **de buen/ mal humor** to be in a good/bad mood (1); **hace buen tiempo** the weather is nice; **ser** (*irreg.*) **bueno/a** to be (a) good (person) (1); **tener** (*irreg.*) **buen carácter** to have a nice personality (1)
bueno... *interj.* well . . .
bufete *m.* law office (4)
búlgaro/a *n., adj.* Bulgarian
buque *m.* **de guerra** warship
burbuja bubble
burlarse (de) to make fun (of)
buscador *m.* search engine (4)
buscar (qu) to look for (4); to search (4)
búsqueda search; **hacer** (*irreg.*) **una búsqueda** to look for, search (4)

C

caballería chivalry
caballo horse
cabello hair
caber *irreg.* to fit
cabeza head
cable cable (*television*); **televisión** *f.* **por cable** cable television
cabo cape; **Cabo de Hornos** Cape Horn; **llevar a cabo** to carry out, fulfill
cacao cocoa bean, cacao; **plantación** *f.* **de cacao** cocoa-bean/cacao plantation (9)

cacerola casserole dish
cactus *m.* cactus
cada *adj., inv.* each, every; **cada día** every day; **cada uno/a** each one; **cada vez** every time; **cada vez más** more and more
cadáver *m.* cadaver
cadena chain
caer *irreg.* to fall; **caerle bien/mal** to make a good/bad impression; **caerse** to fall down
café *m.* coffee; **color** *m.* **café** brown; **ojos color café** brown eyes (1)
cafetería cafeteria
caída fall (*accident*)
cajón *m.* drawer
calabaza squash; pumpkin
calcinado/a roasted; burned
calculador/a *adj.* calculating
calculadora *n.* calculator
calcular to calculate (4)
cálculo calculus; calculation, estimate
calefacción *f.* heating (system)
calendario calendar
calentar(se) (ie) to heat
calidad *f.* quality
calificación *f.* grade (2)
callado/a quiet; silent
callar(se) to be quiet
calle *f.* street (5)
calloso/a calloused
calma calm, serenity
calmarse to calm (oneself) down
calor *m.* heat; **hace calor** it's hot (*weather*); **tener** (*irreg.*) **(mucho) calor** to be (very) hot
caluroso/a warm, hot
calvo/a bald; **ser** (*irreg.*)/**estar** (*irreg.*) **calvo/a** to be bald (1)
cámara camera
camarero/a waiter/waitress
cambiar to change
cambio change
caminar to walk
camino road, path; journey, trip
camisa shirt
camiseta T-shirt
campamento camp
campanada peal, ring (*of bells*)
campanario bell tower (9)
campaña campaign; **campaña publicitaria** publicity campaign
campesino/a farmer; farm worker; peasant
camping: hacer (*irreg.*) **camping** to go camping (5)
campo field; country (*rural region*); countryside
Canadá *m.* Canada
canadiense *n. m., f.; adj.* Canadian

canal m. **de televisión** television channel (4)

canas pl. gray, white hair (1)

cáncer m. cancer

canción f. song

candidato/a candidate (10)

cangrejo crab

cansado/a tired

cansarse to get tired

cantante m., f. singer

cantar to sing

cantautor(a) singer/songwriter

cantidad f. quantity

cantina bar

caña de azúcar sugarcane; **plantación** f. **de caña de azúcar** sugarcane plantation (9)

caos m. chaos

capa layer; **capa de ozono** ozone layer (7)

capacidad f. **de (adaptarese/ aprender/trabajar en equipo)** ability/capacity to (adapt/learn/ work as a team) (3)

capacitación f. training; **curso de capacitación** training course (3)

capaz (pl. **capaces**) capable

caperuza hood; **Caperucita Roja** Little Red Riding Hood

capital f. capital

capitán m. captain

capítulo chapter

capó hood

captar to grasp

capturar to capture

cara face (1); **cara a cara** face to face (4)

caracol snail

carácter m. character (1); **tener** (irreg.) **buen/mal carácter** to have a nice/unfriendly personality (1)

característica n. characteristic

característico/a adj. characteristic

caracterizar (c) to characterize

carbono: dióxido de carbono carbon dioxide

cárcel f. jail

carecer (zc) to lack

carga burden

cargar (gu) to carry

cargo charge, responsibility; post

Caribe m. Caribbean

caribeño/a Caribbean

cariño affection

cariñoso/a affectionate (1)

carnaval m. carnival (5)

carne f. meat; **carne de cerdo** pork

carrera career (3); course of study (3); race (6)

carreta cart

carta letter; **carta de interés** cover letter (3); **carta de recomendación** letter of recommendation (3)

cartear to correspond; to write (a letter)

cartel m. poster (10)

cartera wallet

cartero/a mail carrier

cartón m. carton

casa house; **compañero/a de casa** house/roommate (2)

casado/a married

casarse (con) to get married (to) (2)

casco helmet; **cascos** pl. headphones

casi almost; **casi nunca** almost never; **casi siempre** almost always

caso case; **en caso de que** in case

castaño/a brown (hair, eyes); **pelo castaño** light brown, chestnut hair (1)

castellano n. Spanish (language)

castigado/a punished

castigo punishment

castillo castle (9)

casualidad f. coincidence; **por casualidad** by chance

cátedra department (university)

catedral f. cathedral (9)

categoría category

católico/a n., adj. Catholic (2)

catorce fourteen

causa cause; **a causa de** because of; **ser** (irreg.) **causa de** to be the cause of

causante m. cause

causar to cause

cautivo/a captive

cauto/a cautious, wary

cebolla onion

ceder to give in, cede

celebración f. celebration (2)

celebrar to celebrate (2)

celoso/a jealous

celta n. m., f. Celt

celular n. m. cellular telephone; adj. m., f. cellular; **teléfono celular** cellular telephone (4)

cementero/a adj. cement

cemento n. cement

cena dinner

cenar to have dinner

Cenicienta Cinderella

ceniza ash

censo census

centenar m. hundred

centígrado/a adj. centigrade

centralizar (c) to centralize

centrarse to focus

céntrico/a central

centro center (2); downtown; **centro comercial** shopping center

Centroamérica Central America

centroamericano/a n., adj. Central American

centuria century

cerámica s. ceramics

cerca adv. near; **cerca de** prep. close to

cercanía proximity

cercano/a close

cerdo pig; **carne** f. **de cerdo** pork

cereal m. cereal

ceremoniosamente ceremoniously

cero zero

cerrar (ie) to close

certeza certainty; **tener** (irreg.) **la certeza de** to be sure about

certificado certificate

cerveza beer

cesar to cease; **sin cesar** relentlessly

champú m. shampoo

changarro (Mex.) inexpensive café or restaurant

chapulín m. grasshopper

charlar to chat; to converse (5)

chatear to chat (online) (4)

chef m. chef

chicano/a n., adj. Chicano

chico/a n. m., f. young man/ woman; adj. small

chile m. pepper

chileno/a n., adj. Chilean

chino n. Chinese (language)

chino/a n., adj. Chinese

chispa spark

chiste m. joke (5); **contar (ue) un chiste** to tell a joke (5)

chistoso/a funny (1)

chocolate m. chocolate

choque m. crash

cibernauta m., f. cyber-surfer

cicatriz f. (pl. **cicatrices**) scar (1)

ciclo cycle

ciego/a blind (8)

cielo sky (7); heaven (7)

cien, ciento one hundred; **por ciento** percent

ciencia science; **ciencia ficción** science fiction; **ciencias naturales** natural science (2); **ciencias políticas** political science (2); **ciencias sociales** social science (2)

científico/a n. scientist; adj. scientific

ciertamente certainly

cierto/a certain; true

cifra number

cinco five

cincuenta fifty

cincuentón, cincuentona *person in their fifties*

cine *m.* movies; cinema, film (*art/industry*); movie theater; **ir** (*irreg.*) **al cine** to go to the movies (5)

cineasta *m., f.* filmmaker

cinematográfico/a cinematographic, (*pertaining to*) film; **reseña cinematográfica** film review

cinismo cynicism

cintura waist

circular to circulate

circunstancia circumstance

cirugía (plástica) (plastic) surgery

cita date; appointment

citar to cite

ciudad *f.* city (7)

ciudadanía citizenship (6)

ciudadano/a citizen (6)

civil civil; **derechos civiles** civil rights (8); **guerra civil** civil war

civilización *f.* civilization (9)

clandestinamente clandestinely

claridad *f.* clarity

clarificar (qu) to clarify

claro/a clear; **estar** (*irreg.*) **claro** to be clear

clase *f.* class; **compañero/a de clase** classmate (2); **faltar a clase** to miss class (2)

clásico/a classic

clasificado/a classified; **anuncios clasificados** classified ads (3); **avisos clasificados** classified ads (3)

clasista *m., f.* classist

cláusula clause

clave *f.* key

clic: hacer (*irreg.*) **clic** to click (4)

cliente *m., f.* client

clima *m.* climate

climático/a climatic

clínico/a clinical

cloro chlorine

club *m.* club

cobarde *m., f.* coward

cobrar to charge

cobre *m.* copper

cobro collection (*of money*)

coca cocaine; coca plant

coche *m.* car

cocido/a cooked

cocina kitchen; cooking

cocinar to cook

cocinero/a cook (3)

codicia greed

código code

coexistir to coexist

cognado cognate

coincidir to coincide

colaboración *f.* collaboration

colaborar to collaborate

colección *f.* collection

colectivo group

colega *m., f.* colleague

colegio school (2); **compañero/a de colegio** high school classmate (2)

cólera anger, rage; cholera

colgar (gu) to hang up

colmo peak, summit; **para colmo** to make matters worse

colocar (qu) to place

colombiano/a *n., adj.* Colombian

Colón: Cristóbal Colón Christopher Columbus (9)

colonia colony

colonial colonial (9)

colonización *f.* colonization

colonizar (c) to colonize

colono/a settler (9)

color *m.* color; **color café** brown; **ojos color café/miel** brown/honey-colored eyes (1)

colorido/a color, coloring

columna column (9)

colusión *f.* pact

coma comma; **punto y coma** semi-colon

comadre *f.* godmother of one's child; very good friend (*female*)

combate *m.* combat

combatido/a attacked

combinar to combine

combustible *n. m.* fuel (7); *adj.* combustible

comedor *m.* dining room/hall (5)

comentar to comment on

comentario comment

comenzar (ie) (c) to begin

comer to eat; **comerse** to eat up

comerciado/a sold

comercial commercial; **anuncios comerciales** commercials; **centro comercial** shopping center

comercio commerce (9); **comercio marítimo** maritime commerce (9); **Tratado de Libre Comercio (TLC)** North American Free Trade Agreement (NAFTA) (10)

cometer to commit; **cometer errores** to make mistakes

comida food; meal

comienzo beginning; **dar** (*irreg.*) **comienzo a** to initiate

comino cumin

comisión *f.* commission

comité *m.* committee

como as; as a; like; since; given that; **tan... como** as . . . as; **tan pronto como** as soon as; **tanto(s)/tanta(s)... como** as many . . . as

¿cómo? how? what?

cómodo/a comfortable; lazy; **estar** (*irreg.*) **cómodo/a** to feel comfortable; to be lazy; **ser** (*irreg.*) **cómodo/a** to be comfortable (object)

compacto/a compact

compadre *m.* godfather of one's child; very good friend (*male*)

compañero/a companion; **compañero/a de casa/cuarto** house/roommate (2); **compañero/a de clase** classmate (2); **compañero/a de colegio/universidad** high school/university classmate (2); **compañero/a de estudios** study partner (2); **compañero/a de fatigas** partner in hardships; **compañero/a de trabajo** work associate (2); **compañero/a sentimental** (life) partner (2)

compañía company (3)

comparación *f.* comparison

comparado/a compared; **ser** (*irreg.*) **comparado/a con** to be compared with

comparar to compare

compartir to share

compatriota *m., f.* fellow citizen (6)

competencia competition, contest

competitivo/a competitive

complejidad *f.* complexity

complejo *n.* complex; **tener** (*irreg.*) **complejo de superioridad/ inferioridad** to have a superiority/inferiority complex (1)

complejo/a *adj.* complex

complementar to complement

complementario/a complementary

completar to complete; to finish

completo/a complete; **trabajo a tiempo completo** full-time job (3)

complicación *f.* complication

complicado/a complicated

complicar (qu) to complicate

cómplice *m., f.* accomplice

componente *m.* component

componer (*like* **poner**) (*p.p.* **compuesto/a**) to compose; to make up

comportamiento behavior

comportarse to behave

composición *f.* composition

compostura composure
comprador(a) buyer
comprar to buy
compras purchases; **ir** (*irreg.*) **de compras** to go shopping
comprender to understand
comprensión *f.* understanding
comprometerse to commit oneself to; to compromise
comprometido/a compromised
compromiso commitment (10)
compuesto/a (*p.p. of* **componer**) composed
computación *f.* computation; calculation
computadora computer (4)
común common
comunicación *f.* communication (4); **medios de comunicación** media
comunicar(se) (qu) to communicate
comunidad *f.* community
comunión *f.* communion; **primera comunión** first communion (2)
comunista *n. m., f.* communist (2)
con with; **con respecto a...** with respect to . . . (8); **con tal (de) que** provided that
conceder to give; to grant
concentración *f.* concentration (2)
concentrar to concentrate
concepto concept
concha shell
conciencia conscience
concierto concert; **ir** (*irreg.*) **a un concierto** to go to a concert (5)
conciudadano/a fellow citizen
conclusión *f.* conclusion; **en conclusión** to conclude (10)
concluyente concluding
concordancia agreement
concreto/a *adj.* concrete
concurso contest
condado county
condena condemnation; conviction, sentence (*legal*)
condenar to condemn (8); to convict (8)
condición *f.* condition
cóndor *m.* condor
conducir *irreg.* to drive
conducta conduct
conectar to connect
conexión *f.* connection
confederación *f.* confederation
conferencia lecture (10)
conferenciante *m., f.* lecturer, speaker
confianza confidence
confiar (confío) to trust; to confide in

confirmar to confirm
conflicto conflict
confluencia confluence
confluir (y) to converge; to meet; to come together
confrontar to confront
confundido/a confused
confundir to confuse
confuso/a confusing
conglomerado conglomeration
congreso congress; conference
cónico/a conical
conjugar (gu) to conjugate
conjunción *f.* conjunction
conjunto band
conmigo with me
conocer (zc) to meet; to know; to be familiar with (*someone*)
conocido/a known
conocimiento knowledge
conquista conquest (9)
conquistador(a) conqueror (9)
conquistar to conquer (9)
consecuencia consequence
consecuente consistent; consequent
consecutivo/a consecutive
conseguir (i, i) (g) to obtain; to get
consejero/a counselor
consejo (piece of) advice
conservación *f.* conservation
conservador(a) conservative (1)
conservar to conserve
considerado/a considered
considerar to consider
consigna slogan
consigo with him/her/you (*form. s.*)/you (*form. pl.*)
consiguiente *adj.* resulting, arising; **por consiguiente** consequently, therefore
consistir en to consist of
consolar(se) (ue) to console (oneself)
consolidación *f.* consolidation
consolidar to consolidate
constante *adj.* constant
constitución *f.* constitution (10)
constitucional constitutional
constituir (y) to constitute; to form
constituyente *adj.* constituent
construcción *f.* construction
construir (y) to construct; to build
consulta consultation
consultar con to consult with
consultor(a) consultant (3)
consumidor(a) consumer
consumir to consume (7); to use (up)
consumo consumption (7)
contabilidad *f.* accounting (2)
contactado/a contacted

contacto contact; **lentes** *m. pl.* **de contacto** contact lenses (1)
contaminación *f.* contamination (7); pollution (7)
contaminado/a contaminated; polluted
contaminante *m.* contaminant; pollutant
contar (ue) to tell (1); to count; **contar un chiste** to tell a joke (5)
contemplar to contemplate
contemporáneo/a contemporary
contenedor *m.* **de basura/ reciclados** garbage/recycling bin (7)
contener (*like* **tener**) to contain
contenido content, contents
contento/a happy
contestador *m.* answering machine
contestar to answer
contexto context
continente *m.* continent
continuación *f.* continuation; **a continuación** next, following; appearing below
continuamente continuously
continuar (continúo) to continue
contorno outline; periphery
contra against; **estar** (*irreg.*) **en contra (de)** to be against (8)
contraataque *m.* counterattack
contrabandista *m., f.* smuggler
contradicción *f.* contradiction
contraer (*like* **traer**) to contract
contrario opposite, contrary; **por el contrario** on the contrary
contrarreforma counterreformation
contraste *m.* contrast
contratación *f.* contract
contratar to contract (3)
contrato contract (3)
contribuir (y) to contribute
control *m.* control; **control remoto** remote control
controlar to control
contundente blunt, concise; convincing
convencer (z) to convince
convencido/a convinced
convención *f.* convention
conveniente convenient
convenir (*like* **venir**) to be suitable; to be a good idea; to be convenient; **(no) te conviene** that is (not) suitable/a good idea for you
convento convent (9)
conversación *f.* conversation
conversar to converse; to talk
convertir(se) (ie, i) to convert to; to become (*something*); to transform (*into something*)

convicción f. conviction
convidar to invite
convivencia living together; coexistence
convivir to live together (harmoniously); to coexist
convocar (qu) to call together; to convoke
cooperación f. cooperation
copa wine glass (5)
copiar to copy (4)
corazón m. heart
cordialidad f. cordiality
Corinto Corinth
corona crown
coronación f. coronation
coronar(se) to top; to be crowned
corporación f. corporation
corrección f. correction
correcto/a correct
corregir (j) to correct
correo mail; post office; **correo electrónico** e-mail (4); **oficina de correos** post office (9)
correr to run
correspondencia correspondence
corresponder to correspond
correspondiente corresponding
corromper to corrupt
corrupción f. corruption
corrupto/a corrupt
cortar to cut (7)
cortés polite
cortesía courtesy
corto/a short
cosa thing
cosecha harvest (7); crop (7)
cosechador(a) harvester
cósmico/a cosmic
cosquilla tickle
costa coast
costar (ue) to cost
costear to afford; to pay for
costo cost
costoso/a costly
costumbre f. custom; habit (6); tradition (6)
cotidiano/a daily
creación f. creation
creador(a) n. creator; adj. creative, artistic
crear to create (7)
creatividad f. creativity
creativo/a creative
crecer (zc) to grow up (2)
crecimiento growth
credibilidad f. credibility
crédito credit; **tarjeta de crédito** credit card
creencias beliefs (2); **creencias religiosas** religious beliefs (2)

creer (y) to believe; to think
creíble credible
crema cream
creyente m., f. believer (in religion)
criarse (me crío) to raise (6); to be raised (6); to grow up
crimen m. crime
criollo/a n., adj. Creole; (n.) person of European parents born in the Americas (9)
crisis f. crisis
cristalización f. crystallization
cristalizado/a crystallized
cristianismo Christianity (2)
cristiano/a Christian (2)
Cristo Christ; **antes de Cristo (a. C.)** BC; **después de Cristo (d. C.)** AD
Cristóbal Colón Christopher Columbus (9)
crítica criticism
crítico/a n. critic; adj. critical
cronológicamente chronologically
crucigrama crossword puzzle; **hacer (irreg.) un crucigrama** to do a crossword puzzle (5)
crujido crack
cruz f. (pl. **cruces**) cross
cuaderno notebook
cuadro painting; graph; picture; square
cual which; who; **el/la/los/las cual(es)** that, which, who; **lo cual** what, which
¿cuál? what?, which?; **¿cuál(es)?** which (ones)?
cualidad f. quality, virtue, feature
cualquier(a) any
¿cuán? how?
cuando when; **siempre y cuando** conj. as long as
¿cuándo? when
cuantioso/a abundant
cuanto: en cuanto as soon as; **en cuanto a...** regarding . . . (8)
¿cuánto/a? how much?; how long?; **¿cuántos años tenías?** how old were you (fam. s.)?
cuarenta forty
cuarto room, bedroom; one-fourth, quarter; fifteen minutes; **compañero/a de cuarto** roommate (2); **y/menos cuarto** quarter (fifteen minutes) past/to (the hour)
cuarto/a adj. fourth
cuatro four
cuatrocientos/as four hundred
cubano/a n., adj. Cuban
cubano-americano/a Cuban American

cubierta cover
cubierto/a (p.p. of **cubrir**) covered
cubrir (p.p. **cubierto**) to cover
cuchara spoon (5)
cucharada spoonful; tablespoon
cucharadita teaspoon
cucharita teaspoon (5)
cuchilla de afeitar razor
cuchillo knife (5)
cuenco soup bowl (5)
cuenta bill, check; **darse (irreg.) cuenta de** to realize; **por mi/tu cuenta** by myself/yourself, on my/your own; **tener (irreg.) en cuenta** to keep in mind
cuento story
cuerda rope
cuerpo body
cuestión f. issue (8); matter
cuestionable questionable
cueva cave
cuidado care; **con cuidado** carefully; **tener (irreg.) (mucho) cuidado** to be (very) careful
cuidadoso/a careful
cuidar to take care of; to care for
culebra snake
culinario/a culinary
culminar to culminate
culpa blame; **tener (irreg.) la culpa** to be to blame
culpable guilty
cultivar to cultivate (7)
cultivo crop
cultura culture (9)
cumbre f. summit (10)
cumpleaños m. s., pl. birthday (2)
cumplir to perform; to fulfill; **cumplir con** to adhere to, stick to
cuñado/a brother-in-law/sister-in-law (2)
cúpula dome (9)
cura f. cure; m. priest
curar to cure
curiosamente curiously
currículum (vitae) m. résumé, CV (3)
curso course; **curso académico** academic year (2); **curso de perfeccionamiento/ capacitación** training course (3)
cuyo/a whose

D

dama lady
dañino/a harmful
daño harm
dar irreg. to give; **dar un discurso** to give a speech; **dar un duchazo** to take a shower; **darse cuenta de** to realize

datos *pl.* data; **almacenimiento de datos** data storage

de *prep.* of; from; by; **de hecho** in fact, de facto (9); **del, de la** of the; **de nada** you are welcome

debajo (de) *prep.* below; **por debajo** *adv.* underneath

debate *m.* debate

deber *v. + infin.* should; must; ought to (*do something*)

debido a due to; because of

débil weak

década decade

decidir to decide

decimal *m.* decimal

décimo/a tenth

decir *irreg.* (*p.p.* **dicho**) to tell; to say

decisión *f.* decision; **tomar una decisión** to make a decision

declamar to recite

declaración *f.* declaration

declarar to declare

declive *m.* decline

dedicar (qu) to dedicate; **dedicarse a** to give oneself to; to work as

deducir (zc) to deduce

defecto defect

defender (ie) to defend (9)

defensa defense (9)

defensivo/a defensive

defensor(a) defender (9)

definición *f.* definition

definidor(a) defining

definitivamente definitely

definitivo/a definitive; **en definitiva** in short

deforestar to deforest

deformar to deform

degradar to degrade

degustar to taste

dejar to leave; **dejar de** + *inf.* to stop, quit (*doing something*) (2)

del (*contraction of* **de** + **el**) of the; from the

delante de in front of; in the presence of

delegado/a delegate

delgado/a slender (1)

deliberado/a deliberate

deliberar to deliberate

delicado/a delicate

delicioso/a delicious

delincuencia delinquency

delusión *f.* delusion

demasiado *adv.* too

demasiado/a *adj.* too many;too much

democracia democracy (10)

demócrata *m., f.* Democrat (2)

democrático/a democratic (2)

democratizar(se) (c) to democratize

demostrar (ue) to demonstrate

denominación *f.* denomination, naming

denominarse to call oneself

denso/a dense

dentadura teeth

dental: seguro dental dental insurance (3)

dentista *m., f.* dentist

dentro inside; **dentro de** inside; within, in (*time*)

denuncia report; accusation

departamento department;ministry

depender (ie) de to depend on

dependiente *adj.* dependent

dependiente/a *n.* clerk

deportado/a deported

deporte *m.* sport

deportista *m., f.* athlete

deportivo/a *adj.* sporting, sport-related; **programa** *m.* **deportivo** sports program (4)

derecha *n.* right side (2); **a/de la derecha** to/from the right

derecho law (2); right; **derechos civiles** civil rights (8)

derivarse (de) to derive (from)

derribar to pull down; to overthrow

derrumbamiento *n.* collapse; sudden fall

derrumbar to topple

desacuerdo disagreement; **estar** (*irreg.*) **en desacuerdo con** to disagree with

desafío challenge

desafortunadamente unfortunately

desagradable unpleasant

desanimarse to get discouraged

desaparecer (zc) to disappear

desaparecido/a missing person

desarrollado/a developed; **nación desarrollada** developed nation; **países** *m. pl.* **desarrollados** developed countries (7)

desarrollar to develop (9)

desarrollo development (9); **desarrollo económico** economic development; **países** *m. pl.* **en vías de desarrollo** underdeveloped/developing countries (7)

desastre *m.* disaster

desayunar to eat breakfast

descansar to rest (5)

descanso rest (5)

descartar to discard

descendiente descending

desconocido/a unknown

descontento discontent

descortés discourteous

describir (*p.p.* **descrito**) to describe

descripción *f.* description

descrito/a (*p.p. of* **describir**) described

descubierto/a (*p.p. of* **descubrir**) discovered

descubrimiento discovery (9)

descubrir (*p.p.* **descubierto**) to discover (9)

desde *prep.* from; **desde el principio** from the beginning; **desde hace mucho tiempo** for a long time; **desde que** *conj.* since

desdén *m.* disdain

desear to desire; to want

desechable disposable (7)

desecho waste

desembarcar (qu) to disembark

desemejante dissimilar, different

desempeñar to play (*a role*)

desempleado/a unemployed; **estar** (*irreg.*) **desempleado/a** to be unemployed (3)

desempleo unemployment (3)

desencantado/a disillusioned; disenchanted

desencanto disillusion

desenfadado/a carefree

desenlace *m.* outcome, denouement

deseo wish; desire

desértico/a *adj.* desert, barren

desesperado/a desperate

desesperanza hopelessness (6); despair (6)

desfile *m.* parade

desflemar to cool down

desgracia misfortune

desgraciadamente unfortunately

desierto desert (7)

designar to designate

desigualdad *f.* inequality

desilusión *f.* disappointment (6); disillusionment (6)

desilusionado/a disillusioned

desnudo/a naked

desorden *m.* disorder

desordenado/a messy

despedazado/a torn to pieces

despedida *n.* good-bye

despedir (i, i) to lay off; to fire (3); **despedirse** to say good-bye

desperdiciar to waste (7)

desperdicio waste

desperfecto flaw

despertador *m.* alarm clock

despertar(se) (ie) to wake up

despido lay-off; dismissal (3)

desplomarse to topple; to collapse

despotismo despotism, tyranny

despreciar to despise; to scorn

desprendimiento generosity

desprivilegiado/a without privilege, underprivileged

después *adv.* after; **después de** *prep.* after; **después de Cristo (d. C.)** AD (9); **después de que** *conj.* after

despuntar to break off; to make dull or blunt

destacar (qu) to stand out

destinado/a destined

destinatario addressee

destino destiny; destination

destrucción *f.* destruction

destruir (y) to destroy

desvanecido/a disappeared

desventaja disadvantage

detalle *m.* detail

detectar to detect

detener (*like* **tener**) to detain

detenido/a detained

deteriorarse to deteriorate

deterioro deterioration

determinación *f.* determination

determinado/a determined; specific

determinante determining

determinar to determine

detestar to detest

detonante *m.* detonator; explosive

detrás de behind

deuda (externa) (external/foreign) debt (7)

devanadera spool

devastar to devastate

devolver (ue) (*p.p.* **devuelto**) to return (*something*) (1)

devorar to devour; to eat up

devuelto/a (*p.p. of* **devolver**) returned

día *m.* day; **algún día** someday; **Día de (Acción de) Gracias** Thanksgiving; **día feriado** holiday (3); **hoy día** today; nowadays; **primer día** first day; **un día** one day

diablo devil

diadema (de diamantes) (diamond) crown, tiara

diagnosticado/a diagnosed

diálogo dialogue

diamante *m.* diamond; **diadema de diamantes** diamond crown, tiara

diario/a daily; newspaper; **a diario** daily; **rutina diaria** daily routine; **vida diaria** daily life

dibujante *m., f.* comic artist

dibujar to draw

dibujo drawing

diccionario dictionary

dicho saying, proverb

dicho/a (*p.p. of* **decir**) said

dichoso/a happy, fortunate

dictador(a) dictator

dictadura dictatorship (10)

diecinueve nineteen

dieciocho eighteen

dieciséis sixteen

diecisiete seventeen

diente *m.* tooth; **diente de ajo** clove of garlic

dieta diet (5); **estar** (*irreg.*) **a dieta** to be on a diet

diez ten

diferencia difference

diferenciar(se) to differentiate

diferente different

diferir (ie, i) to differ

difícil hard, difficult

difuso/a diffuse

dignatario dignitary

dignidad *f.* dignity

digno/a worthy

dilema *m.* dilemma

dinámica dynamic

dinero money

dinosaurio dinosaur

dios *m.* god; **Dios** God

dióxido de carbono carbon dioxide

diplomático/a diplomatic; **relaciones** *f. pl.* **diplomáticas** diplomatic relations

dirección *f.* direction; address; **dirección de Internet** Internet address (4)

directo/a direct

director(a) director

directriz *f.* (*pl.* **directrices**) guideline

dirigente *m., f.* leader

dirigir (j) to direct

discapacitado/a (físicamente/ mentalmente) (physically/ mentally) handicapped (8)

disciplina discipline

disco record; disc; drive; **disco duro** hard drive (4)

discoteca disco, dance club (5)

discreto/a discreet

discriminación *f.* discrimination (6); **discriminación de género** gender/sexual discrimination (8); **discriminación positiva** affirmative action; **discriminación social/sexual/ racial/religiosa** social/sexual/ racial/religious discrimination (8)

discriminado/a discriminated against

discriminar to discriminate

discurso speech; **dar** (*irreg.*) **un discurso** to give a speech

discusión *f.* discussion

discutir to argue

diseminado/a disseminated

diseñador(a) designer

diseño design

disfraz *m.* (*pl.* **disfraces**) costume; disguise

disfrazarse (c) to disguise oneself

disfrutar to enjoy (5)

disminución *f.* decrease

disolverse (ue) to dissolve

disparidad *f.* disparity

dispersarse to disperse; to extend

disponer (de) (*like* **poner**) to have at one's disposal

disponible available, at one's disposal

dispuesto/a willing; **estar** (*irreg.*) **dispuesto/a** to be ready and willing

distancia distance

distanciado/a distant; **estar** (*irreg.*) **distanciados** to be distant (*occasional contact*) (2)

distanciar to distance

distante distant; far away

distinguir (g) to distinguish

distintivo/a distinctive, distinguishing

distinto/a distinct

distribuir (y) to distribute

diversidad *f.* diversity (8)

diversificar (qu) to diversify

diversión *f.* fun, entertainment

diverso/a diverse

divertido/a fun

divertir(se) (ie, i) to have fun (5)

dividir to divide

divorciado/a divorced

divorcio divorce

doblado/a dubbed

doble *m.* double

doce twelve

docena dozen

doctor(a) doctor

doctorado doctorate

documentación *f.* documentation

documento document

dólar *m.* dollar

doler (ue) to hurt; to ache; **me duele la cabeza** my head hurts/I have a headache

dolor (*m.*) ache, pain; **dolor de cabeza** headache

doloroso/a painful

doméstico/a domestic; **violencia doméstica** domestic violence

domicilio residence, home; address

dominación *f.* domination

dominador(a) dominator

dominante dominant

dominar to dominate (9)

domingo Sunday

dominicano/a Dominican; **República Dominicana** Dominican Republic

dominio domain

dominó: jugar (ue) (gu) al dominó to play dominoes

don (*m.*) *title of respect used with a man's first name*

donde where; in which

¿dónde? where?

doña *title of respect used with a woman's first name*

doquier *adv.* anywhere; **por doquier** everywhere

dormir (ue, u) to sleep; **dormir la siesta** to take a nap (5); **dormirse** to fall asleep

dos two; **dos puntos** colon

doscientos/as two hundred

dotar to give as a dowry; to endow

dramático/a dramatic

drásticamente drastically

droga drug

dualidad *f.* duality

ducha shower

duchar(se) to shower

duchazo shower; **dar** (*irreg.*) **un duchazo** to take a shower

duda doubt; **no cabe duda** there is no room for doubt; **no hay duda** there is no doubt; **sin duda** without a doubt

dudar to doubt

dudoso/a doubtful; **ser** (*irreg.*) **dudoso** to be doubtful

dulce *adj.* sweet; *n. m. pl.* candy

duplicar(se) (qu) to duplicate

duradero/a lasting

durante during

durar to last

durazno peach

duro: disco duro hard drive (4)

E

e and (*used instead of* **y** *before words beginning with* **i** *or* **hi**)

echar to throw; to throw out; **echar a** (+ *inf.*) to begin to (*do something*); **echar de menos** to miss (6); **echar una mano** to lend a hand; **echar una siesta** to take a nap

ecología ecology (7)

ecológico/a ecological

economía economy

económico/a economical; **crecimiento económico** economic growth; **desarrollo económico** economic development; **nivel** *m.*

económico economic standard (6)

economista *m., f.* economist

ecuatoriano/a Ecuadorian

ecumene *m.* inhabited land

edad *f.* age

edición *f.* edition

edificación *f.* construction; building

edificar (qu) to build

edificio building

educación *f.* education (2)

educar (qu) to educate (2)

educativo/a educational

efectivo/a effective

efecto effect; **efecto invernadero** greenhouse effect (7)

eficiente efficient

egipcio/a Egyptian

Egipto Egypt

egocéntrico/a egocentric

egoísta *adj. m., f.* selfish (1)

ejecutivo/a executive

ejemplo example; **por ejemplo** for example

ejercer (z) (yo ejerzo) to exert; to practise (*a profession*)

ejercicio exercise

el *def. art. m. s.* the

él *sub. pron.* he; *obj. of prep.* him

elaborar to elaborate

elección *f.* election (10)

electoral electoral (10)

electricista *m., f.* electrician (3)

eléctrico/a electric

electrónico/a electronic; **correo electrónico** e-mail (4)

elefante *m.* elephant

elegante elegant

elegir (i, i) (j) (yo elijo) to choose; to elect (10)

elemento element

elevación *f.* elevation; increase

eliminar to eliminate

ella *sub. pron.* she; *obj. of prep.* her

ello *pron.* it; **por ello** for this reason

ellos/as *sub. pron.* they; *obj. of prep.* them

e-mail *m.* e-mail (4)

emanación *f.* emission

emancipar(se) to emancipate (oneself)

embalse *m.* dam

embarazada pregnant

embarazo pregnancy

embargo: sin embargo however (10)

embellecer(se) (zc) to embellish; to beautify; to adorn (oneself)

emborracharse to get/become drunk

emergencia emergency

emigración *f.* emigration

emigrante *m., f.* emigrant (6)

emigrar to emigrate

emisario/a emissary

emisión *f.* emission

emisora de radio radio station (4)

emitir to emit

emoción *f.* emotion

emocional emotional

empacar (qu) maletas to pack suitcases

emparejar to match; to pair

empeñado/a steadfast, unwavering

emperador emperor (9)

emperatriz *f.* empress (9)

empezar (ie) (c) to begin

empleado/a employee (3)

empleador(a) employer (3)

emplear to employ (3)

empleo work, job (3); employment

emplumado/a with feathers

empobrecer (zc) to impoverish; to make poor

emprender to undertake

empresa corporation (3)

empresario/a manager

empujar to push

empuñar to grasp

en in; on; at (*a place*)

enamorarse (de) to fall in love (with)

enano/a dwarf

encabezamiento heading

encajar to fit

encaminado/a directed

encantador(a) charming

encantar to delight, charm; **me encanta(n)...** I love (*something*)

encargarse (gu) (de) to be in charge or take charge (of)

encarnar to incarnate

encender (ie) to turn on; to light up; to ignite

encendido/a lit; **vela encendida** lit candle (5)

encierro confinement

encomendar (ie) to entrust; to assign

encono rancor, ill will

encontrar (ue) to find

encuentro meeting; encounter

encuesta poll, survey

encuestar to poll

endeble weak

endógeno/a endogenous; simple-minded

enemigo/a enemy

energía energy; **energía hidroeléctrica** hydroelectric energy

enero January

enfadado/a angry

enfadarse to get/become angry

enfermarse to get/become sick

enfermedad *f.* illness; **licencia por enfermedad** sick leave (3)

enfermería nursing (2)

enfermo/a sick; **estar** (*irreg.*) **enfermo** to be sick

enfocar (qu) to focus

enfrentarse to confront

enfrente *adv.* in front; **en frente de** in front of

enfurecerse (zc) to get/become furious

enmascarar to mask; to camouflage

enmienda amendment

enojado/a angry

enojarse to get/become angry

enorme enormous, huge

enriquecer (zc) to enrich

enriquecimiento enrichment; **enriquecimiento personal** personal gain

enrollado/a rolled

ensalada salad

ensayar to practice; to rehearse

ensayo rehersal; essay

enseñanza teaching

enseñar to teach

entablar to begin

entender (ie) to understand

entendido/a expert

entendimiento understanding

enterarse (de) to find out (about)

enternecer (zc) to move (*one's feelings*)

entero/a entire

enterrado/a buried

enterrar (ie) to bury (2)

entidad *f.* entity

entierro burial (2)

entonces then

entorno environment, surroundings

entorpecer (zc) to numb

entrada entrance; ticket

entrar to enter

entre between, among; **entre paréntesis** between parentheses

entregar (gu) to hand in

entrelazarse (c) to intertwine

entrenado/a trained

entretanto meanwhile

entretener(se) (*like* **tener**) to entertain (oneself) (5)

entretenimiento entertainment (5); pastime (5); **programa** *m.* **de entretenimiento** entertainment program (4)

entrevista interview (3)

entrevistar(se) to interview/have an interview (*with someone*) (3)

entusiasmarse to inspire; to get excited

enumeración *f.* enumeration

envase *m.* container (*bottle, can, etc.*) (7)

envejecer (zc) to grow old

enviar (envío) to send (2); **enviar un fax/mensaje** to send a fax/message (4)

envidia envy

envidiable enviable

envío shipment, remittance

epidemia epidemic

época epoch (9); times (9)

equidad *f.* equity

equipo team (2); **capacidad** *f.* **de trabajar en equipo** the ability to work as a team (3); **equipo de baloncesto** basketball team; **equipo de científicos** team of scientists; **equipo de fútbol** soccer team

equivalente *m.* equivalent

equivocado/a mistaken, wrong

equivocarse (qu) to be wrong; to make a mistake

era era (9)

erigir (j) to erect

erosión *f.* erosion (7)

erradicar (qu) to eradicate

errar to err

erróneo/a erroneous

error *m.* error, mistake; **cometer errores** to make mistakes

esbelto/a slender

escala scale

escalera ladder; stair

escalfar to poach

escalonado/a graded; in stages

escáner *m.* scanner (5)

escapar(se) to escape

escarlata *inv.* scarlet

escasez *f.* (*pl.* **escaseces**) shortage

escena scene

escenario setting

escindido/a divided, split

esclavitud *f.* slavery (9)

esclavo/a slave (9)

escoger (j) to choose

escribir (*p.p.* **escrito**) to write

escrito/a (*p.p. of* **escribir**) written; **informe** *m.* **escrito** paper (report) (2)

escritor(a) writer

escritura writing; scripture

escrúpulos scruples

escuchar to listen; **escuchar música** to listen to music (5)

escudo shield

escuela school; **escuela primaria** elementary school (2); **escuela secundaria** high school (2)

escultura sculpture (9)

escurrir to drain

esdrújula *word accented on the next-to-last syllable*

ese, esa *adj., pron.* that

esencial essential

esforzarse (ue) (c) (por) to make an effort (to) (8)

esfuerzo effort (8)

eso that, that thing, that fact; **por eso** for that reason

espacio space

espanto fright

español *n. m.* Spanish (*language*)

español(a) *n.* Spaniard; *adj.* Spanish; **de habla española** Spanish-speaking

esparcir (z) to spread

espárrago asparagus

especial special

especialidad *f.* specialty (2)

especialista *m., f.* specialist

especialización *f.* major

especializarse en to major in (2)

especie *f.* species; type

específico/a specific

espectacular spectacular

espectador(a) spectator

espejo mirror

esperanza hope (6); expectation (6)

esperar to wait; to hope; to expect

espina thorn

espinacas *pl.* spinach

espiritual spiritual

espléndido/a splendid

esplendor *m.* splendor

esponja sponge

esposo/a husband/wife (2)

esqueleto skeleton

esquema *m.* outline; way of thinking; guideline

esquina corner

estabilizar (c) to stabilize

estable *adj.* stable

establecer (zc) to establish (9)

establecimiento establishment (9)

estación *f.* season

estacionar to park

estadio stadium

estadísticas statistics

estado state; **estado físico** physical state; **Estados Unidos** United States; **golpe** *m.* **de estado** coup d'etat (10); **programa** *m.* **de estudios de Estados Unidos** American studies program

estadounidense *n. m., f.* United States citizen; *adj.* of, from, or pertaining to the United States

estallar to explode

estar *irreg.* to be; **estar a dieta** to be on a diet (5); **estar a favor/en contra** to be in favor/against (8); **estar aburrido/a** to be bored; **estar acostumbrado/a a**

to be accustomed to (6); **estar al acecho** to be lying in wait; **estar bien** to be/feel well, be okay; **estar bueno/a** to be tasty (1); **estar calvo/a** to be bald (1); **estar claro/a** to be clear; **estar cómodo/a** to feel comfortable; to be lazy; **estar de acuerdo** to agree; **estar de buen/mal humor** to be in a good/bad mood; **estar de moda** to be fashionable; **estar de pie/rodillas** to be standing up/kneeling down; **estar de vacaciones** to be on vacation (5); **estar de viaje** to be on a trip; **estar de vuelta/regreso** to be back; **estar desempleado/a** to be unemployed (3); **estar dispuesto/a (a)** to be ready and willing (to); **estar embarazada** to be pregnant; **estar en desacuerdo con** to disagree with; **estar en huelga** to be on strike; **estar equivocado/a** to be wrong; **estar harto/a** to be fed up; **estar listo/a** to be ready; **estar malo/a** to taste bad; **estar muerto/a** to be dead; **estar para** (+ *inf.*) to be ready/about to (+ *inf.*) (1); **estar seguro/a** to be (feel) sure; **estar vivo/a** to be alive; **no estar seguro/a** to be unsure
estatal *adj.* state
estatuto statute
este, esta *adj., pron.* this
estereotipado/a stereotyped
estereotípico/a stereotypical
estereotipo stereotype (1)
estético/a esthetic
estilizado/a stylized
estilo style
estimado/a esteemed
estimar to esteem
estimular to stimulate
esto this, this thing, this matter
estómago stomach
estos/as *adj., pron.* these
estratega *m.* strategist
estrategia strategy
estratificar (qu) to stratify
estrecho/a straight
estrella star
estrellar (contra) to smash (against)/crash (into)
estrenar to debut, première
estrés *m.* stress (3)
estresado/a stressed
estresante stressful
estrofa verse

estructura structure
estructurado/a structured
estudiante *m., f.* student; **asociación** *f.* **de estudiantes latinos** Latin students' association (2); **estudiante graduado/a** graduate student; **estudiante universitario/a** college/university student
estudiantil *adj.* student (*pertaining to*)
estudiar to study
estudios studies; **compañero/a de estudios** study partner (2); **programa** *m.* **de estudios** program of studies
estupefaciente *m.* narcotic
estupendo/a stupendous
estúpido/a stupid (1)
etcétera etcetera
eterno/a eternal
ética *s.* ethics
etnia ethnicity (9)
etnicidad *f.* ethnicity
étnico/a ethnic
Europa Europe
europeo/a European
euskera *m.* Basque (*language*)
evaluar (evalúo) to evaluate
evangelista *m., f.* evangelist
evento event
evitar to avoid
evocar (qu) to evoke
evolución *f.* evolution
exacto/a exact
examen *m.* exam
excelencia excellence
excelente excellent
excepción *f.* exception
excepto except
excesivo/a excessive
exceso excess
excluido/a excluded
excluir (y) to exclude
exclusión *f.* exclusion
exclusivamente exclusively
excusa excuse
exigir (j) to demand (8)
existencia existence
existente existing
existir to exist
éxito success (3); **tener** (*irreg.*) **éxito** to be successful
exitoso/a successful
éxodo exodus
exotismo exoticism
expandir to expand
expansión *f.* expansion
expansivo/a expansive
expectativa expectation
expedición *f.* expedition

experiencia (laboral) (work) experience (3)
experimentar to experiment
experto/a expert
explicación *f.* explanation
explicar (qu) to explain
explícito/a explicit
explorar to explore
explosión *f.* explosion
explotación *f.* exploitation (7)
explotar to exploit
exponencialmente exponentially
exponente *adj.* example
exponer (*like* **poner**) (*p.p.* **expuesto**) to expound; to explain; to expose
exportación *f.* export
exportador(a) exporter
exportar to export (7)
exposición *f.* exposition
expresar to express
expresión *f.* expression
expuesto/a (*p.p. of* **exponer**) exposed; presented
expulsar to expel
expulsión *f.* expulsion
extender (ie) to extend
extensión *f.* extension
extenso/a extensive
externo/a external; **deuda externa** external/foreign debt (7)
extinción *f.* extinction (7)
extinguir (g) to extinguish (7)
extranjero/a *n.* foreigner; *n. m.* stranger
extrañar to miss; to seem strange
extrañeza strangeness
extraño/a strange; **ser** (*irreg.*) **extraño** to be unusual
extraordinario/a extraordinary
extravagante extravagant
extraviado/a lost, missing
extremo/a extreme
extrovertido/a extroverted (1)

F

fabricación *f.* making, manufacture
fabricar (qu) to manufacture; to make
fachada façade (9)
fácil easy
facilidad *f.* ease; opportunity
facilitar to facilitate
fácilmente easily
factible feasible, possible
factor *m.* factor
facultad *f.* faculty, division (*of a university*) (2); power, faculty; **Facultad de Derecho** School of Law; **Facultad de Filosofía y**

Letras Faculty of Humanities; **Facultad de Geografía e Historia** Faculty of Geography and History; **Facultad de Ingeniería** Faculty of Engineering; **Facultad de Medicina** School of Medicine

falso/a false

falta lack; **a falta de** due to the lack of; **hacer** (*irreg.*) **falta** to be necessary; **les hace falta...** they/you (*form. pl.*) need . . .

faltar to be missing, lacking; to be absent; to miss (6); **faltar a clase** to miss class (2)

familia family; **familia política** in-laws (2)

familiar *n. m., f.* member of the family; *adj.* family; **reunión** *f.* **familiar** family reunion (2)

familiarizado/a familiar

famoso/a famous

fantástico/a fantastic

fascinante fascinating

fascinar to fascinate; **me fascina(n)...** I love (*something*)

fasto extravagance

fatiga fatigue; **compañero/a de fatigas** partner in hardships

favor *m.* favor; **estar** (*irreg.*) **a favor (de)** to be in favor (of) (8); **por favor** please

favorecido/a favorable, desirable

favorito/a favorite

fax *m.* fax, facsimile; (4); **enviar (envío) un fax** to send a fax (4)

fe *f.* faith (2)

febrero February

fecha date (9); **fecha límite** deadline (2)

federación *f.* federation

felicidad *f.* happiness

felicitación *f.* congratulation (2); greeting, wish; **¡felicitaciones!** congratulations! (2)

felicitar to congratulate (2); to greet; to wish

feliz (*pl.* **felices**) happy

femenino/a feminine

feminismo feminism (8)

feminista *m., f.* feminist

fenómeno phenomenon

feo/a ugly (1)

feria fair (5); festival

feriado holiday; **día** *m.* **feriado** holiday (3)

férreo/a *adj.* (*consisting of or relating to*) iron; strong; stubborn, inflexible; **una férrea voluntad** an iron will

festejar to celebrate

festejo celebration

festivo festive; **día** *m.* **festivo** holiday

ficción *f.* fiction; **ciencia ficción** science fiction

ficticio/a fictitious

fiereza fierceness

fiesta party

figón *m.*, inexpensive restaurant

figura figure; body; **figura representativa** figurehead

figurar to figure; to act, play a role

fijarse en to notice

Filipinas Philippines

filmado/a filmed

filosofía philosophy; **Facultad** *f.* **de Filosofía y Letras** Faculty of Humanities

filósofo/a philosopher

fin *m.* end; purpose, goal; **a fin de que** so that; in order to; **con el fin de** with the purpose of; **en fin** in short, in brief; **fin de semana** weekend; **por fin** at last (10)

final *n. m.* end; *adj.* final; **al final de** at the end of

finalmente finally (10)

finamente finely

financiar to finance

finanzas finances

finca farm

fino/a fine; elegant

firma signature (3); signing

firmar to sign (3)

firme *adj.* firm

física physics (2)

físicamente physically; **discapacitado/a físicamente** physically handicapped (8)

físico/a physical; **apariencia física** physical appearance; **aspecto físico** physical appearance; **estado físico** physical state; **rasgo físico** physical feature (1)

fisiología physiology

flaco/a skinny

flexibilidad *f.* flexibility

flor *f.* flower

florecer (**zc**) to bloom

florecimiento flourishing

Florida: Pascua Florida Easter (2)

floristería flower shop

flotar to float

fluido/a fluid; smooth

folclórico/a folkloric

fomentar to promote/foster (*growth*)

fondo fund; **Fondo Monetario Internacional (FMI)** International Monetary Fund (IMF) (7); **telón** *m.* **de fondo** backdrop

fontanero/a plumber (3)

foráneo/a foreign

forastero/a foreigner

forestación *f.* reforestation

forestal *adj.* forest

forjarse to construct;to make up

forma form; **forma de ser** personality (1)

formación *f.* formation; education, training (3)

formalidad *f.* formality

formar to form; **formar parte de** to be/form part of (2); **formarse** to educate/train oneself (3)

formatear to format (4)

formulario form

foro forum

fortaleza fort

fortuna fortune; luck

forzar (**ue**) (**c**) to force

forzoso/a compulsory

foto *f.* photo, photograph (4); **hacer** (*irreg.*) **fotos** to take pictures (4); **tomar fotos** to take pictures

fotocopia photocopy (4)

fotocopiar to photocopy (4)

fotografía picture, photo (4); photography; photograph

fracaso failure

fragmento fragment

fragor *m.* clamor

fraile *m.* friar

Francia France

franja stripe, band, fringe

frase *f.* phrase; sentence

frecuencia frequency; **con frecuencia** often

frecuente frequent; common

freír (**i, i**) (**frío**) to fry

frenar to break; to stop

frente *m.* front; *f.* forehead; **frente a** in the face of; in front of, across from

fresco/a fresh; cool; **hace fresco** it's cool (weather)

fricción *f.* friction

frijol *m.* bean

frío cold; **hace frío** it's cold (weather); **ser** (*irreg.*) **frío/a** to be cold (*personality*); **tener (mucho)** (*irreg.*) **frío** to be (very) cold

frito/a (*p.p. of* **freír**) fried; **papas fritas** French fries

frontera border (6)

frustrado/a frustrated

frutería fruit store

fuego fire; **a fuego moderado** at medium heat

fuente *f.* source

fuera (de) out, outside of

fuerte *n. m.* fort (9); *adj.* strong

fuerza force; strength
fugitivo/a fugitive
función *f.* function
funcionamiento working
funcionar to function; to work (4)
fundación *f.* foundation (*such as of a city*) (9)
fundamento foundation; basis
fundar to found (9)
furioso/a furious
furtivamente furtively
fútbol soccer; **equipo de fútbol** soccer team; **jugador(a) de fútbol** soccer player; **partido de fútbol** soccer game
futbolista *m., f.* soccer player
futuro future

G

gafas eyeglasses
galardonado/a awarded
gallego/a from or characteristic of Galicia (*northwest region of Spain*)
gallina hen
ganadería cattle raising
ganado livestock
ganancias *pl.* earnings
ganar to win; to earn
ganas *pl.* desire, wish **tener** (*irreg.*) **(muchas) ganas de** (+ *inf.*) to (really) feel like (*doing something*)
garantía guarantee
gas *m.* gas
gasolina gasoline (7)
gastar to spend
gastos *pl.* expenses; **asumir gastos** to assume, take on expense
gastronómico/a gastronomic
gato/a cat; **gatito/a** kitten
gemelo/a twin
genealógico/a genealogical; **árbol** *m.* **genealógico** family tree
generación *f.* generation (2); grade level (2)
general *adj.* general; **en general** in general; **por lo general** in general
generalización *f.* generalization
generalizado/a generalized
generalmente generally
generar to generate
genérico/a generic
género genre; gender; **discriminación** *f.* **de género** gender/sexual discrimination (8)
generoso/a generous (1)
génesis genesis

gente *f. s.* people; **mi/tu/… gente** my/your/. . . people (6)
genuino/a genuine
geografía geography; **Facultad** *f.* **de Geografía e Historia** School of Geography and History
geográfico/a geographical
gerente *m., f.* manager (3); director (3)
germánico/a Germanic
gigante *n. m.* giant
gigantesco/a gigantic
gimnasio gymnasium
glaciar *m.* glacier
globalización *f.* globalization (7)
gloria glory
gobernabilidad *f.* governability
gobernador(a) governor (9)
gobernante *m., f.* ruler
gobernar (ie) to govern (10)
gobierno government (2)
godo/a Goth
golfo gulf
golpe *m.* blow; **golpe de estado** coup d'etat (10)
gordo/a fat (1)
gozar (c) to enjoy (5)
grabación *f.* recording
grabar to record (4)
gracias thank you; **Día** *m.* **de (Acción de) Gracias** Thanksgiving (2); **gracias a** thanks to
grado grade; degree
graduado/a *n.* graduate; *adj.* graduated **estudiante** (*m., f.*) **graduado/a** graduate student
graduarse (me gradúo) to graduate
gráfico graph, chart
grafitos *pl.* graffiti
gramática grammar
gran, grande big, large (1); great; **en gran parte** by and large; in many
granada pomegranate
grandeza grandeur
grandioso/a grandiose
grano seed
gratuito/a free (of charge)
grave serious
gravedad *f.* gravity, seriousness
grecolatino/a Greco-Latin
griego/a *n.* Greek; *adj.* Greek
grillo cricket
gris gray; **pelo gris** grey hair (1)
grito cry; shout
grueso/a thick
grupo group (2); **grupo de teatro/música** theatrical/musical group (2)
guapo/a good-looking (1)

guaraní *m.* Guaraní (*indigenous language of Paraguay*)
guardar to keep; to save (4)
guardería infantil day-care center (3)
guatemalteco/a *n., adj.* Guatemalan
guayaba guava
gubernamental *adj.* government; **organización** *f.* **no gubernamental (ONG)** nongovernment organization (NGO) (8)
guerra war; **buque** *m.* **de guerra** warship; **guerra civil** civil war; **guerra de independencia** war of independence
guerrero/a warrior
guía *m., f.* guide; *f.* guide(book)
guión *m.* script
guionista *m., f.* scriptwriter
güiro scraper (*instrument*)
guitarra guitar
gustar to be pleasing; **le gusta(n)…** he/she/you (*form. s.*) like(s) . . . ; **les gusta(n)…** they/you (*form. pl.*) like . . . ; **me gusta(n)…** I like . . . ; **te gusta(n)…** you (*fam. s.*) like . . .

H

Habana, La Habana Havana (*Cuba*); **La Pequeña Habana** Little Havana (*neighborhood in Miami, FL*)
haber *irreg.* (*inf. of* hay) to have (*auxiliary*); to be; to exist; **ha habido** there has/have been; **había** there was/were; **habrá** there will be; **habría** there would be; **hay** there is/are; **hay que** + *inf.* to be necessary (*to do something*); **hubo** there was/were
había (*inf.* **haber**) there was/were
habilidad *f.* ability
habitante *m., f.* inhabitant
habitar to inhabit
hábitat *m.* habitat
hábito habit
habitualmente habitually
hablador(a) talkative (1)
hablante *m., f.* speaker
hablar (de) to speak, talk (about)
habrá (*inf.* **haber**) there will be
habría (*inf.* **haber**) there would be
hacer *irreg.* (*p.p.* **hecho**) to do; to make (1); **hace buen/mal tiempo** the weather is nice/ugly; **hace calor/fresco/frío** it's hot/cool/cold (weather); **hace**

sol/viento it's sunny/windy; **hace...** (+ *time*) **que** it has been (+ *time*) since; **hacer camping** to go camping (5); **hacer clic** to click (4); **hacer falta** to be necessary; **hacer fotos** to take pictures (4); **hacer la primera comunión** to receive one's First Communion (2); **hacer un crucigrama** to do a crossword puzzle (5); **hacer una barbacoa** to have a barbecue (5); **hacer una búsqueda** to look for, search (4); **hacerse** to become; **les hace falta...** they/you (*form. pl.*) need . . . (2)

hacia toward

hacienda farm, ranch (9)

hada *f.* (*but* **el hada**) **madrina** fairy godmother

hallar to find

hallazgo finding, discovery

hambre *f.* hunger; **tener** (*irreg.*) **(mucha) hambre** to be (very) hungry

hambriento/a starving; **hambriento/a de** hungry for

harto/a fed up

hasta *prep.* up to, until; *adv.* even; **hasta ahora** until now; **hasta que** *conj.* until; **¿hasta qué punto?** to what point?

hay (*inf.* **haber**) there is/are

haz *m.* (*pl.* **haces**) façade, surface; **haz de la tierra** the earth's surface

hazaña (heroic) deed

hecho *n.* fact; event; **de hecho** in fact, de facto (9)

hecho/a (*p.p. of* **hacer**) made; done

hectárea hectare

helado ice cream

helicóptero helicopter

hembra female (8); woman

hemisférico/a hemispheric

hemisferio hemisphere

heredar to inherit

heredero/a heir/heiress

herencia inheritance; heritage

herida wound

hermanastro/a stepbrother/ stepsister (2)

hermandad *f.* brotherhood

hermano/a brother/sister (2); **hermano/a político/a** brother-in-law/sister-in-law (2); **hermanos** *pl.* siblings; **medio hermano/media hermana** half-brother/half-sister (2)

hermoso/a beautiful, pretty (9)

héroe *m.* hero

hidroeléctrico/a hydroelectric; **energía hidroeléctrica** hydroelectric energy

hielo ice

hierro iron; **mano** *f.* **de hierro** iron fist

hijastro/a stepson/stepdaughter (2)

hijo/a son/daughter (2); **hijo/a biológico/a** biological child; **hijo/a político/a** son-in-law/ daughter-in-law (2); **hijo/a único/a** only child (2); **hijos** *pl.* children

hincar (qu) to kneel

hipermercado (*Sp.*) *large supermarket and department store in one location*

hiperrealista *adj. m., f.* hyperrealist

hipótesis *f.* hypothesis

hipotético/a hypothetical

hispánico/a Hispanic

hispano/a Hispanic

Hispanoamérica Spanish America

hispanoamericano/a Spanish American

hispanohablante *m., f.* Spanish speaker

historia history (2); story; **Facultad** *f.* **de Geografía e Historia** School of Geography and History

historiador(a) historian

histórico/a historic; historical

hogar *m.* home

hoja leaf; **hoja de papel** sheet of paper

hola hi, hello

holocausto holocaust

hombre *m.* man; **hombre de negocios** businessman

homenaje *m.* homage; **rendir (i, i) homenaje** to pay homage

homogéneo/a homogenous

homogenización *f.* homogenization

homosexual homosexual (8)

honesto/a honest

honor *m.* honor

honrado/a honest; honorable

hora hour; time; **a la hora de** at the time to; **por hora** per hour; **¿qué hora es?** what time is it?

horario schedule (2)

horizonte *m.* horizon

horno oven; **Cabo de Hornos** Cape Horn

horrorizado/a horrified

hospital *f.* hospital

hostilizar (c) to harass (*military*); to antagonize

hotel *m.* hotel

hoy today; **hoy (en) día** nowadays

hubo (*inf.* **haber**) there was/were

huelga strike (3); **estar** (*irreg.*) **en huelga** to be on strike

huella track; footprint

huerto vegetable garden; orchard

huevo egg

humanidad *f.* humanity

humano/a human; **recursos humanos** human resources; **ser** *m.* **humano** human being

humeante smoking; steaming

húmedo/a humid

humildad *f.* humility; humbleness

humilde humble; modest

humillante humiliating

humo smoke (7)

humor *m.* humor; mood; **estar** (*irreg.*) **de buen/mal humor** to be in a good/bad mood; **(tener** [*irreg.*]**) sentido del humor** (to have a) sense of humor (1)

huracán *m.* hurricane

I

ibérico/a *adj.* Iberian; **Península Ibérica** Iberian Peninsula

íbero/a *n.* Iberian

Iberoamérica Latin/Spanish America

iconográfico/a iconographic

idea idea; **es buena idea** it's a good idea

ideal ideal; **lo ideal** the ideal thing

idealizado/a idealized

idéntico/a identical

identificación *f.* identification

identificar (qu) to identify

ideología ideology

idioma *m.* language (6)

idiosincrasia idiosyncrasy

idiota *m., f.* idiot (1)

iglesia church (9)

ignorante ignorant

igual equal; **de igual manera** in the same way; **igual que** just as

igualdad *f.* equality (8)

igualitario/a egalitarian

igualmente equally; likewise

ilegal illegal (6)

ilegítimo/a illegitimate

ilusión *f.* hope (6); delusion (6); illusion

ilustrar to illustrate

ilustre illustrious

imagen *f.* image (1)

imaginación *f.* imagination

imaginar to imagine

imaginario/a imaginary

imbécil *m.* imbecile (1)

imitar to imitate

impartir to give
impedimento impediment
impedir (i, i) to impede
imperativo/a imperative
imperfecto (*gram.*) imperfect
imperio empire (9)
imperioso/a imperious, overbearing
implacable implacable, relentless
implicar (qu) to implicate
imponente imposing
imponerse (*like* **poner**) to impose
importancia importance
importante important
importar to matter; to import (7); **(no) me importa...** that does (not) matter to me
imposible impossible
impreciso/a imprecise, vague
impredecible unpredictable
imprescindible essential, indispensable
impresionado/a impressed
impresionante impressive
impresionista *adj.* impressionist (9)
impreso/a (*p.p. of* **imprimir**) printed
impresora printer (4)
imprimir (*p.p.* **impreso**) to print (4)
improbable improbably, unlikely
impuesto tax (3); **impuesto sobre** tax on (10)
inalcanzable unreachable
inanimado/a inanimate
inca *n. m., f.* Inca (9); *adj.* Incan
incaico/a Incan
incansable tireless
incapacitado/a incapacitated
incapaz (*pl.* **incapaces**) incapable
incendio fire
incidente *m.* incident
incluir (y) to include (8)
inclusive *adv.* including
incluso *adv.* including, even
incluso/a included
incompleto/a incomplete
incorporación *f.* incorporation
incorporar to incorporate
incorrecto/a incorrect, wrong
increíble incredible
incrustado/a incrusted
incursionar (en) to enter (into)
indebido/a undue
indefinido/a indefinite
independencia independence (10); **guerra de independencia** war of independence
independiente independent
independizarse (c) to become independent
Indias Indies

indicación *f.* indication
indicar (qu) to indicate
indicativo (*gram.*) indicative
índice *m.* index
indígena *n. m., f.;* indigenous man/woman (9); native; *adj.* Indian
indio/a *n.* Indian (9)
indirecto/a indirect
indiscutible indisputable
individual *adj.* individual
individualidad *f.* individuality
individuo *n.* individual
indocumentado/a undocumented
indolente indolent
industria industry; **industria panelera** sugarcane industry
industrializado/a industrialized; **país** *m.* **industrializado** industrialized country
ineludible unavoidable
inestabilidad *f.* instability
inevitable inevitable, unavoidable
inexorablemente inexorably
inextricable insolvable; inextricable
infame infamous
infancia childhood; infancy
infantil *adj.* child (*relating to*); juvenile; **guardería infantil** day-care center (3)
infeliz (*pl.* **infelices**) unhappy
inferencia inference
inferioridad *f.* inferiority; **tener** (*irreg.*) **complejo de inferioridad** to have an inferiority complex (1)
inferir (ie, i) to infer
infinitivo infinitive
influir (y) to influence
influyente influential
información *f.* information
informar to inform
informática computer science (2)
informático/a computer programmer (4); *adj.* (*relating to*) computer
informativo/a informative; informational; **programa** *m.* **informativo** information program (4)
informe *m.* report; **informe ecrito** paper (2)
infraestructura infrastructure
infructuoso/a fruitless
infundado/a unfounded
ingeniería engineering (2)
ingeniero/a engineer (3)
inglés *n. m.* English (*language*)
inglés, inglesa *n., adj.* English
ingrediente *m.* ingredient
ingresar to enter; to enroll; to register (*at a university*); to enlist (*military*)

ingreso income
inicial initial
iniciar to initiate; to begin
inicio beginning
injusticia injustice
injusto/a unjust (8)
inmediato/a immediate
inmemorial immemorial
inmenso/a immense
inmigración *f.* immigration
inmigrante *m., f.* immigrant (6)
inmovilizar (c) to immobilize
innumerable countless
inocencia innocence
inorgánico/a inorganic
insaciable insatiable
inscripción *f.* inscription
inseguro/a unsure
insensato/a foolish (1)
insensible insensitive (1)
insertar (ie) to insert
insistir (en) to insist (on)
inspirar to inspire
instalación *f.* installation
instalar to install
instancia instance
instante *m.* instant
institución *f.* institution
institucional institutional
instrucción *f.* instruction
instrumento instrument
insultar to insult
insulto insult
insuperable unsurpassable; insurmountable
integrar to include; to integrate (8)
intelectual intellectual
inteligencia intelligence
inteligente intelligent (1)
intención *f.* intention
intensidad *f.* intensity
intenso/a intense
intentar to try
intento attempt
interamericano/a Inter-American
intercambiar to exchange
intercambio exchange
interés interest; **carta de interés** cover letter (3)
interesante interesting
interesar to interest
interferencia interference
intergubernamental intergovernmental
ínterin interim **en el ínterin** meanwhile
internacional international; **Fondo Monetario Internacional (FMI)** International Monetary Fund (IMF) (7)

Internet *m.* Internet (4); **dirección** *f.* **de Internet** Internet address (4)

interpretación *f.* interpretation

interpretar to interpret

interrogativo/a interrogative

interrumpir to interrupt

intervenir (*like* **venir**) to intervene

íntimamente intimately, closely

intimidante intimidating

intranscendente insignificant, unimportant

intricado/a intricate

intrínsico/a intrinsic

introducción *f.* introduction

introducir (zc) to introduce (*a topic*); to insert

introductorio/a introductory

introvertido/a introverted (1)

intruso/a intruder

inusual unusual

invadir to invade (9)

invasión *f.* invasion (9)

invasor(a) invader (9)

invención *f.* invention

inventar to invent

invento invention

inventor(a) inventor

invernadero greenhouse; **efecto invernadero** greenhouseeffect (7)

inverosímil improbable, impossible, unlikely

inversión *f.* investment (7)

inversionista *m., f.* investor (7)

invertir (ie, i) to invest (7)

investigación *f.* investigation

investigador(a) investigator

investigar (gu) to investigate

invierno winter

invisibilidad *f.* invisibility

invitación *f.* invitation

invitado/a guest

invitar to invite (5); to treat (offer to pay) (5)

invocar (qu) to invoke

ir *irreg.* to go; **ir a** (+ *inf.*) to be going to (*do something*); **ir al cine/al teatro/a un concierto** to go to the movies/the theater/a concert (5); **ir de compras** to go shopping; **irse** to leave

irlandésamericano/a *n., adj.* Irish American

irracionalidad *f.* irrationality

irresponsable irresponsible (1)

irrigación *f.* irrigation

irrupción *f.* eruption

isla island

islam, islamismo Islam (2)

israelí *n. m., f.; adj.* (*pl.* **israelíes**) Israeli

istmo isthmus

italiano *n.* Italian (language)

izquierda *n.* left (2); left-hand side (2); **a/de la izquierda** to/from (on) the left

izquierdo/a *adj.* left

J

jabón *m.* soap

jalar *Mex.* to pull

jamaicano/a *n., adj.* Jamaican

jamás never

Japón Japan

japonés, japonesa *n., adj.* Japanese

jardín *m.* garden

jardinero/a gardener (3)

jazmín *m.* jasmine

jazminero jasmine plant

jazz *m.* jazz

jefe, jefa boss (3)

Jehová: testigo/a de Jehová Jehovah's witness (2)

jeroglífico/a hieroglyphic

jitomate *m. Mex.* tomato

jornada (working) day; day's work; **jornada completa** full-time; **jornada laboral** workday

joven (*pl.* **jóvenes**) *n. m., f.* youth; *adj.* young

jubilación *f.* retirement (3)

jubilarse to retire (3)

judaísmo Judaism (2)

judeocristiano/a Judeo-Christian

judío/a *n.* Jew (2); *adj.* Jewish (2); **Pascua Judía** Passover (2)

juego game

jugador(a) player

jugar (ue) (gu) to play; **jugar a/al** to play (*a sport*); **jugar al ajedrez/dominó** to play chess/dominoes (5)

juicio judgement; **estar** (*irreg.*) **en juicio** to be sued

julio July

junio June

junto a *prep.* next to

juntos/as *pl.* together

juramento oath; **juramento de lealtad a la nación** pledge of allegiance

justicia justice

justificación *f.* justification

justificar (qu) to justify

justo/a fair; just (8)

juventud *f.* youth

K

kilómetro kilometer

L

la *def. art. f. s.* the; *d.o.* her, it, you (*form. s.*)

lábaro patrio national flag

labor *f.* labor, work

laboral *adj.* work; **ámbito laboral** workplace; **experiencia laboral** work experience (3); **práctica laboral** internship (3)

laboratorio laboratory

laborioso/a laborious

lacio/a straight; **pelo lacio** straight hair (1)

ladino/a (*C.Am.*) *Spanish-speaking or acculturated indigenous person; person of mixed Spanish-indigenous heritage*

lado side

laguna lagoon

lamentar to be sorry; to regret

languidez *f.* languor

lanzar (c) to launch; to throw; **lanzarse** to throw/hurl oneself; to set out

lápiz *m.* (*pl.* **lápices**) pencil

largo/a long

las *def. art. f. pl.* the; *d.o. f. pl.* them, you (*form. pl.*)

lástima shame; **ser** (*irreg.*) **una lástima** to be a pity, shame

latín *m.* Latin (*language*) (9)

latino/a Latino, **asociación** *f.* **de estudiantes latinos** Latin students' association (2)

Latinoamérica Latin America

latinoamericano/a Latin American; **programa** *m.* **de estudios latinoamericanos** Latin American studies program

lazo tie

le *i.o.* to/for him, her it, you (*form. s.*)

lealtad *f.* loyalty; **juramento de lealtad a la nación** pledge of allegiance

lección *f.* lesson

leche *f.* milk

lechuga lettuce

lector(a) reader

lectura reading

leer (y) to read

legado legacy

legal legal (6)

legalización *f.* legalization (8)

legalizar (c) to legalize (6)

legislador(a) legislator

legítimo/a legitimate

lejano/a distant

lejos *adv.* far away; **lejos de** *prep.* far from

lema *m.* motto

lengua tongue; language (6); **lengua materna** mother tongue (6)

lenguaje *m.* language (6)

lentes *m. pl.* glasses; **lentes de contacto** contact lenses (1)

lento *adv.* slowly

lento/a *adj.* slow

leño log

les *i.o.* to/for them, you (*form. pl.*)

lesbiana lesbian (8)

letra letter; *pl.* letters (literature, language studies) (2)

levantar to lift, raise up; **levantar(se)** to get up

léxico lexicon, vocabulary

ley *f.* law (8)

leyenda legend

liberación *f.* liberation, freedom

liberar to liberate; to free

libertad *f.* liberty (8); freedom (8)

libertador(a) liberator

libre free; **tiempo libre** free time (5); **Tratado de Libre Comercio (TLC)** North American Free Trade Agreement (NAFTA) (10)

libro book

licencia license; **licencia por maternidad/matrimonio/enfermedad** maternity/marital/sick leave (3)

licenciado/a graduate

licenciatura Bachelor's degree equivalent (2)

líder *m.* leader

liderazgo leadership

lidiar to fight

lienzo canvas

ligero/a light, lightweight

limitado/a limited

límite *m.* limit; **fecha límite** deadline (2)

limpiabotas shoeshine

limpiar to clean

limpieza cleaning

limpio/a clean

lindo/a pretty

línea line

lineal linear

lingüístico/a linguistic

líquido liquid

liso/a straight; **pelo liso** straight hair (1)

listado/a listed

listo/a ready; prepared; **estar** (*irreg.*) **listo** to be ready; **ser** (*irreg.*) **listo** to be smart, clever

literalmente literally

literario/a literary

literatura literature (2)

llaga wound, sore

llamar to call; **llamarse** to be named

llanto *n.* weeping, crying

llave *f.* key

llegada arrival

llegar (gu) to arrive; **llegar a** (+ *inf.*) to manage to (*do something*), succeed in (*doing something*); **llegar a ser** to become; **llegar muy lejos** to go very far; **llegar tarde** to arrive late

llenar to fill (up/out)

lleno/a full

llevar to wear; to take (*someone or something somewhere*); to carry; **llevar a término** to bring to an end; **llevarse bien/mal** to get along well/poorly (2); **llevar lentes** *m. pl.* **de contacto** to wear contact lenses (1)

llorar to cry (2)

llover (ue) to rain

lo *d.o. m.* you (*form. s.*); him, it

lobo wolf

loco/a crazy; **volverse (ue) loco/a** to go crazy

locura craze; madness

locutor(a) radio host (4)

lógico/a logical

lograr to achieve; to obtain; **lograr** (+ *inf.*) to manage to (*do something*), succeed in (*doing something*)

logro achievement

los *def. art. m. pl.* the; *d.o. m.* you (*form. pl*).; them

lotería lottery

lucha struggle (8); fight

luchar to fight

lucrativo/a lucrative

luego then

lugar *m.* place; **dar** (*irreg.*) **lugar a** to give rise to; **en lugar de** instead of; **tener** (*irreg.*) **lugar** to take place

luna moon

lunar *m.* birthmark, mole (1)

lunático/a lunatic

lunes *m.* Monday

luz (*pl.* **luces**) light; electricity; **dar** (*irreg.*) **a luz** to give birth

M

machismo male pride (8)

machista *adj. m., f.* chauvinistic

macho *n.* male

madera wood (7)

madrastra stepmother (2)

madre *f.* mother (2); **madre política** mother-in-law (2); **madre soltera** single mother

madrina godmother (2); **hada** (*f., but* el hada) **madrina** fairy godmother

madrugar (gu) to get up early

madurez *f.* maturity

maestro/a *n.* teacher (3); *adj.* master; **obra maestra** masterpiece

mágico/a magic; **realismo mágico** magic (magical) realism

magnífico/a wonderful, magnificent

maíz *m.* corn

majestad *f.* majesty

majestuoso/a majestic

mal *adv.* badly; **caer** (*irreg.*) **mal** to make a bad impression (*on someone*); **llevarse mal** to get along poorly (2)

mal, malo/a *adj.* bad; **estar** (*irreg.*) **de mal humor** to be in a bad mood; **estar** (*irreg.*) **malo/a** to taste bad; **hace mal tiempo** the weather is bad/ugly; **ser** (*irreg.*) **malo/a** to be (a) bad (person); **tener** (*irreg.*) **mal carácter** to have an unfriendly personality (1)

maleducado/a bad-mannered

maleta suitcase; **empacar (qu) la maleta** to pack a suitcase; **hacer** (*irreg.*) **la maleta** to pack a suitcase

malvado/a *adj.* evil

mamá mother (2)

manatí (*pl.* **manatíes**) manatee

manchado/a stained

mandamiento commandment; **los diez mandamientos** the ten commandments

mandar to command; to order; to send (2)

mandatario *n.* mandatory

mando command

manera manner; way; **de alguna manera** somehow; **de esta manera** in this way; **de igual manera** likewise; **de tal manera** in such a way; **¿en qué manera?** how?; **la mejor manera** the best way; **otra manera** another way

manifestación *f.* protest, demonstration (3); manifestation; example

manifestar (ie) to protest; to demonstrate; **manifestarse** to appear

manjar *m.* dish (*food*)

mano *f.* hand; **de segunda mano** second hand; **echar una mano** to lend a hand; **levantar la mano** to raise one's hand; **mano de hierro** iron fist; **mano de obra** labor (10); manpower (10)

manso/a calm; tame

mantener (*like* **tener**) to maintain

mantenimiento maintenance (7)

mantequilla butter

manto acuífero water stratum

manufacturar to manufacture

manzana apple

mañana morning; tomorrow

mapa *m.* map

maquillar(se) to put on makeup

máquina machine

mar *m.* sea (7)

maratón *m.* marathon

maravilla *n.* wonder, marvel; **de maravilla** wonderfully

marca brand

marcar (qu) to mark

marcha march

marciano/a Martian

marco frame

marginación *f.* marginalization

marginado/a marginalized (8); alienated (8)

marido husband (2)

marinero/a sailor

mariposa butterfly

marítimo/a *adj.* sea

marrón *m.* brown

Marruecos Morocco

martes *m.* Tuesday

mártir *m.* martyr

marzo March

mas but

más more

masa dough; mass(es); **emigración** *f.* **en masa** mass (large-scale) emigration

masculino/a masculine

masivamente massively

matar to kill

matemáticas *pl.* mathematics (2)

matemático/a mathematician

materia material; subject matter; **materia prima** raw material

materialista *n. m., f.* materialist; *adj.* materialistic

maternidad *f.* maternity; **licencia por maternidad** maternity leave (3)

materno/a maternal (on the mother's side) (2); **lengua materna** mother tongue (6)

matiz *f.* (*pl.* **matices**) nuance; shade

matrícula tuition; enrollment; **pagar (gu) la matrícula** to pay tuition

matriculado/a enrolled

matrimonio marriage; **licencia por matrimonio** marital leave (3)

máximo/a maximum; **al máximo** to the maximum

maya *n. m., f.* Maya (9); *adj.* Mayan

mayo May

mayor *adj.* older; oldest; major, main; great

mayoría majority

mayormente primarily

me *d.o.* me; *i.o.* to/for me; *refl. pron.* myself

mecánica mechanics

mecánico/a mechanic (3)

mecanismo mechanism

mecate (*m., Mex., C.Am.*) cord or rope made from maguey fibers

medalla medal

mediado/a half-full; half-over; **a mediados de** in the middle of

mediante by means of, through

medicina medicine

médico/a doctor; **securo médico** medical insurance (3)

medida measurement; **a medida que** as, while

medio/a *adj.* half; **medio ambiente** environment; **medios de comunicación** media; **medio hermano/media hermana** half-brother/half-sister (2); **por medio de** by means of

medioambiental environmental

meditar to meditate

mediterráneo/a Mediterranean

mejor better; best; **el/la mejor** the best

mejorar to improve (8)

mejoría improvement

mellizo/a twin

memoria memory (*ability to remember*) (2)

mencionar to mention

menester *m.* need

menor younger; lesser; **el/la menor** youngest

menos less; least; **a menos que** unless; **al menos** at least; **echar de menos** to miss (6); **menos... que** less . . . than

mensaje *m.* message (4); **enviar un mensaje** to send a message (4)

mensajero/a messenger

mensual monthly

mentalidad *f.* mentality

mentalmente mentally; **discapacitado/a mentalmente** mentally handicapped (8)

mente *f.* mind; **tener** (*irreg.*) **en mente** to have in mind

mentir (ie, i) to lie

mentira lie

mentiroso/a liar

menú *m.* menu

menudo tripe

menudo/a small; **a menudo** often

meramente merely

mercadear to trade

mercado market (3)

merced *f.* mercy, grace; **merced a** thanks to

merecer (zc) to deserve

meridional southern

mérito merit

mero/a mere

mes *m.* month

mesa table

mesero/a waiter/waitress

Mesoamérica Mesoamerica

mesoamericano/a *n. adj.* Mesoamerican

mestizaje *m.* miscegenation (9); mixing (*of race/culture*) (9)

mestizo/a mestizo (*person of mixed racial ancestry, especially European-indigenous*) (9)

meta goal (3)

metódico/a methodical

metodista *n. m., f.* Methodist (2)

método method

métrico/a metric

metro meter

mexicano/a *n. adj.* Mexican

mezcla mix

mezquita mosque

mi *poss.* my

mí *obj. of prep.* me

microempresa micro business

miedo fear; **tener** (*irreg.*) **(mucho) miedo (de)** to be (very) afraid (of)

miel *f.* honey; **ojos color miel** honey-colored eyes (1)

miembro member

mientras *adv.* while; as long as; **mientras tanto** meanwhile

migratorio/a *adj.* migrant

mil one thousand

milenario/a millenary, millennial

milenio millennium (9)

militar *m.* soldier; *adj.* military

milla mile

millares *pl.* thousands

millón *m.* million

millonario/a millionaire

mimar to spoil

mina de oro/plata gold/silver mine (9)

ministerio ministry, department (*as in Department of Agriculture*) (10)

ministro/a minister, secretary (*in United States government, as in Secretary of Agriculture*) (2, 10)

mío/a *poss.* my, (of) mine

miope near-sighted

mirada look; gaze; glance; **alzar (c) la mirada** to look up

mirar to look at; to watch

mirlo blackbird

misa mass (*religious*)

miseria misery

misión *f.* mission

mismo/a *pron.* same (one); *adj.* same; self; **al mismo tiempo** at the same time; **de la misma forma** in the same way; **el/la mismo/a** the same; **hoy mismo** today; **lo mismo** the same; **mí mismo/a** myself; **sí mismo/a** oneself

misterio mystery

misterioso/a mysterious

mítico/a mythical

mito myth

moda style; **estar** (*irreg.*) **de moda** to be fashionable

modelo model (8); pattern (8); **modelo** *m., f.* (fashion) model (8)

moderado/a moderate; **a fuego moderado** at medium heat

moderar to moderate

modernidad *f.* modernity

modernización *f.* modernization

moderno/a modern

modificación *f.* modification

modificar (qu) to modify

modo way; **de modo que** in such a way that; **de todos modos** anyway, regardless

modulado/a modulated

Moisés Moses

mojar to get wet

mole (*n.*) *Mexican sauce made chiles, nuts or seeds, and spices*

molestar to bother; **me molesta...** it bothers me . . .; **molestar(se) por** to be bothered by

molido/a ground; **carne** *f.* **molida** ground beef

molino de viento windmill

momento moment

momia mummy

momificar (qu) to mummify

monarquía monarchy

monasterio monastery (9)

monetario/a monetary; **Fondo Monetario Internacional (FMI)** International Monetary Fund (IMF) (7)

monitor *m.* monitor

monja nun

monje *m.* monk

monopolio monopoly

monopolizar (c) to monopolize

monstruo monster

montaña mountain

monte *m.* mount; mountain

montón heap; **un montón de** a lot of

monumento monument

moreno/a brown-skinned (1); dark-skinned (1)

moribundo/a moribund, dying

morir (ue, u) (*p.p.* **muerto**) to die

mormón, mormona Mormon (2)

moro/a *adj.* Moorish

mosaico mosaic

mostrar (ue) to show

motivar to motivate

motivo motive

moto(cicleta) motorcycle

mover(se) (ue) to move

móvil mobile; **teléfono móvil** cellular phone (4)

movimiento movement

muchacho/a boy/girl; young man/woman

mucho *adv.* a lot; much

mucho/a *adj.* much; *pl.* many; **con mucha frecuencia** often; **muchas veces** often, many times; **tener** (*irreg.*) **mucha hambre** to be very hungry; **tener** (*irreg.*) **mucha prisa** to be in a real hurry; **tener** (*irreg.*) **mucha sed** to be very thirsty; **tener** (*irreg.*) **mucha vergüenza** to be very ashamed, embarrassed; **tener** (*irreg.*) **muchas ganas de** (+ *inf.*) to feel very much like (+ *inf.*)

mudanza move (*from one address to another*)

mudar(se) to move (*from one address to another*)

mudo/a mute (8); **película muda** silent film

muerte *f.* death

muerto/a *n.* dead person; (*p.p. of* **morir**) *adj.* dead

mujer *f.* woman; wife (2); **asociación** *f.* **de mujeres de negocios** businesswomen's association (2); **programa** *m.* **de estudios de mujeres** women's studies program (2)

mulato/a mulatto (*person of mixed European-African ancestry*)

multietnicidad *f.* multiethnicity

múltiple multiple

multiplicar (qu) to multiply

multiplicidad *f.* multiplicity

mundial *adj.* (*pertaining to*) world; global, worldwide; **Banco Mundial** World Bank; **Segunda Guerra Mundial** Second World War

mundialmente worldwide

mundo world; **todo el mundo** everyone

municipio municipality

muñequito little doll

museo museum

música music; **escuchar música** to listen to music (5); **grupo de música** musical group (2)

musulmán, musulmana *n.* Muslim (2)

muy very

N

nacer (zc) to be born (2)

nacido/a born; **recién nacido/a** newborn

nacimiento birth (2); **certificado de nacimiento** birth certificate

nación *f.* nation; **juramento de lealtad a la nación** pledge of allegiance

nacionalidad *f.* nationality (6)

nacionalización *f.* nationalization (7)

nada nothing; **de nada** you're welcome; **no le gusta(n) nada** he/she doesn't/you (*form. s.*) don't like it/them at all; **no me importa(n) nada** it/they don't matter at all to me; **no pasa nada** nothing is happening; **no valer** (*irreg.*) **nada** to be worth nothing

nadar to swim (5)

nadie no one; nobody, not anybody

naranjo orange tree

narcotráfico drug trafficking

narcoviolencia *violence related to drug trafficking*

nardo nard, tuberose

narración *f.* narration

narrar to narrate

natalidad *f.* birth; **nivel** *m.* **de natalidad** birthrate

nativo/a native

natural natural; **ciencias** *f. pl.* **naturales** natural sciences (2)

naturaleza nature (7)

nave *f.* ship

navegante *m., f.* navigator
Navidad *f.* Christmas (2)
necesario/a necessary; **ser** (*irreg.*) **necesario** to be necessary
necesidad *f.* necessity
necesitar to need
negar(se) (ie) (gu) to deny; to refuse
negatividad *f.* negativity
negativo/a negative
negociar to negotiate
negocio business; **hombre** *m.* **de negocios** businessman; **mujer** *f.* **de negocios** businesswoman; **asociación** *f.* **de mujeres de negocios** businesswomen's association (2)
negrita: **estar** (*irreg.*) **en negrita** to be in boldface (type)
negro/a black; **agujero negro** black hole; **ojos negros** black eyes (1)
neoclasicismo Neoclassicism
neoclásico/a Neoclassical (9)
nervioso/a nervous
nevar (ie) to snow
ni neither; nor; even; **ni... ni** neither . . . nor; **ni siquiera** not even
nieto/a grandson/granddaughter (2); *pl.* grandchildren
ningún, ninguno/a none, no; not any; **ninguno de los dos** neither (of the two)
niñero/a babysitter
niñez *f.* childhood
niño/a child
nipón, nipona *adj.* Japanese
nivel *m.* level (6); rate; **nivel de vida** standard of living (5); **nivel económico** economic standard (6)
no no; not; non; **no... sino** but rather (*opposition after a previous negative*)
nobleza nobility
nocivo/a harmful
noche *f.* night; **de la noche** P.M.; **esta noche** tonight; **por la noche** at night
nombramiento appointment (*to a position*)
nombrar to name
nombre *m.* name
noreste *m.* northeast
norma rule, norm
normalizar (c) to normalize; to restore to normal
noroeste *m.* northwest
norte *m.* north
Norteamérica North America
norteamericano/a North American

norteño/a northern
nos *d.o.* us; *i.o.* to/for us; *refl. pron.* ourselves
nosotros/as *sub. pron.* we; *obj. of prep.* us
nostalgia nostalgia (6)
nota grade (2); **notas** (class) notes (2)
notar to notice (4)
noticia piece of news (4); **noticias** news (4)
noticiero news(cast) (4); news program (4)
novato/a beginner, novice; freshman
novecientos/as nine hundred
novedad *f.* novelty
novedoso/a novel
novela novel
novelista *m., f.* novelist
noventa ninety
noviembre *m.* November
novio/a boyfriend/girlfriend; fiancé(e); groom/bride
nube *f.* cloud
nudista *n. m., f.* nudist
nudo knot
nuera daughter-in-law (2)
nuestro/a *poss.* our
nueve nine
nuevo/a new
nuez *f.* (*pl.* **nueces**) nut
número number
numeroso/a numerous
nunca never
nutrición *f.* nutrition

Ñ

ñusta princess

O

o or (6); **o...o** either . . . or (6)
obeso/a obese (1)
objetividad *f.* objectivity
objetivo objective (3)
objeto object
obligar (gu) to obligate
obra work; **mano** *f.* **de obra** labor (10); manpower (10); **obra maestra** masterpiece
observar to observe
obsidiana obsidian
obstáculo obstacle
obstinación *f.* stubbornness
obstinado/a obstinate, stubborn
obtener (*like* **tener**) to obtain
obvio/a obvious; **ser** (*irreg.*) **obvio** to be obvious
ocasión *f.* occasion
occidental western
occidente *m.* west

océano ocean (7); **Océano Atlántico** Atlantic Ocean
oceanografía oceanography
ochenta eighty
ocho eight
ochocientos/as eight hundred
ocio leisure (5)
octavo/a eighth
octubre *m.* October
ocultamiento concealment
ocultar to hide; to conceal
oculto/a dark
ocupación *f.* occupation
ocupado/a occupied, busy
ocupar to occupy
ocurrir to occur; to happen
odiar to hate
odio hatred
odioso/a hateful, odious
oeste *m.* west
ofender to offend
ofensivo/a offensive
oferta offer
oficial official
oficina office; **oficina de correos** post office (9)
oficio job (3)
ofrecer (zc) to offer
oír *irreg.* to hear
ojalá (que) I hope/I wish (that)
ojo eye (1); **ojos azules/color café/negros/verdes/color miel** blue/brown/black/green/honey-colored eyes (1)
ola wave
oler a *irreg.* to smell like (5)
olímpico/a Olympic; **juegos olímpicos** Olympics
olla pot
olor *m.* odor, smell
olvidar to forget
once eleven
ondulado/a wavy; **pelo ondulado** wavy hair (1)
onza ounce
opción *f.* option
operación *f.* operation
opinar to think; to have an opinión (*about something*)
opinión *f.* opinion
oponerse (*like* **poner**) **a** to oppose (8)
oportunidad *f.* opportunity (8)
oportuno/a opportune
opresión *f.* oppression
oprimido/a oppressed
optar to opt
optimismo optimism
óptimo/a optimal
opuesto/a opposite
oración *f.* sentence; prayer (2)

orden *m.* order (*chronological*); *f.* order, command; **orden** *m.* **alfabético** alphabetic order
ordenar to order; to command
ordinario/a ordinary
orgánico/a organic
organismo organism
organización *f.* organization; **organización no gubernamental (ONG)** nongovernment organization (NGO) (8)
organizado/a organized
organizador(a) organizer
organizar (c) to organize
orgullo pride (6)
orgulloso/a proud (6)
oriente *m.* east
origen *m.* origin (6)
originar to originate
originario/a originating
oriundo/a originally
ornamentación *f.* ornamentation
oro gold; **mina de oro** gold mine (9)
orquesta orchestra
ortografía spelling
oruga caterpillar
os *d.o.* (*Sp.*) you (*fam. pl.*); *i.o.* (*Sp.*) to/for you (*fam. pl.*); *refl. pron.* (*Sp.*) yourselves (*fam. pl.*)
oscilar to oscillate
oscuridad *f.* darkness
oscuro/a dark
oso bear
ostensiblemente ostensibly
otorgar (gu) to give; to grant; to award
otro/a other; another
oveja sheep; **cada oveja con su pareja** to each his own
oxígeno oxygen
ozono ozone; **capa de ozono** ozone layer (7)

P

paciencia patience
pacificación *f.* pacification
pacífico/a peaceful; **Océano Pacífico** Pacific Ocean
pacto pact, agreement
padrastro stepfather (2)
padre *m.* father (2); **padre político** father-in-law (2)
padrino godfather (2)
paella *rice dish with vegetables, meat, and/or seafood*
pagar (gu) to pay; to pay for
página page; **página web** web page (4)
país *m.* country (6); **país industrializado** industrialized

country; **países desarrollados** developed countries (7); **países en vías de desarrollo** developing countries (7)
paja straw
pájaro bird
palabra word
palacio palace (9)
paladar palate
palestino/a *n., adj.* Palestinian
palo stick; **de tal palo tal astilla** a chip off the old block
Pampa *vast plain region in Argentina*
pan *m.* bread
panamericano/a Pan-American
pancarta sign, banner
panelero/a *relating to* panela, an *unbleached cane sugar;* **industria panelera** sugarcane/ panela industry
panfleto pamphlet
pantalla screen (*computer, movie*) (4)
pantanoso/a swampy, boggy
pañuelo handkerchief
papa *f.* potato; **papas fritas** French fries
papá *m.* father, dad (2)
papel *m.* paper; role (1); **servilleta de papel** paper napkin (5); **tener** (*irreg.*) **papeles** to have legal papers (6)
paquete *m.* package
par *m.* pair
para for; in order to; **estar** (*irreg.*) **para** (+ *inf.*) to be ready, about to (+ *inf.*); **para bien o para mal** for better or worse; **para colmo** to make matters worse; **para empezar** to begin; **para que** in order to; so that; **para terminar** finally (10)
paracaídas *m., s., pl.* parachute
parada stop; **parada de autobuses** bus stop
paralelo/a *adj.* parallel
parangón *m.* comparison, parallel
parar to stop
parcial partial (3); **trabajo a tiempo parcial** part-time job
parecer (zc) to look; to seem; **me parece...** it seems to me . . . ; **parecerse** to look like
parecido resemblance (2)
pared *f.* wall
pareja partner; couple; pair; **cada oveja con su pareja** to each his own
parentesco (family) relationship
paréntesis *m. inv.* parenthesis/es; **entre paréntesis** in parentheses
pariente *n. m., f.* relative

parlamentario/a parliamentary
parpadear to blink
parque *m.* park
párrafo paragraph
parte *f.* part; **formar parte de** to be/form part of (2)
Partenón *m.* Parthenon
participación *f.* participation
participar to participate
particular particular; private; **en particular** in particular
partidario/a *adj.* partisan
partido game, match; political party (2)
partir to leave; to depart; **a partir de** since
parto childbirth; labor, delivery
pasa raisin
pasado past
pasado/a past; last; **el año pasado** last year; **la semana pasada** last week
pasaje *m.* passage
pasaporte *m.* passport (6)
pasar to happen; to pass; **pasarlo/ pasarla bien** to have a good time (5); **¿qué pasa?** what's happening?
pasatiempo pastime (5); hobby
Pascua de Resurrección Easter (2)
Pascua Florida Easter (2); **Pascua Judía** Passover (2)
pasear to stroll
paseo stroll
pasión *f.* passion
pasivo/a passive
paso passage; step
pasta pasta; paste
pastel *m.* cake
patata *Sp.* potato
paternalista paternalistic
paternidad *f.* paternity
paterno/a paternal (on the father's side) (2)
patria homeland (6)
patriarca patriarch
patrio/a national
patriótico/a patriotic
patriotismo patriotism
pauta rules; guide
paz *f.* (*pl.* **paces**) peace
pecado sin
pecas freckles (1)
pecho chest
pedir (i, i) to ask for; to request; to order
peinar(se) to comb (one's hair)
peldaño step, rung
pelear to fight
película movie; **alquilar películas** to rent movies (5)

peligro danger

pelirrojo/a red-haired; **ser** (*irreg.*) **pelirrojo/a** to be a red-head (1)

pellejo skin; **estar** (*irreg.*) **en el pellejo de alguien** to be in someone else's shoes

pelo hair (1)

pena sorrow, hardship; **merecer (zc) la pena** it is worth

penicilina penicillin

península peninsula; **Península Ibérica** Iberian Peninsula

pensador(a) thinker

pensar (ie) to think; to believe; **pensar + inf.** to plan to (*do something*); **pensar de (algo/alguien)** to have an opinion about (something/someone); **pensar en** to think about

Pensilvania Pennsylvania

pentágono pentagon

penuria poverty

peor worse; **ser** (*irreg.*) **peor** to be worse (5)

pepita seed

pequeño/a small, little

pera pear

percatarse to notice

percibir to perceive

percusión percussion

perder (ie) to lose

pérdida loss

perezoso/a lazy

perfeccionamiento improvement; **curso de perfeccionamiento** training course (3)

perfeccionar to perfect

perfecto/a perfect

perfil *m.* profile

perfilarse to appear

periódico newspaper (4)

periodismo journalism

periodista *m., f.* journalist (4)

periodístico/a journalistic

período period; **período de aprendizaje** learning/training period (3)

perjudicar (qu) to harm (10)

perjudicial harmful

permanencia permanence

permanente permanent

permisivo/a permissive

permiso permission

permitir to permit

permutación *f.* permutation, transformation

perro dog

perseverancia perseverance

persona person; **personas** people

personaje *m.* character (1)

personal *m.* personnel

personalidad *f.* personality (1)

persuadir to persuade

persuasivo/a persuasive

pertenecer (zc) a to belong to (2)

pertenencia *n.* belonging

perteneciente (a) *adj.* belonging (to), deriving (from)

pertinente pertinent

peruano/a Peruvian

perverso/a perverse

pesa weight (*gym*)

pesado/a dull, bothersome, annoying (1)

pesar to weigh; **a pesar de** despite (10); **a pesar de que** despite the fact that

peso weight; importance

pesticida *m.* pesticide (7)

petición petition; **a petición** by request

petróleo oil, petroleum

pez *m.* (*pl.* **peces**) fish (*living*)

picado/a chopped

picante spicy

pie *m.* foot; **estar** (*irreg.*) **de pie** to be standing

piedad *f.* pity; piety

piedra stone

piel *f.* skin

pierna leg

piloto/a pilot (3)

pimiento pepper

pintar to paint

pintor(a) painter (3)

pintura paint (9)

pionero/a pioneer

pirámide *f.* pyramid (9)

pirata *m., f.* pirate

piratería piracy, pirating

pisar to step

piscina swimming pool (5)

piso floor (7); story (9)

pista clue

placentero/a pleasant

placer *m.* pleasure

plan *m.* plan

planear to plan

planeta *m.* planet (7)

planificación *f.* planning; **planificación urbanística** urban planning

plano map

planta plant

plantación *f.* plantation; **plantación de cacao/caña de azúcar** cocoa-bean/sugarcane plantation (9)

plantar to plant

planteamiento proposal; exhibition

plantear(se) to pose (*a question*) (8); to consider (8)

plástico plastic; **plástico/a** *adj.* (*made of*) plastic

plata silver; money; **mina de plata** silver mine (9)

plataforma platform

plateresco/a plateresque

platicar (qu) to chat (5); to converse (5)

platillo culinary dish

plato plate; dish (5); course

playa beach (5)

plaza (town) square (5)

plazo term; deadline (2); **a corto plazo** short-term; **a largo plazo** long-term

plebiscito plebiscite (10)

pleno/a full

pluma pen

pluralidad *f.* plurality

población *f.* population (6)

poblador(a) settler

poblano/a *of/from Puebla, Mexico*

pobre poor

pobreza poverty (6)

poco/a little; **en pocas palabras** in a few words

poder (ue) *irreg.* to be able to

poder *m.* power

poderío power, force; **poderío militar** military force

poderoso/a powerful

poesía poetry

poeta *m., f.* poet

poético/a poetic

policía, mujer policía *m., f.* policeman, policewoman; *f.* police force

polio *f.* polio

politeísta polytheistic

política politics

político/a *n.* politician; *adj.* political; **afiliación** *f.* **política** political affiliation (2); **ciencias políticas** political science (2); **familia política** in-laws (2); **hermano/a político/a** brother-in-law/sister-in-law (2); **hijo/a político/a** son-in-law/daughter-in-law (2); **madre** *f.* **política** mother-in-law (2); **padre** *m.* **político** father-in-law (2)

poner *irreg.* (*p.p.* **puesto**) to put, place; **ponerse** to put on; to turn; to become; **ponerse + adj.** to get, become + *adj.*; **ponerse a pensar** to begin to think

por by; through; because of; for; per; around, about; on; because of, on account of; **por arriba de** above; **por casualidad** by chance; **por ciento** percent; **por**

correo by mail; **por debajo** below; **por desgracia** unfortunately; **por detrás de** behind; **por doquier** everywhere; **por ejemplo** for example; **por el contrario** on the contrary; **por el momento** for the time being; **por eso** therefore; for this reason; **por excelencia** par excellence; **por favor** please; **por fin** at last (10); **por hora** by the hour; **por la mañana/tarde/noche** in the morning (A.M.)/afternoon (P.M.)/evening, night (P.M.); **por lo general** in general; **por lo menos** at least; **por lo mismo** by the same; **por (lo) tanto** therefore (9); **por medio de** by means of; **por mi cuenta** on my own; **por orden de** by order of; **por primera vez** for the first time; **por si acaso** in case; **por supuesto** of course; **por teléfono** by telephone; **por último** finally, lastly; **por un lado/por otro lado** on one hand/on the other hand; **por una parte/por otra parte** on one hand/on the other hand; **¿por qué?** why?

porcentaje *m.* percentage

porque because

portada front page; cover (*of a book/magazine*)

portal *m.* portal (4)

portavoz *m.* spokesperson

portero goalie

portugués *n., m.* Portuguese(*language*)

portugués, portuguesa *n., adj.* Portuguese

posar to pose

poseer (y) to possess

posguerra postwar

posibilidad *f.* possibility

posible possible

posición *f.* position (8); opinion (8)

positivo/a positive; **discriminación** *f.* **positiva** affirmative action (8)

postre *m.* dessert

postsecundario/a college-level

póstumamente posthumously

postura posture, stance; position (8); opinion (8)

potable drinkable; **agua** (*f. but* **el agua**) **potable** drinking water

potencial potential

pozo well

práctica practice; **práctica laboral** internship (3)

practicar (qu) to practice

práctico/a practical

preceder to precede

preciado/a treasured

precio price

precisamente precisely

precisión *f.* precision

precolombino pre-Columbian

precursor *m.* precursor

predicar (qu) to preach

predicción *f.* prediction

predominar to prevail

preferencia preference

preferir (ie, i) to prefer

pregunta question

preguntar to ask a question

prehispánico/a pre-Hispanic

prehistórico/a prehistoric, prehistorical

prejuicio prejudice

premio prize; **Premio Nobel** Nobel Prize

premisa premise

prender to turn on; to catch

prensa press (4); media (4)

preocupación *f.* worry

preocupado/a worried; **estar** *irreg.* **preocupado** to be worried

preocupar(se) to worry; to be worried; **nos preocupan...** . . . worry us

preparación *f.* preparation

preparar(se) to prepare (oneself)

preponderante predominant, preponderant

prepotencia prepotency

prepotente arrogant; prepotent

presencia presence

presentación *f.* presentation

presentador(a) TV host(ess) (4); anchorperson (4)

presentar to present; to introduce (*people*)

presente *n. m.* present

preservar to preserve (7)

presidencial presidential

presidente, presidenta president (10)

presión *f.* pressure

preso/a inmate (8); prisoner (8)

prestado loaned; **pedir (i, i) prestado** to borrow

préstamo loan

prestar to lend

prestigioso/a prestigious

pretender (ie) to seek; to try, attempt

pretendiente *m., f.* suitor

prevención *f.* prevention

prever (*like* **ver**) to foresee

previo/a previous

primaria primary, basic; **escuela primaria** elementary school (2)

primavera spring

primer, primero/a first; **por primera vez** for the first time; **primera comunión** *f.* first communion (2)

primo/a *m.* cousin (2); *adj.* prime; **materia prima** raw material

princesa princess

principal main, principal; **tema** *m.* **principal** main idea

principalmente principally

príncipe *m.* prince

principio principle (8); beginning (8)

prioridad *f.* priority

prioritario/a having priority

prisa hurry, rush; **tener** (*irreg.*) **(mucha) prisa** to be in a (real) hurry

prisión *f.* prison (8); jail (8)

privado/a private

privatización *f.* privatization (7)

privilegiado/a privileged

privilegio privilege (8)

probabilidad *f.* probability

probar (ue) to try (5); to taste (5); to prove

problema *m.* problem

proceder to proceed

proceso process

prodigio wonder, phenomenon

producción *f.* production

producir (*irreg.*) to produce

productividad *f.* productivity

productivo/a productive

productor(a) producer

profesión *f.* profession (3)

profesional professional

profesionalización *f.* professionalization

profesor(a) profesor, teacher; **profesor(a) universitario/a** university professor (3)

profundo/a deep; profound

programa *m.* program (4); **programa de estudios** program of studies; **programa informativo/de entretenimiento/deportivo** information/entertainment/sports program (4)

programación *f.* programming; **técnico/a en programación** programming technician (3)

programador(a) programmer (3)

progresista *m., f.* liberal, progressive (1)

progresivo/a progressive

progreso progress

prohibir (prohíbo) to prohibit

prolongación *f.* prolongation

prolongado/a prolonged

promedio average; **en promedio** on average (2)
promesa promise
promisión f. promise; **tierra de promisión** promised land
promover (ue) to promote (8)
pronosticar (qu) to predict; to forecast
pronto soon; **tan pronto como** as soon as
pronunciación f. pronunciation
pronunciar to pronounce
propiedad f. property
propio/a own; typical, characteristic
proponer (*like* **poner**) to propose
proporcionar to provide, supply
propósito purpose; **a propósito** on purpose
propuesta proposal
propugnar to advocate
prosperidad f. prosperity
protagonista m., f. protagonist
protección f. protection
proteger (j) to protect (7)
protesta protest (8)
protestante Protestant (2)
protocolo protocol
provecho benefit, advantage; **¡buen provecho!** enjoy your meal! (5)
proveer (y) to provide
proveniente proceeding
provincia province (2)
provocador(a) provocative; provoking
provocar (qu) to provoke
provocativo/a provocative
próximo/a next
proyección f. projection
proyecto project
prueba quiz, test
psicología psychology (2)
psicólogo/a psychologist
publicar (qu) to publish
publicidad f. publicity
publicitario/a adj. advertising; publicity
público audience
público/a public; **asistencia pública** public aid; welfare (8); **relaciones** f., pl. **públicas** public relations
pueblo people; town (9)
puerta door
puertorriqueño/a n., adj. Puerto Rican
pues... interj. well . . . , so . . .
puesto (*p.p. of* **poner**) put; placed; turned on (*appliance*); **puesto que** given that; since
puesto n. job, position (3)
pulcritud f. neatness

pulido/a polished
púlpito pulpit
pulsar to click; to push/press (a button); to type (on a key) (4)
punta tip; **punta de flecha** arrowhead
punto point; period; dot (4); **a punto de** about to; **dos puntos** colon; **punto de vista** point of view; **punto y coma** semi-colon
puntuación f. punctuation
puño fist
purificador(a) purifying
purificar (qu) to purify
puro/a pure

Q

que rel. pron. that; which; who; than; **el/la/los/las que** that/he/she/the one which/who; **lo que** what
¿qué...? what . . . ?; **¿qué pasa?** what's happening?; **¿qué tal?** how's it going?; how are you?
quechua m. Quechua (language) (*indigenous to Andean region of South America*)
quedar to suit; to look good/bad on; to be (situated/located); to have left; **me queda(n)...** I have . . . left; **(no) te queda bien...** . . . does (not) suit you well/look good on you; **quedarse** to remain, stay
quien rel. pron. s., pl. who, whom; (he/she/the one) who
¿quién(es)? who?, whom?; **¿a quién le gusta(n)...?** who likes . . . ?; **¿quién es?/¿quiénes son?** who is it?/who are they?
queja complaint
quejarse to complain
quemadura burn
quemar to burn
quena flute
querer irreg. to want (1); to love
querido/a dear
queso cheese
quetzal m. tropical bird
química chemistry (2)
químico/a chemist
quince fifteen
quinceañera girls' fifteenth-birthday party (2)
quincuagésimo fiftieth
quinientos/as five hundred
quinquenio five-year period
quinto/a fifth
quipu knotted threads used by the Incas for recording information

quitar to take away; **quitar(se)** to take off, to remove (from oneself)
quizá, quizás perhaps

R

racial racial; **discriminación** f. **racial** racial discrimination (8)
racionalidad f. rationality
racismo racism
radiación (f.) **ultravioleta** ultraviolet radiation
radicado/a residing
radio m. radio (*receiver*); f. radio (*broadcasting*) (4)
raigambre f. origin; tradition
raíz f. (*pl.* **raíces**) root (6)
rama branch
ranchero/a rancher
rápido adv. fast; quickly
rápido/a adj. rapid, fast, quick
raro/a strange; rare; **ser** (*irreg.*) **raro** to be unusual
rasgo feature; trait; **rasgo físico** physical feature (1)
ratificación f. ratification
rato a while
ratón m. mouse
raza race (6)
razón f. reason; **por alguna razón** for some reason; **tener** (*irreg.*) **razón** to be right
reacción f. reaction
reaccionar to react
reacomodamiento relocation
reactivo/a reactive
reafirmar to reaffirm
real real; royal
realidad f. reality
realismo realism; **realismo mágico** magic realism
realista n. m., f. realist
realizador(a) producers
realizar (c) to attain; to achieve; to realize (carry out)
realmente really
reaparecer (zc) to reappear
rebelarse to rebel
rebelión f. rebellion
recargado/a with an excess of ornamentation (9)
recatado/a modest
recelo distrust; **suscitar recelos** to raise suspicions
receta recipe
rechazar (c) to reject (6)
rechazo rejection (6)
recibir to receive
reciclable recyclable (7)
reciclado recycling; **contenedor** m. **de reciclados** recycling bin (7)

reciclaje *m.* recycling
reciclar to recycle (7)
recién recently; **recién nacido/a** newborn
reciprocidad *f.* reciprocity
recíproco/a reciprocal
recitar to recite
reclamar to claim
reclutar to recruit
recoger (j) to pick up; to gather
recogida de basura garbage pickup (7)
recomendación *f.* recommendation; **carta de recomendación** letter of recommendation (3)
recomendar (ie) to recommend
reconocer (zc) to recognize
reconocimiento recognition
reconversión *f.* reconversion
recordar (ue) to remember (1)
recordatorio reminder
recuadro box
recuerdo memory (*of one item*) (2); recollection (2)
recurso resource (7); **recurso natural** natural resource; **recursos humanos** human resources
red *f.* net; **Red** Internet (4)
redacción *f.* writing; revision, editing; composition
redactar to write; to draft; to revise; to edit
reducción *f.* reduction
reducir (zc) to reduce (1, 7)
reemplazar (c) to replace
reencarnar to reincarnate
referencias references (3)
referéndum *m.* referendum (10)
referente *adj.* regarding; **todo lo referente a...** everything concerning . . .
referirse (ie, i) a to refer to
refinado/a refined
reflejar(se) to reflect
reflexión *f.* reflection, thought
reflexionar to reflect on, think about
reflexivo/a reflexive
reforestación *f.* reforestation
reforma reform
reformar to reform
reforzar (ue) (c) to reinforce
refrán *m.* saying, proverb
refrescar(se) (qu) to refresh (oneself)
refresco soft drink
regadera sprinkler; shower
regalar to give (*a gift*)
regalo gift
regeneración *f.* regeneration
régimen *m.* regime
región *f.* region

regir (i, i) (j) to govern, rule
registrar to register/record; to search (*through something*)
regla rule
reglamento rule, regulation
regresar to return
regreso return
regular to regulate
regularizar (c) to regularize
rehacer (*like* **hacer**) to remake; to redo
reina queen (9)
reinar to reign (9)
reino kingdom (9)
reírse (río) (i, i) to laugh
reiterar to reiterate
reivindicación *f.* claim
relación *f.* relationship; relation; **relaciones diplomáticas** diplomatic relations; **relaciones públicas** public relations
relacionar to relate
relajarse to relax (5)
relatar to relate; to tell
relativo/a *adj.* relative
relevancia relevance
relevante relevant
religión *f.* religion (2)
religioso/a religious; **creencias religiosas** religious beliefs (2); **discriminación** *f.* **religiosa** religious discrimination (8); **servicio religioso** religious service (2)
rellenar to fill; to stuff
reloj *m.* watch; clock
remesa shipment; remittance
remodelar to remodel
remojar to soak
remoto/a distant; **control** *m.* **remoto** remote control
remunerado/a paid
renacentista *adj. m.,* *f.* Renaissance (9)
renacer (zc) to be reborn
Renacimiento Renaissance (9)
rendimiento performance
rendir (i, i) to yield; to render; **rendir homenaje** to pay homage
renuncia resignation (3)
renunciar to renounce; to resign (3)
reparación *f.* repair
reparar to repair
repartir to apportion
repasar to review
repaso review
repentino/a sudden
repetición *f.* repetition
repetir (i, i) to repeat (1)
reportaje *m.* news report (4)
reportar to report

reportero/a reporter
representación *f.* representation; depiction; performance
representante *m., f.* representative
representar to represent, symbolize; to depict
representativo/a representative
represión *f.* repression (10)
represivo/a repressive (10)
reprobar (ue) to fail (2)
reproducido/a reproduced
reproductor *m.* **de MP3** MP3 player (4)
república republic; **República Dominicana** Dominican Republic
republicano/a Republican (2)
requerir (ie, i) to require
requisito requirement (2)
resaltar to highlight; to stand out
rescatar to rescue; to save
rescoldo ember; **rescoldos** *pl.* **del resentimiento** residual feelings of resentment
rescribir (*p.p.* **rescrito**) to rewrite
rescrito/a (*p.p. of* **rescribir**) rewritten
resentido/a resentful
resentimiento resentment; **rescoldos** *pl.* **del resentimiento** residual feelings of resentment
reseña review; report; account
reservar to reserve
resfriado *n.* cold (*illness*)
residencia residence (6)
residencial residential; **zona residencial** residential area (6)
residente *m., f.* resident; **tarjeta de residente** resident (green) card (6)
residir to reside
resignado/a resigned
resistirse to resist
resolver (ue) (*p.p.* **resuelto**) to resolve
resorte *m.* means
respectivo/a respective
respecto: con respecto a with respect to (8); **respecto a** with respect to
respetable respectable
respetado/a respected
respetar to respect
respeto respect
respetuoso/a respectful
respirar to breathe
respiratorio/a respiratory
responder to respond
responsabilidad *f.* responsibility (3); **asumir responsabilidad** to assume/take on responsibility

responsable responsible (1)

respuesta answer

restablecer (zc) to reestablish

restaurante *m.* restaurant

resto rest; *pl.* remains

resuelto (*p.p. of* **resolver**) resolved

resultado result

resultar to result

resumen *m.* summary

resumir to summarize

Resurrección *f.*: **Pascua de Resurrección** Easter (2)

retener (*like* **tener**) to retain

retirarse to pull out, pull back

reto challenge

retórico/a rhetorical

retratar to portray

retrato portrait

reunión *f.* meeting; **reunión familiar** family reunion (2)

reunirse (me reúno) to meet/get together

revelarse to reveal

revisar to revise

revista magazine (4)

revoltillo jumble

revolución *f.* revolution

rey *m.* king (9)

rezar (c) to pray (2)

rico/a rich; delicious

rigor *m.* strictness

rincón *m.* corner

río river

riqueza *s.* richness (6), wealth (6); riches

ritmo rhythm; **ritmo de la vida** pace of life (5)

rito rite, ritual (2)

ritual *m.* ritual

rizado/a curly; **pelo rizado** curly hair (1)

robar to rob/steal

rodeado/a (de) surrounded (by)

rodilla knee; **estar** (*irreg.*) **de rodillas** to be kneeling down

rojo/a red

rol *m.* role

romano/a *n., adj.* Roman

romántico/a romantic

rompecabezas *m., inv.* puzzle

romper (*p.p.* **roto**) to break

ropa *s.* clothes, clothing

rosa *f.* rose; *m.* pink; *adj. inv.* pink

rostro face (1)

roto/a (*p.p. of* **romper**) broken; **está roto/a** it is broken (1)

rotundo/a substantial

rubio/a blonde (1); **pelo rubio** blond hair (1)

rueda wheel

ruido noise; **hacer** (*irreg.*) **ruido** to make noise

ruinas ruins (9)

Rumania Romania

rumano/a *n., adj.* Romanian

rumbo direction (10)

rumor *m.* murmur

ruta route

rutina routine

S

sábado Saturday

saber *irreg.* to know; to find out about; **saber** (+ *inf.*) to know how (*to do something*); **saber a** to taste like (5)

sabiduría wisdom

sabor *m.* flavor, taste

sacar (qu) to take out; to get, receive (*grade*)

sacerdote *m.* priest

sacudir to shake up

sagrado/a sacred

sal *f.* salt (5)

sala room; living room

salario salary (3)

salir *irreg.* to leave; to go out

salsa de tomate ketchup

saltar to jump; to go off/sound (*alarm*)

salud *f.* health

saludo greeting

salvaguardar to protect

salvar to save

san, santo/a saint

sanción *f.* sanction

sándwich *m.* sandwich

sangrante bleeding

sangre *f.* blood

sangriento/a bloody

santo/a saint

satelital *adj.* satellite; **televisión** *f.* **satelital** satellite television

satélite *m.* satellite (4)

satisfacción *f.* satisfaction

satisfactorio/a satisfactory

satisfecho/a satisfied

se *refl. pron.* yourself (*form.*); himself, herself, itself; yourselves (*form. pl.*); themselves; (*impersonal*) one

secar (qu) to dry

sección *f.* section

secretario/a secretary

secreto *n.* secret

sector *m.* sector

secundaria secondary; **escuela secundaria** middle/high school (2)

sed *f.* thirst; **tener** (*irreg.*) **(mucha) sed** to be/feel (very) thirsty

segmento segment

seguido/a continuous, consecutive; **en seguida** immediately (8)

seguir (i, i) (g) to follow; to continue

según according to

segundo/a *adj.* second; **en segundo lugar** in second place

seguridad *f.* security

seguro de vida/médico/dental life/medical/dental insurance (3)

seguro/a sure; **estar** (*irreg.*) **seguro** to be sure; **no estar** (*irreg.*) **seguro/a** to be unsure

seis six

seiscientos/as six hundred

selección *f.* selection

seleccionar to select

selva jungle (7); tropical rain forest (7)

semana week; **fin** *m.* **de semana** weekend

semanal weekly

semántico/a semantic

sembradora sower (*seeding machine*)

sembrar (ie) to sow (7)

semejanza similarity

semestre *m.* semester

semilla seed

seminario seminar

senado senate (10)

senador(a) senator (10)

sensato/a sensible

sensible sensitive (1)

sentado/a seated; **estar** (*irreg.*) **sentado** to be seated/sitting

sentar(se) (ie) to sit (oneself down)

sentido sense; meaning; **(no) tener sentido** to (not) make sense; **tener** (*irreg.*) **sentido del humor** to have a sense of humor (1)

sentimental sentimental; **compañero/a sentimental** (life) partner (2)

sentimiento feeling

sentir(se) (ie, i) to feel; **sentirse capaz** to feel capable

señalar to signal

señor (Sr.) *m.* man; Mr.

señora (Sra.) woman; Mrs., Ms.

señorita (Srta.) young woman; Miss

separación *f.* separation

separar to separate

septembrino/a *adj.* (*relating to, occurring in*) September

septentrional northern

septiembre *m.* September

sequía drought (7)

ser *n. m.* being; **ser humano** human being

ser *v. irreg.* to be; **ser** (+ *p.p.*) to be (+ *p.p.*); **es buena idea** (+ *inf.*) it's a good idea (+ *inf.*); **es fascinante** (+ *inf.*) it's fascinating (+ *inf.*); **forma de ser** personality (1); **llegar (gu) a ser** to become; **o sea** that is (9); **según sea necesario** as necessary; **ser aburrido/a** to be boring (1); **ser antipático/a** to be unfriendly, unlikable (1); **ser bueno/a** to be (a) good (person); **ser callado/a** to be (a) quiet person (1); **ser calvo/a** to be bald (1); **ser cariñoso/a** to be affectionate (1); **ser chistoso/a** to be funny (1); **ser cómodo/a** to be (a) comfortable (object); **ser conservador(a)** to be conservative (1); **ser de** to be of, from; **ser dudoso** to be doubtful; **ser egoísta** to be selfish (1); **ser frío/a** to be cold (*personality*) (1); **ser hablador(a)** to be talkative (1); **ser insensato/a** to be foolish (1); **ser insensible** to be insensitive (1); **ser listo/a** to be smart (1); **ser malo/a** to be (a) bad (person) (1); **ser mentiroso/a** to be a liar (1); **ser necesario** to be necessary; **ser para** to be for; **ser pelirrojo/a** to be a redhead (1); **ser progresista** to be liberal, progressive (1); **ser raro** to be unusual; **ser sensato/a** to be sensible (1); **ser sensible** to be sensitive (1); **ser simpático/a** to be nice, friendly, likeable (1); **ser tacaño/a** to be stingy (1); **ser terco/a** to be stubborn (1); **ser tímido/a** to be shy (1); **ser una lástima** to be a pity, shame; **ya sea** be it

serie *f.* series

seriedad *f.* seriousness

serio/a serious (1)

serpiente *f.* snake

servicio service (2); **servicio religioso** religious service (2); **servicios básicos** basic services

servidor server (4)

servir (i, i) to serve

sesenta sixty

sesgado/a biased

sesión *f.* session

setecientos/as seven hundred

setenta seventy

severidad *f.* severity

severo/a severe

sexismo sexism

sexista *m., f.* sexist

sexo sex

sexto/a sixth

sexual sexual; **discriminación** *f.* **sexual** sexual discrimination (8)

si if; whether

sí yes; **sí mismo** (*pron. pers. reflex.*) yourself (*form. sing.*), oneself, himself, herself, yourselves (*form. pl.*), themselves

siempre always; **siempre y cuando** as long as

siesta nap (5); **dormir (ue, u) la siesta** to take a nap (5); **echar una siesta** to take a nap

siete seven

sigla (capital) letter used to abbreviate a name (4)

siglo century (9)

significación *f.* meaning

significado meaning

significar (qu) to mean

signo sign

siguiente following, next

silencio silence

silla chair

simbólico/a symbolic

símbolo symbol (6)

simpatía sympathy

simpático/a nice, friendly, likeable (1)

simplemente simply

simplificación *f.* simplification

simplista *m., f.* simplistic

simultáneo/a simultaneous

sin without; **sin cesar** endlessly); **sin embargo** however (10); **sin que** *conj.* without

sincero/a sincere

sindicato labor union (3)

sinfín *m.* endless number

sino but (rather); **no... sino** but rather (*opposition after a previous negative*)

sinónimo synonym

sinsabor *m.* trouble

síntesis *m.* synthesis

sintonizar (c) to tune in; to surf (*television channel*)

siquiera *adv.* at least; **ni siquiera** not even

sistema *m.* system

sitio site; place; **sitio web** web site (4)

situación *f.* situation

soberano/a sovereign

sobre on, on top of; above; about (8); **impuesto sobre** tax on (10); **sobre el tema de...** about . . . (8)

sobreesdrújula *accented on the syllable preceding the antepenultimate one*

sobremesa after-dinner conversation

sobrepoblación *f.* overpopulation (6)

sobresaliente outstanding

sobresalir *irreg.* to stand out; to excel

sobrevivir to survive

sobrino/a nephew/niece (2)

social social; **asistencia social** social work (8); **ciencias sociales** *f. pl.* social sciences (2); **discriminación** *f.* **social** social discrimination (8); **trabajador(a) social** social worker (3)

socialista *m., f.* socialist (2)

sociedad *f.* society (8); **sociedad anónima** limited, incorporated (*business*)

socio/a partner (3)

socioeconómico/a socioeconomic

sociólogo/a sociologist

sofisticado/a sophisticated

soja soy

sol *m.* sun; **hace sol** it's sunny; **tomar el sol** to sunbathe

solamente only

solar solar; **energía solar** solar energy

soledad *f.* solitude (4); loneliness (4)

soler (ue) to tend; to be accustomed to

solicitar to apply for

solicitud *f.* application (3)

solidaridad *f.* solidarity

solidario/a jointly responsible; supportive

solo/a alone, *adv.* only

soltero/a single; **madre** *f.* **soltera** single mother

solución *f.* solution

solucionar to solve

sombrero hat

someter to undergo; to subject

sonar to sound; to ring

sonido sound

sonreír (sonrío) (i, i) to smile

sonriente smiling

sonrisa smile (1)

soñar (ue) (con) to dream (about)

sor (*title*) sister (*religious*)

sordo/a deaf (8)

sorprendente surprising

sorprender to surprise

sorprendido/a surprised

sorpresa surprise

sospechar to suspect

sostener (*like* **tener**) to sustain (7)

sostenibilidad *f.* sustainability (7)

sostenible sustainable (7)
sostenido/a sustained; **desarrollo sostenido** sustained development
Sr. (señor) *m.* Mr.
Sra. (señora) *f.* Mrs., Ms.
Srta. (señorita) *f.* Miss
su *poss.* his, her, its, their, your (*form., s., pl.*)
subcomandante *(m., f.) person ranked below and reporting to the commander of an army*
subcultural subcultural
subdesarrollado/a underdeveloped
subdivisión *f.* subdivision
subir to go up; to climb; to rise; to get on
súbito/a sudden
subjetividad *f.* subjectivity
subjuntivo subjunctive
sublevación *f.* revolt (10); uprising (10)
sublevado/a rebel
submarino submarine
subordinado/a subordinate
subrayar to underline
subsistencia subsistence
subsistir to subsist
substituto substitute
subterráneo/a underground
suburbios *pl.* suburbs
subvertir (ie, i) to subvert
suceder to happen
sucesión *f.* succession
suceso incident
sucio/a dirty
Sudamérica South America
sudamericano/a South American
sudar to sweat
suegro/a father-in-law/mother-in-law (2)
sueldo salary (3); **aumento de sueldo** salary increase, raise (3)
suelo floor; ground
sueño dream; **sueño americano** American dream; **tener** (*irreg.*) **(mucho) sueño** to be (very) tired
suerte *f.* luck
suficiente sufficient
sufragio suffrage
sufriente *adj.* suffering
sufrimiento *n.* suffering
sufrir to suffer
sugerencia suggestion
sugerir (ie, i) to suggest
suicidarse to commit suicide
suizo/a Swiss
sujeto subject
sumar to add
suministro supply

sumo/a supreme
supeditado/a subordinate
superar to exceed; to pass; to advance (in life) (6); to excel (6); **superarse** to advance (in life) (6); to excel (6)
superficie *f.* surface
superior superior; **(persona) de un curso superior** upper classman
superioridad *f.* superiority; **tener** (*irreg.*) **complejo de superioridad** to have a superiority complex (1)
supermercado supermarket
supersónico/a supersonic
supervisor(a) supervisor (3)
supervivencia survival
suplemento supplement
suplicar (qu) to beg
suposición *f.* supposition
supuestamente supposedly
supuesto/a supposed; **por supuesto** of course
sur *m.* south
surgir (j) to surface
surrealista *m., f.* surrealist (9)
suspender to fail (2)
suspensión *f.* suspension
suspenso suspense; **estar** (*irreg.*) **en suspenso** to be in suspense
suspiro sigh
sustantivo noun
sustentable sustainable
sustento sustenance, food
sustitución *f.* substitution
sustituir (y) to substitute, replace
suyo/a *poss.* your, of yours (*form. s., pl.*); his, of his; her, of hers; their, of theirs

T

tabaco tobacco
tabla table
tacaño/a stingy (1)
tal such, such as; **con tal (de) que** provided that (7); **de tal manera** in such a way; **de tal palo tal astilla** a chip off the old block; **¿qué tal?** how's it going?, how are you?; **tal vez** perhaps
talante *m.* attitude, temper
talar to fell; to cut trees
talismán *m.* talisman
tallado/a carved
tamal *m. Mex.* tamale (*dish of minced meat and red peppers rolled in cornmeal wrapped in corn husks or banana leaves*)
tamalada *tamale-making and/or tamale-eating event*

tamaño size
también also
tambor *m.* drum
tambora drum
tampoco neither, not either
tan so; **tan... como** as . . . as; **tan pronto como** as soon as; **tan sólo** only
tanque *m.* tank
tanto *adv.* so much; as much; **por (lo) tanto** therefore (9); **tanto como** as much as
tanto/a *adj.* so much; *pl.* so many; **tanto(s)/tanta(s)... como** as many . . . as
tardar to take (a long) time; **...tarda años/minutos** . . . takes years/minutes
tarde *n. f.* afternoon; *adv.* late; **de la tarde** in the afternoon; P.M..; **toda la tarde** all afternoon
tarea homework
tarjeta card; **tarjeta de crédito** credit card; **tarjeta de residente** resident (green) card (6)
tasar to value
tatuarse (me tatúo) to get a tattoo (*on one's body*)
taxista taxi driver
taza cup (5), mug
te *d.o.* you (*fam. s.*); *i.o.* for you (*fam. s.*); *refl. pron.* yourself (*fam. s.*)
té *m.* tea
teatro theater; **grupo de teatro** theatrical group (2); **ir** (*irreg.*) **al teatro** to go to the theater (5)
tecla key (4)
teclado keyboard (4)
técnico/a *n.* technician; *adj.* technical; **técnico/a en programacíon** programming technician (3)
tecnología technology
tecnológico/a technological
tela fabric
telefónico/a *adj.* telephone
teléfono telephone (4); **hablar por teléfono** to talk on the telephone; **teléfono móvil/celular** cell phone (4)
telegrafía telegraph office
telegrafista *m., f.* telegrapher
telégrafo telegraph
telenovela *serial drama similar to a soap opera*
televisión *f.* television (*broadcasting*) (4); **canal** *m.* **de televisión** television channel (4); **televisión por cable** cable television

televisivo/a *adj.* television
televisor *m.* television set
telón *m.* curtain; **telón de fondo** background
tema *m.* theme, topic (8); issue (8); **sobre el tema de...** about . . . (8); **tema principal** main idea
temer to fear
temor *m.* fear
temperatura temperature
tempestad *f.* storm
templo temple
temprano early
tendencia tendency
tenedor *m.* fork
tener *irreg.* to have; **tener... años (de edad)** to be . . . years old; **tener buen/mal carácter** to have a nice/unfriendly personality (1); **tener complejo de superioridad/inferioridad** to have a superiority/inferiority complex (1); **tener en cuenta** to keep in mind; **tener (mucha) hambre** to be/feel (very) hungry; **tener (mucha) prisa** to be in a (real) hurry; **tener (mucha) sed** to be/feel (very) thirsty; **tener (mucha) vergüenza** to be/feel (very) ashamed/bashful; **tener (muchas) ganas (de)** to be (really) in the mood (for); to feel like; **tener (mucho) calor/frío** to be/feel (very) hot/cold; **tener (mucho) cuidado** to be (very) careful; **tener (mucho) miedo (de)/terror (a)** to be/feel (very) afraid (of); **tener (mucho) sueño** to be/feel (very) sleepy; **tener la culpa** to be to blame; **tener papeles** to have legal papers (6); **tener razón** to be right; **tener sentido** to make sense; **tener sentido del humor** to have a sense of humor (1)
tentador(a) tempting
teñir(se) (i, i) to dye (one's hair)
teoría theory
tercer, tercero/a third; **Tercer Mundo** Third World
tercio *n.* third
terco/a stubborn (1)
terminación ending
terminar to finish; **para terminar** finally (10)
terreno land; piece of property
territorio territory (9)
terror *m.* terror; **tener** (*irreg.*) **(mucho) terror (a)** to be (very) afraid (of)

terrorismo terrorism
terrorista *m., f.* terrorist
tertulia get-together, social gathering; literary circle
tesis *f.* thesis
tesoro treasure
testigo/a witness; **testigo de Jehová** Jehovah's Witness (2)
texto text
ti *obj. of prep.* you (*fam. s.*)
tiempo time; weather; **a tiempo** on time; **al mismo tiempo** at the same time; **¿cuánto tiempo hace que... ?** how long has it been since . . . ?; **durante mucho tiempo** for a long time; **hace buen tiempo** the weather is nice; **tiempo libre** free time (5); **tiempo verbal** verbal tense
tierra earth; land; soil (7); **mi/tu/(...) tierra** my/your/(. . .) homeland (6)
tijeras *pl.* scissors
tímido/a shy (1)
tío/a uncle/aunt (2)
típico/a typical
tipo type, kind
tiranía tyranny
tiránico/a tyrannical
tirar to throw
tiro gunshot
titulado/a titled
titularse to be entitled; to graduate; to receive a degree
título title; degree, diploma
toalla towel
tobillo ankle
tocar (qu) to touch; to play (*musical instrument*); to be one's turn; **le toca . . .** it is his/her/your (*form. s.*) turn
todavía *adv.* still; **todavía no** not yet
todo/a *adj.* all, all of, every; **todo el mundo** everyone; **por todas partes** everywhere
todo *n.* whole; *pron.* all; everything; **todos** everyone
tolerancia tolerance
tolerar to tolerate
tolteca *adj. m., f.* Toltec
tomar to take; to drink; to eat; to take (*an amount of time*); **tomar el sol** to sunbathe; **tomar fotos** to take pictures; **tomar una decisión** to make a decision
tomate *m.* tomato
tonelada ton
tono tone
tonto/a dumb, silly (1); foolish
toque *m.* touch
torero bullfighter

tormenta storm
torpe clumsy
torre *f.* tower (9)
totalidad *f.* totality
totalmente totally
trabajador(a) *m.* worker; *adj.* hard-working; **trabajador(a) social** social worker (3)
trabajar to work; **capacidad** *f.* **de trabajar en equipo** the ability to work as a team (3)
trabajo work (2); **compañero/a de trabajo** work associate (2); **trabajo (a tiempo completo/ parcial)** (full-time/part-time) job (3)
tradición *f.* tradition
traducción *f.* translation
traducir (zc) to translate
traer *irreg.* to bring
tráfico traffic
tragedia tragedy
trágico/a tragic
traje *m.* suit
tranquilidad *f.* peace, calmness
tranquilo/a calm, peaceful
transado/a sold; settled; adjusted
transcendencia transcendence
transformar to transform; to change
transgénico/a genetically modified
transición *f.* transition
transporte *m.* transportation
tras *prep.* after; behind
trasladar to move (*location/ residence*)
trasnochar to stay up all night (5)
traspasar to cross over/through
traspiés *m. inv.* stumble
trasuntar to transcribe
tratado treaty (10); **Tratado de Libre Comercio (TLC)** North American Free Trade Agreement (NAFTA) (10)
tratamiento treatment
tratar to treat; **tratar de** to try to; **tratarse de** to be about, concern
través: a través through, by means of
trayectoria trajectory
trazado design
trece thirteen
treinta thirty
tremendo/a tremendous; terrible
tres three
trescientos/as three hundred
triángulo triangle
triste sad
tristeza sadness
triunfar to triumph
trivialidad *f.* triviality
trono throne
tropas troops

trópicos tropics
trozo small piece
tu *poss.* your (*fam. s.*)
tú *subj. pron.* you (*fam. sing*)
tumba tomb (9)
tuna *Sp.* musical group formed by students
tupido/a dense
turbulencia turbulence
turismo tourism
turista *n. m., f.* tourist
turístico/a *adj.* tourist
turnarse to take turns
turno turn; **por turno** by taking turns
tuyo/a *poss.pron.* your, of yours (*fam. s.*)

U

u or (*used instead of* **o** *before words beginning with* **o** *or* **ho**)
ubicación *f.* location
ubicar (qu) to locate; **ubicarse** to be located
Ud. [usted] you (*form. s.*)
Uds. [ustedes] you (*form. pl.*)
ufanarse to boast
últimamente lately
último/a last; latest; **la última vez** the last time; **por último** lastly
ultravioleta ultraviolet; **radiación** *f.* **ultravioleta** ultraviolet radiation
un, uno/a one; a, an
únicamente only, solely
único/a *adj.* only; unique; **hijo/a único/a** only child (2); **lo único** the only thing
unidad *f.* unit; unity
unido/a united; **Estados Unidos** United States; **estar** (*irreg.*) **unidos** to be close (*familiar*) (2); **Naciones Unidas** United Nations; **programa** *m.* **de estudios de Estados Unidos** American Studies program
unificar (qu) to unify
unión *f.* union; **Unión Europea** European Union
unir to unite; to join
universidad *f.* university; **compañero/a de universidad** university classmate (2)
universitario/a (*pertaining to*) university; **profesor(a) universitario/a** university professor (3); **vida universitaria** university life
universo universe
urbanismo urbanism; relating to city life

urbanístico/a *adj.* urban, (*pertaining to*) city/town
urbano/a *adj.* urban, (*pertaining to*) city/town
urbe *f.* city
urdimbre *f.* fabric
urgencia urgency
urgente urgent; **ser** (*irreg.*) **urgente** to be urgent
usar to use
uso *n.* use
usted (Ud., Vd.) *sub. pron.* you (*form. sing.*); *obj. of prep.* you (*form. s.*)
ustedes (Uds., Vds.) *sub. pron.* you (*form. pl.*); *obj. of prep.* you (*pl.*)
usuario/a *m., f.* user (4)
usurpación *f.* usurpation
utensilio utensil
útil useful
utilidad *f.* usefulness; utility
utilizar (c) to utilize, use
utopía Utopia
utópico/a Utopian

V

vacaciones *f. pl.* vacation (5); **estar** (*irreg.*) **de vacaciones** to be on vacation (5)
vacilar to waver, hesitate
vacío gap; space; emptiness
vacuna vaccination
vago/a vague; lazy
valer *irreg.* to be worth; **no valer nada** to be worthless; **valer un Perú** to be worth one's weight in gold
válido/a valid
valientemente valiantly
valioso/a precious, valuable
valle *m.* valley (7)
valor *m.* value
valoración *f.* valuation, appraisal
variado/a varied
variar to vary
varicela chicken pox
variedad *f.* variety
varios/as *pl.* several, various
varita wand; **varita mágica** magic wand
varón *m.* male; man (8)
vasija pot; **vasija de barro** clay pot
vaso (drinking) glass (5)
vasto/a vast, huge
vecino/a neighbor
vegetal *n. m., adj.* vegetable; plant
vehículo vehicle
veinte twenty
vejez *f.* old age

vela sail; candle (5); **en vela** awake; **vela encendida** lit candle
velada evening, nocturnal event
vendedor(a) salesperson (3); vendor; **vendedor(a) ambulante** street vendor
vender to sell
venezolano/a *adj.* Venezuelan
venganza revenge
venir (ie) (g) *irreg.* to come
venta sale
ventaja advantage (4)
ventana window
ver *irreg.* to see; to watch; **ver la televisión** to watch television; **ver una película** to watch a movie; **verse** to see oneself; to see each other; to look, appear
verano summer
verdad *f.* truth; **de verdad** truly, really; **es verdad** that's right (true); it's true
verdadero/a true, real, genuine
verde green; **ojos verdes** green eyes (1)
vergonzoso/a embarrassing
vergüenza embarrassment; **¡qué vergüenza!** how embarrassing!; **tener** (*irreg.*) **(mucha) vergüenza** to be/feel (very) ashamed/bashful
verificación *f.* verification
versión *f.* version
vertiente *f.* aspect, side
vestido dress
vestimenta clothing
vestir (i, i) to dress; **vestirse** to get (oneself) dressed
veterano/a *n.* veteran
vez *f.* (*pl.* **veces**) time; **a la vez** at the same time; **a veces** sometimes; **alguna vez** once, ever; **algunas veces** sometimes; **cada vez** each, every time; **de vez en cuando** once in a while; **en vez de** instead of; **esta vez** this time; **había una vez** once upon a time; **otra vez** again; **por primera vez** for the first time; **rara vez** rarely; **tal vez** perhaps; **la última vez** last time; **una vez** once; **varias veces** several times
vía road; way; **países** *m. pl.* **en vías de desarrollo** developing countries (7); **por vía marítima** by sea
viajar to travel (5)
viaje *m.* trip; **estar** (*irreg.*) **de viaje** to be on a trip

vibrante vibrant

viceversa vice versa

vicio vice

víctima *m., f.* victim

vicuña vicuna (*mammal native to Andean region*)

vida life (5); **nivel** *m.* **de vida** standard of living (5); **ritmo de la vida** pace of life (5); **vida universitaria** university life (2)

vídeo video

viejo/a *adj.* old; *n.* elderly man/woman

viento wind; **hace viento** it's windy

vientre *m.* belly

vigencia validity

vikingo Viking

vinagre *m.* vinegar

vinculado/a linked

vínculo link

vino wine; **vino blanco/tinto** white/red wine

viñeta vignette

violación *f.* rape; violation

violencia violence (8); **violencia doméstica** domestic violence

violeta violet

violín *m.* violin

virgen virgin; **Virgen de Guadalupe** Virgin of Guadalupe; **Virgen María** Virgin Mary

virreinato viceroyalty

virrey *m.* viceroy

virtud *f.* virtue

visión *f.* vision

visitante *m., f.* visitor

visitar to visit

vislumbrar to glimpse; to envision

vista view; **punto de vista** point of view

vitae: currículum *m.* **vitae** résumé, CV (3)

vitalicio/a life-long

vivir to live

vivo/a alive; **en vivo** live

vocabulario vocabulary

vocal *f.* vowel

volar (ue) to fly

volcán *m.* volcano

voluntad (de) *f.* willpower; will; willingness **contra mi/tu voluntad** against my/your will/wishes; **una férrea voluntad** an iron will

volver (ue) to return; **volverse** to become

vos *s. fam.* you (*used instead of* **tú** *in certain regions of Central and South America*)

vosotros/as *pl. fam.* you (*Sp.*)

votar to vote (2)

voz *f.* (*pl.* **voces**) voice (8); **en voz alta** out loud

vuelo flight; **asistente** *m., f.* **de vuelo** flight attendant (3)

W

web *m.* (World Wide) Web; **página web** web page (4); **sitio web** web site (4)

Y

y and

ya already; yet; now; **ya no** no longer; **ya que** due to the fact that

yerno son-in-law (2)

yo *sub. pron.* I

yoruba *adj.* Yoruba

yuca yucca, cassava, manioc

yucateca *m., f.* of or pertaining to the Yucatan Peninsula

Z

zapatista *m., f,* Zapatista (*follower of Emiliano Zapata, leader of the Mexican Revolution; participant in the uprising of indigenous peoples in the state of Chiapas, Mexico, in 1994*); *adj. m., f.* Zapatista; **Ejército Zapatista de Liberación Nacional** (EZLN) Zapatista National Liberation Army; **movimiento zapatista** Zapatista uprising

zapato shoe

zócalo *Mex.* plaza, town square

zona zone; **zona residencial** residential area (6)

Photos

CHAPTER 1

Page 2: Jeremy Woodhouse/Getty Images; **4:** © Alliance Images/Alamy; **5:** Clara como el agua images with permission by Fernanda Rossi; **6:** © Digital Vision/Getty Images; **7T:** BananaStock/JupiterImages; **7B:** Steve Cole/Getty Images; **9TL:** BananaStock/JupiterImages; **9TR:** © StockByte/PunchStock; **9BL:** © Image Source/Getty Images; **9BR:** © Veer; **10T:** Andersen Ross/Blend Images/Getty Images; **10B:** Jim Arbogast/Getty Images; **11:** © Photos 12/Alamy; **13:** Rick Madonik/GetStock.com; **14:** Jeremy Woodhouse/Getty Images; **15:** © StockByte/PunchStock; **16:** © Image Source/PunchStock; **17T:** © Stockdisc/PunchStock; **17B:** © Homer W Sykes/Alamy; **18:** © Digital Vision/PunchStock; **19:** Royalty-Free/CORBIS; **20:** DESHAKALYAN CHOWDHURY/AFP/Getty Images; **21T:** © Royalty-Free/CORBIS; **21B:** © Royalty-Free/CORBIS; **22T:** Don Tremain/Getty Images; **22B:** Erich Lessing/Art Resource, NY; **23:** © Photos 12/Alamy; **23:** © Photos 12/Alamy; **24:** © SuperStock; **25T:** Jack Star/PhotoLink/Getty Images; **25B:** Spike Mafford/Getty Images; **26:** Ryan McVay/Getty Images; **27:** Tony Bock/*Toronto Star*/GetStock.com; **28TL:** © Rubberball Productions; **28TR:** © Dr. Parvinder Sethi; **28BR:** © Image Source/PunchStock; **30:** SAMIR HUSSEIN/PA Photos /Landov; **31:** Terra Networks, Text: Gonzalo Izquiento, Valeria Rappa, Graphics: Matias Cortina; **32:** HUBERT BOESL/dpa/Landov

CHAPTER 2

Page 36: © Flat Earth Images; **38:** PAUL HANNA/Reuters/Landov; **39:** Niña que espera images with permission by IMCINE; **40T:** © Jan Cook/Getty Images; **40B:** Perry Mastrovito/Creatas/PictureQuest; **41T:** Ryan McVay/Getty Images; **41B:** AP Wide World Photos; **42:** Getty Imges/Digital Vision; **43TL:** Comstock/PictureQuest; **43TR:** © Digital Vision; **43B:** BananaStock/JupiterImages; **44(1):** © Royalty-Free/CORBIS; **44(2):** © AGEfotostock/SuperStock; **44(3):** © Royalty-Free/CORBIS; **44(4):** Stephen Finn/Shutterstock; **44(5):** © Digital Vision; **44(6):** © AP Wide World Pictures; **45T:** © 1988 Carmen Lomas Garza, oil on linen mounted on wood, 24 × 32 inches. Photo by M. Lee Fatherree. Collection of Paula Maciel-Benecke and Norbert Benecke, Aptos, California; **45B:** Ron Bull/GetStock.com; **47:** The McGraw-Hill Companies, Inc./Gary He, photographer; **48:** BananaStock/PictureQuest; **51:** © Blend Images/Getty Images; **52:** © ColorBlind Images/Blend Images LLC; **53:** © Ingram Publishing/AGEfotostock; **54:** Blend Images/Jupiterimages; **55:** © La Fabrika Pixel S.l./Dreamstime.com; **57T:** Photodisc/Getty Images; **57B:** © Dynamic Graphics/JupiterImages; **59:** © StockByte/PunchStock; **62:** Courtesy of Lisa Sette Gallery; **64:** Christopher Pillitz/Hulton Archive/Getty Images

CHAPTER 3

Page 68: © Creatas/Jupiter Images; **70:** Glow Images/Superstock; **71:** Salomón images with permission by Agencia Freak; **72T:** © 1998 Image Ideas, Inc.; **72B:** © Royalty-Free/CORBIS; **73T:** Jack Star/PhotoLink/Getty Images; **74(1):** © PhotoAlto/AGEfotostock; **74(2):** Jose Luis Pelaez, Inc./Getty Images; **74(3):** Keith Brofsky/Getty Images; **74(4):** Kaz Mori/Getty Images; **75L:** Valerie Martin; **75R:** Jose Berni; **79:** Creatas RF/Punchstock; **80:** © Frances Roberts/Alamy; **81T:** © Royalty-Free/CORBIS; **81B:** © Bettmann/Corbis; **83:** © itanistock/Alamy; **84T:** © Ian Miles-Flashpoint Pictures/Alamy; **85:** Image Source/Getty Images; **86T:** Martin Paul Ltd., Index Stock Imagery/JupiterImages; **86B:** Courtesy of Carmen Boullosa; **87:** istockphoto.com/Stacy Barnett; **88:** Courtesy of Diana Bryer; **89T:** © Travel Pictures/Alamy; **89B:** Nancy Brown/Getty Images; **90:** Courtesy of Carmen Boullosa; **91:** iStockphoto/Thinkstock; **97:** © canadabrian/Alamy

CHAPTER 4

Page 100: Adam Crowley/Getty Images; **102:** Gladskikh Tatiana/Shutterstock; **103:** © Diego Parodi, Universidad ORT Uruguay 2005; **104T:** © Royalty-Free/CORBIS; **104B:** Photo by David Paul Morris/Getty Images; **106B:** © Getty Images/Photodisc; **108:** George Perez, *La Jornada* Hispanic Newspaper; **109:** Ward Perrin/Vancouver Sun; **111:** Eyewire Collection/Getty Images; **112:** © Royalty-Free/CORBIS; **113:** © ZUMA Press, Inc./Alamy; **115T:** ZHANG DACHENG/Xinhua/Landov; **115B:** White Rock/Getty Images; **116T:** © Royalty-Free/CORBIS; **116B:** CMCD/Getty Images; **117:** Photodisc Collection/Getty Images; **118:** © Royalty-Free/CORBIS; **119:** AP Wide World Photos; **120T:** © Jeff Greenberg/Alamy; **120M:** ELISEO FERNANDEZ/Reuters/Landov; **120BL:** Jerod Harris/Stringer/WireImage/Getty Images; **120BC:** Jun Sato/WireImage/Getty Images; **120BR:** © Miguel Campos/Dreamstime.com; **122:** Mike Cesaer and B.Y. Cooper for Latin Trade; **125:** Sami Sarkis/Getty Images

CHAPTER 5

Page 126: © Aurora Photos/Alamy; **128L:** © Yadid Levy/Alamy; **128M:** © Carver Mostardi/Alamy; **128R:** Colin D. Young/Shutterstock; **129:** Sopa de pescado images with permission by IMCINE; **130T:** © Stockdisc/Getty Images; **130B:** © BananaStock/PunchStock; **131:** Jules Frazier/Getty Images; **132:** © Photodisc/Punchstock; **133T:** Courtesy of Museo Bellapart; **133B:** © Pablo Corral V/Corbis; **134:** Krzysztof Dydynski/Lonely Planet Images; **135:** © Aneb/Dreamstime.com; **136:** © Blend Images/PunchStock; **137:** Trinette Reed/Blend/GetStock.com; **138:** Igor S. Srdanovic/Shutterstock; **139:** Otokimus/Shutterstock; **140:** Don Farrall/Getty Images; **141:** © Marcomayer/Dreamstime.com; **142T:** © steve bly/Alamy; **142B:** Melanie Stetson Freeman/*The Christian Science Monitor*/Getty Images; **143T:** © Comstock/PunchStock; **143B:** Bernard Weil/GetStock.com; **144:** ER Productions/Getty Images; **145T:** © Alison Wright/CORBIS; **145B:** istockphoto.com/DavidLivingston; **146:** C Squared Studios/Getty Images; **147T:** © Miguel Sobreira/Alamy; **147B:** © Somos Images/Corbis; **148T:** Steve Cole/Getty Images; **148(1):** Image 100/Jupiter Images; **148(2):** Ryan McVay/Getty Images; **148(3):** Max Oppenheim/Getty Images; **149T:** iStockphoto/Thinkstock; **149B:** Pete Niesen/Shutterstock; **150T:** Mikhail Zahranichny/Shutterstock; **150B:** Julio Doinoso/Corbis; **152:** © FoodPix/Jupiter Images; **154:** © Burke/Triolo/Brand X Pictures; **156:** © Digital Vision/PunchStock

CHAPTER 6

Page 160: © 2008 by Robert Frerck and Odyssey Productions, Inc.; **162:** © Digital

Vision/PunchStock; **163:** Camión de carga images with permission by Florida State University with thanks to Juan Sebastián Jácome; **165:** Courtesy of the IDB Photo Library Unit; **166:** © Digital Vision/Getty Images; **167:** Rick Madonik/GetStock.com; **170:** © Tomas Bravo/Reuters/Corbis; **171:** Keith Brofsky/Getty Images; **172:** Lucas Oleniuk/GetStock.com; **174T:** prettyfoto/Alamy; **174B:** © Brand X Pictures/PunchStock; **175:** Eduardo Guzman Ordaz; **176TL:** Frank Micelotta/Getty Images; **176TR:** Victor Rojas/Getty Images; **176B:** Thos Robbins/Getty Images; **177:** © PhotoAlto/PictureQuest; **178:** auremar/Shutterstock; **179T:** AP Images; **179B:** www.visitemexico.com; **180:** © Andres Rodriguez/Dreamstime.com; **181L:** © Author's Image/PunchStock;; **181M:** © Erbse/Dreamstime.com; **181R:** © Pierdelune/ Dreamstime.com; **184:** © Karoline Cullen/Dreamstime.com; **186:** Tim Laman/National Geographic/Getty Images

CHAPTER 7

Page 188: Ralph Lee Hopkins/Getty Images; **190:** Comstock Images/Alamy; **191:** Feng shui images with permission by Universidad ORT Uruguay; **192:** Photolink/Getty Images; **193B:** Photolink/Getty Images; **194(1):** Getty Images; **194(2):** © Royalty-Free/CORBIS; **194(3):** Toronto Star/GetStock.com; **195(from L):** © Royalty-Free/CORBIS; © Stephen Reynolds; © Dr. Parvinder Sethi; © Brand X Pictures/PunchStock; **195B:** Jose Berni; **196(both):** Kyle Szary; **197:** © Comstock/PunchStock; **198T:** Comstock Images/Alamy; **198B:** Photolink/Getty Images; **199:** © Flying Colours Lts.,/Getty Images; **200:** Comstock Images/Alamy; **201:** Earth Imaging/Getty Images; **202:** © Max Power/Corbis; **203:** © Royalty-Free/CORBIS; **205:** Steve Cole/Getty Images; **206:** © Thinkstock/SuperStock; **211:** © Nigel Cattlin/Alamy; **213:** © The McGraw-Hill Companies, Inc. Barry Barker, photographer

CHAPTER 8

Page 214: © Punchstock/Digital Vision; **216:** Gary S. Chapman/Getty Images; **217:** Quince años images with permission by IMCINE; **218:** Jeremy Woodhouse/Masterfile; **221T:** © Parks Canada; **222:** AP Wide World Photos; **223L:** Juanjo Martin/EPA/Landov; **223R:** Daniel Garcia/AFP/Getty Images; **224:** © Ingram Publishing/AGEfotostock; **225:** © Yolanda Lopez; **226L:** AP Wide World Photos; **226R:** Daniel Aguilar/Reuters/Corbis; **227T:** Ryan McVay/Getty Images; **227B:** The McGraw-Hill Companies, Inc./Lars A. Niki, photographer; **228:** Michael Ramsay; **229T:** © Outdoor-Archiv/Alamy; **229B:** Amy Dempsey/GetStock.com; **230:** Geoff Hansen/Getty Images; **231B:** Center for Creative Photography, University of Arizona; **232:** www.exlnaldf.org; **234:** © Nela Rio; **235L:** © Chicco7/Dreamstime.com; **235R:** Joanna B. Pinneo/Aurora Photos/GetStock.com; **237:** © ZUMA Press, Inc./Alamy

CHAPTER 9

Page 240: © Royalty-Free/CORBIS; **242:** Watercolor and gouache on paper, Jay I. Kislak Collection, Library of Congress; **243:** El ultimo viaje del Almirante images with permission by Cesna Proucciones-thanks to Roberto Lozano; **244B:** Library of Congress, Prints and Photographs Division (LC-USZ62-105062); **245T:** © Digital Vision/PunchStock; **245B:** © Gianni Dagli Orti/Corbis; **246:** General/GetStock.com; **247:** Mark Karrass/Corbis; **249:** © Comstock/PunchStock; **251T:** © Image 100/Corbis; **251B:** Steve Cole/Getty Images; **252:** © BananaStock/PunchStock; **253:** © Warrengoldswain/Dreamstime.com; **254:** © 1997 IMS Communications Ltd., Capstone Design. All Rights Reserved; **255:** © Royalty-Free/CORBIS; **256:** © Thierry Lauzun/Iconotec.com; **257:** © Design Pics Inc./Alamy; **258:** Adalberto Rios Szalay/Sexto Sol/Getty Images; **259:** © Royalty-Free/CORBIS; **260:** Orlando Sierra/AFP/Getty Images; **261T:** Kate Mathis/GettyImages; **261B:** Botanica/JupiterImages; **262:** © Toni Albir/epa/Corbis; **263:** © Brand X Pictures/PunchStock

CHAPTER 10

Page 268: Harnett/Hanzon/Getty Images; **271:** Medianeras images with permission by Rizoma Films; **272:** © Jack Kurtz/The Image Works; **274:** Juan Manuel Herrera/OAS; **276:** William Gordon; **277:** Kylo Szary; **278:** © Image 100 Ltd.; **279:** © Isabel Poulin/Dreamstime.com; **280:** © Sami Sarkis/Alamy; **281:** © Hisham Ibrahim/Photov.com/Alamy; **282:** Erin Combs/GetStock.com; **283:** The Art Archive/National History Museum Mexico City/Alfredo Dagli Orti; **284:** © Oswaldo Viteri; **285:** Dr. María del Carmen Sillato; **289:** © Assnig/Dreamstime.com

Text

Page 4: "El poder de la mujer latina" by Tania Luviano, 21 de Febrero de 2011. © 2000–2013, Terra Networks, S.A./Operations; **30–32:** Dr. María Mar Soliño Pazó; **35:** Statistics Canada, 2006 Census of Population, Statistics Canada cat. no. 94-577-XCB2006001 and 97-562-XCB2006006; **46–47:** "La Generación del Milenio" by Soledad Gallego-Díaz. *El País*, Abr 4, 2010.; **64:** "Los dos reyes y los dos laberintos" from *EL ALEPH* by Jorge Luis Borges. Copyright © 1971 by Jorge Luis Borges, reprinted with the permission of The Wiley Agency, Inc.; **77–78:** Courtesy of Carmen Boullosa; **90T:** Courtesy of Carmen Boullosa; **90B–91:** *Defiant Deviance: The Irreality of Reality in the Cultural Imaginary.* Eds. Cristina Santos and Adriana Spahr. New York: Peter Lang, 2006. pp 7–14.; **96–97:** Nace en Canada primer sindicato de obreros inmigrantes. Junio 25, 2008. Agencia; **108:** © *La Jornada* Hispanic Newspaper; **150:** Published by diarioelpopular.com; **180:** "Gobierno canadiense exigiría dominio del idioma a nuevos ciudadanos", UNA-C Canada; **182:** "La planificación lingüística en Quebec y en Cataluña", Valérie Streicher-Arseneault, *Tinkuy* 15, Fevrier 2011, Université de Montréal; **216:** From "Sententa y cinco anos en defense de la mujer" by Janelle Conaway. Reprinted with permission from *Americas*, bimonthly publication of the Organization of American States, published in English and Spanish www.americas.oas.org; **220:** Foreign Affairs and International Trade Canada, Reproduced with the permission of the Minister of Public Works and Government Services Canada, 2012; **234:** © Nela Rio; **287–290:** Excerpts from: *Diálogos de amor contra el silencio* (Córdoba: Alción 2006) by Maria del Carmen Sillato

Culture

Vocabulary